TOUTIAO
TRAINING INSTITUTION
头条学堂

U0875835

1+X职业技能等级证书配套系列教材

自媒体运营

（中、高级）

主编　王一　林宁　王卓慧

高等教育出版社·北京

内容简介

本书为自媒体运营1+X职业技能等级证书配套系列教材之一，根据《自媒体运营职业技能等级标准》中的自媒体运营职业技能等级要求（中、高级）编写，采用基础理论知识结合实际案例的形式，以任务驱动方式推进。

本书分为中级篇和高级篇，从拆解达人的运营经验到分步骤训练落实，最后辅以主客观习题，考察技能的综合掌握情况。能够使读者通过学习，立足自媒体运营视角，掌握自媒体内容创作、进行多平台运营、内容变现和营销推广等工作的技术技能要求。全书结构清晰、逻辑严密、案例新颖，具有较强的实用性。

本书配有微课、PPT课件、拓展资源、练习参考答案等数字化教学资源，学习者可以扫描书中二维码观看微课视频，还可以发邮件至编辑邮箱1548103297@qq.com获取相关资源。

本书可作为自媒体运营1+X职业技能等级证书（中、高级）认证的教学和培训教材，也可作为高等职业院校和应用型本科院校数字媒体技术应用、文化创意与策划、新媒体技术、视觉传播设计与制作等相关专业的教材，还可作为自媒体相关从业人员的自学参考书。

图书在版编目（CIP）数据

自媒体运营：中、高级 / 王一，林宁，王卓慧主编. -- 北京：高等教育出版社，2021.12（2025.7重印）
ISBN 978-7-04-057438-8

Ⅰ. ①自… Ⅱ. ①王… ②林… ③王… Ⅲ. ①网络营销-高等职业教育-教材 Ⅳ. ①F713.365.2

中国版本图书馆CIP数据核字（2021）第250664号

自媒体运营（中、高级）
ZIMEITI YUNYING（ZHONG GAOJI）

策划编辑 傅 波　责任编辑 傅 波　封面设计 李卫青　版式设计 杨 树
插图绘制 丁 博　责任校对 吕红颖　责任印制 存 怡

出版发行 高等教育出版社
社　　址 北京市西城区德外大街4号
邮政编码 100120
印　　刷 肥城新华印刷有限公司
开　　本 787mm×1092mm 1/16
印　　张 20.75
字　　数 470千字
购书热线 010-58581118
咨询电话 400-810-0598
网　　址 http://www.hep.edu.cn
　　　　 http://www.hep.com.cn
网上订购 http://www.hepmall.com.cn
　　　　 http://www.hepmall.com
　　　　 http://www.hepmall.cn
版　　次 2021年12月第1版
印　　次 2025年7月第4次印刷
定　　价 69.00元

物 料 号 57438-00

前言

2019年，教育部、国家发展改革委、财政部、市场监管总局联合印发《关于在院校实施“学历证书＋若干职业技能等级证书”制度试点方案》，重点围绕服务国家需要、市场需求、学生就业能力提升，稳步推进1+X证书制度试点工作。试点院校以高等职业学校、中等职业学校（不含技工学校）为主，本科层次职业教育试点学校、应用型本科高校及国家开放大学等积极参与。

1+X中的“1”为学历证书，“X”为若干职业技能等级证书。学生毕业后，不仅有毕业证，还有若干职业技能等级证书，“一专多能”让职校毕业生成为“多面手”。本套教材依据《自媒体运营职业技能等级标准》研发，将作为自媒体运营职业技能等级证书的配套教材，分为初级和中高级两册，整体以就业为导向，进阶式拆解自媒体运营的方法和实战技巧。书中除了梳理必备的理论基础和知识图谱，还有大量一手实操案例，从内容创作、平台运营、内容变现和营销推广四大板块分层讲解，形成整套闭环训练课程模型。全书按任务导向分为多个项目，每个项目配有丰富的多媒体资源，让项目实操有标可依，有章可循。在新媒体时代，帮助更多的内容创作者掌握自媒体运营的实用方法和技巧，抢占时代的风口红利。本书理论联系实际，从拆解达人的运营经验到分步骤训练落实，最后辅以主客观习题，考察学习者的技能综合掌握情况。

本套教材由《自媒体运营职业技能等级标准》培训评价组织联合教学经验丰富的高校教师、具有一线实战经验的优秀自媒体创作者、资深行业专家共同研发，是一套适用于高职院校、中职学校以及应用型本科院校的教材。北京博学互联教育科技有限公司主导研发了本套教材，罗骅、王月芳、顾荣、王燕妮、于杰、于豪、孙卓勋参与了整套教材的统筹规划等工作。深圳职业技术学院王一、林宁、王卓慧担任主编杨征、李珩、袁守云、方丽丽、余伟浩、李大千、李志担任副主编。优质自媒体创作者李薇、朱之路、周民、张在敏，简柔文化仇颖佳，洋葱视频税晓莉、张思文、袁云新、龚婷煜、张梦竹、白露，微播易徐扬，巨量引擎全国服务商九星互动华东负责人王志达，感谢各位老师的辛勤付出。除此之外，在教材编写过程中，还得到了许多自媒体达人、MCN公司、企业品牌部以及相关行业专家顾问的支持，在此对他们的信任和支持表示由衷的敬意和感谢。虽然在编写过程中，编者和所有其他的团队成员付出了大量的心血和精力，但不免会有不足之处，也请广大读者和专家不吝赐教。

本书中所有数据与功能说明截止至2021年7月，如有不符请以平台最新规则为准。

编者

2021年10月

目录

中级篇

第一部分　内容创作

第二部分　平台运营

第三部分 内容变现

第四部分 营销推广

高 级 篇

第一部分 内容创作

第二部分 平台运营

第三部分 内容变现

第四部分 营销推广

中 级 篇

第一部分 内容创作

项目 1 文案策划与创作

课时 8 学时

项目描述

本项目以一位大学教育博主的新媒体账号为案例，将新媒体文案策划与创作的整个工作流程拆解为 3 个任务：选题的筛选与策划、图文内容创作、短视频 / 直播脚本创作。通过本项目的学习和实战，读者将全面细致地了解新媒体文案策划与创作过程；能根据优质选题标准，在选题库中进行筛选并判断选题效果，完成选题策划；能根据选题方向，分析总结用户关注点与需求点，完成撰写内容大纲；能根据图文内容创作格式和要素要求，遵守法律法规及平台规则，完成图文内容创作；能根据脚本撰写的格式和要素，完成短视频或直播脚本创作。

学习目标

知识目标	1. 理解优质选题的判断标准和效果预期、选题在策划方案中的避坑指南
	2. 了解选题方向的几个维度、了解需求点与选题的结合方法
	3. 了解图文内容创作的通用格式、要素、要求
	4. 了解脚本撰写的基本格式和要素
能力目标	1. 能根据优质选题标准，在选题库中进行筛选并判断选题效果，完成选题策划
	2. 能根据选题方向，分析总结用户关注点与需求点，完成撰写内容大纲
	3. 能根据图文内容创作格式和要素要求，依据《互联网信息管理办法》，完成图文内容创作
	4. 能根据脚本撰写的格式和要素，完成短视频或直播脚本创作
素养目标	1. 具有筛选选题、分析用户和进行图文内容创作的能力
	2. 形成独立完成短视频或直播脚本创作的能力
	3. 形成踏实肯干、吃苦耐劳的工作态度

知识图谱

- 项目1 文案策划与创作
  - 选题的筛选与策划
    - 优质选题的判断标准和效果预期
    - 根据优质选题完成策划方案
  - 图文内容创作
    - 分析选题方向的几个维度
    - 根据选题方向，总结用户需求点
    - 根据选题进行图文内容的创作
  - 短视频/直播脚本创作
    - 了解脚本撰写的步骤和要素
    - 短视频/直播脚本的创作方法

任务 1.1 选题的筛选与策划

【任务描述】

波普大师安迪·沃霍尔曾经说过，每个人都能成名十五分钟。这句话提前预言了这个时代，众声喧哗，但总有可以被记住的机会。本章将聚焦传播的核心——内容创作，深度拆解这其中的知识点。能根据优质选题标准，在选题库中进行筛选并判断选题效果，完成选题策划；能根据选题方向，分析总结用户关注点与需求点，完成撰写内容大纲是本节的任务核心。

【知识准备】

1.1.1 优质选题的判断标准和效果预期

传统媒体时代，新闻编辑部会定期召开编前会，确立和协调版面内容。编前会上，编辑部通常会交流采编工作，推荐报道题材，布置报道任务，传达有关文件，并就报道中出现的一些问题提请注意。这项工作几乎是传统媒体人最有仪式感的一件事，因为选题是报道的重要基础。

新媒体时代，自媒体人也深谙其中的奥义，会提前策划并筛选选题。如果说内容创作在初级阶段还有运气的成分，那么在中级阶段就需要严谨地计划与策划了，这也就是为什么许多达人在进入到粉丝百万量级时，大多数都有策划和拍摄团队。要在分析达人优质内容的基础上，形成一个可持续的选题体系，并一以贯之。

所谓万事开头难，优秀的选题是好内容的基础。选定的主题是否具有可读性，大纲的逻辑是否严谨清晰，素材是否充分，在确定选题的时候都要充分考虑。通常，选题组会根据过往的经验和对运营者运营情况的综合分析，预判选题的大致方向及其效果预期。虽然每个运营者的实际运营情况各有不同，但总体围绕以下 5 点。

1. 共鸣共情

从用户的角度出发，无论阅读习惯发生什么样的变化，都容易被产生共鸣的故事所打动。新冠疫情暴发，全国人民众志成城、共克时艰，无论是传统媒体，还是自媒体都为这个时代留下了不同角度的人物故事。镜头里的医护人员摘下口罩的那一刻，满是勒痕的脸和捂得肿胀的双手让人心疼，如图 1–1 所示。无论人们是否真的深处其中，这种奉献精神总能打动每一个人，这就是共情的力量。

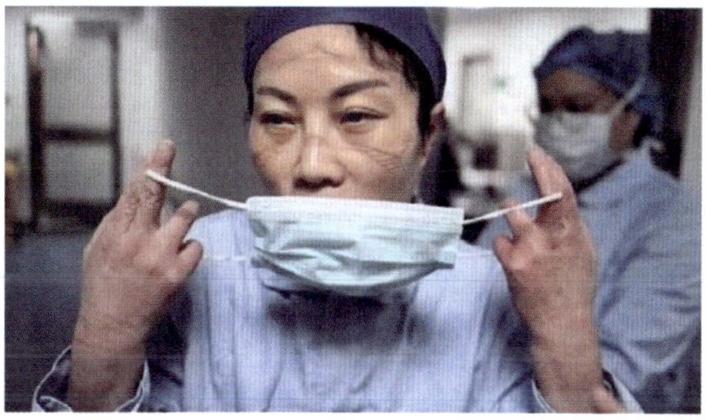

图 1–1　疫情中的医护人员

除了特殊的公共卫生事件，还有大时代的群体情感共鸣，比如北漂族，他们收入不高，境况不佳，为了梦想留在大城市，这不是一个人的境遇，而是数以百万甚至千万人的生活状态。 类似的大城市打拼情感共鸣还可以引申至上海的沪漂和深圳的深漂。

2. 实用

在海量的新媒体内容中，总有一类很容易引发点赞和收藏，那就是实用的教学内容，比如“快速套被套的方法”“15 个厨房小妙招”之类，如图 1–2 所示，实用的资源价值主要体现在用户可以从短视频的内容中获得什么、掌握了多少新知识或者学会了什么新技能，而这种价值的大小主要取决于运营者的水平，某些常识类的内容就不具备太多的资源价值，因为大多数用户对此都比较了解。

总体而言，此类内容的学习门槛很低，可操作性强，更适合用图文或短视频的方式进行传播，二者相比，短视频更具传播优势。

3. 新奇特、有趣

在判断新闻价值时，有一条重要的标准就是异常性。新媒体平台上每天有大量的信息内容，什么样的信息能让用户在短时间内选择观看和关注呢？那就是不一样的内容，不同寻常的内容。在进行选题筛选时，应该避免同质化的内容，而选择奇特有趣的主题。这里需要注意的是，切勿将追求奇特作为唯一标准，否则很容易为了博人眼球而制造假信息或假新闻。

图 1–2　快速套被套的方法

4. 冷知识

冷知识泛指充斥在人们生活中，却鲜少被关注到的有趣知识，它可以让人们增长见识，开阔视野，还能启迪思维，引发强烈求知欲。这类选题经常被科普垂直领域的达人 / 账号使用，

比如某泛科技兴趣社区，吸引了百万名爱知识、乐于分享的年轻人，用知识创造价值，为生活添加智趣。打开社区的微信推送，会发现这类冷知识的文章几乎每天都有，比如，“产生 1 厘米厚的黑土需要数百年，但流失掉只需要一次盗挖”等。把自己定义为“一个爱开脑洞的科学段子手”的某博主是清华大学化工系博士生，就常常通过分享有趣的冷知识获得更多人的关注。2017 年春节期间，他的名为“微信红包先抢和后抢差距居然这么大”的网帖

走红网络，获得了 10 万 + 的点击量。因此，好的选题不一定完全是追热门，其实热门中有冷门，冷门中也有热门。

5. 输出有价值的观点

无论是积极乐观的态度，还是轻松有趣的生活方式，抑或是知识干货，这些都是最终决定能否留下用户的关键所在。平台发布的内容都应该是基于人们要传递出的价值观的。优秀的选题一定要明确自己想要传递给用户的价值观是什么。如果一味地迎合用户，追求粉丝量，博取关注，而违背了最基本的原则，就得不偿失了。新媒体没有所谓的捷径，不走弯路就是最好的捷径。

某时尚界百万粉丝大号其粉丝受众是拥有一定经济基础和时尚品位的中产阶级女性，这与她分享的内容以及输出的价值观有直接的关系。她的内容有近乎闺蜜般的差异化人格魅力，通过持续地内容输出，不断加强一种生活态度，那就是“做我喜欢，并且适合我的事”。这种典型的人格信任模式，已经在逐渐颠覆传统的电商流量法则和转化率法则，为她在社交媒体塑造了强大的影响力。

这里需要注意一个问题，价值既有正面的，也有负面的。观点价值有其特殊性，创造观点价值的难度也比较高。一个人可以发表各种观点，但能够说出有价值观点的人并不多。无论运营者是否产生过要为内容注入有价值的想法，都要审视一下自己的短视频有哪些价值，还要注意弘扬正面价值观。

1.1.2 根据优质选题完成策划方案

有选题是内容创作的基础，接下来就是筛选最适合的选题，继而完成策划方案。这是一个循序渐进且系统化的工作，就好比写一篇好文章，先期良好的阅读积累是基础，到自己创作时，还需要仔细构思，甚至是打结构底稿，所以，要想把内容做好，这样的步骤和程序也是不能少的。该部分以一位高校教育博主的账号为例，剖析一下她的教育选题及策划方案的逻辑和步骤。

1. 优质选题的筛选

优质选题的筛选首先要分析运营者的运营特点，比如达人属于哪个垂直领域，前期视频中爆款视频都有哪些，粉丝的用户画像分析等。上述分析可以有效、精准地筛选选题，提供什么样的内容是供给端，用户的偏好是需求端，只有供需达到动态平衡，才能让一个账号更长久地运营下去。

图 1–3 视频封面及播放数据

以某高校教育博主账号为例，运营者的本职是高校教师，有很强的教育属性，因此大致范围可以选定为教育话题。接下来，继续分析账号内的所有视频内容，会发现之前的爆款内容基本属于以下三大类，即知识干货、女性成长以及泛教育观察。在不拓展新选题的情况下，上述三类选题方向还可以继续深挖，站在教育观察者的角度，考虑可持续性的话题栏目，可以观察低至幼儿园、高至大学的教育教学。因此有了教育观察的第一期视频“一年 9W 的幼儿园给孩子们教些什么呢”，如图 1–3 所示。从家长的角度出发，选取西安市内一所幼儿园为被观察对象，一年 9 万元的学费实属高消费，即使不是幼儿家长，其他用户也会产生浓厚的兴趣和好奇，所以，选题内容的稀缺性也是被筛选的重要指标。

2. 策划方案中选题的使用

当选好一个选题后，不代表可以顺利拍摄剪辑并最终上线，还要根据实际情况，制定切实可行的策划方案，综合考虑团队人员分工、采访难度、时间周期等客观因素，待综合评估结果证实有可行性时，选题才能最终被确认使用。

通常运营者在策划方案时需要综合考虑以下 5 个问题：前期需要做些什么？采访时需要注意什么？剪辑时需要注意什么？推送时需要注意什么？片子的制作时长需要多久？

例如教育博主在策划教育观察的第一期视频“一年 9W 的幼儿园给孩子们教些什么呢”的时候，在前期准备方面制定了选题策划方案，如图 1–4 所示。

案例分析

- 前期准备：
- 和院方沟通–策划案+脚本1–实地勘景讨论方案–策划案+脚本2–实地拍摄–修改脚本3
- 拍摄过程：
- 主持人、摄影摄像、院方–光线角度–孩子个人隐私–采访嘉宾确认–是否需要航拍素材
- 剪辑过程：
- 核对素材–找院方补充素材–粗剪1–修改1–粗剪2–修改2–成片1–修改1–成片(需综合参考团队及院方意见)
- 推送时期：
- 涉及广告部分全部马赛克修改–头图选择–标题拟定–发布时间
- 共用时间7天，参与人数5人，不涉及广告，教育观察系列

图 1–4　案例选题策划方案

中级微课 1–1
选题在策划方案中的避坑指南

3. 选题在策划方案中的避坑指南

中级阶段的自媒体用户，在内容创作上已经有一定的经验。确定选题并制定切实可行的策划拍摄方案，直至拍摄完成，内容上线，这当然是所有达人期待的理想状态。但现实是，稍不注意就有坑要踩，这里总结三大类问题，提供实用的避坑指南。

（1）技术坑

中级阶段的工作，更多的时候需要团队协作，而不是运营者一个人就能完成的，所以，从技术操作层面上，要制定一个团队内的标准化工作流程，方便拆解工作，并在临时换人的情况下也能保证时间线不受影响。再者，在人员分工上，如果团队成员增多，一定要确认谁是团队的核心，谁有最终的话语权，否则在选题和策划方案确认的阶段就会产生内耗。

（2）内容坑

有选题策划和前期讨论，策划方案落地执行期间不会遇到太大的问题，但具体执行期间会出现突发状况，那么，哪些内容能用，哪些内容不能用，这里面也是有学问的。其中，不可意

料的不适宜出现的镜头素材是不可以用的，比如在拍摄素材时，突然出现诸如车祸之类的血腥场面，它是突发的，但却不适宜用作素材。再比如在街采时，很多情况下，是没法控制被访者所说内容的，那么，偏激片面甚至有引战挑衅的言论也是不适宜用作素材的。在实操过程中，达人还要注意慢慢累积更多的经验，优化自己的内容体系。

（3）规则坑

俗话说，无规矩不成方圆。达人在发布内容前务必熟悉不同平台的规则。可将各平台通用的内容规范划分为八大不可触碰的红线：反动违法、血腥暴力、伤害未成年人、色情低俗、虚假信息、违规推广、侵权、外挂作弊。这八大类都是各平台严厉打击的违规内容。达人在发布内容前务必认真检查内容是否违规，以免影响了账号在平台的长期健康发展。例如今日头条是一个对内容有着严格把关的平台，可以看到，低质的内容也会触发今日头条的扣分机制，如图1–5所示。

账号信用分制度　西瓜视频

违规内容/行为	账号分值
被投诉侵犯著作权的	扣40分
扭曲事实、恶意发布他人或机构负面信息的	
上传色情低俗内容的	扣20分
上传非法来源或违反相关政策和法律法规内容的	
虚假宣传或欺诈用户的	
发布与事实不符的各类信息的	
违规声明原创的	
发布内容侵犯他人人身权及其他合法权益的	扣10分
发布广告或营销推广内容的	
标题夸张	
标题与内容不符的	
封面与内容无关的	
标题含错别字的	
视频音画低质的	

图1–5　平台账号信用分制度

【任务实施】

选题判定、前期策划与创作实施

还是以某教育博主的账号为例，下面分析教育观察的第一期视频“一年9W的幼儿园给孩子们教些什么呢”的前期策划与创作。

1. 前期沟通

运营者需要与园方沟通，先确认对方是否愿意接受采访和拍摄。在同意的基础上，创作脚本并与园方沟通，达成初步一致的方向。接下来，应该带着摄像师实地勘景，测试脚本素材能否取到，如果不能，还需要进一步讨论并修改脚本。以此条视频内容为例，运营者坦言，前后沟通加勘景后，脚本方案总共修改了3次。

2. 确认脚本

制定详细的拍摄方案并落实，这其中需要考虑更多的细节，比如是否有主持人？园方派谁讲解，以何种方式入镜？摄影摄像需要带哪些设备？需要带补光灯吗？幼童的个人隐私如何保护？是否需要航拍素材？

3. 后期制作沟通

拍摄结束后，就是整理素材并剪辑的阶段，出于对被访者的尊重，需要将粗剪样片与园方沟通，主要为征得入镜幼童父母的同意，以及园方对拍摄素材的确认。这里需要提醒的是，一旦涉及征求对方意见时，很容易因为前期沟通不充分，导致对方对拍摄素材的期许过高，双方诉求无法匹配而使项目落空。比如，此次拍摄，园方希望视频能出现幼儿园的名字，但因为内容并非广告，没有经过星图付费，如若出现园方名称会被平台限流，影响整条视频的播放效果。所以，后期虽然也有其他园方管理者提出相同诉求，但因为前期已就此情况多次沟通过，整体拍摄剪辑比较顺畅。

4. 平台推送和投放

剪辑完成后，就是平台推送和投放。在发布前，运营者和园方都还有机会对内容提修改意见，比如，此条视频在对学生家长采访时，不慎出现了部分幼儿园名称，此时，还可以抢救性修改素材，把涉及广告的名称用马赛克处理掉。在发布时，选取什么样的头图，直发文案怎么写，以及何时发布也需要好好考虑。本条视频在选题确定后，就基本确认了直发文案，所以，头图也体现了选题要素，不仅出现主要人物、主要场景，还要有视频标题。

因此，从确定选题到策划方案的落地执行，还有更加细化的步骤，需要根据实际情况制定切实可行的方案。此条案例视频作为达人的教育观察系列之一，最终呈现的视频时间不超过 3 分钟，但总共有 5 人参与项目，前后花费了 7 天时间。

任务 1.2　图文内容创作

中级微课 1–2
分析选题方向的几个维度

【任务描述】

图文内容创作主要集中在微博、微信公众号以及小红书平台，在读者掌握基础的图文编辑技巧后，本节将重点放在根据选题方向优化内容创作。看似简单的图文内容，要想得到用户关注，还需要分析用户的关注点与需求点，并结合选题方向进行图文内容的创作，以下将这个系统工程进行拆解分析。

【知识准备】

1.2.1　分析选题方向的几个维度

1. 时效性

内容创作本身是有时间规律的，一些运营者会根据自己的垂直领域制定营销日历，不错过任何一个重要的时间节点，也就是说，固定的时效是选题方向的重要指标。比如，母婴账号的运营者一定会重点关注儿童节、母亲节等体现亲子关系互动的节日，生产相应的内容，并做后续的商务变现。

还有一种是时效不固定的，即随机热点事件。这类事件是偶发性的，需要运营者有敏锐的洞察力，在热点爆发时，抓住时机，并结合自身账号的特点，表达自己的观点或输出相应的内容。比如，在海外新冠疫情暴发时，许多海外账号的运营者第一时间制作所在国家的疫情发展视频，不仅能通过短视频介绍其他国家的情况，还可以宣传我国驻外使馆对中国公民免费发放健康包的热点事件，在国外防疫物资吃紧的状况下，海外华人依然能感受到来自祖国的温暖。因此，敏锐的判断力需要不断地观察，并做出快速的反应，把握时效性将给优质选题带来天然优势。

2. 猎奇性

人类对于未知事物都有天然的好奇心，新媒体时代更是如此。如果选题能满足用户好奇心，就已经为一条优质内容奠定了良好的基础。在很多自媒体平台上，常会看到行业人士分享自己的行业经验，许多都是爆款博文，大多以“当一名 ×××，是一种什么样的体验”为题，用第一视角向用户分享自己的从业经验或人生经历。

个人的精力和经验都是有限的，但却可以通过互联网打破信息壁垒，感受自己不曾体验过的生活或工作。这类内容有两大类方向，第一种是运营者本身的经历就足够奇特，那么他本身就具备持续输出猎奇内容的资源。比如，一位独自在泰国养老的女士，因为选择了一种和大多数人不一样的生活方式，她有源源不断的素材可以产出，如图 1-6 所示。第二种是运营者为了满足大众的好奇心，制造话题，主动寻找新鲜的内容。比如，在各大平台曾经风靡一时的火鸡面挑战，无论国内达人，还是国外达人，都乐此不疲地加入挑战队伍，用户也抱着猎奇的心态看着人类接受味觉极限挑战的反应。

图 1-6　独自在泰国养老的女士

3. 故事性

这类选题有较强的养成型属性，常见的情侣账号、旅行探险账号、萌宠类账号以及现在比较流行的情节故事类账号使用较多。通常这类账号会有一个基本属性，为账号内容大致定一个方向，有的搞笑，有的温情，有的冒险。当用户被一条视频打动时，点到达人主页，会看到系列更新的内容，就会有不断追剧的心理诉求，自然会产生长效的关注。

但这里注意，不要为了故事性而编造故事，用户自己会通过内容对运营者进行判断，如果为了效果制造假的内容，最终可能适得其反。

4. 实用性

图文类内容有很强的示范作用，再加上目前手机应用的不断开发以及平台功能的完善，可以在图片上完成添加贴纸、添加话题、添加地点、添加商品链接等功能，提高用户的使用体验，可以一键式完成阅读、种草、下单的操作。

因此，在了解平台属性后，可以有针对性地增强实用性选题的内容，对账号在后期商业变现有很强的铺垫作用。比如，在小红书上看到许多家居类博主的好物分享，从空间改造到物件选择和搭配，运营者通过对图片信息的不断完善，满足受众对所使用品牌的认知，一方面，提高运营者内容的实用性，另一方面，也为运营者吸引更多商家关注提供可能性。一个较为成熟的运营者应该关注实用性选题的潜在价值。

5. 其他

除了以上选题方向，运营者还应根据自身账号的特点不断延伸探索。比如，互动属性的选题，图文帖在分享完内容后，可以留一个开放式的结尾，问问用户的观点和看法，引发讨论和二次传播。

例如，运营者的内容是选择人到中年辞职创业，这本身是有风险的，也不见得所有人都会做出这样的选择，那么运营者可以在分享自己的经历后，让用户各抒己见聊聊自己的看法，这和视频弹幕的效果类似，可引发观众参与话题的讨论。再比如社交属性的选题可以引发用户的二次传播，这类选题通常是有趣且有挑战性的，如母女身份交换、男女朋友身份互换的内容，体现身份差异后需要增强相互理解的情感诉求，普通用户很容易在阅读完产生分享欲，这其实也是用户社交属性决定的。

当然，好的选题方向不仅仅局限于以上几点，还需要运营者在运营过程中不断总结和归纳，不断优化自己的选题系统。

1.2.2　根据选题方向，总结用户需求点

中级微课 1-3
用户需求与选题结合方法

如果说，确定选题是运营者主动选择内容方向的话，那么总结用户需求点就是用倒推逻辑让运营者反向思考什么样的内容才是用户需要的。

1. 分析用户需求

分析用户需求是自媒体中级运营者必备的一项技能。因为一个选题很难一直保持高产量的持续输出，一个成熟的运营者也会面临发展瓶颈期，很大程度上是因为内容跟不上用户需求，所以，如果在涨粉和互动上没有显著的增长，那么，分析用户需求就显得非常有必要了。

用户需求分析通常有以下 3 种方法：

① 自有用户需求分析。在内容分享过程中，自有粉丝会对运营者提出问题或留言互动，这其中有很多需求线索。比如，针对教育博主，很有可能在分享完托福满分听力经验后，用户还对托福写作感兴趣，这就给运营者一个很准确的需求信号，也为内容创作提供了思路。

② 竞品用户需求分析。运营者不可避免地会关注到和自己相类似的账号，那么对方账号的互动留言也能为运营者提供有效思路。这里需要提醒的是，切忌搬运和剽窃，应该从相似内容的互动留言中寻找有效的用户需求。

③ 开放式征集用户需求。运营者可以在内容发布时主动征询粉丝意见，直接有效地收集用户的需求反馈。这里也需要注意，用户的反馈并不是说可以直接拿来用，运营者应该将其视为用户需求的资源池，还需要结合具体的情况判断哪些内容可以生产，哪些即使有需求也不适合生产。

2. 需求点与选题结合方法

在分析完用户需求后，需求点和选题的结合也分 3 种情况：

① 完美契合。比如用户在已有的选题内容下面提出延伸需求，这不仅在运营者选题方向内，同时还帮助运营者拓展子栏目的内容方向。

② 部分契合。用户在运营者的评论区提出新的需求，虽在固定选题方向以外，但属于探索的领域。比如，用户会在一个英语教育博主的评论区留言，希望其能参与时下流行的“让妈妈生气的一百种方式”挑战，那么运营者可以结合自己的实际情况，拍摄英语版的挑战内容。

一方面，满足了用户的需求，另一方面，运营者也在不断拓展新的可能性。

③ 不契合。用户提出一些天马行空的需求，运营者也不必一味满足用户，而丢失了自己的方向。

无论需求点与选题是完美契合还是部分契合，运营者都可以在内容创作时选择适当的结合方式，比如话题结合，这种情况下，运营者只需要把需求和选题方向融合，内容的自由度最大，自主性也最强；也有互动结合的方法，这种需求通常是有挑战性的，比如用户希望运营者完成一项挑战，那么运营者需要评估一下实际情况，切勿为了满足用户的需求就做出冲动或鲁莽的行为。

1.2.3 根据选题进行图文内容的创作

在选定选题，同时了解用户需求之后，运营者就可以着手撰写内容大纲。这一部分，以某位教育博主的账号内容为例进行详细分析。

1. 标题撰写

好的标题几乎决定着一篇帖子能否成为“爆款”，因为它对用户是否愿意点开阅读起着决定性作用。除此之外，图文内容的头图也有同等重要的作用。因此，标题撰写是一项技术含量很高的工作。

2. 图文内容写作原则

（1）逻辑

当运营者找到了一些好素材，有东西可以写，其实已经比很多人都要强了。但是，倘若表达毫无逻辑，那素材再多也没什么作用。在写作这件事上，逻辑就是排序。也就是如何把想表达的内容按照一定的顺序进行排列，不按规则的排序，就会给人一种“凌乱感”。

举个例子，比方说一段工作汇报——小张说：“老板，王经理来电话说他3点钟不能参加会议，小孙说他不介意晚一点开会，把会放在明天也可以，但是10：30之前不行，可是会议室明天就有人预定了，但星期四还没有人预定。所以把会议时间定在星期四11：00似乎比较合适，您看行吗？”

当你听到这样的报告，会有什么样的感受？没错，一个字——乱。怎样表达才能逻辑清晰，让别人能迅速地理解？不妨对前面那段话做一些修改：

老板，可以将今天下午的会议改在星期四11：00开吗？因为：

① 王经理今天来不了。

② 会议室明天被占用了。

③ 而后天大家都能到场，并且会议室可以使用。

可以说，这两段话表达的内容和意思都一样，只是把内容的排序做了一些变化，结构就清晰很多。很多时候不是内容不对，而是表达内容的顺序错了。如何让表达逻辑清晰？最简单的方法就是：先说结论，再列举理由。

很多好文章，结构其实大同小异，常说的总—分—总，就是一种常见的排序，另一种常用的排序方式是——Why-What-How（为什么，是什么，怎么办）。练习表达逻辑最好的方式就是去分析经典的优秀文章，分析文章的结构、逻辑关系，从而掌握表达逻辑。

（2）叙事

当做到了逻辑合理，就可以清晰地表达观点，把事情讲明白，但是想要写得吸引人，就要学会讲故事。

好的内容创作者都是擅长讲故事的人，相比较而言，讲道理的效果，远远不如讲故事。即便是在辩论的舞台上，大道理也很难说服观众，但好的故事可以。因为故事有一个很重要的作用：共情。正所谓，晓之以理不如动之以情，故事，具有动情的能力。没有什么比一个好故事更吸引人，也没有什么比它更有说服力。因此，在进行素材收集时，好故事是最好的素材，而发生在自己身上的好故事，是“比最好还要好”的素材。

叙事是一种“手法”，而这个手法的 3 个核心是：目标 + 困境 + 解决，即人物的目标是什么，人物遭遇到什么困难，人物是如何解决的。

（3）具体

理解了逻辑，让表达更“清晰”；理解了叙事，让表达更有“吸引力”；最后一个技巧是“具体”，让表达更容易被人记住。思考是抽象的，但生活是具体的。抽象的东西往往让人很难理解与记忆，但却是很多人常用的表达方式。在写作时也是一样，内容越具体，写出来的东西就会更细致。具体，还有另一个作用——可信。关于一件事，倘若能说出一些细节，可信度就高了。

例如在某次活动上，有一个游戏环节是“做自我介绍”，但是有点不一样的是，要求参与者编造一个身份，还要讲得跟真的一样。很多人确实是编了个身份，但听起来就很假，一听就是瞎编。举个例子，你可以说你是演员，如果你说：“因为遇到了一个星探，被发掘，后来经过一些训练，也拍了一些戏。”听上去就不太真实，像是编故事。但如果你增加了一些细节：具体哪一天，什么季节；具体在哪里遇到了一个星探；具体的心理描写——当时你都不太信，感觉像是骗人的；具体那个星探长什么样——那个人有点瘦小，看上去也不是很职业；具体后来经过了什么训练——刚开始很害怕面对镜头，感觉很尴尬，不知所措；等等，越是具体，越多细节，可信度越高。这也是为什么有时候一些具体的数字会给人可信的感觉，因此，当不小心陷入很多抽象表达的困境时，不妨提醒自己“具体点”。

3. 图文内容写作注意事项

作为运营者，首先要对平台规则有所了解。以小红书为例，标题字数限制在 20 字以内，这其中包含特殊字符、标点以及表情符号；正文字数上限 1 000 字，但通常大部分正文控制在 600 ~ 800 字。除此之外，图文类内容要注意断句和分行，从用户角度出发，一大段文字不分段不仅影响用户理解句意，还影响阅读体验。

图文内容的写作要注意勿违反法律法规、勿盲目追热点、勿标题党、勿空穴来风、勿传播低俗内容。

【任务实施】

图文内容创作案例实施

1. 标题撰写

以这位高校教育博主的一篇图文内容为例，标题为“【西外 vivi 老师】手把手教你，成人如何学英语”。这其中用标点符号强化运营者的职业身份，巩固其公信力，外国语大学的教师进场指导，势必在能力背书上有较强的优势，如图 1-7 所示。“手把手”作为副词给用户一种贴心细致的感觉，因为，技能学习的初级用户都有对未知领域的恐惧感，如果标题能缓解用户的焦虑，会天然地拉近与用户之间的距离。“成人如何学英语”把内容范围做了限定，不是少儿英语，也不是考级英语，而是成人英语。对于小红书平台而言，许多英语教育类博主在留言区都会看到类似“工作多年，想重新学英语该怎么学？”之类的评论，但是鲜少见到能系统回答这个问题的博主，那么需求痛点就出现了，如果能把握住，运营者就能收获粉丝的信赖。

2. 内容大纲的撰写

确定完题目后，就要着手撰写内容大纲，这其中最重要的一点就是要有逻辑。比起视频内容，图文内容对用户的阅读门槛要求较高，同理，用户对运营者的内容逻辑也要求更高。运营者需要用最短的时间把用户想要了解的事情讲清楚。新媒体的运营法则中，很重要的一点是，争取用户的时间。如果逻辑混乱，内容虚无，那么，流失用户就是必然的。

还以此篇博文为例，运营者在撰写大纲时就对这个选题进行了详细地拆解。成人学英语是一个非常宽泛的话题，每个人的能力水平不同，对学习的需求也不同，因此，不能给一个一刀切的回答。在撰写大纲时，运营者会先分析这个选题，然后从能力和需求两个方面继续拆解成 3 个阶段，每个阶段对应的学习方法都不同，同时根据不同的能力和需求推荐对应的学习资料，节省用户时间，方便用户阅读。最后，整合这些有效信息，并通过图文的方式直观地展示给用户，如图 1-8 所示。

图 1-7 成人如何学英语

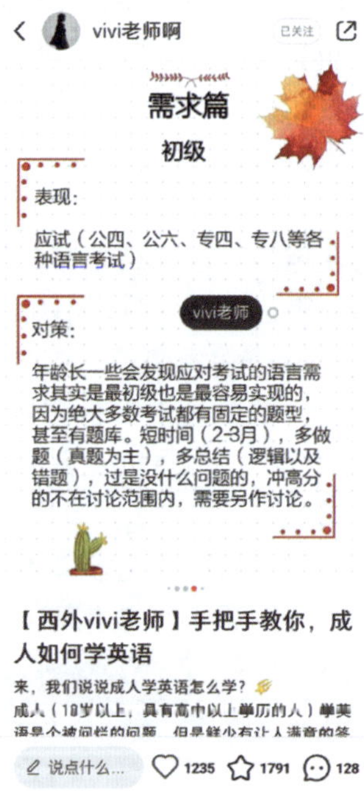

图 1-8 成人如何学英语需求篇

任务 1.3 短视频 / 直播脚本创作

【任务描述】

在掌握基础的图文编辑技巧后，本节将重点放在根据选题方向创作短视频 / 直播脚本上。

看似简单的短视频，要想得到用户关注，同样需要分析用户的关注点与需求点，并结合选题方向，撰写创作脚本，本任务将通过案例为大家拆解分析。

中级微课 1-4
短视频脚本最主要的 3 个要素

【知识准备】

中级微课 1-5
分析用户需求的方法

1.3.1 了解脚本撰写的步骤和要素

1. 脚本撰写的步骤

针对短视频的脚本撰写一般分为 3 个步骤：

① 明确主题：主要表达内容。

② 搭建框架：通过框架核心分析大纲要求。

③ 填充细节：镜头景别、内容、台词、时长、音效、道具等。

撰写短视频脚本可以采用专门的分镜头表格，使内容更加清朗明了，如图 1-9 所示。

场景二

镜号	场景	景别	技巧	内容			效果	音乐	备注
				动作	时长	对白			
4	机场大厅广场(二楼国内到达)	中近景	从特写跟至中近景	拖着行李在机场大厅，拿着自拍杆	8s				
5		特写	固定	手机作前景，自拍合影	3s				
6		全景	固定	警官从二人旁边经过	3s				
7		中近景	微仰拍	少部分手机前景(凑近看的手机)	8s	诶！真的诶！我也要连。Wow,cool,I wanna connect it too.太棒了，赶紧跟妈妈视频一下报个平安			

图 1-9 分镜头脚本

2. 脚本撰写的要素

剧情脚本撰写要素和注意点如下。

① 脚本撰写的要素：时间、地点、画面、运镜、景别、演员、服化道的安排。前期脚本只有撰写得越详细，准备得越充分，才越能提高中期拍摄的效率。一些重点的要素，如时间、

地点、演员的安排是中期制片的工作依据；而画面、运镜、景别等则是摄影师的工作依据。因此必须提前撰写好脚本。

② 脚本撰写注意点：主线清晰看点明确，人物关系清晰分主次，台词和节奏修改要有把握，转场设计要连贯，创作共识与模板。

1.3.2 短视频 / 直播脚本的创作方法

短视频的脚本创作和直播脚本创作是脚本创作衍生出来的细分领域，基本秉承上一部分提到的格式要求和要素构成。短视频脚本创作更突出长度的短和内容的细分。直播脚本根据具体内容分为主题直播脚本和带货直播脚本两种主要类型。

1. 短视频脚本创作方法

短视频脚本最主要的 3 个要素是镜头、时长和内容。镜头又分远景、全景、中景和近景、特写 4 个主要景别镜头，分镜脚本需要明确用什么镜头表现。交代大环境场景的，通常运用远景或全景镜头，对话场景一般用中景镜头，有细节动作表现的通常会用近景特写展示。

时长是指单个镜头时长，提前在脚本中标注清楚，方便后期剪辑对照脚本找到重点，提高剪辑效率。短视频通常少于 3 分钟，最常见的是 60 秒以内的短视频，因此分镜脚本在时长上的控制会更精准，也更严苛一些。

内容主要是指台词，具体到每一个镜头的变化，出镜达人需要讲什么内容，最好提前能写在脚本里。如果拍摄任务比较重，通常达人还会使用很多辅助手段来保证不念错台词，比如，提前打印好台词，让助理在视线所及之处手动更换台词纸，或者使用提词器等设备辅助。

短视频脚本的创作没有固定的模式，只要上述三大要素有所体现，就能保证一个团队的成员在拍摄剪辑过程中有效理解和沟通。通常，短视频的分镜脚本会用 Excel 表格分成三栏，镜头、时长以及内容各占一栏，将内容项目填写进去，无论达人还是剪辑师，都能一看就明白。有时，也会再加一栏备注项，添加诸如道具使用、语气加重等辅助信息。

2. 直播脚本创作方法

直播目前的类型比较多，大致分为三大类：PK 打赏型、主题聊天型以及直播带货型。涉及脚本创作的大多是后两种类型，其中，直播带货型的内容对脚本需求是最明确的。

一般来说，直播带货前，达人需要与品牌方沟通商品的直播信息，其中包括商品名称、商品价格、直播价格、商品特点等。成熟的品牌方会提前给直播达人准备好品牌剪报，帮助直播达人快速熟悉产品，并精准找到商品的购买特性，甚至有些品牌方会把直播话术也提前准备好，这种情况下，达人的脚本创作压力会小很多。

如果品牌方并未给达人提供现成的直播脚本，那么达人需要自己创作。直播脚本和短视频脚本相比对镜头要素的要求没有那么高，除非是特殊商品，比如珠宝、首饰等贵重且需要展示细节的商品，会有镜头切换的需求。因此，直播脚本中时长和内容更重要。一场直播中通常达人会展示数样商品，每种商品的展示时间必然有长短之分，那么，如何在紧凑的时间内最好地调动直播间观众的状态，并促成最后的下单交易，达人需要很好地控制时长。也正是因为时长有限，内容就显得更重要，说什么、怎么说，如何用一句话迅速提炼产品的特点，直播间里能享受到的优惠到底有哪些等，需要达人及团队归纳总结，提前准备好，以防止直播过程中节奏过快，导致信息漏说、说错的情况。建议达人团队在准备直播脚本的内容时，把信息要点用数字分段标出，在直播过程中，达人可以清楚地明白直播进度和直播内容。

【任务实施】

短视频脚本创作案例实施

以上文提到的高校教育博主的短视频“一年 9 W 的幼儿园给孩子们教些什么呢”为例，分析其脚本创作的过程。

1. 确定选题、撰写策划方案

博主教育观察的这期视频从家长的角度出发，选取西安市内一所幼儿园为被观察对象，一年 9 万元的学费实属高消费，即使不是幼儿家长，其他用户也会产生浓厚的兴趣和好奇，所以选题内容的奇特性也是筛选的一个重要指标。

在确定了选题后，运营者首先进行了实地考察，联系幼儿园相关人员进行访谈了解，明确策划方案，如图 1-10 所示。

幼儿园策划

标题：×万块一年的幼儿园，孩子们都学些什么？

主要拍摄人物对象：
1. 幼儿园工作人员
2. 幼师
3. 有趣的小朋友
4. 家长

开场白(骑着小车出镜)：
我现在在西安曲江，今天我们来看看×万块一年的幼儿园里面，孩子们都学些什么呢？Let's go!

幼儿园环境空镜

采访提纲：
1. 询问学费，一个月多少，一年多少，各种费用？
· 情节点：
VIVI对观众说：你们小时候幼儿园有这个吗？
推开门镜头推进展现游泳池
2. 询问积木泡沫的价格。
3. 孩子们的伙食怎么样呢？
· 情节点：
伙食
厨师送餐电梯出，开始送餐，VIVI老师一脸懵。
VIVI感叹：太幸福了吧！吃饭都是厨师亲自送上来的？
食物镜头
4. 询问每一个教室的班牌来历和含义。
5. 孩子们的年龄好像不一样？询问混龄的特色。
6. 询问走廊上孩子们做的手工。
· 情节点：
工作人员展示手工室，介绍硬件和拿取流程等。
VIVI：作为一个手工爱好者，我的梦想就是有这么大的一间手工室。
7. 询问走廊上的值机柜台。
8. 孩子们平时使用的教材是怎样的呢？(无教材)
· 情节点：
图书馆镜头
你们猜这个图书馆有多少藏书呢？
拉开展示图书馆
9. 孩子们使用英语的环境多吗？
· 情节点：

图 1-10 幼儿园观察策划方案

2. 将策划案转化为分镜头脚本

文字策划方案需要与采访对象多次沟通，反复修改，规避各种不宜出镜的内容，尽早做到万无一失。接着根据双方确定的文字策划案，导演会将文字策划案转化为分镜头拍摄脚本，分镜头脚本做得越详细越有利于拍摄现场的把控，导演在现场依据分镜头脚本进行拍摄进程的推进，摄影师通过分镜头脚本有效率地安排一天的拍摄任务，主播根据分镜头提前进行主持对白的练习。后期剪辑制作人员也会根据分镜头脚本对照拍摄镜头进行工作，这样更有效率。分镜头脚本案例详见二维码。

分镜头脚本

3. 案例最终实施效果

短视频拍摄完成后，达人一般会保存 4 ~ 6 个相关文件，如横版封面、竖版封面、横版成片、竖版成片、横版粗剪视频以及竖版粗剪视频，以备不同平台使用。

从成片的最终呈现来看，和脚本略有出入的是个别场景的删减，比如两个展现幼儿园硬件设施的素材，因为内容重复被删减，这样不仅能保证成片结构紧凑，又能有效提升完播率。除此之外，结尾的家长采访方式稍做改变，设置一个开放式的结尾，引发观众的持续讨论。在拍摄素材上，结尾部分家长站在幼儿园门前，为了避免打广告的嫌疑，特意用景观树的树枝遮挡住幼儿园的名称。以上这些变化是在实际拍摄和剪辑过程中发现并及时做出调整的。

从数据表现上来看，此视频在抖音平台有 460 万的自然播放量，点赞数超过 6 万，评论数超过 7 千，互动数据表现不错，这些都从侧面反映出这条视频在内容创作上选题策划和拍摄文案的成功，如图 1–11 所示。

图 1–11 短视频成片

项目实训

请分析网上某位达人账号的特点，依据选题方向，完成图文内容的大纲和内容创作。完成一期短视频脚本的创作。

1. 实训目的

① 能根据优质选题标准，在选题库中进行筛选并判断选题效果，完成选题策划。

② 能根据选题方向，分析总结用户关注点与需求点，完成撰写内容大纲。

③ 能根据图文内容创作格式和要素要求，依据相关法律法规和平台规则，完成图文内容创作。

④ 能根据脚本撰写的格式和要素，完成短视频或直播脚本创作。

2. 实训内容

① 依据选题方向，分析总结用户关注点与需求点，完成撰写内容大纲。

② 依据图文内容创作格式和要素要求，完成图文内容创作。

③ 依据脚本撰写的格式和要素，完成短视频或直播脚本创作。

课后练习

请扫描二维码，查看本项目课后练习。

项目 1　课后练习

项目 2　图片制作

课时　4 学时

项目描述

本项目以两个现代主题海报为案例，将新媒体图片制作的技巧分为两个重点内容：图片创意字体设计和主题海报制作。通过本项目的学习和实战，读者将全面细致地了解新媒体图片的编辑创作过程，掌握根据特定主题使用图像处理软件完成相应的字体设计，能根据画面构图的原理，使用图片、字体、图形等元素组合排版完成主题海报制作任务。

学习目标

知识目标	1. 理解字体设计的方法
	2. 了解字体变形中应该规避的问题
	3. 了解基础色彩分类原理
	4. 了解图片构图原理
能力目标	1. 能使用图像处理软件，完成图片创意字体设计
	2. 能根据画面构图的原理使用图像处理软件完成主题海报制作
素养目标	1. 具有使用图片处理软件编辑图片的能力
	2. 形成独立完成设计 / 排版 / 编辑制作主题海报的能力
	3. 形成踏实肯干、吃苦耐劳的工作态度

知识图谱

- 项目2 图片制作
  - 图片创意字体设计
    - 图片创意字体设计方法
  - 主题海报制作
    - 基础色彩原理分类
    - 图片编辑操作
    - 图片构图原理
    - 海报设计四大原则

任务 2.1 图片创意字体设计

【任务描述】

字体设计是图片制作的重要组成部分，不仅能深化图片的内涵，传达信息，而且能丰富图片的形式、风格，改善构图，对提升图片制作的整体价值有着很大的意义。如何依据特定主题设计创意字体并使用图像处理软件完成创意字体制作是本任务的核心。

【知识准备】

创意字体设计方法

1. 替代法

替换法是创意字体设计的常用方法之一。它是指在统一形态的文字元素当中加入另类不同的图形元素或文字元素。其核心是根据文字的内容本身的意思，用其他形象来替代字体当中的某一个部分或某一个笔画，这些形象有的写实有的夸张，与原文字有较大差异。将文字的局部用这些形象进行替换，其实是文字内涵的一种外露，变换后的文字在形象和感官上都增加了视觉传达因素，具有较强的艺术感染力，如图 2–1 所示。

图 2–1 替代法

2. 尖角法

尖角法是指把字的角做成变形的尖，可以是直尖、弯尖、斜卷尖。这些角可以是竖的角，也可以是横的角，这样文字的形象看起来会比较硬朗，适合用于表现强健、有力，透露出一股气势和力量，如图 2–2 所示。

3. 断肢法

断肢法是指把一些封闭包围的完整字适当地

断开，形成一个开口。断肢法的前提条件是变化之后能识别，如果用这个方法处理后的字不易识别，那处理就是失败的，如图 2–3 所示。

图 2–2 尖角法

图 2–3 断肢法

4. 错落摆放法

错落摆放法是指把正常应该是左右顺序的改为左上、左下、上下排。如果斜排就是一边高一些一边低一些，让文字排列错落有致，增加设计美感，如图 2–4 所示。

5. 方方正正法

汉字本来就是方方正正的方块字。方方正正法顾名思义就是把所有字的弯全部改成横平竖直、方方正正的一种方法，如图 2–5 所示。

图 2–4 错落摆放法

图 2–5 方方正正法

6. 横细竖粗法

选定字体后，把横的笔画减细，把竖的笔画加粗，使横竖形成粗细对比，跟传统宋体字类似，横细竖粗，撇像刀锋。这种方法可以说是替代法的一种变形，可以尝试进一步将笔画简化，或在字体中加入个人情感因素，设计出合适自己的字体，如图 2–6 所示。

7. 随意手写

在现在手机和计算机普及的时代，能写一手好字弥足珍贵。一手好字，总能给人耳目一新的感觉，而且是不可复制的，特别在今天讲究个性化的时代，这是一个非常大的优势。用笔，特别是毛笔随意书写出来的字，或者模仿手写字的那种感觉设计出来的字，都具有浓重的笔墨气息，如图 2–7 所示。

图 2–6　横细竖粗法

图 2–7　随意手写

知识拓展

矢量字体设计软件

虽然 Photoshop 可以做创意字体设计，但是在专业设计领域，还有更多的设计软件可以选择——比如 Illustrator、CorelDraw 等。特别在创作矢量字体的时候，这两款矢量图形制作工具具有更高效率。

【任务实施】

PS 创意字体设计实战

下面介绍字体设计中常用的图片字体效果实战。

1. 导入图片

在菜单栏单击“打开”命令，打开一张想要编辑的图片，如图 2–8 所示。

2. 输入文字

在左侧工具栏选择文字工具，输入想要的字，并调整好字体和字号，如图 2–9 所示。

3. 解锁图片

双击右侧图层面板中的图片层，按“确定”键解锁图片，如图 2–10 所示。

4. 调整图层次序

在右侧图层面板中操作，将图片层移动到文字层上一层，如图 2–11 所示。

5. 剪切蒙版

还是在右侧图层面板中操作，将光标放在图片层和文字层中间时，按住 Alt 键，单击鼠标，实现剪切蒙版命令（显示上层的图案、下层的形状）。图片字体效果就实现了，如图 2–12 所示。

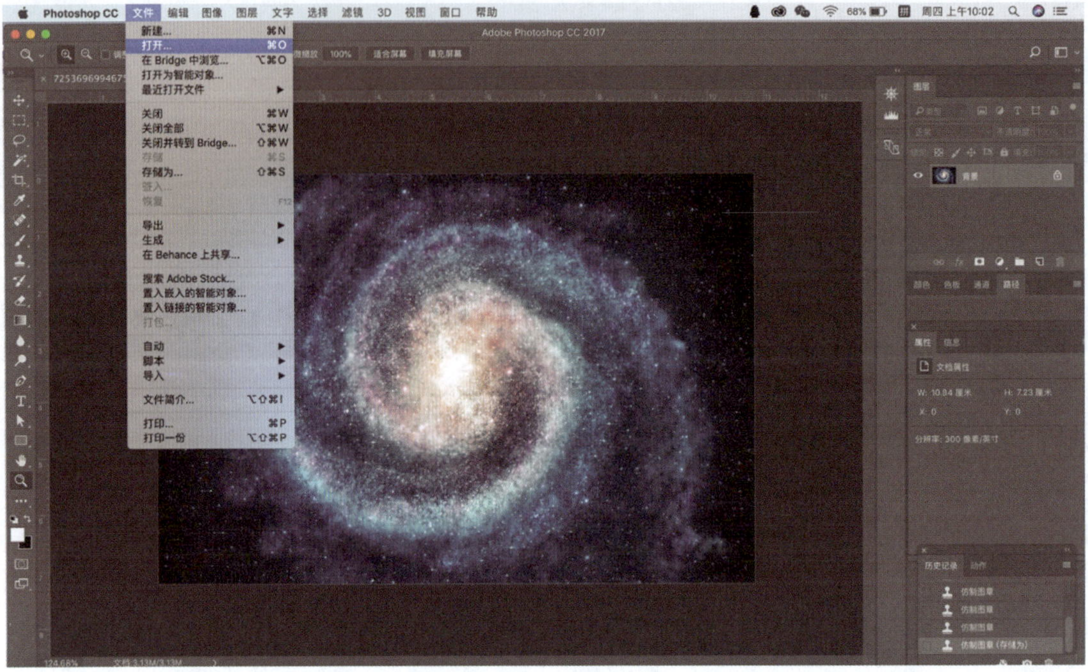

图 2-8 导入图片

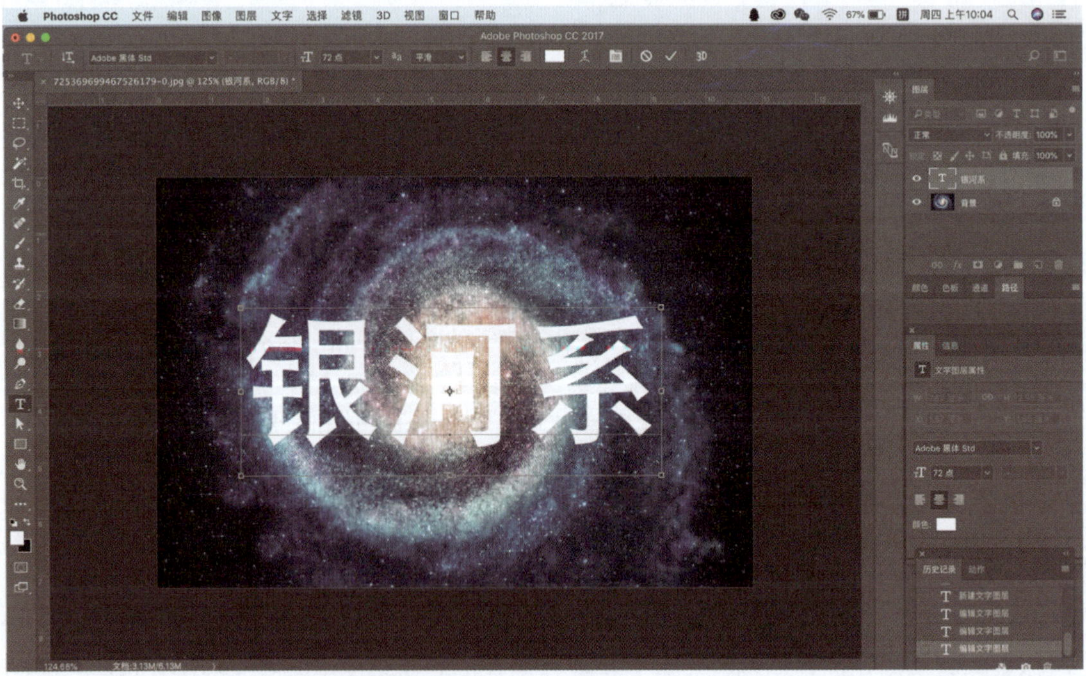

图 2-9 输入文字

图 2-10 解锁图片

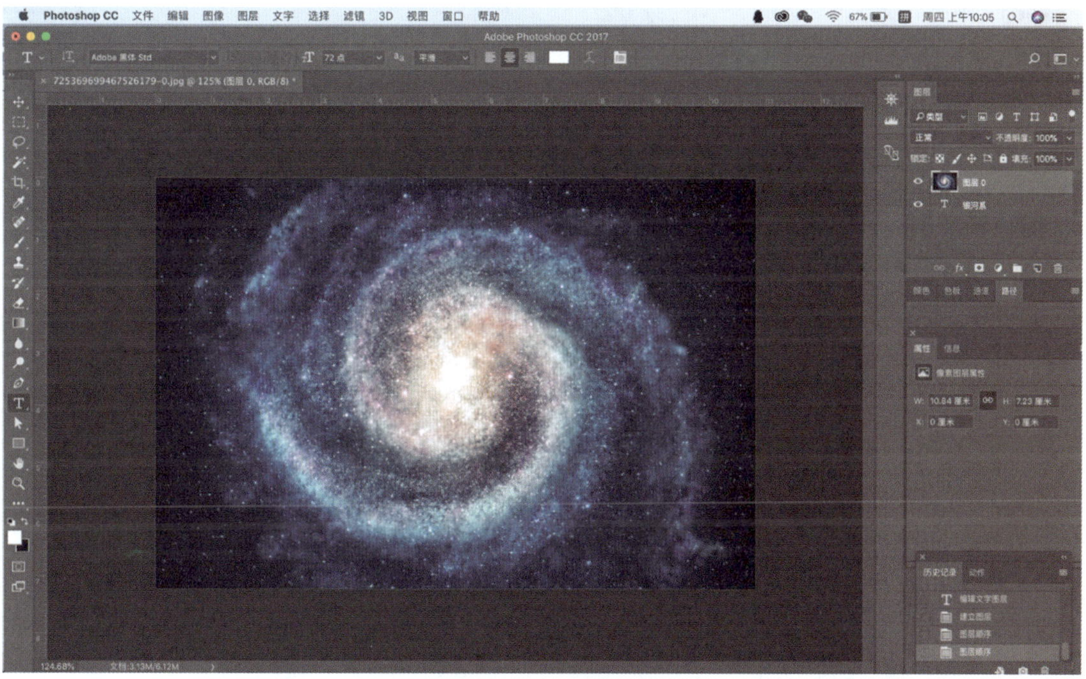

图 2-11 调整图层次序

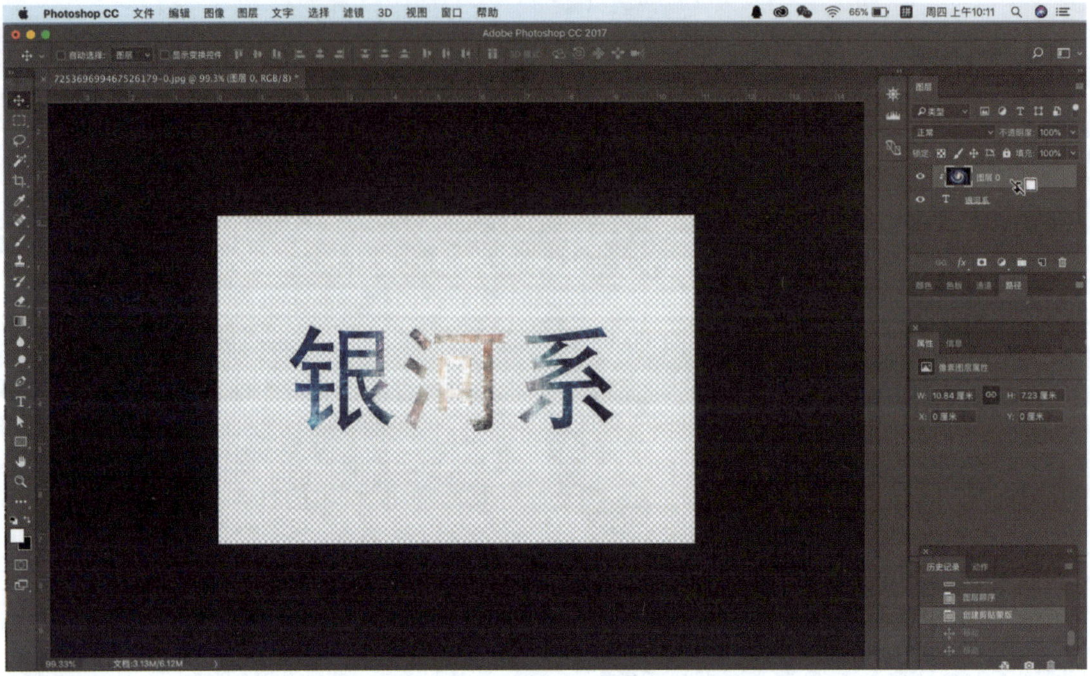

图 2-12 剪切蒙版

任务 2.2 主题海报制作

中级微课 2-1
色彩印象

【任务描述】

优秀的主题海报能快速吸引用户关注，达到宣传推广的效果。如何根据画面构图的原理，使用图片、字体、图形等元素组合排版完成主题海报制作是本任务的核心。

【知识准备】

中级微课 2-2
图片构图原理

2.2.1 基础色彩原理分类

1. 色彩三要素

（1）色别

色别也称为色相，是颜色和颜色之间的主要区别，比如红、绿、蓝、紫、橙、黄。当然色别也不只有这几种，它们互相混合还能产生如黄绿、红紫、蓝紫、蓝绿、橙红等其他色彩。色别是颜色的最基本特征，如图 2-13 所示。

（2）明度

明度是指颜色的明暗、深浅程度。它包括 2 种含义：第一，指在不同颜色中间，人们对黄绿最敏感，红色其次，对蓝色最不敏感。这样就是让人感觉黄绿最亮、红色其次、蓝色最暗；第二，指同一种颜色受到不同光线照射，也会让人产生不一样的感受。例如同一棵树，阳光直射的一面呈较明快的浅绿色，阴影面呈深绿色。

（3）饱和度

饱和度是指色彩的纯度，用数值表示颜色的鲜艳度，也称为彩度。越接近光谱色，色彩的饱和度越高。如果某一颜色掺杂了别的颜色，或者加入黑或白色，饱和度便会降低。饱和度越高，色彩越艳丽。

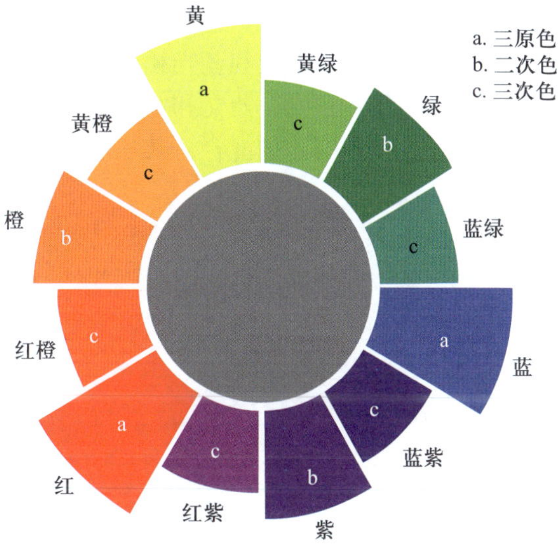

图 2-13　色别

2. 传统色环

色环是指在彩色光谱中，可见光的块状型色彩序列，将首尾相连接在一起，从红色端连接到紫色端。按照定义，用基色通过一定比例混合可以产生其他任何颜色。

根据颜色系统的不同，色环也分几种。在美术中运用的是红黄蓝（RYB）色环，在光学、Photoshop 中运用的是红绿蓝（RGB）色环，在印刷中运用的是青品黄黑（CMYK）色环，如图 2-14 所示。

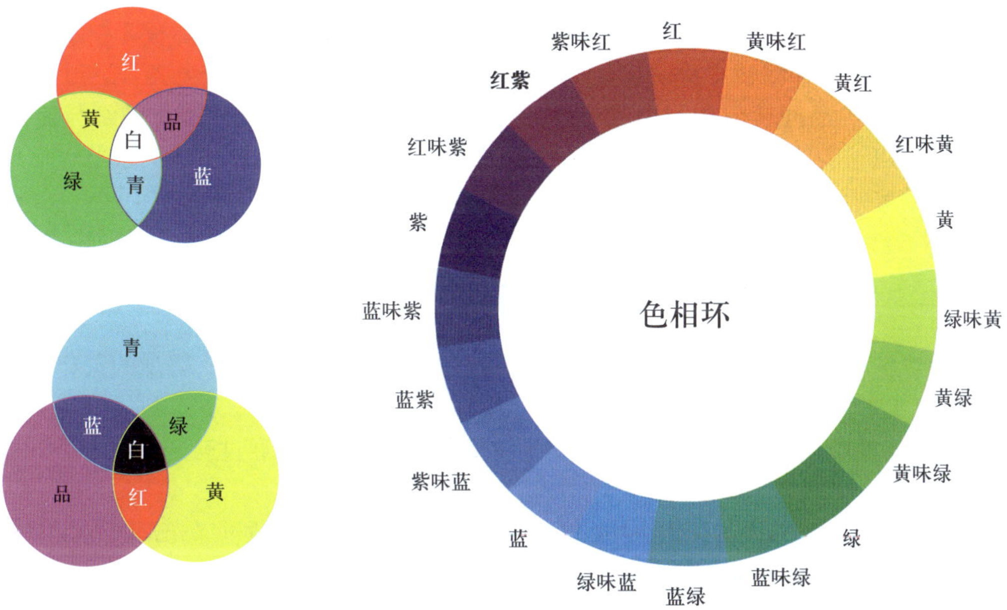

图 2-14　色环

3. 处理颜色的方法

（1）加色法

RGB 是红、绿、蓝 3 种颜色英文单词 Red、Green、Blue 的首个字母。红、绿、蓝也是光的三原色，如图 2-15 所示。

当等量的红光、绿光、蓝光相加便产生白光。红光和蓝光相加便得到品色光，红光和绿光相加便得到黄色光，绿光和蓝光相加便得到青色光。同样，红光和青光相加便得到白光，绿光和品光相加便得到白光，蓝光和黄光相加便得到白光。

这 3 种光按不同比例混合，几乎能产生所有光。一句话，所有色光都能由这 3 种色光按不同比例混合而成。

（2）减色法

减色法是指物体利用对光的吸收和反射获得色光的方法，如图 2–16 所示。

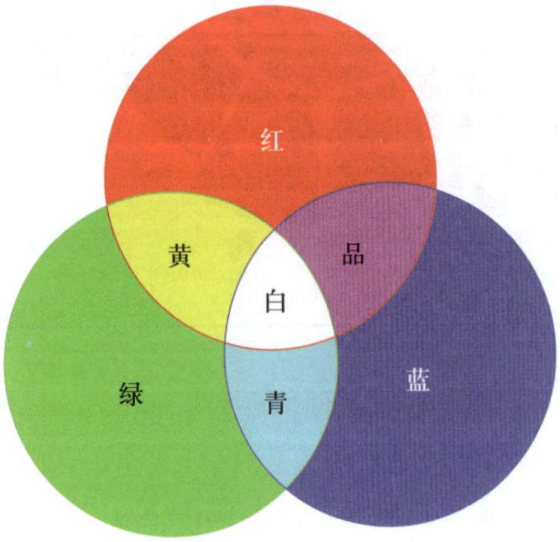

图 2–15 加色法

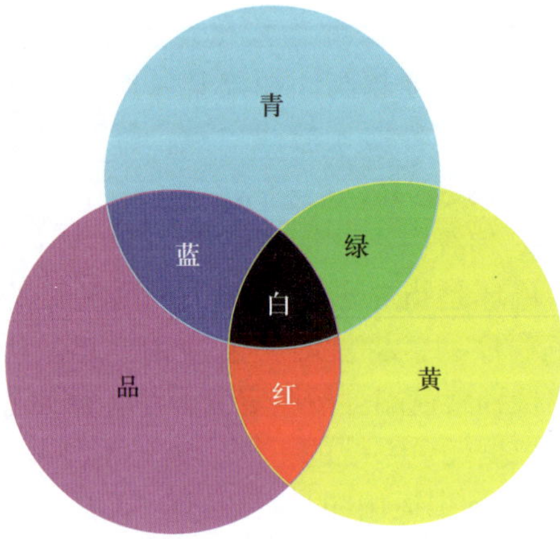

图 2–16 减色法

青、品、黄、黑的英文单词首个字母合到一起就是 CMYK。青、品、黄 3 种颜色的单色就好比青、品、黄 3 种滤镜（透明镜片），滤镜的功能就是阻挡一部分色光，通过一部分色光。根据图 2–16，品滤镜阻挡了白光中的绿光，通过了红光与蓝光，等量的红与蓝混合便成为品光，可以认为这是一块品滤镜。青滤镜阻挡了白光中的红光，通过了绿光与蓝光，等量的绿光与蓝光混合便成为青光，这就是一块青色的滤镜。同样，黄色滤镜阻挡了白光中的蓝光，通过了红光和绿光，等量的红光和绿光混合便成为黄光，可以认为这是一块黄色的滤镜。

当两块等量的滤镜叠加之后情况是怎样的呢？

等量的黄光和品光相叠，白光中被阻挡了绿光和蓝光，只通过红光，等量的黄和品相叠便产生红色。

等量的青光和品光相叠加，白光中的红光和绿光被阻挡了，只通过蓝光，因此等量的青和品叠加产生蓝色。

等量的青光和黄光相叠加，白光中的红光和蓝光被阻挡了，只通过绿光，因此等量的青和黄相叠产生绿色。

（3）色彩管理

色彩管理只有一个目的：使一幅画面在任何设备上输出时，在视觉效果上是一致的，即“所见即所得”。这里的设备不仅仅是指显示器，还包括印刷设备、打印机、扫描仪等。它解决的是由于色彩空间不同而导致的色差。

关于色彩管理的要点：第一，是传统彩色印刷打印复制过程中，按照纸张、油墨和其他印刷打印条件，进行设置校正，让其在视觉上保持一致性；第二，针对出版、设计等显示设备，用软件的方式来对设备进行色彩校准，使它们能取得最佳的色彩匹配。

4. 色彩印象

色彩印象是一种心理感受的信息传达。不同的色彩甚至同一色彩因为明度、饱和度不一样，给人的感受也是不一样的。

- 红、橙、黄、绿、青、蓝、紫，当面积一样时，黄色显得最大，紫色最小，青与红差不多。同一颜色中，感觉重的颜色显得小，感觉轻的颜色显得大。
- 暖色调给人亲近感，冷色调让人感觉距离很远。同一色彩，明度高的显得近一些，明度低的使人感觉远。
- 暖色调、明度大的颜色给人以膨胀的感觉，冷色调和明度低的给人以收缩的感觉。
- 不同色彩还具有轻重不同的感觉。红橙给人温暖的感觉，给人以动感；蓝紫给人凉爽的感觉，给人以静感。

不同的色彩还能给人带来不同的联想，如图 2–17 所示。

红色：革命、胜利、喜庆、热烈、紧张等
黄色：富有、轻快、高贵、光明、明朗等
绿色：青春、生命、希望、和平、生机等
蓝色：宁静、崇高、永恒、深沉、诚实等
白色：纯洁、朴素、坦率、悲伤、明净等
黑色：神秘、恐怖、悲伤、肃穆、庄重等

图 2–17 色彩联想

2.2.2 图片构图原理

在绘画、平面设计与摄影中，构图的重要性不言而喻。构图是指作品中艺术形象的结构配置方法，它是造型艺术表达作品思想内容并获得艺术感染力的重要手段。下面介绍几种画面构图的处理原则。

1. 中心构图法

最常用而且是最稳妥的构图方法就是中心构图法。它的特点就是主体在画面中心，主体突出，会抢占观众的第一视觉，同时画面比较均衡。中心构图非常适合拍摄建筑、静物等题材作品。但是它也有自己缺点，如果使用不当，画面容易显得呆板、沉闷。在使用中心构图时常利用光影、景深、线条等为画面制造一个视觉趣味中心，让画面鲜活起来。

如图 2–18 所示，应用了典型的中心构图法，花束的主体处于画面的正中心，主体突出。并且利用了光影和景深，使画面看起来不单调。

2. 水平线构图法

水平线构图的特点是画面向左右方向伸展，经常会在横排构图中使用。它能够增强画面的稳定性和宽阔度，适合表现宏大宽广的场面，给人以稳定和谐的感觉。在拍摄日出、湖面、大海、山峦等题材时经常使用水平线构图法，画面中的地平线和水平面就是最好的水平线。拍摄时，尽量不要把水平线放在画面的正中间，等分上下两份，这样的画面会显得呆板。现在的相机、手机等各种拍摄设备都带有参考线，在刚开始用这类构图拍摄时可以使用参考线，这样有助于完美构图。

如图 2–19 所示，这张图海面的水平线向左右延伸，大海的宽广被表现得很好，给人以稳定和谐的感觉。水平线并不是处于画面的正中间，避免了呆板。

3. 垂直线构图法

垂直线构图法，顾名思义就是整个画面基本都由垂直线条构成，一般多用于表现树木、电线杆、高楼这种具有明显垂直特征的题材。垂直线构图法也能够给人带来稳定、平衡的感觉，同时也能表现肃穆、宁静，强调被摄物体高大、纵向气势。

图 2-18 中心构图法

图 2-19 水平线构图法

如图 2-20 所示，这张图片展现的是森林的肃穆和宁静。树木都垂直向上生长，高大的气势也被表现得较好。

4. 三分构图法

在相机或手机当中，把参考线打开之后，会出现“井”字格，这是采用三分构图最重要的参考。参考线不会出现在画面中，但是对初学者非常有帮助。将重要的线条放在 4 条 1/3 线上，把重要的焦点放在“井”字的交叉点上。这种构图的特点是能吸引观众更多的注意力的，使得主题能够更加突出表现，最常用于拍摄风景、人物等。

如图 2-21 所示，这是一张蜜蜂采蜜的图片。用“井”字构图法则，将蜜蜂放在右上“井”字的交叉点，使观众的视觉马上被蜜蜂吸引。

图 2-20 垂直线构图法

图 2-21 三分构图法

5. 对称构图法

顾名思义，在一个画面中，以中心点或者线为中心，上下或者左右两边的形状和大小基本一致且对称称为对称构图。对称构图具有平衡、稳定、庄重、呼应的特点，影像的影调结构和谐统一、严谨，具有图案美、趣味性强。其缺点就是缺少变化，过于呆板。常用于表现建筑、湖面倒影风光等对称的景物。

如图 2-22 所示，这是利用水中倒影拍摄的一张上下对称的云南大理三塔风景图。整个画面给人的感觉就是平衡、稳定、庄重，而且对称的倒影增加了画面的美感。

6. 对角线构图法

对角线构图从字面上也很好理解，即将拍摄的主体对象按照画面对角线的方向排列。对角线构图具有视觉引导的作用，能够引导观众沿着对角线仔细观看，具有很强的视线引导力。还因为对角线是倾斜的，不稳定的，使整个画面充满了动感。

如图 2-23 所示，这张单板滑雪者是画面的视觉兴趣中心，对角线构图增加了画面的动感。

图 2-22　对称构图法

图 2-23　对角线构图法

7. 引导线构图法

引导线构图法也是摄影构图中常用的一种手法。在日常拍摄中，一些有规律的线条可以串联画面的主体与背景，吸引观众的注意力，将视觉汇聚到焦点。当然，有时候这些线条并不一定是具体的线条，只要是具有方向性和连续性，都可以利用他们当作引导线。引导线可以将视觉引向焦点，突出主体，使画面更具有空间感和纵深感，具有很强的代入感，使前景、主体之间产生强烈的关系。在现实生活中，河流、车流、长廊、道路、整齐的树木等都可以当作引导线使用。

如图 2-24 所示，森林深处的道路成为画面的引导线，将视线引向森林的深处，使画面具有很强的空间感和纵深感。

8. 框架构图法

在现实拍摄中，经常会利用一个有形的框来当画面的前景，将画面的主体放在框内。这样做的目的是突出主体，利用人们想要观察框内事物的本能，制造一种神秘氛围，调动人们的观看欲，容易引起人们的好奇心，在给观众制造神秘感的同时也使图片更有立体感、层次感。例如，透过窗户去拍摄某个主体，利用镜子拍摄镜子内反射的主体等。

如图 2-25 所示，这张图片就是利用假山的前景形成框架构图，使人一眼就注意到远处的风景。

图 2-24　引导线构图法

图 2-25　框架构图法

9. 重复构图法

在摄影拍摄中，一样的或者类似的元素重复出现，呈现一定的图案，形成有趣的素材，可以强制引导观众注意力，给人留下深刻印象。作为拍摄对象，重复的元素会给人带来不同的韵律感受，图片的趣味性也会大大提升。

如图 2-26 所示，这是一张在自然界可以经常见的画面，相同的形状和颜色并成规律的分布，形成了美丽的图案。

图 2-26　重复构图法

2.2.3　海报设计四大原则

1. 重复

摄影构图法中的重复构图法，也是海报设计中的一种重要设计方法。在海报设计中，可以利用一个视觉元素，让它在作品中重复出现。这些元素可以是颜色、可以是形状、可以是字体等一切可以重复的元素。这样设计，不仅能增加海报的条理性，还具有整体性，如图 2–27 所示。

图 2–27　重复

2. 对比

除了颜色、字体、形状等这些元素能产生对比外，还可以利用大小对比、虚实对比等。对比能突出需要表现的元素，强调核心要点，吸引观众的注意力。画面中哪些重要，哪些次要一目了然。只要能使重点从画面中突出出来，那么对比的手法就是有效的，例如把需要强调的重点进行色彩上的改变，也可以进行加粗加大，或者加下画线，做一些艺术处理等。使用对比时，一定要明显，否则容易造成混乱，使视觉混淆，不知所云。

图 2–28　对比

如图 2–28 所示，这些海报中都运用了大胆的颜色对比、明暗对比、字体大小对比等，主体非常突出。

3. 亲密

在海报设计中，亲密是指把相关的部分组织在一起，关系越亲密的内容，在视觉上就应该越相似。相反，如果关系不亲密，那么在视觉上就应该做出区分。可以把有亲密关系的看成一个组合，减少信息的凌乱，也给观众提供一个清晰的结构。

4. 对齐

在很多图像、文字软件当中都有对齐这个功能。任何元素如果随意摆放，看起来肯定凌乱不堪。同样，海报设计的元素也遵循对齐的原则，素材和素材之间也要有视觉联系。对齐之后，海报画面会更加整齐美观，具有很强观赏性，观众会把目光聚集在对齐的位置。

【任务实施】

主题海报制作实战

下面用 Photoshop 实战制作一幅海报。这是今日头条 2019 年扶贫项目“山货上头条”的一幅海报，主题是“特色农产品出山”。

① 打开素材文件。

② 裁切图片。在工具栏选裁剪工具，根据需求裁切图片大小。这里设置的是宽 800 像素，高 1 200 像素，分辨率 72 像素 / 英寸。

③ 复制图层。先复制图层，这样做的目的是不破坏原始图片，做一个备份。然后选择左侧工具栏“套索”工具，把背景选取，并右击鼠标，在弹出的快捷菜单中选择“羽化”命令，参数为 50。因为这张素材是用来做海报背景的，要对它进行简单处理，将局部压暗，这样文字会更加突出，如图 2–29 所示。

图 2–29 复制图层

④ 压暗边缘。在菜单栏中，选择“图像”→“调整”→“曲线”命令，用曲线工具将羽化的背景选区压暗，如图 2–30 所示。

⑤ 添加文字。图片处理好之后，给海报加文字。选择左侧工具栏横排文字工具，单击上方选项卡切换字符和段落面板。先将字体颜色变成白色，然后根据画面设置字体大小、间距等各项参数，如图 2–31 所示。

⑥ 调整排版。按照上一步的方法，把海报中的文字全部根据需要调整位置、大小、间距等，如图 2–32 所示。

⑦ 局部压深文字背景。在左侧工具栏选择加深工具，图层面板选择需要处理的图片图层，

对字体周围的图片再进一步做局部加深处理。这样，白色的文字就会更加突出，如图 2–33 所示。

⑧ 添加文字图案。按照上面文字输入排版法，输入“电商扶贫”4 个字，调整大小、间距，并在这个文字图层上新建一个图层。选择左侧工具栏圆角矩形工具，按住 Shift 键，在文字外围画出正方形路径，如图 2–34 所示。

图 2–30 压暗边缘

图 2–31 添加文字

图 2–32 调整排版

图 2–33 局部压深文字背景

图 2-34 添加文字图案

⑨ 建立方形路径。在图层面板中选择“新建图层”命令，然后选择正方形路径，右击鼠标，在快捷菜单中选择建立选区，将圆角正方形变成选区，注意，羽化值为 0，如图 2-35 所示。

图 2-35 建立方形路径

⑩ 描边。在菜单栏选择“编辑”→“描边”命令，如图 2-36 所示。

图 2-36　描边

⑪ 参数设置。描边宽度设置为 2 像素，颜色选择白色，如图 2-37 所示。

⑫ 完成海报。最后完成扶贫海报，如图 2-38 所示。

图 2-37　参数设置

图 2-38 完成海报

项目实训

参考项目 2 中扶贫主题海报制作，自行设计创作一个主题海报。

1. 实训目的

① 能够依据海报主题设计创意字体，并使用图像处理软件完成创意字体制作。

② 能够根据画面构图的原理，使用图片、字体、图形等元素组合排版完成主题海报制作。

2. 实训内容

① 依据海报主题要求设计创意字体。

② 完成创意字体制作。

③ 对图片素材进行基础的编辑调整。

④ 完成主题海报的画面排版和细节处理。

课后练习

请扫描二维码，查看本项目课后练习。

项目 2 课后练习

项目 3　视频制作与优化

课时　12 学时

项目描述

本项目培养视频创意思维及创作方法，结合视听语言知识，介绍不同的拍摄角度、景别及运镜技巧，介绍合理选择及使用视频编辑软件完成剪辑、转场、特效等编辑操作的方法；根据视频配音需求，讲解对视频声音进行优化的方法。通过学习，读者能使用视频编辑软件完成视频中特效、片头、片尾、字幕、配乐等后期包装制作，最终完成一条不少于 3 分钟的创意短片。

通过本项目的学习和实际操作，读者能够掌握创意视频的制作流程及视频的优化技巧，了解后续内容生产中的注意事项，会进行简单的数据分析，并形成良好的内容运营闭环思维。

学习目标

知识目标	1. 了解不同的拍摄角度、景别的特点
	2. 了解视频优化的作用和后期包装的内容
	3. 熟悉视频制作的完整流程
能力目标	1. 能根据视听语言知识结合运镜技巧，完成视频素材拍摄
	2. 能使用视频编辑软件完成剪辑、转场等编辑操作
	3. 能根据视频配音需求，对视频角色声音进行优化
	4. 能使用视频编辑软件，完成视频中特效、片头片尾、字幕、配乐等处理
素养目标	1. 具备短片创意优化的能力
	2. 具备把控作品完整度的能力
	3. 具备一定的自我审美和创造优质内容作品的能力

知识图谱

- 项目3 视频制作与优化
  - 创意视频拍摄
    - 景别运用
    - 运镜技巧
    - 拍摄角度
  - 创意视频后期
    - 剪辑软件
    - 视频编辑
    - 转场技巧
    - 滤镜运用
    - 贴纸运用
  - 视频优化与包装
    - 特效制作
    - 片头制作
    - 片尾制作
    - 字幕制作
    - 配乐制作

任务 3.1 创意视频拍摄

【任务描述】

如今越来越多的人加入短视频创作的行列，在这样的大趋势中作为内容的创作者，同时也是传播者。单从短视频拍摄的层面来说，在摄影技术与硬件技术的助力下视频的拍摄门槛已经降得很低，但是，想把视频以精彩的形式去呈现，往往需要优秀的创意和拍摄手段。本任务的重点是合理运用景别和运镜技巧进行视频拍摄。

【任务实施】

3.1.1 景别运用

1. 景别的作用

景别，是一个影视作品和画面的视觉形式的表述语言，表面上是一个造型元素，实际上是一种叙事的手段。下面来介绍景别在影视作品中的作用。

（1）形成作品的自身风格

通过不同的景别设计，不仅能满足信息传播的需要，还能够表现出影视创作者的个人风格，是影片视觉效果、导演语言风格的外在形式之一。景别设计可以决定影片风格，决定叙事风格，决定视觉风格，决定导演风格。

通常纪实类影视作品中交代人物和环境的关系使用中景较多，如图 3–1 所示；而艺术类的作品中具有写意效果的远景较多，如图 3–2 所示。

图 3–1　中景画面

图 3–2　远景画面

（2）产生不同的视觉距离

距离感是造成观众参与感与交流感不同的前提条件，不同景别使画面主体呈现出大小不同的面积，与观众对距离的认知相一致。小范围景别的影视画面中，主体面积较大，细节分明，质感细腻，使观众有近距离观看的感觉，如图 3–3 所示。大范围景别的影视画面中，主体面积较小，观众只能看到主体的大致轮廓，会使观众产生一种退出感，从而有一种相对客观理智的视觉感受，如图 3–4 所示。

图 3–3　动物特写

图 3–4　动物全景

（3）表现出不同的视觉主次关系

主体在画面上所占面积的大小、被表现主题与环境空间的比例关系等因素都会影响视觉的主次关系。大范围景别的画面，主体的细节表现比较次要，视觉重量相对较轻。小范围景别画面会使主体形象成为视觉表现重点，环境和主体的整体轮廓则处于较次要的位置，如图 3–5 所示。

（4）形成不同的视觉节奏

景别本身是影响视觉节奏的外部形式，大范围景别通常会制造出较慢的视觉节奏，弱化视觉冲击力；小范围景别通常会制造出较快的视觉节奏，强化视觉冲击力。利用不同景别画面的组合规律可以营造出视觉上的跌宕起伏的节奏感。另外，不同景别可以强化或削弱画面内部、外部的运动节奏，远景画面常减缓画面内部运动速度，近景画面可略微加快画面的外部运动速度，如图 3–6 所示。

图 3-5 大范围景别与小范围景别的差异

图 3-6 景别对视觉节奏的影响

2. 景别的分类

（1）远景

远景是拍摄设备远距离拍摄人或场景的镜头。镜头离拍摄对象比较远，画面开阔，景深悠远。此种景别能充分展示人物活动的环境空间，可以用来抒发感情，渲染气氛，创造某种意境。影视中的远景，人物都处理得很小，表现了人在自然面前的渺小。适宜表现辽阔广袤的自然景色，能创造深邃的意境，如图 3-7 所示。

（2）全景

全景是出现人物全身形象或场景全貌的镜头。此种景别的视野相对小些，既能看清人物又可看清环境，所以可以表现人物的整体动作以及人物和周围环境的关系，展示一定空间中人物的活动过程。它常常用来拍摄人物在会场、课堂、集市、商场等一定区域范围中的动作，是塑造环境中的人或物的主要手段，如图 3-8 所示。

图 3-7 远景

图 3-8 全景

（3）中景

中景是显示人物膝盖以上部分形象的镜头。此种景别的人物占有空间的比例增大，观众能看清人物的形体动作，并比较清楚地观察到人物的神态表情，从而发现人物的内心情绪。中景在影视作品创作中是使用较多的基本景别，如图 3-9 所示。

（4）近景

近景是表现人物的腰部或胸部以上形象的镜头。此种景别一般人物占据大部分画面，环境变得零碎而模糊。观众很难完整看到人物的动作，视觉中心往往在人物的面部表情上，所以常用来表现人物的感情、心理活动。它的作用相当于文学作品中的肖像描写，适宜用于对人物音容笑貌、仪表神态、衣着服饰的刻画，突出人物的神情和重要的动作，如图 3-10 所示。

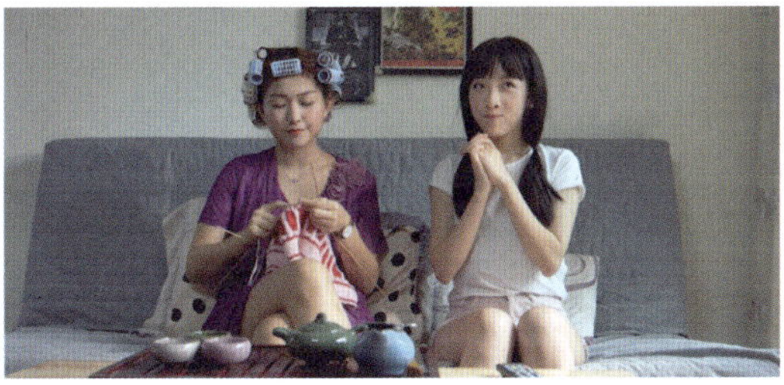
图 3-9 中景

图 3-10 近景

（5）特写

特写指表现人物肩部以上部位的镜头，它能把表现的对象从周围环境中强调、突出出来，迫使观众去注意某些关键性细节，诸如惊愕的眼睛、欲滴的泪水、颤抖的嘴唇等，造成强烈而清晰的视觉形象。当视距特近时，就称为大特写。特写镜头的作用是多方面的，可以介绍人物，突出影片的主体形象；可以突出贯穿的物体；还可与其他景别镜头反复，使速度节奏加快，造成紧张激烈的气氛，如图 3-11、图 3-12 所示。

在日常拍摄过程中，需要结合每种景别的镜头特性进行素材拍摄，提前构思拍摄意图，事先确定所拍摄镜头的视觉重心、画面节奏、情绪等因素，继而确定拍摄镜头的景别，同时还可以将这种构思通过分镜头脚本的形式确定下来，从而提高拍摄效率。

图 3-11 特写

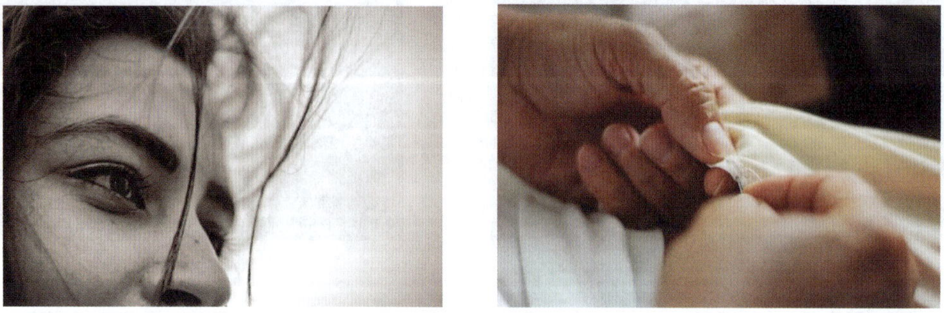

图 3-12 大特写

3.1.2 运镜技巧

马尔丹在《电影语言》中说道："运动是电影画面中最独特、最重要的特征。"贝尔·巴拉兹在《电影美学》中也说道："运动可以使画面显得特别真实，而且能使观众在与摄影机一起运动的过程中，产生一种身临其境的感觉。"所以说移动摄影大大改变了影视中的美学。片段是由场景组成的，场景是由镜头组成的。运动镜头是与固定镜头相对而言的，固定镜头一般是摄影机固定在三脚架上，机位、镜头、焦距始终处于固定不变的状态，固定镜头只能改变景别，不能改变场景。

固定镜头一般用来拍摄人物的对话，同时也捕捉角色，用于表现人物的基础情感，如开心、愤怒、无助等。要想场景有所变化，就要运用移动摄影，具体有推、拉、摇、移、甩、跟、升降、晃动等，下面就重点介绍视频拍摄中常用的几种运动镜头的使用技巧。

1. 前推后拉

前推后拉一般指的是将镜头匀速地移近或者匀速地远离被拍摄的主体，向前推进镜头是通过从远到近的运镜，让景别逐渐地从远景到中景，再到近景，甚至是特写，如图 3-13 所示。

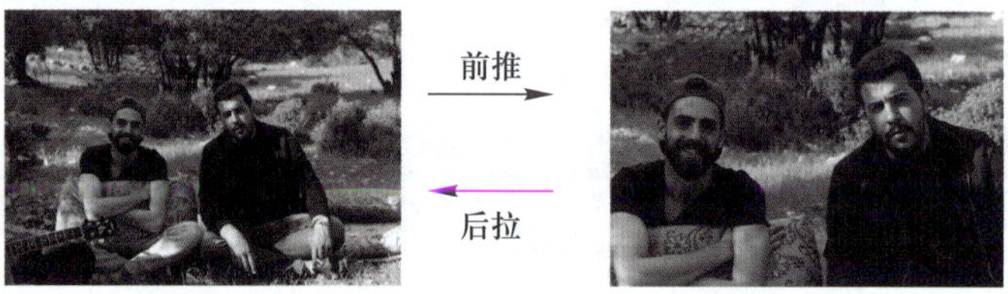

图 3-13 前推后拉

推镜头是拍摄中比较常用的一种拍摄手法，它主要利用摄像机前移或变焦来逐渐靠近要表现的主体对象，使人感觉一步一步走近要观察的事物，产生近距离观看某个事物的效果。它可以表现同一个对象从远到近变化，也可以表现从一个对象到另一个对象的变化。这种镜头的运用主要突出要拍摄的对象的某个部位，从而更清楚地看到细节的变化。比如观察两个人物，从整体通过变焦或者移动机位，看到细部特征。

拉镜头与推镜头正好相反，它主要是利用摄像机后移或变焦来完成，逐渐远离要表现的主体对象，使人感觉正一步一步远离要观察的事物，产生远距离观看某个事物的整体效果。它可以表现同一个对象从近到远的变化，也可以表现从一个对象到另一个对象的变化。这种镜头的应用主要突出要拍摄对象与整体的效果，把握全局，比如常见影视中从峡谷内部到整个外部的拍摄，应用的就是拉镜头，如图 3–14 所示。

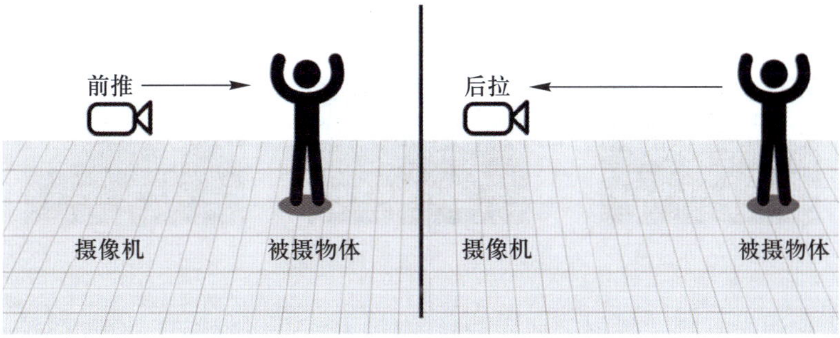

图 3–14　前推后拉镜头运动示例图

在日常拍摄中，同样也可以利用稳定器带动设备移动或变焦来完成，逐渐远离要表现的主体对象。

2. 环绕运镜

环绕镜头是指被拍摄对象呈旋转效果的画面，镜头沿镜头光轴或接近镜头光轴的角度旋转拍摄，摄像机快速做超过 360° 的旋转拍摄，这种拍摄手法多表现人物的眩晕感觉，是影视拍摄中常用的一种拍摄手法，如图 3–15 所示。

图 3–15　环绕运镜

利用稳定器拍摄旋转镜头的时候，可以手持稳定器快速做超过 360° 的旋转拍摄，以实现旋转镜头的效果，如图 3–16 所示。也可拍摄反向环绕旋转镜头，手持稳定器，身体原地转动即可；也可将稳定器倒置，对被摄物进行低角度旋转环绕拍摄，这种镜头适合展现主角的高大形象。

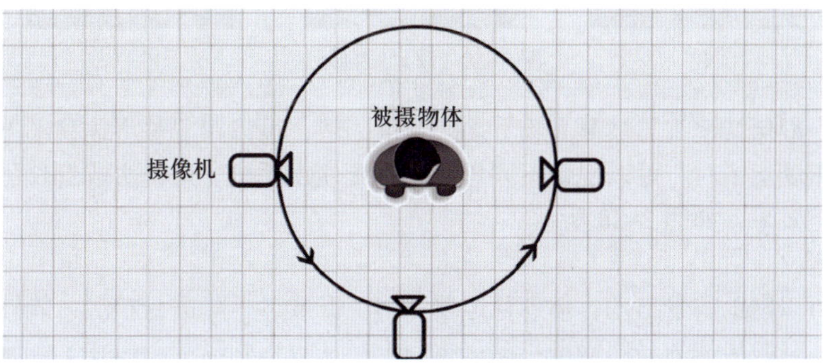

图 3–16　环绕运镜运动示意图

3. 摇甩运镜

极速切换镜头是很多电影中常见的镜头，不管是用于人物交谈场景还是用于转场，都是很自然的，不会显得生硬，如图 3-17 所示。

图 3-17 急速切换运镜

拍摄时，尽量调松三脚架阻尼，或者稳定器使用极速跟随模式，移动时注意手臂的力度，控制好移动的起幅状态和落幅位置。摇甩远镜很考验摄影师的预判，因此在日常拍摄中也是一种难度较高的运镜方式，如图 3-18 所示。

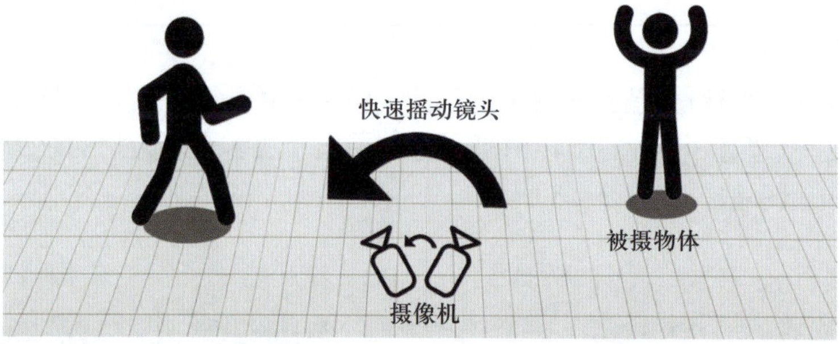

图 3-18 急速运镜示意图

4. 移动跟随

移动跟随运镜即摄影师在被摄体前方、后方或者侧面移动拍摄，最关键的是摄影师需要与被摄体保持等距，并进行平行匀速移动。这类镜头有第一人称的即视感，容易将观者情绪带入其中，如图 3-19 所示。

图 3-19 移动跟随运镜

移动跟随一般保持镜头与被摄人物方向与速度一致，可以跟着被摄体移动方向进行左右移动。使用移动跟随运镜时，可以根据不同焦段去搭配使用手机广角镜头或者长焦镜头，会营造出不一样的视觉效果，如图 3-20 所示。

5. 升降运镜

升降运镜可以借助前景出现，借助稳定器一边上升或者下降进行拍摄，能够带来画面的扩展感。主体上，从被摄体的局部慢慢移动；空间上，从收缩到纵深。烘托了气氛，也体现了画面感情状态的变化，如图 3-21 所示。

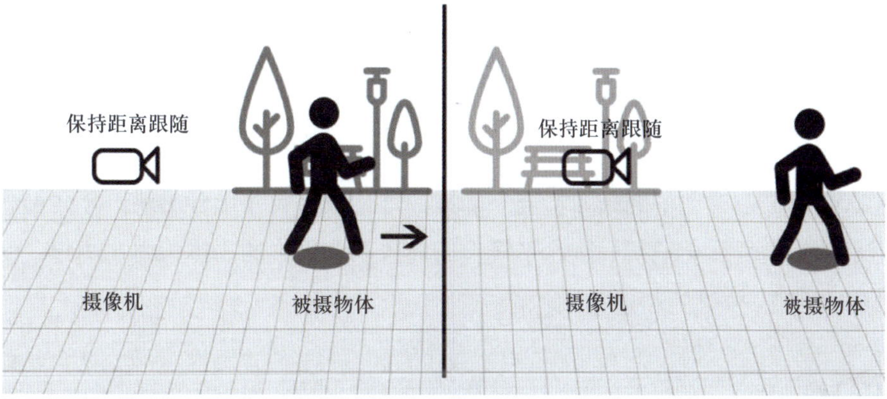

图 3–20 移动跟随运镜示意图

图 3–21 升降运镜

升降运镜一般配合移动跟随，所以摄影师需要配合被摄人物动幅进行跟随，同时再进行升降，在这同时摄影师需要降低身体重心，身体从半蹲到慢慢站立，而稳定器需要通过手臂逐渐抬高。可以使用二倍焦距，让画面显得更加紧凑，如图 3–22 所示。

图 3–22 升降运镜示意图

以上就是本次总结出来的 5 个常用的运镜技巧，其实运镜的技巧不止这些，还有很多，当能够熟练地使用稳定器之后，就可以尝试在基础的运镜动作上添加上其他的元素，让镜头的拍摄显得更加酷炫，更具有动感。

3.1.3 拍摄角度

拍摄角度包括拍摄高度和拍摄方向。拍摄高度分为平拍、俯拍和仰拍，拍摄方向分为正面角度、斜侧角度、侧面角度、背面角度等。

1. 拍摄高度

拍摄高度根据拍摄时镜头相对水平面高度的不同，通常分为俯拍、平拍、仰拍。拍摄视角的不同会使画面的主体、客体与背景环境之间的关系发生很大的变化，也会造成画面不同的透视效果与张力，如图 3-23 所示。

（1）平拍

平拍是最符合人视觉习惯的镜头角度，因此这种拍摄方式在影片中被广泛使用，但是它也有缺陷和不足，就是往往会把某一个水平线上的前景和背景中的物体压缩在一起，使其缺乏空间上的层次感，如图 3-24 所示。

图 3-23 拍摄高度示意图

图 3-24 平拍视角

（2）俯拍

俯拍是镜头由高处向低处拍摄，给人一种俯视的感觉，这种镜头常用于表达浩瀚的大场景，但是要注意，用俯拍镜头表现人物，会给人一种渺小的感觉，如图 3-25 所示。

同时垂直地面的俯拍是顶拍，它通常表达一些人们日常生活中无法看到的，或者是常常忽略的视角。顶拍的作用在于把人与环境的空间位置压缩成平面图案，从而使得画面获得某种美感，例如在网上看到非常多的俯瞰画面就是通过顶拍得到的。小场景顶拍需要借助高度差实现取景，大场景的顶拍画面一般使用无人航拍器才能实现，如图 3-26 所示。

图 3-25 俯拍视角

图 3-26 顶拍视角

（3）仰拍

仰拍指的是机位低于被摄对象向上拍摄，有利于突出被摄体高大的气势，能够将像树这样向上生长的景物在画面上充分地展开。仰拍由于镜头低于被摄物体，产生从下往上、由低向高的仰视效果，如图 3-27 所示。

同时仰角度拍摄可降低地平线，使地平线处于画面下端或从下端出画，并除去所有背景特征，通常会出现以天空或某种特定景物为背景的画面，可以净化背景，达到突出主体的效果。

具有夸张感，能夸张被摄体的高度，利用贴近地面的仰摄，可夸张表现运动对象的腾空、跳跃等动作，具有很强的视觉冲击力，并产生比实际生活更强烈的感受，如图 3–28 所示。

图 3–27 仰拍视角 – 树木

图 3–28 仰拍视角 – 人物

2. 拍摄方向

拍摄方向是指以被拍摄对象为中心，在同一水平面上围绕被拍摄对象四周选择摄影点。在拍摄距离和拍摄高度不变的条件下，不同的拍摄方向可展现被拍摄对象不同的侧面形象，表现主体与陪体、主体与环境的不同组合关系变化。拍摄方向通常分为正面角度、斜侧角度、侧面角度、背面角度等，如图 3–29 所示。

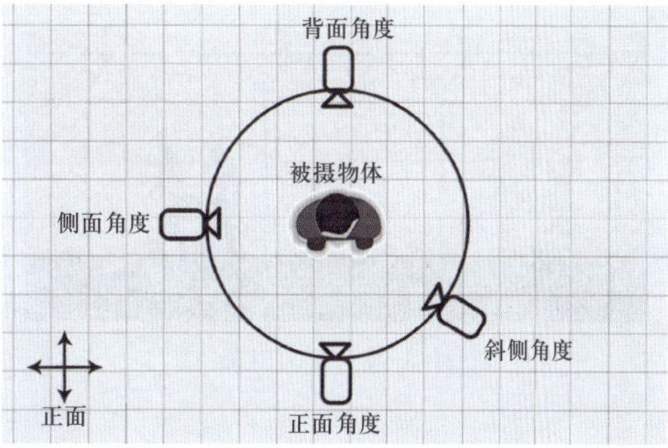

图 3–29 拍摄角度示意图

（1）正面角度

正面角度是指与被摄对象正面成垂直角度的拍摄位置，主要表现某对象的正面具有典型性的形象，表现对象的本色。人物相貌也是一个很好的例子，正面形象更易于表现人物相貌的特点。正面角度的构图主要表现对象多处在画面的垂直中心分割线上，常是对称的结构形式，一般说来正面的构图形象比较端庄稳重，如图 3–30 所示。

（2）斜侧角度

斜侧角度是指偏离正面角度，或左、或右环绕对象移动到侧面角度之间的拍摄位置，往往对正侧面的形象变化不大，可在正面或侧面角度范围内选择适当的拍摄位置，使之既能表现对象正面或侧面的形象特征，又能表现物体形象丰富多样的变化，能收到形象生动的效果，如图 3–31 所示。

图 3–30 正面角度 – 人物

图 3–31 斜侧角度

（3）侧面角度

侧面角度一般是指与被拍摄对象侧面成垂直角度的拍摄位置，主要表现某些对象的侧面具有典型的形象。例如在人像摄影中，侧面角度能看清人物相貌的外部轮廓特征，使人像形式变化多样。

在客观对象中，有许多物体是只有从侧面才能看清它的外貌的，如人走动时的身影、各种车辆的外貌以及某些用具都有这样的性质，在这种条件下侧面角度能更好地表现对象的特色。侧面角度较之正面角度有较大的灵活性，在侧面垂直角度左右可有一些变化，以获得最能表现对象侧面形象的拍摄位置，如图 3–32 所示。

（4）背面角度

背面角度是指由侧面角度环绕被拍摄对象向背面角度移动的拍摄位置。它往往能将对象的一种特有精神表现出来，在与常用的正面、侧面、斜侧面角度的对比下，它有出其不意的效果，能获得很生动的形象，如图 3–33 所示。

图 3–32 侧面角度

图 3–33 背面角度

任务 3.2 创意视频后期

【任务描述】

了解不同的后期剪辑软件优势，选择合适的剪辑软件如 Premiere、VUE、剪映等，对拍摄完成的视频进行素材整理和剪辑，并合理运用转场技巧、滤镜、贴纸等特效，最终输出一条不少于 3 分钟的成片。

【任务实施】

3.2.1 剪 辑 软 件

在决定用什么软件剪辑视频前，首先要确定好剪辑视频的类型。市面上大部分剪辑软件的功能都差不多，但对不同类型的视频，某些软件处理起来更方便高效。比如想把手机拍的多个视频片段拼接成一条视频，那直接用手机 App 处理更方便。如果不仅仅是拼接片段，还想加一些酷炫的转场、遮罩等特效，手机 App 就很难做到，这时候用电脑剪辑软件可以对视频做复杂处理。现在常见的剪辑软件有两类，一类是移动端剪辑软件，另一类是电脑剪辑软件。这里推荐两款手机剪辑 App：剪映和 VUE，如图 3–34 和图 3–35 所示。

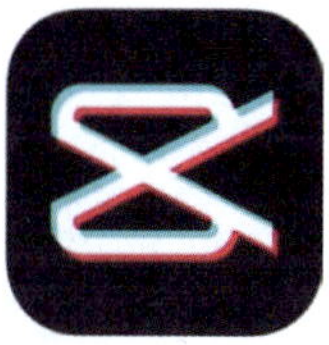

图 3–34　剪映 App

图 3–35　VUE VLOG 视频编辑器

1. 移动端剪辑软件

（1）剪映

剪映是抖音官方推出的一款手机视频编辑剪辑 App，带有全面的剪辑功能，支持变速、多样滤镜效果、丰富的曲库资源。它功能齐全、设计简洁，其最大的特色是与抖音 App 紧密联系，相互助力。剪映作为抖音在构建其产品生态环境的一个重要因子，与抖音形成相互依存的关系。剪映的核心功能是视频剪辑和剪同款模板的运用，能降低普通用户的创作门槛，提高用户的创作效率和作品质量，是移动平台较为好用的一款剪辑软件，如图 3–36 所示。

（2）VUE VLOG 视频编辑器

VUE 是 iOS 和 Android 平台上的一款 VLOG 社区与编辑工具，如图 3–37 所示。允许用户通过简单的操作实现 VLOG 的拍摄、剪辑、细调和发布。特色功能包括：

图 3–36　剪映剪辑界面

图 3–37　VUE VLOG 剪辑界面

- 实现分镜头功能，让视频传达更多的信息。
- 拥有大量电影级滤镜，让视频拥有大片感。
- 提供拍摄功能，并且自带美颜滤镜。
- 可以自由添加丰富的手绘贴纸。
- 自由画幅设置，支持 1∶1、16∶9、2.39∶1 等多种画幅选择。

- 自建 VLOG 内容生态等。

2. 电脑端常用剪辑软件

这里推荐 3 款主流的电脑端常用剪辑软件：Adobe Premiere、Final Cut Pro 和爱剪辑，如图 3-38、图 3-39、图 3-40 所示。

图 3-38　Adobe Premiere　　图 3-39　Final Cut Pro　　图 3-40　爱剪辑

（1）Adobe Premiere

Premiere 作为 Adobe 公司推出的一款剪辑软件，对初学者很友好，也推荐作为学习剪辑的第一款软件。其特点包括：

- 上手简单，而且功能比较完善，其自带功能就基本上满足视频的剪辑和调色全流程工作的需求，软件界面如图 3-41 所示。

图 3-41　Adobe Premiere 软件剪辑界面

- 学习资料丰富，网上有很多 Premiere 的教程，遇到什么不会的通过搜索基本都能找到答案。
- Premiere 同 After Effects、Audition 和 Photoshop 等 Adobe 软件可以无缝衔接。
- 兼容多操作平台，可以同时在 mac OS 平台和 Windows 平台上运行。

（2）Final Cut Pro

Final Cut Pro 是苹果公司开发的一款专业视频非线性编辑软件，是一个高性能、全功能的应用软件，提供了绝佳的扩展性、精确的剪辑工具和天衣无缝的工作流程，如图 3-42 所示。其主要功能如下：

- 多媒体（文字，图片，音频，视频）素材管理。
- 素材编辑。

图 3-42 Final Cut Pro 软件剪辑页面

- 时间轴编辑和剪辑。
- 视频拼接和导出。

（3）爱剪辑

对于那些有一定基础或是对自己的作品有一定要求的初学者，爱剪辑可以满足剪辑的需求。

爱剪辑的操作界面结合了脚本模式和时间轴模式。从素材管理角度看最大的特点是把直观的“脚本模式”以及功能强大的“时间轴模式”两者优点结合起来的“创新式时间轴”，能让初学者更容易直观处理素材之余，也能在剪辑时进行更精确的微调，如图 3-43 所示。

图 3-43 爱剪辑操作界面

3.2.2 视频编辑

在视频编辑中，除了素材的基础剪切以外，往往还需要通过一些额外的剪辑手法来处理素材，以下将以剪映为例，从画幅比例设置、调整画布、变速技巧、画中画设置等几个方面详细介绍视频编辑的操作。

1. 画幅比例设置

画幅比例是用来描述画面宽度与高度关系的一组对比数值。对于视频来说，合适的画幅比例可以为观众带来更好的视觉体验；对于视频创作者来说，合适的画幅比例可以改善构图，将信息准确地传递给观众，从而与观众建立更好的连接。在剪映中，用户可以为视频素材应用多种画幅比例。在未选中素材的状态下，点击底部工具栏中的“比例”按钮，如图 3–44 所示，打开“比例”选项栏，在这里用户可以为视频项目设置合适的画幅比例，如图 3–45 所示。

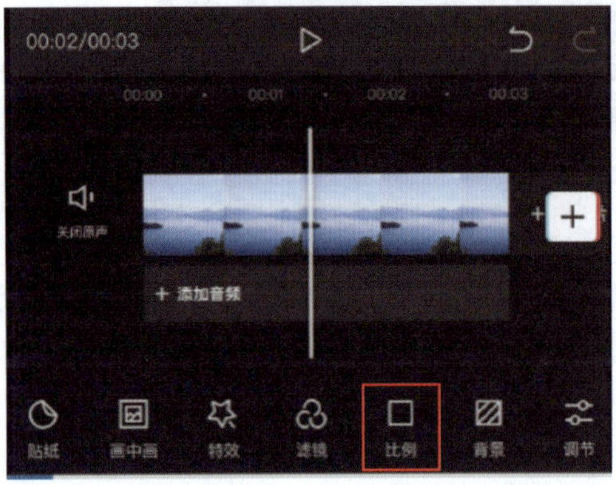

图 3–44 画幅比例

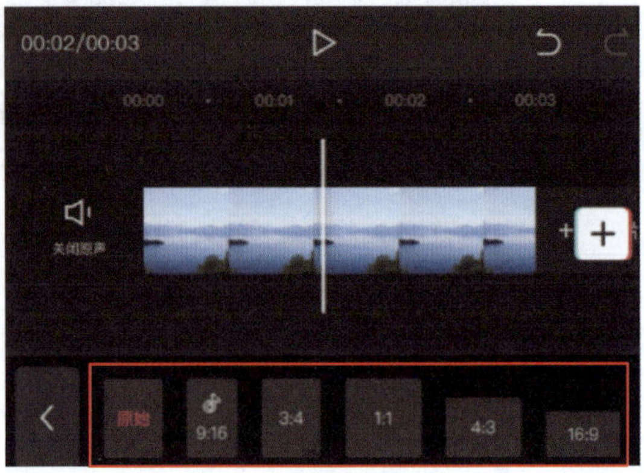

图 3–45 比例设置

2. 调整画布

在进行视频编辑工作时，若素材画面没有铺满画布，势必会对视频观感造成影响，如图 3–46 所示。在剪映中，用户可以通过“背景”功能来添加彩色画布、模糊画布或自定义图案画布，以达到丰富画面效果的目的。

（1）添加彩色画布背景

在剪辑项目中添加一个横画幅图像素材，在未选中素材的状态下，点击底部工具栏中的“比例”按钮。打开比例选项栏，选择 9 : 16 选项，由于画面比例发生改变，素材画面出现了未铺满画布的情况，上下均出现黑边，非常影响观感。若此时在预览区域将素材画面放大，使其铺满画布，则会造成画面内容的缺失，如图 3–47 所示。

要想在不丢失画面内容的情况下使画布被铺满，可进行如下操作：在未选中素材的状态下，点击底部工具栏中的“背景”按钮。打开背景选项栏，点击“画布颜色”按钮。接着，在打开的“画布颜色”选项栏中点击任意颜色，即可应用到画布，完成操作后点击右下角的“√”按钮即可，如图 3–48 所示。

（2）设置模糊画布

若大家在添加了视频素材后，想让画布背景跟随画面产生动态效果，则可以通过设置模糊画布来起到丰富画面、增强画面动感的效果。

图 3–46 素材画面

图 3–47　添加画布背景

图 3–48　画布铺满

在剪映中添加一段视频素材，在未选中素材的状态下，点击底部工具栏中的“背景”按钮。接着在打开的背景选项栏中点击“画布模糊”按钮。在打开的“画布模糊”选项栏中，可以看到剪映为用户提供了 4 种不同程度的模糊画布效果，点击任意一个效果即可将其应用于项目，如图 3–49 所示。

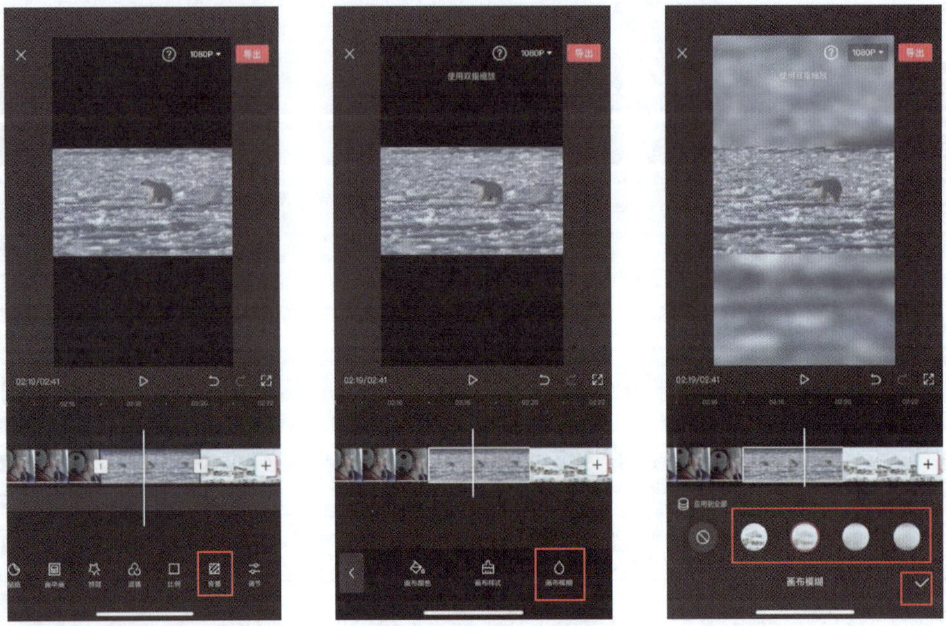

图 3–49 设置画布模糊

3. 变速技巧

在制作短视频时，需要对素材片段进行一些变速处理，例如，使用一些快节奏音乐搭配快速镜头，可以使视频变得更加动感，让观众情不自禁地跟随画面和音乐摇摆。在剪映中，视频素材的播放速度是可以进行自由调节的，通过调节可以将视频片段的速度加快或变慢。在剪辑区域中选中一段正常播速的视频片段，然后在底部工具栏中点击“变速”按钮。此时可以看到底部工具栏中出现了两个变速选项，如图 3–50 所示。

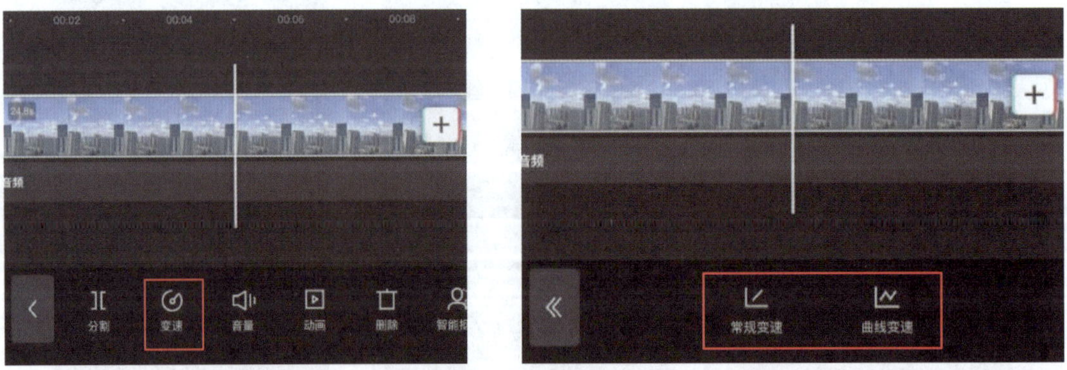

图 3–50 变速处理

（1）常规变速

点击“常规变速”按钮，可打开对应的变速选项栏。一般情况下，视频素材的原始倍速为 1×，拖动变速按钮可以调整视频的播放速度。当倍数大于 1× 时，视频的播放速度将变快；当倍数小于 1× 时，视频的播放速度将变慢。当用户拖动变速按钮时，上方会显示当前视频倍速，并且视频素材的左上角也会显示倍速，如图 3–51 所示。完成变速调整后，点击右下角的“√”按钮即可实现视频变速。

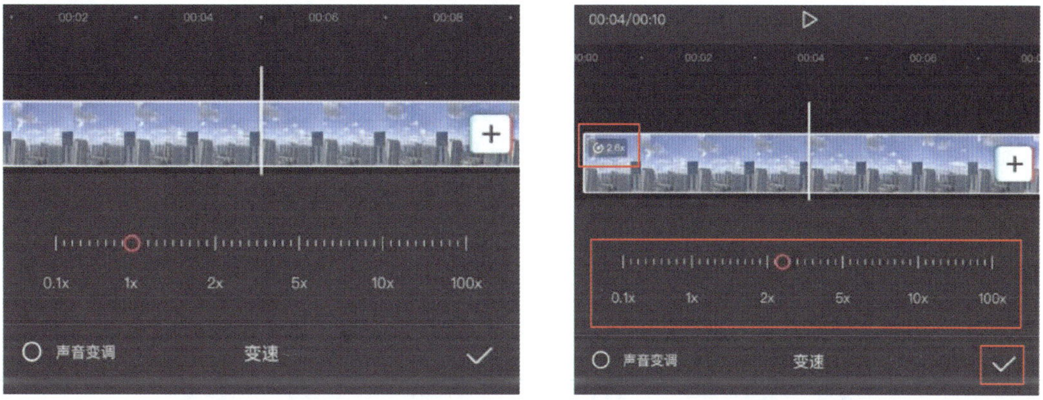

图 3–51 常规变速

需要注意的是，当对素材进行常规变速操作时，素材的长度也会发生相应的变化。简单来说，就是当倍速增大时，视频的播放速度会变快，素材的持续时间会变短；当倍速减小时，视频的播放速度会变慢，素材的持续时间会变长。

（2）曲线变速

点击“曲线变速”按钮，可打开对应的变速选项栏，如图 3–52 所示。其中罗列了不同的变速曲线选项，包括原始、自定、蒙太奇、英雄时刻、子弹时间、跳接、闪进和闪出等。

点击除“原始”选项外的任意一个变速曲线选项，可以实时预览变速效果。以“蒙太奇”选项为例，首次点击该选项按钮，将在预览区域中自动展示变速效果，此时可以看到“蒙太奇”选项按钮变为红色状态，点击蒙太奇变速按钮，会进入曲线编辑面板，如图 3–53 所示，在这里可以看到曲线的起伏状态，左上角显示了应用该速度曲线后素材的时长变化。此外，可以对曲线中的各控制点进行拖动调整，以满足不同的播放速度要求。

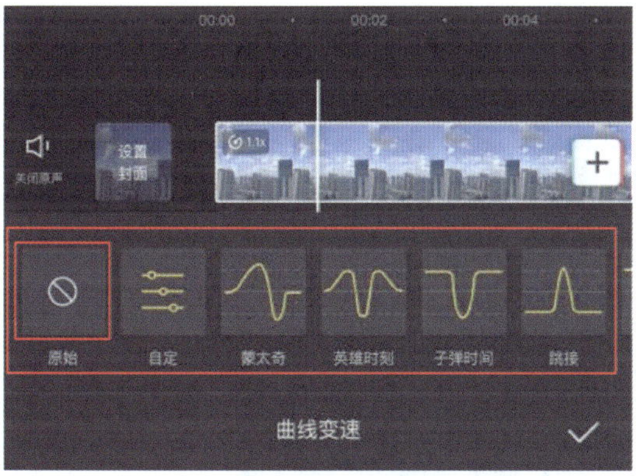

图 3–52 变速选项曲线变速

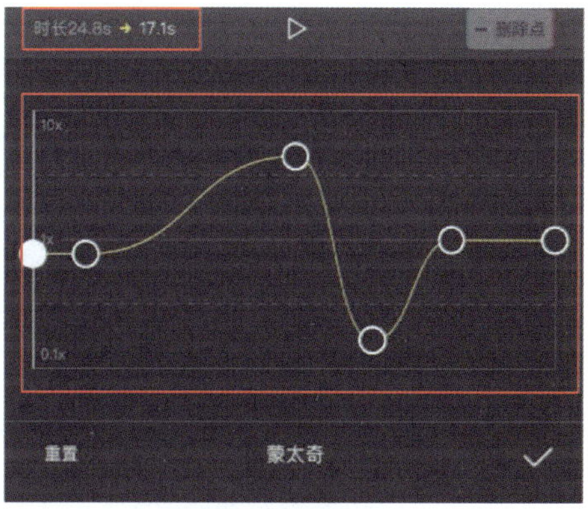

图 3–53 蒙太奇变速效果

4. 画中画设置

“画中画”这个功能可以让不同的素材出现在同一个画面，从而帮助制作出很多创意视频，例如，让一个人分饰两角，或是营造“隔空”对唱、聊天的场景效果。通过“画中画”功能不仅能使两个画面同步播放，还能实现简单的画面合成操作。

在剪映主界面点击“开始创作”按钮，进入素材添加界面，选择合适的视频素材，点击“添加到项目”按钮，将素材添加至剪辑项目。进入视频编辑界面后，在未选中素材的情况下，点击底部工具栏中的“画中画”按钮，然后点击“新增画中画”按钮，如图 3-54 所示。

中级微课 3-1
画中画

图 3-54　添加素材

进入素材添加界面，选择“地球”视频素材，点击“添加到项目”按钮，将其添加至剪辑项目。在轨道区域中，选中“背景”图像素材，然后按住素材尾部的图标向右拖动，使背景图像素材尾部与“地球”视频素材尾部对齐，如图 3-55 所示。

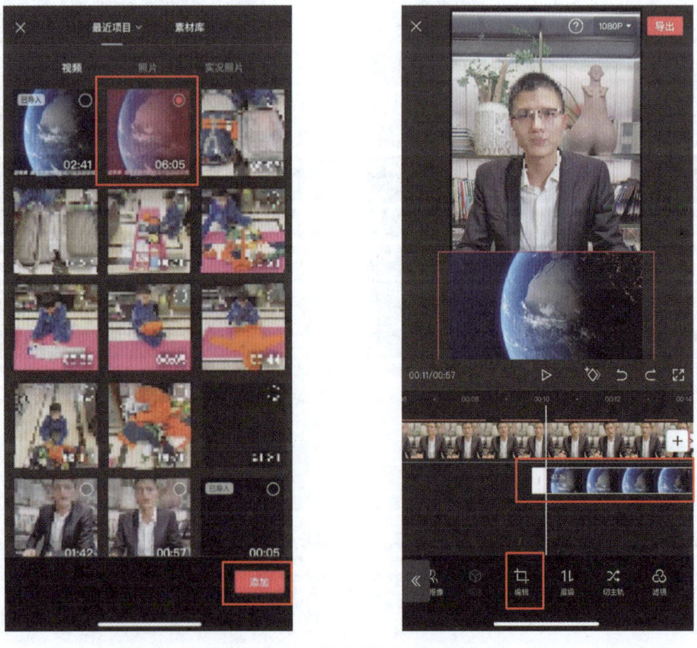

图 3-55　添加画中画素材

在“自由”模式下，拖动裁剪控制框对画面进行裁剪，并将裁剪区域移动到画面下方，保留地球部分，如图 3-56 所示，完成操作后点击右下角的“√”按钮。

图 3-56　画面裁剪

选中“地球”视频素材，在预览区域中调整素材的摆放位置，完成所有操作后，点击视频编辑界面右上角的“导出”按钮，将视频导出到手机相册，如图 3-57 所示，即画中画设置操作。

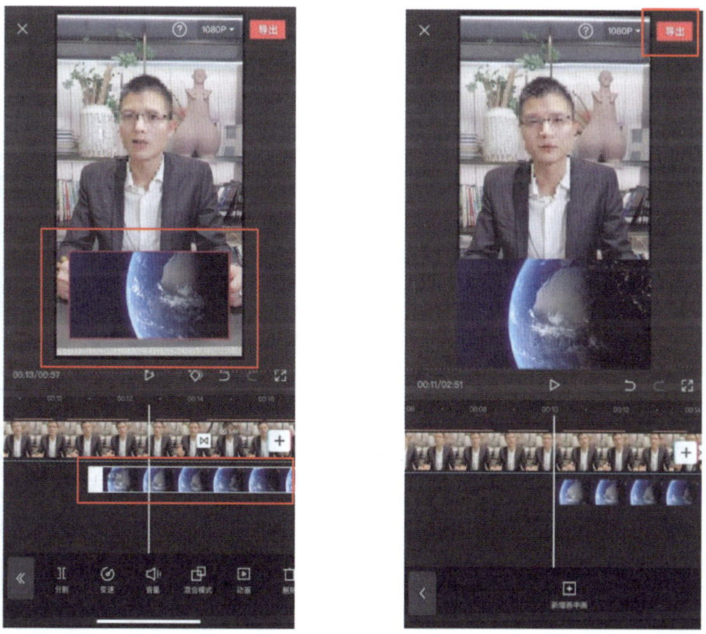

图 3-57　调整素材

3.2.3 转场技巧

视频转场也称为视频过渡或视频切换，使用转场效果可以使一个场景平缓且自然地转换到下一个场景，同时可以极大地增加影片的艺术感染力。在进行视频剪辑时，利用转场可以改变视角，推进故事的发展，避免两个镜头之间产生突兀的跳动。

当用户在轨道区域中添加两个素材之后，通过点击素材中间的按钮，可以打开转场选项栏，如图 3–58 所示。此时可以看到在转场选项栏中，分布了“基础转场”“运镜转场”“特效转场”“遮罩转场”等不同类别的转场效果。

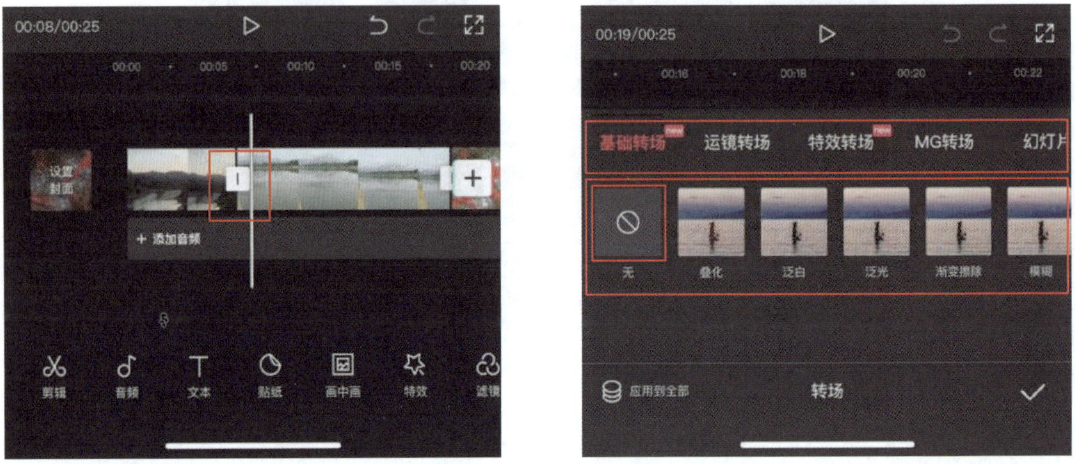

图 3–58 添加转场素材

1. 基础转场

“基础转场”类别中包含了叠化、闪黑、闪白、色彩溶解、滑动和擦除等转场效果，这一类转场效果主要是通过平缓地叠化、推移运动来实现两个画面的切换。要在剪映中应用视频转场效果，首先需要确保剪辑项目中的同一轨道上至少存在两个素材。下面介绍如何在片段之间应用转场效果。

在剪映主界面点击“开始创作”按钮，进入素材添加界面，添加图像素材后，点击“添加到项目”按钮。进入视频编辑界面后，可以看到选择的素材依次排列在轨道区域中。在未选中素材的状态下，点击两段素材之间的按钮，如图 3–59 所示。

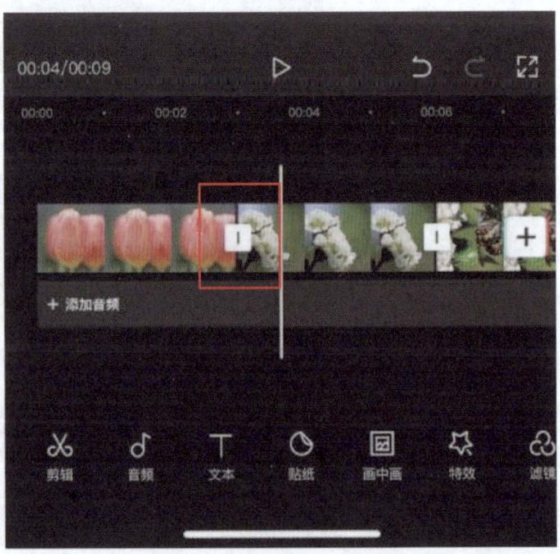

图 3–59 编辑素材

打开转场选项栏后，选择“基础转场”类别中的“色彩溶解 Ⅱ”效果，完成后点击按钮。在完成转场效果的添加后，可以看到轨道区域中两段素材之间的按钮的状态已发生改变，同时在预览区域可以预览添加的转场画面效果。在未选中素材的状态下，点击素材 1 和素材 2 之间的按钮，打开转场选项栏后，选择“基础转场”类别中的“色彩溶解”效果，并调整“转场时长”为 1.5 s，如图 3–60 所示，完成后点击“√”按钮即完成基础转场设置。

图 3-60 转场效果

2. 运镜转场

“运镜转场”类别中包含了推近、拉远、顺时针旋转、逆时针旋转等转场效果，如图 3-61 所示。这一类转场效果在切换过程中会产生回弹感和运动模糊效果，如图 3-62 所示，为“运镜转场”类别中“拉远”效果的展示。

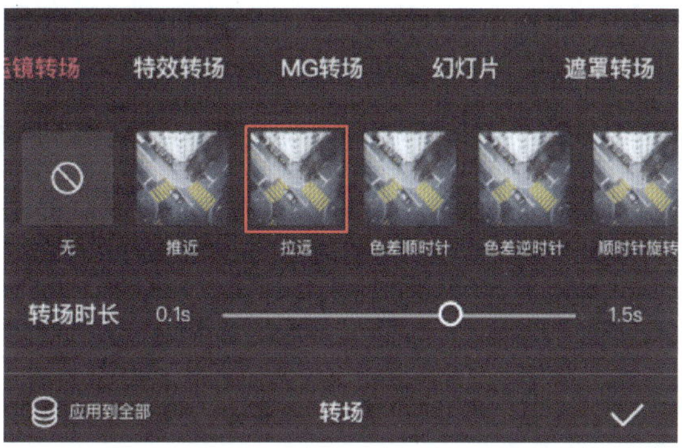

图 3-61 运镜转场效果

中级微课 3-5
基础转场

图 3-62 拉远转场效果

3. 特效转场

“特效转场”类别中包含了故障、放射、马赛克、动漫火焰、炫光等转场效果，主要是通过火焰、光斑、射线等炫酷的视觉特效来实现两个画面的切换，如图 3–63 所示。“特效转场”类别中“故障”效果的展示如图 3–64 所示。

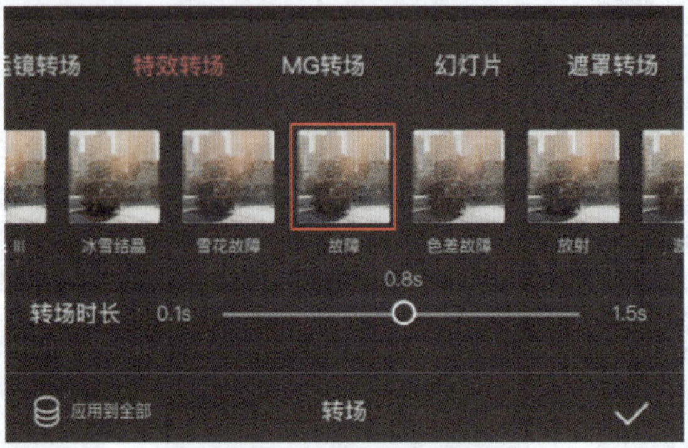

图 3–63 特效转场效果

图 3–64 故障特效转场

4. 遮罩转场

“遮罩转场”类别中包含了圆形遮罩、星星、爱心、水墨、画笔擦除等转场效果，这一类转场效果主要是通过不同的图形遮罩来实现画面之间的切换，如图 3–65 所示。“遮罩转场”类别中“圆形转场Ⅱ”效果的展示如图 3–66 所示。

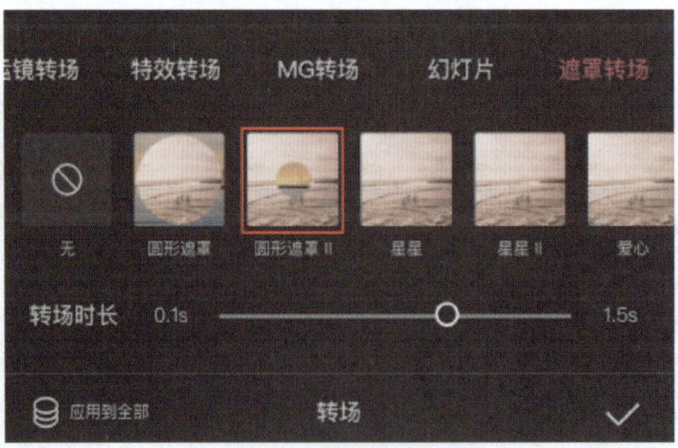

图 3–65 遮罩转场效果

图 3-66　圆形转场Ⅱ效果

3.2.4　滤 镜 运 用

滤镜可以说是如今各大视频编辑软件的必备功能，通过为素材添加滤镜，可以很好地掩盖拍摄造成的缺陷，并且可以使画面更加生动、绚丽。剪映为用户提供了数十种视频滤镜特效，合理运用这些滤镜效果，可以模拟各种艺术效果并对素材进行美化，从而使视频作品更加引人注目。在剪映中，用户可以将滤镜应用到单个素材，也可以将滤镜作为独立的一段素材应用到某一段时间。下面分别进行讲解。

1. 将滤镜应用到单个素材

在轨道区域中，选择一段视频素材，然后点击底部工具栏中的“滤镜”按钮，进入滤镜选项栏，在其中点击一款滤镜效果，即可将其应用到所选素材上，并可通过上方的调节滑块改变滤镜的强度，如图 3-67 所示。完成操作后点击右下角的“√”按钮，此时的滤镜效果仅添加给了选中的素材。若需要将滤镜效果同时应用到其他素材，可在选择滤镜效果后点击“应用到全部”按钮。

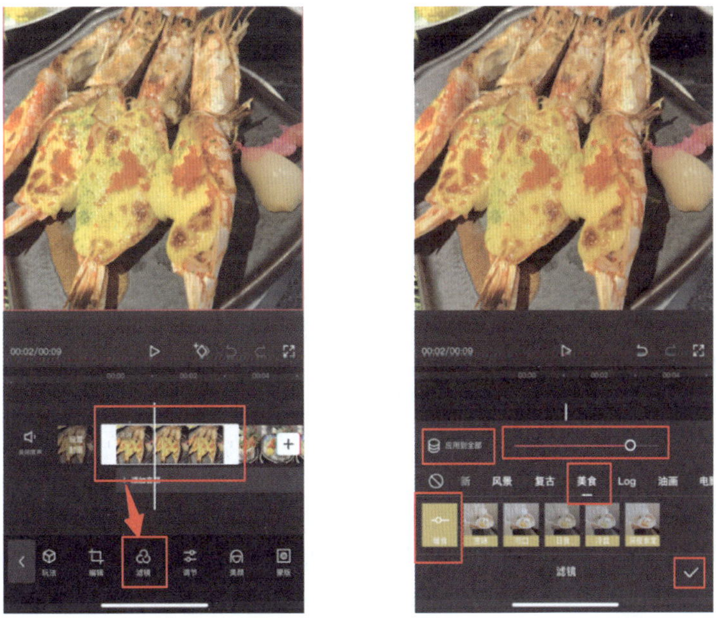

图 3-67　添加滤镜

2. 将滤镜应用到某一段时间

在未选中素材的状态下，点击底部工具栏中的“滤镜”按钮，进入滤镜选项栏，在其中点击一款滤镜效果。完成滤镜的选取后，点击右下角的“√”按钮，此时轨道区域将生成一段可调整时长和位置的滤镜素材，如图 3–68 所示。调整滤镜素材的方法与调整音视频素材的方法一致，按住素材前后的图标拖动，可以对素材持续时长进行调整，选中素材前后拖动即可改变素材需要应用的时间段。

图 3–68 滤镜选项

3. 手动调节

在剪映中，除了可以运用滤镜效果改善画面色调，还可以手动调整亮度、对比度、饱和度等参数，进一步营造自己想要的画面效果。与添加滤镜效果的方法一样，用户可以选中一段视频素材，然后点击底部工具栏中的“调节”按钮，打开调节选项栏对选中的素材进行调整，如图 3–69 所示。

在未选中素材的状态下，点击底部工具栏中的“调节”按钮，进入调节选项栏对某一调节选项进行调整，即可在轨道区域中生成一段可调整时长和位置的色彩调节素材，如图 3–70 所示。

3.2.5 贴纸运用

在当下短视频行业，不论是在制作体量、覆盖人群还是播放量上，都足以媲美电视节目和视频网站视频。优质的短视频除了要做到内容上的丰富和创新外，更重要的是后期制作要过关。

在前面的内容中，已经学习了短视频的基本剪辑、画面调色、转场等操作，通过这些操作基本可以完成一个比较完整的短视频作品了。在此基础上，如果想让作品更加引人注目，不妨尝试在画面中添加一些贴纸、字幕和特效动画等装饰元素，从而为视频增添不少的趣味性。在剪映的剪辑项目中添加了视频或图像素材后，在未选中素材的状态下，点击底部工具栏中的

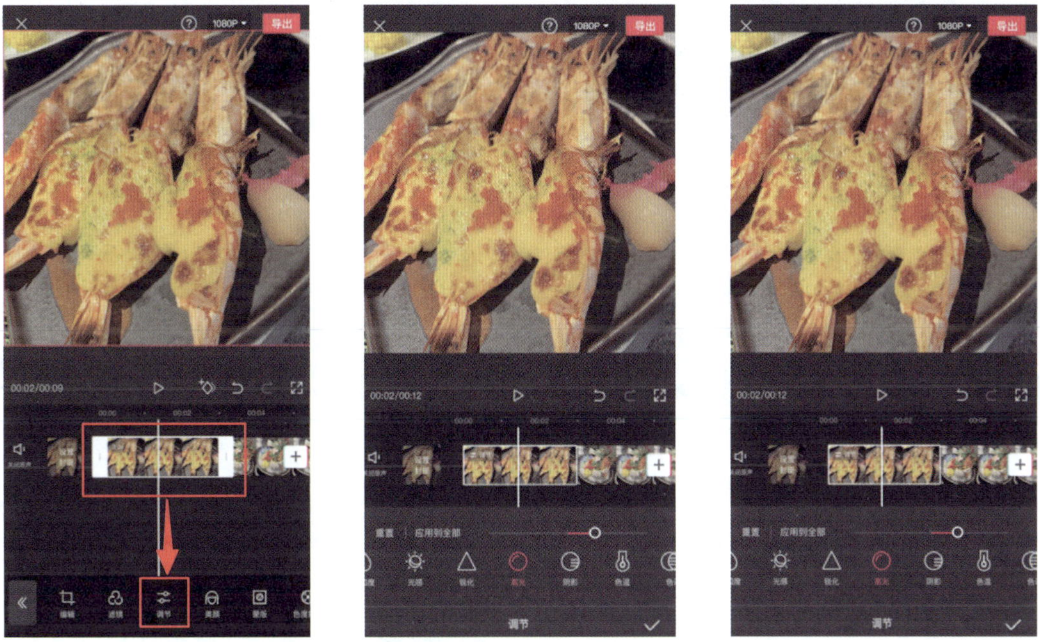

图 3-69　手动调节色彩

图 3-70　素材调节

“贴纸”按钮，在打开的贴纸选项栏中可以看到几十种不同类别的动画贴纸，并且贴纸的内容还在不断更新，如图 3-71 所示。

根据剪映中的贴纸类别，可以将贴纸素材大致分为 4 类，分别是自定义贴纸、普通贴纸、特效贴纸和边框贴纸。下面举例讲解这些类别贴纸的具体应用。

图 3–71 贴纸类型

在打开贴纸选项栏后，用户可以在不同的贴纸类别下筛选想要添加到剪辑项目中的贴纸动画，数百种贴纸动画基本能满足日常编辑需求。此外，剪映还支持用户在剪辑项目中添加自定义贴纸，进一步满足用户的创作需求。添加自定义贴纸的方法很简单，在贴纸选项栏中，点击最左侧的按钮，如图 3–72 所示，即可打开素材添加界面（相册），可选取贴纸元素添加至剪辑项目。

图 3–72 自定义贴纸

对于一些热衷于创作的用户来说，添加自定义贴纸可以帮助他们打造出许多意想不到的画面效果，甚至可以通过自定义贴纸进行水印添加。准备一些 PNG 格式的图像文件，有一定软件基础的用户也可以自行在 Photoshop 或 Illustrator 设计软件中制作并导出带透明通道的 PNG 格式的图像文件，将文件传输至手机相册，即可在剪映中完成自定义贴纸的添加。

在剪映主界面点击“开始创作”按钮，进入素材添加界面，选择“小猫”图像素材，点击“添加到项目”按钮，将素材添加至剪辑项目。进入视频编辑界面，在轨道区域中选择“小猫”素材，按住素材尾部的图标向右拖动，将素材时长延长至 6 秒。将时间线定位至素材起始位置，在未选中素材的状态下，点击底部工具栏中的“贴纸”按钮。打开贴纸选项栏，输入“饿了”进行贴纸搜索，如图 3–73 所示。

进入素材添加界面后，选择“我饿了”素材文件，将其添加至剪辑项目，然后在预览区域将贴纸素材调整到合适的大小及位置，并点击画面非贴纸区域退出。在轨道区域中，选择“我饿了”素材，按住素材尾部的图标向右拖动，将素材延长，使其与“小猫”图像素材的长度保持一致，同时点击下方功能栏“动画”按钮。在打开的贴纸动画选项栏中，切换至“循环动画”选项，点击其中的“雨刷”效果，并设置动画时长为 1.5 秒，如图 3–74 所示，完成操作后点击右下角的“√”按钮。

此时，轨道区域中的贴纸素材上方将生成动画轨迹，在预览区域中可以查看贴纸动画效果，最终视频画面效果如图 3–75 所示。

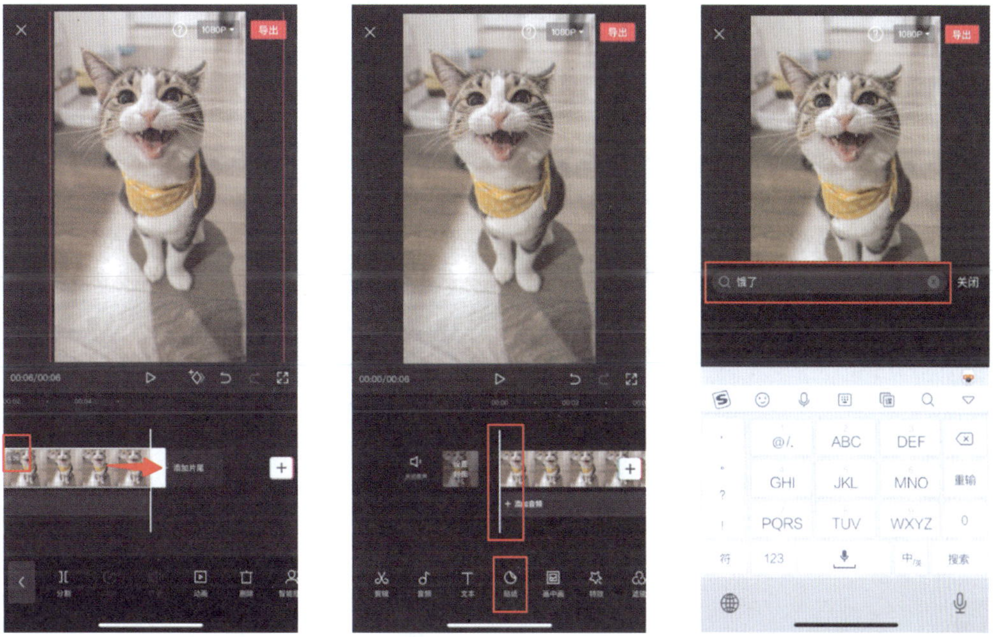

图 3–73　添加贴纸

图 3–74　添加动画

中级微课 3-2
动感特效

图 3-75 贴纸动画预览

任务 3.3 视频优化与包装

【任务描述】

短视频优化与包装主要的目的是为了吸引用户的眼球，让短视频更加美观，富有观赏性，给人一种不一样的体验，从而形成短视频独有的标签，让用户更牢固地记忆该短视频。

本任务将讲解视频优化与包装，包括特效制作、片头片尾制作、字幕制作及配乐制作。通过优化与包装让作品能够从众多的短视频中脱颖而出，从而获得更多的用户和流量。

【任务实施】

3.3.1 特效制作

剪映为广大视频爱好者提供了丰富且酷炫的视频特效，能够帮助用户轻松实现开幕、闭幕、模糊、纹理、炫光、分屏、下雨、浓雾等视觉效果。只要用户具备足够的创意和创作热情，灵活运用这些视频特效，就可以很容易打造出吸引人眼球的“爆款”短视频。

1. 使用基础特效

在剪映中添加视频特效的方法非常简单，在创建剪辑项目并添加视频素材后，将时间线定位至需要出现特效的时间点，在未选中素材的状态下，点击底部工具栏中的“特效”按钮，即可进入特效选项栏，如图 3-76 所示。

图 3-76　添加特效

在特效选项栏中，通过滑动操作可以预览特效，默认情况下视频素材不具备特效效果，用户在特效选项栏中点击任意一种效果，可将其应用至视频素材。若不再需要特效效果，点击“⊘”按钮即可取消特效的应用。

在“基础”特效栏中，用户可以选择开幕、心跳黑框、电影画幅、聚光灯、马赛克、闭幕、相机网格等特殊效果，只要使用得当，这类视频特效可以很好地帮助用户点缀视频的开场和结尾。

将“小猫”素材添加至剪辑项目后，对当前素材画面进行预览，下面将对小猫做部分模糊效果。点击“特效”按钮，选择基础特效“模糊”，如图 3-77 所示。

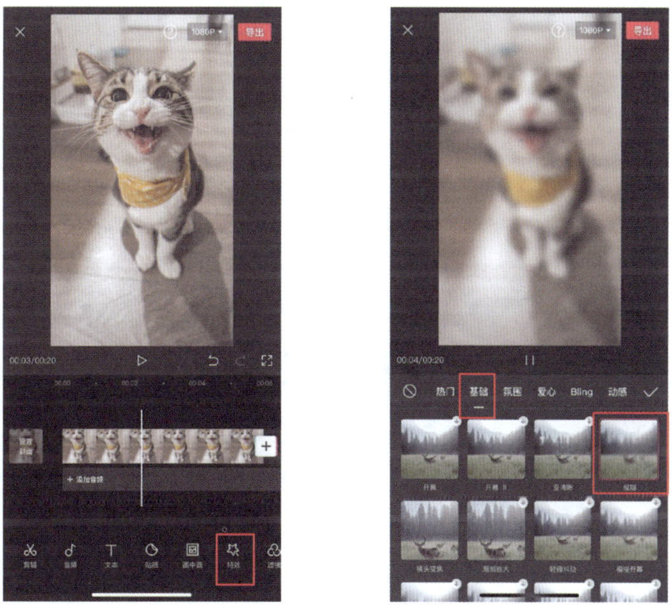

图 3-77　添加特效

返回后，再次点击“特效”按钮添加“镜头变焦”特效，确认返回。回到剪辑页面，将两个特效持续滑块对齐到视频起始点，同时确认模糊特效一个循环周期内的变焦变化点。将模糊特效滑块调整至变焦点，如图 3-78 所示。

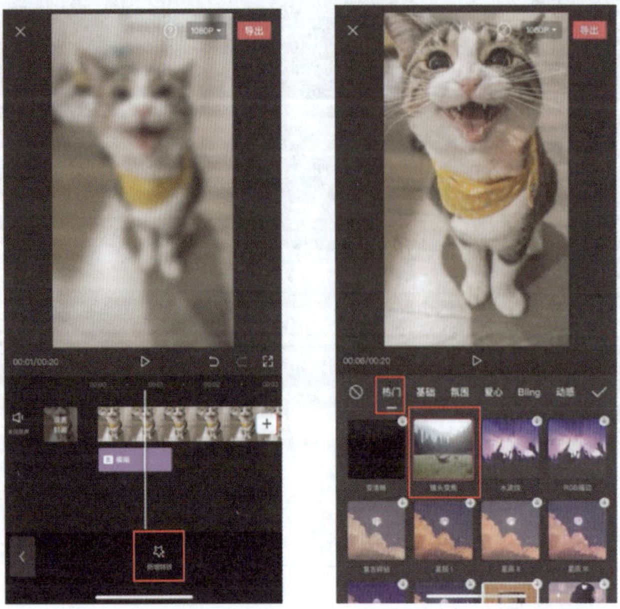

图 3–78 编辑特效

播放预览，微调特效持续时间滑块，点击“保存”按钮并退出。处理前后效果，如图 3–79 所示。

图 3–79 特效预览

2. 使用动感特效

在“动感”特效栏中，用户可以选择抖动、心跳、幻影、摇摆、闪动、毛刺等特殊效果。这类视频特效大多数是由绚丽、动感的光线构成，搭配一些强节奏的背景音乐可以营造出极具动感的视频效果。

进入剪映主界面，点击下方工具栏“音频”按钮，因为原素材就有舞蹈背景音乐，所以可以点击“提取音乐”按钮，重新选择原视频，并点击下方“仅导入视频音乐”按钮，视频下方会出现提取的音乐音轨。点击所提取音乐的音轨，点击“踩点”按钮，并根据音乐鼓点进行踩点标志。踩点后，可以根据踩点标记点，将时间线调整为第一段打卡点起点，进行动感特效添加。以标志点为特效节奏点，点击“特效”按钮，选择“变清晰”作为视频开场，如图 3–80 所示。

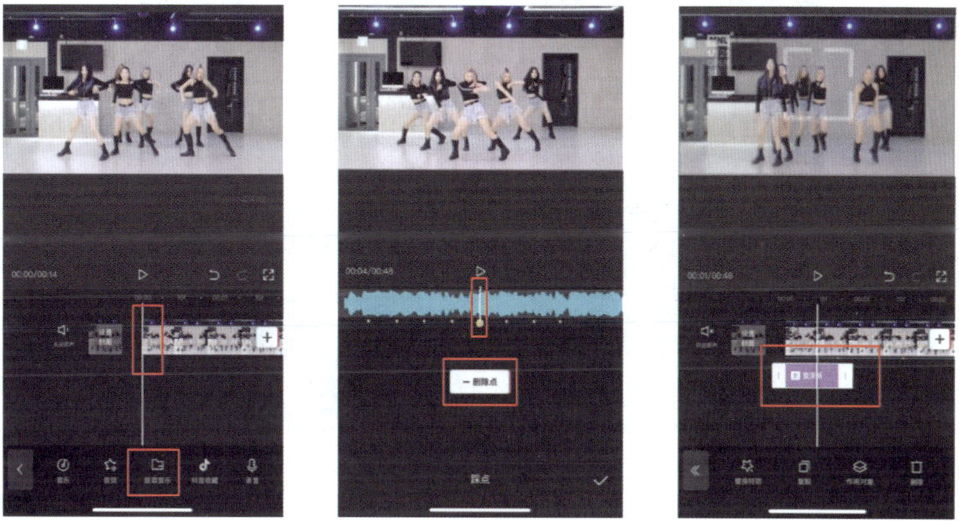

图 3–80　添加动感特效

在第二段时间点上，点击“继续添加特效”按钮，选择“动感”“灵魂出窍”特效，同时在第 3 段、第 4 段添加“闪白”特效。调整每个时间线上特效持续时间，同标志点对位，可以放大时间线素材进行精细化调整，如图 3–81 所示。添加完特效后可以点击“预览”观看输出成片。

图 3–81　预览特效

3. 使用漫画特效

在特效选项栏的“漫画”特效栏中，用户可以选择三格漫画、冲刺、电光旋涡、黑白漫画、荧光线描等特殊效果。在剪辑项目中应用这类效果，并添加相应的字幕素材，可以制作出一些漫画感十足的视频效果，让短视频充满趣味性，如图 3–82 所示。

图 3-82　添加漫画特效

3.3.2　片 头 制 作

短视频如何在开场的第 1 秒就抓住观众的眼球，一个酷炫的片头很重要。如果用心去制作片头，至少在刚开始的一秒内就在视觉上与别人制作的内容有所区分，可以大大增加视频的趣味性并吸引观众。

1. 文字模版片头

打开剪映，将素材添加至剪辑项目后，点击“画中画”，通过素材库，点击添加选择一款文字素材，点击“添加”按钮，如图 3-83 所示。

图 3-83　添加文字素材

将画中画素材拖移到与原素材平齐，点击工具栏“混合模式”按钮。选择“正片叠底”，点击“√”确认，返回预览，如图 3-84 所示。

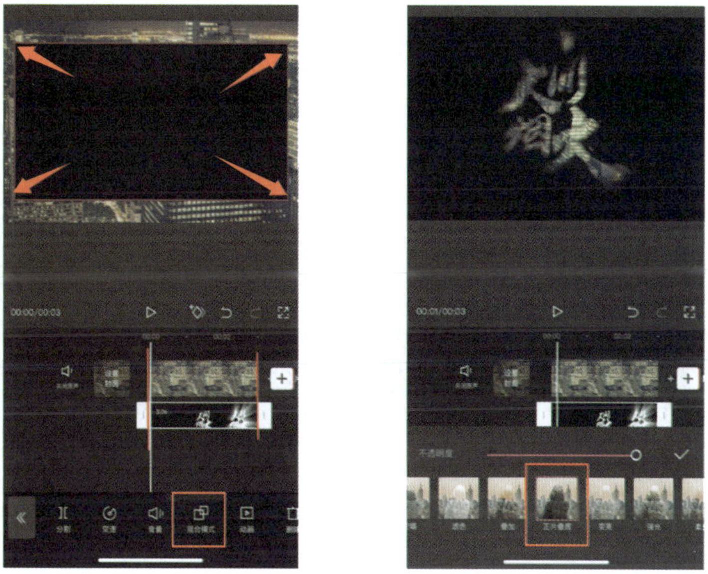

图 3-84　编辑文字

确认片头效果完成后点击“导出”按钮即可输出到手机相册备用，如图 3-85 所示。

图 3-85　预览导出

2. 镂空文字片头

点击“开始创作”按钮，选择“素材库”→“黑白场”中的黑场，添加至剪辑项目，如图 3-86 所示。点击“文字”→“新建文本”，输入大写英文字母“TRAVEL”，字体保持系统默认，选中下方第一个粗体图标，完成后点击“√”按钮确认，如图 3-87 所示。

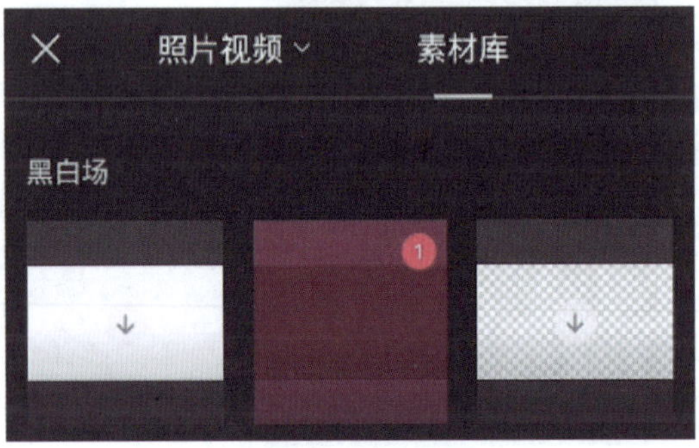

图 3-86 添加素材

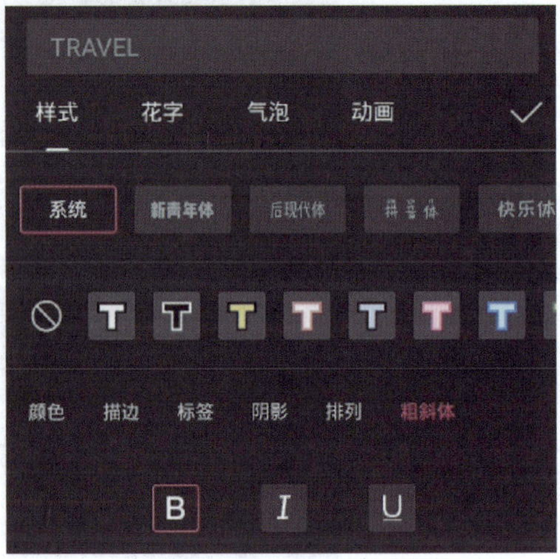

图 3-87 选择字体

在视频预览窗口，双指呈对角外滑，放大文字效果，如图 3-88 所示。

图 3-88 预览文字

将黑场视频和文字轨道的时长都调整为 4.0 s，确认后导出文字影片备用。打开剪映，点击“开始制作”按钮导入自己喜欢的街景或夜景素材，再点击“画中画”功能，导入已保存的文字影片，如图 3-89 所示。

放大画中画视频轨道中的文字视频，铺满整个画面，如图 3-90 所示。

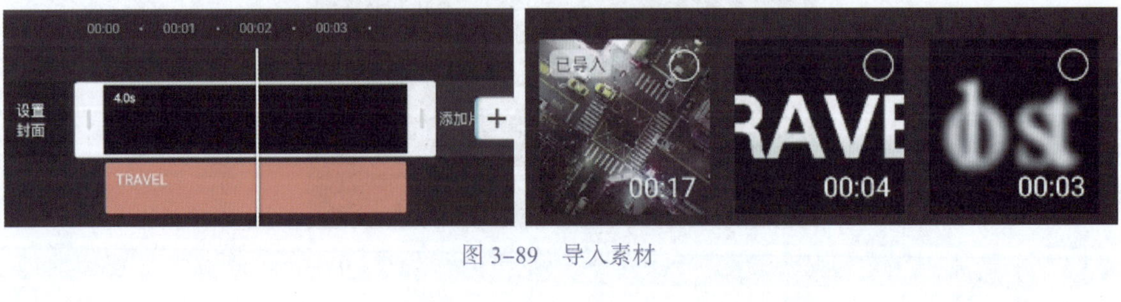

图 3-89 导入素材

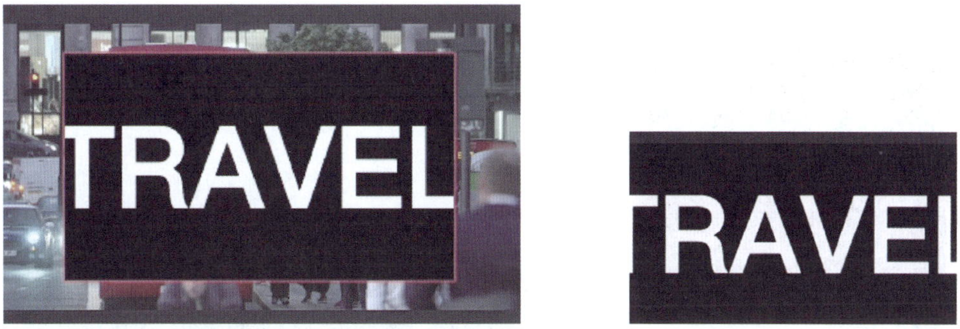

图 3-90 编辑文字视频

选中画中画视频轨道，点击下方“混合模式”工具。选择“正片叠底”，点击“√”确认开始预览（此动作为关键操作），如图 3-91 所示。

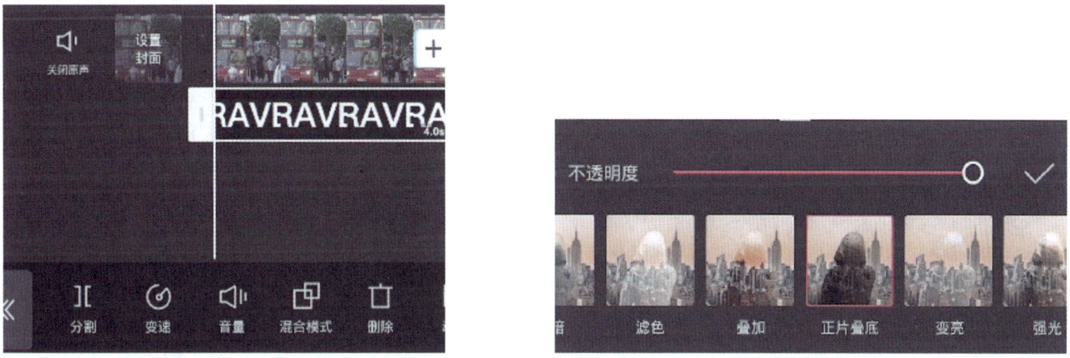

图 3-91 编辑预览

视频开头和白线对齐，点击“关键帧”工具，在视频开始部分添加一个关键帧，移动视频画面在 2 s 处和白线对齐，如图 3-92 所示。

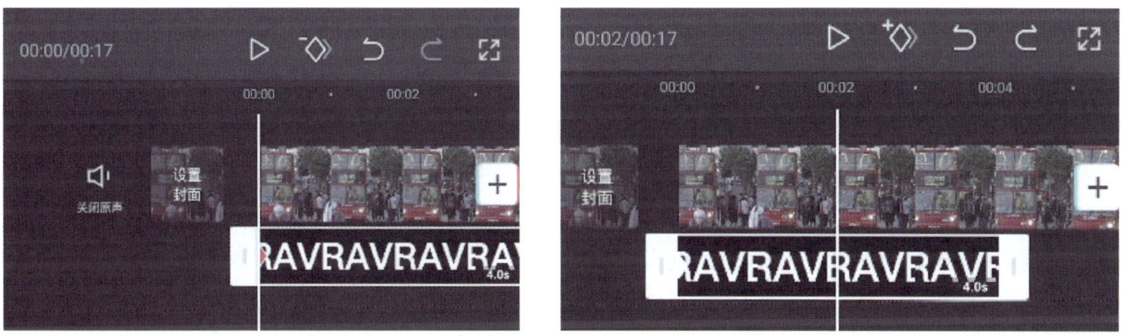

图 3-92 添加关键帧

在视频预览窗口，双指呈对角线外滑放大画中画轨道中的文字视频，此时会自动添加一个关键帧，移动视频画面与文本画面到结束前几秒，完成后会自动添加关键帧，如图 3-93 所示。

在视频预览窗口，双指呈对角线外滑，继续放大画中画轨道中的文字视频，直到放大至视频画面完全显示，看不见黑色背景为止，如图 3-94 所示。除了放大，也可以适当移动画面，直至黑色背景看不到为止。完成后会自动添加一个关键帧。点击“播放”按钮，预览效果。

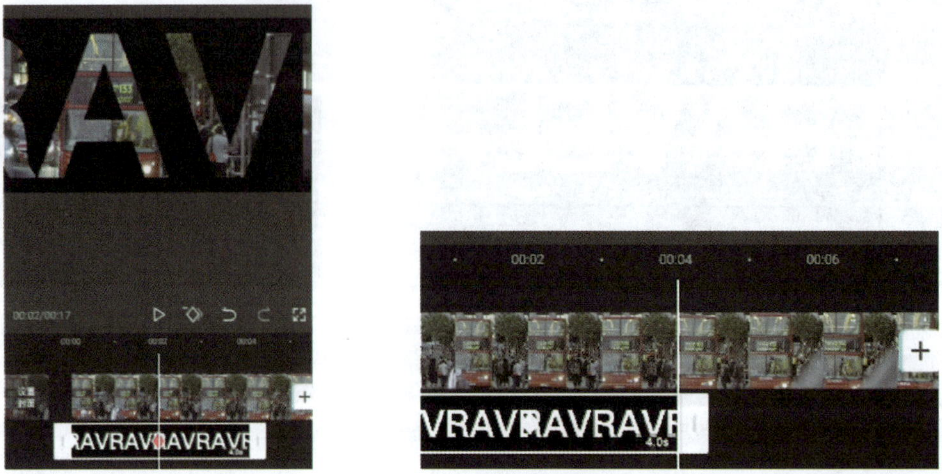

图 3-93 编辑视频与文字

图 3-94 预览效果

3.3.3 片尾制作

片尾对于短视频来说也是很重要的组成部分，放在影片结束位置可以传达与内容不一样的信息，同时，精美的片尾在另一方面也可以提升视频的互动性，比如加关注、求评论等。片尾的制作相比于片头更加的简单，推荐使用剪映自带的模板库进行制作。

打开剪映，点击下方工具栏“剪同款”按钮进入剪同款界面，在搜索框搜索关键字“片尾”，检索后选择合适的片尾模板，点击进入，如图 3–95 所示。

点击“剪同款”按钮，选择个人头像或填充物料，点击“点击编辑”按钮，调整头像位置大小，或者替换其他头像，如图 3–96 所示。确定后点击“导出”按钮完成制作，保存在相册中备用。

3.3.4 字幕制作

在短视频制作包装中，字幕的添加以及制作是必不可少的，字幕就是将语音内容以文字的方式显示在画面中。对于观众来说，观看视频的行为是一个被动接受信息的过程，有时候观众很难集中注意力，此时就需要用字幕来帮助观众更好地理解和接受视频内容。

图 3–95　进入片尾模板

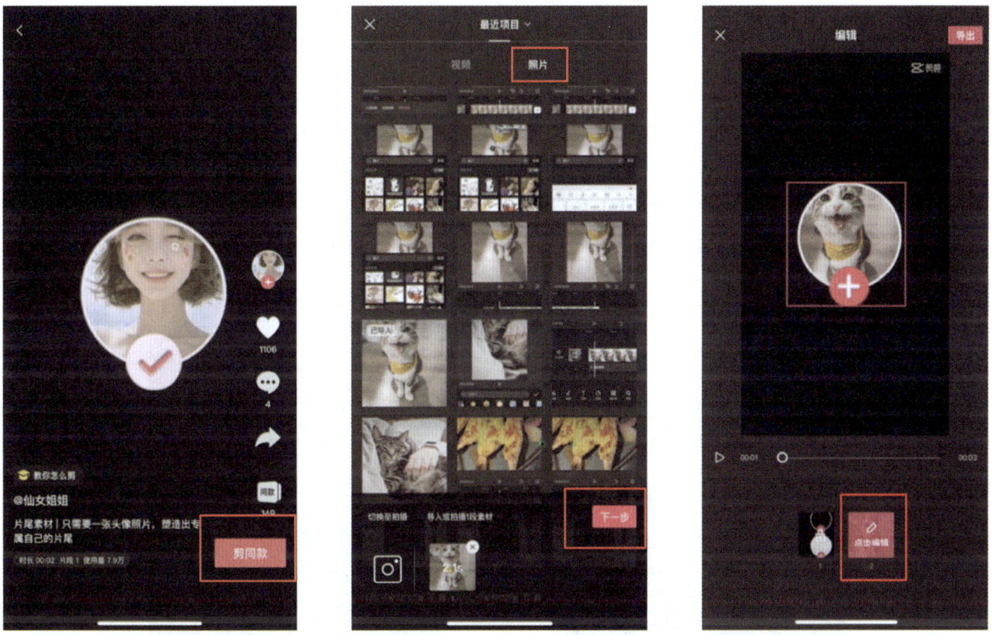

图 3–96　编辑头像

1. 基础字幕添加

创建剪辑项目后，在未选中素材的状态下，点击底部工具栏中的“文字”按钮，在打开的文本选项栏中，点击“新建文本”按钮，这时将弹出输入键盘，可以根据实际需求输入文字，文字内容将同步显示在预览区域，如图 3–97 所示。完成后点击“√”按钮，即可在轨道区域中生成文字素材。

中级微课 3-4
识别字幕功能

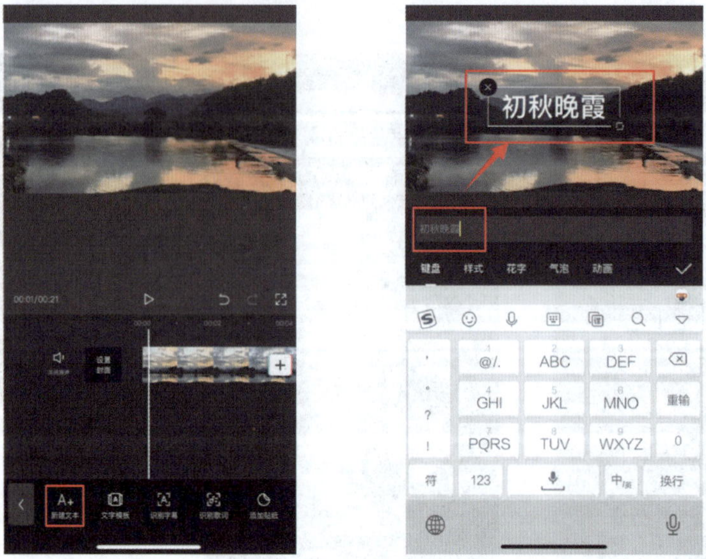

图 3-97 字幕添加

在预览区域中，点击文字右上角的按钮，或者双击文字素材，会打开输入键盘，可对文字内容进行修改；按住文字右下角的按钮，还可对文字进行缩放和旋转操作；按住文字素材进行拖动，可以调整素材的摆放位置。在轨道区域中，按住文字素材，当素材变为灰色状态时，可左右拖动，以调整文字素材显示的起止时间。在选中文字素材的状态下，按住素材前端或尾端的图标左右拖动，可以对文字素材的持续时间进行调整，如图 3-98 所示。

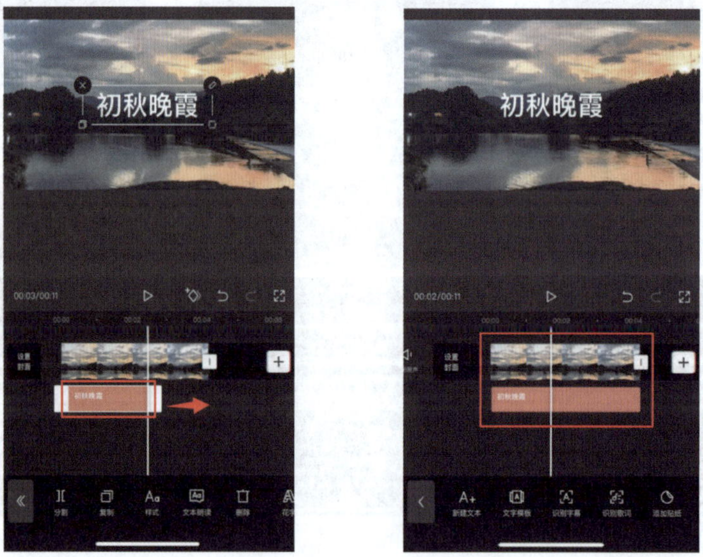

图 3-98 调整文字

2. 字幕样式设置

在创建了基本字幕后，还可以对字幕的字体、颜色、描边和阴影等样式效果进行设置。打开字幕样式栏的方法有两种。

第 1 种方法，在创建字幕时，点击文本输入栏下方的“样式”选项，即可切换至字幕样式栏，如图 3-99（a）所示。

第 2 种方法，若用户在剪辑项目中已经创建了字幕素材，需要对文字的样式进行设置，则可以在轨道区域中选择字幕素材，然后点击底部工具栏中的“样式”按钮，从而快速打开字幕样式栏，如图 3-99（b）所示。

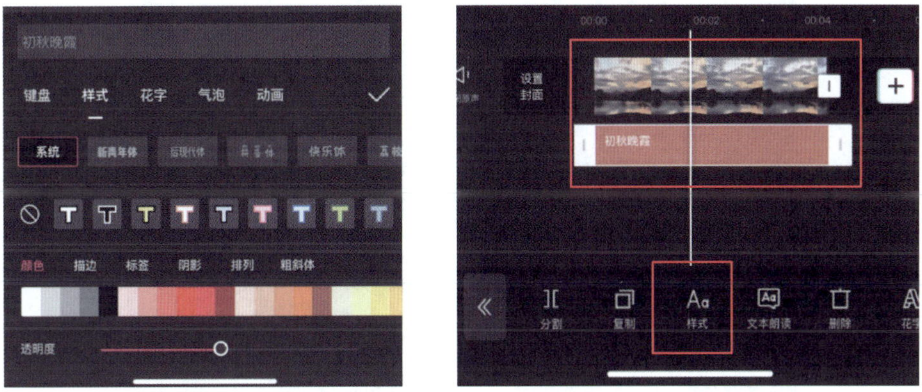

(a)　　　　(b)

图 3-99　调整文字样式

在字幕样式栏中，用户可以对文字进行优化调整，使文字在画面中更加协调和美观。下面演示如何创建字幕，并介绍为文字添加样式效果的操作方法。

打开剪映，在主界面中点击上一节保存的剪辑项目文件将其打开。进入视频编辑界面后，将轨道区域放大，然后将时间线定位至第 2 秒位置，在未选中素材的状态下，点击底部工具栏中的“文字”按钮进入文本选项栏后，点击“新建文本”按钮，如图 3-100 所示。弹出输入键盘，输入文字“快拿我的饭来”，点击“√”按钮。接着，在预览区域中，将文字素材调整到合适的大小及位置，如图 3-101 所示，并将素材与字幕匹配时长对齐。

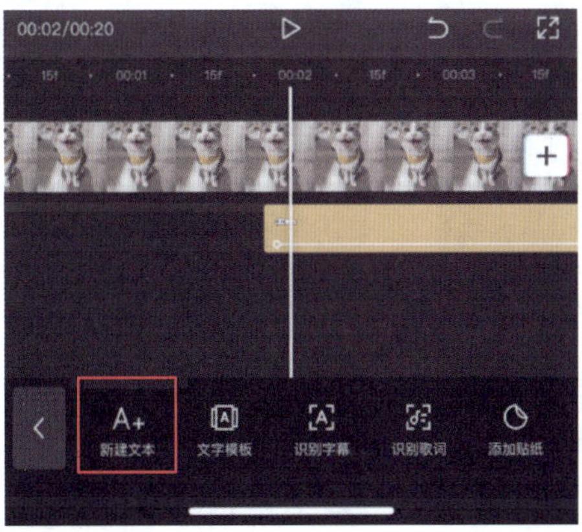

图 3-100　新建文本

图 3-101　调整文字

在选中文字素材的状态下，点击底部工具栏中的“样式”按钮。打开字幕样式栏，在字体列表中点击“拼音体”，然后选择一个黑色描边样式，如图 3–102 所示。

图 3–102 添加字幕样式

在字幕样式栏中，切换至“阴影”设置栏，将阴影颜色设置为橙色，完成设置后点击“√”按钮。进入“样式”选项，点击“气泡”按钮，选择一款合适的气泡底图；再点击“动画”按钮，在“入场动画”选项中选择“向右擦除”效果，并设置动画时长为 2 秒，如图 3–103 所示，完成操作后点击“√”按钮。

图 3–103 添加动画

至此，就完成了字幕的添加及样式的设置。最后，可以在剪辑项目中添加合适的背景音乐，完成后点击视频编辑界面右上角的“导出”按钮，将视频保存到手机相册。最终视频画面效果如图 3–104 所示。

图 3–104　预览画面效果

3. 识别字幕功能

剪映内置“识别字幕”功能，可以对视频中的语音进行智能识别，然后自动转换为字幕。通过该功能，可以快速且轻松地完成字幕的添加工作，以节省工作时间。

打开剪映，在主界面点击“开始创作”按钮，进入素材添加界面，选择“背景”视频素材，点击“添加到项目”按钮，将素材添加至剪辑项目。进入视频编辑界面后，将时间线定位至视频起始位置，在未选中素材的状态下，点击底部工具栏中的“文字”按钮，再点击“识别字幕”，弹出提示框后，点击其中的“开始识别”按钮，等待片刻，识别完成后，将在轨道区域中自动生成文字素材，如图 3–105 所示。

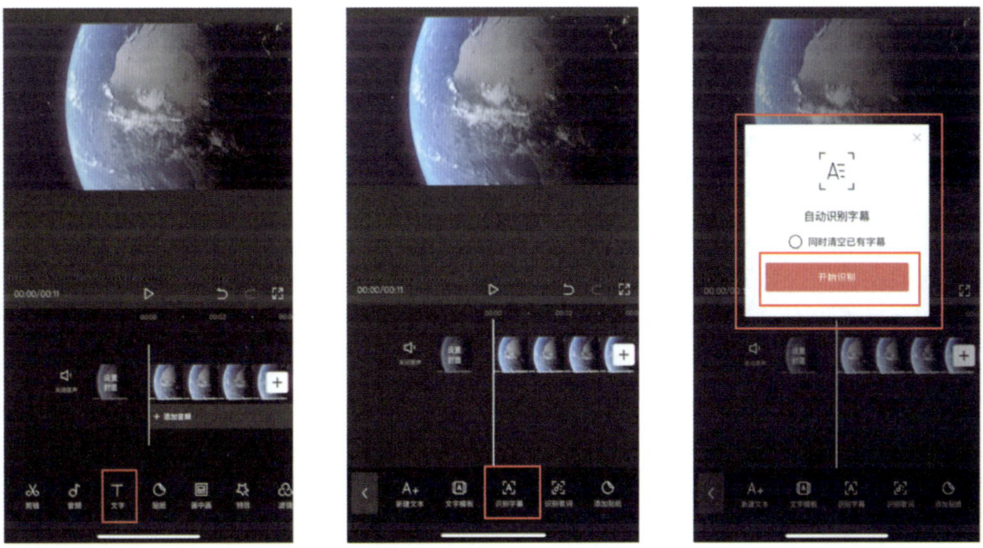

图 3–105　添加素材

在轨道区域中，选择第 1 段文字素材，然后点击底部工具栏中的“样式”按钮，在样式中选择文字效果即可，如图 3-106 所示。

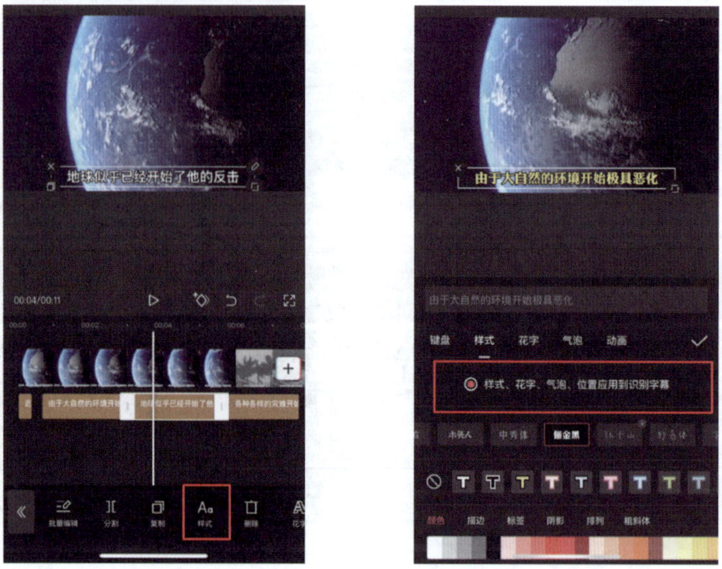

图 3-106 选择文字样式

在识别字幕后，样式菜单中会出现“样式、花字、气泡、位置应用到识别字幕”的选项，点选这个功能，在任意一个识别字幕后的任何样式、花字、气泡、位置等选项进行调整的话，所有字幕都会做出相应的调整，能够较大提高字幕处理效率。

3.3.5 配音制作

1. 配音的规范

（1）短视频背景音乐的基本规则

对于影视作品来说，声音和画面都是核心的组成元素，尤其是在短视频领域，配音更加重要。用户刷短视频时往往都是未见其像，先闻其声，甚至能通过声音辨别短视频的内容方向。去掉视频的背景音乐，会让视频的内容失去饱满度，一曲好的背景音乐能通过它们自身所承载的情感与节奏，与观众产生共鸣。所以说在体验短视频的过程中，背景音乐是不可或缺的一部分。

声音的处理其实和画面一样，首先是为提升节奏感的处理，再者就是在剪辑时体现声音的过渡属性。声音节奏感主要体现在两个方面：一方面是配音情绪与视频画面要匹配，例如在表达愤怒的情绪时，声音自然也要表现得激动一些；另一方面就是背景音乐与视频画面的搭配，背景音乐的辅助作用在短视频作品里面是非常明显的，所以在剪辑上可以尽量卡音乐的节拍来剪辑，这样会显得更有节奏感。

声音过渡方面，首先需要在慢速的情况下听一遍原始音频，听听过渡上有没有生硬的地方。如果有些地方过渡不是很顺畅，就可以让前面的音频淡出，后面的音频淡入，这样就不会显得拼接那么生硬。再者就是要注意检查背景音乐与人物声音是否融合，一般需要先保证人物声音清晰，背景音乐不能过大，更不能盖过人声。最后还得检查背景音乐是否与整体的氛围契合。

（2）配音特点

每个短视频平台都有其特定的用户群体与内容特点，下面以抖音为例，对其配音特点进行简单分析。

● 抖音用户群体：以年轻用户居多，多为 95 后、00 后，用户群体年龄相对低，并且女性用户稍多于男性用户。

● 内容风格：视频内容新潮、时尚，富有个性化；对于视频节奏感的要求较高，对于背景音乐依赖性强。

● 流量分配：抖音以其特殊的去中心化加流量词推荐机制，让每个创作者都有相对公平的机会进行内容发布，并且所有个人都有上热门的机会，因此，拍摄的短视频通过热门音乐蹭流量上热门是一个简单方便的途径。

综上所述，在制作抖音短视频时，要把握几个配音的特点：

① 跟热门音乐，并且注意要与视频内容相符，否则可能起反作用。

② 节奏感强，时尚轻快。

2. 添加背景音乐

在剪映中，用户可以自由地调用音乐素材库中不同类型的音乐素材，并且支持轨道叠加音乐。此外，剪映还支持用户将抖音等其他平台中的音乐添加至剪辑项目。

（1）添加音乐

在轨道区域中，将时间线定位至所需时间点，在未选中素材的状态下，点击“添加音频”选项，或点击底部工具栏中的“音频”按钮，然后在打开的音频选项栏中点击“音乐”按钮，如图 3–107 所示。

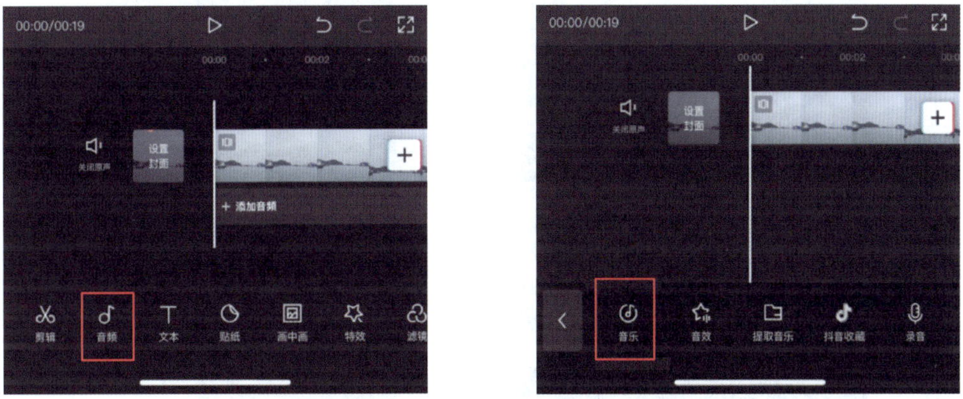

图 3–107　选择素材

完成上述操作后，将进入剪映音乐素材库。剪映音乐素材库对音乐进行了细致的分类，用户可以根据音乐类别来快速挑选适合自己影片基调的背景音乐，如图 3–108 所示。在音乐素材库中，点击任意一款音乐即可对音乐进行试听，此外，通过点击音乐素材可以进行下载、试听、使用等操作。

（2）添加抖音中的音乐

作为一款与抖音直接关联的短视频剪辑软件，剪映支持用户在剪辑项目中添加抖音中的音乐。在进行该操作前，需要在剪映主界面中切换至“我的”选项栏，登录抖音账号。通过这一操作，剪映就与抖音建立了账户连接，之后用户在抖音中收藏的音乐就可以直接在剪映的“抖音收藏”中找到并进行调用了，如图 3–109 所示。接下来以最近热门的“寒江孤影江湖故人”话题进行实操，演示在剪辑项目中应用“抖音收藏”音乐的方法。

图 3-108 选择背景音乐

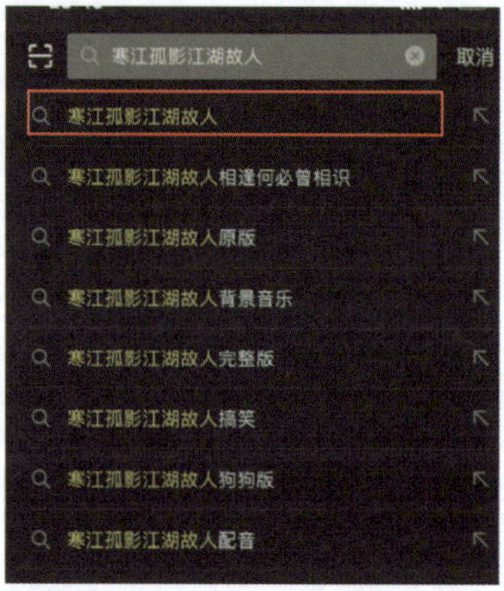

图 3-109 抖音收藏

打开抖音，进入主界面后点击右上角的放大镜按钮。搜索栏中输入“寒江孤影江湖故人”，完成搜索后切换至“音乐”选项栏，点击所示音乐，在打开的音乐界面中点击“收藏”按钮，如图 3-110 所示，完成操作后退出抖音。

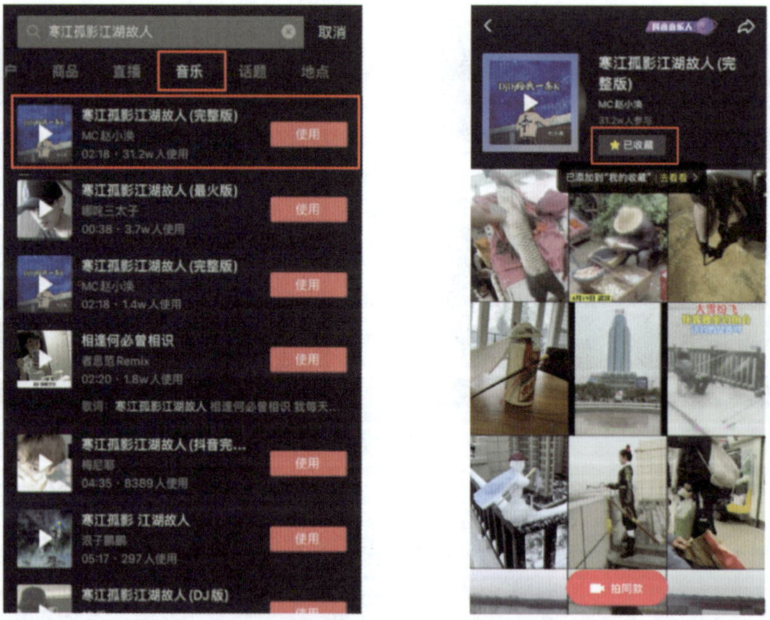

图 3-110 收藏音乐

进入剪映，导入海面素材。进入视频编辑界面后，在未选中素材的状态下，将时间线定位至视频起始位置，然后点击底部工具栏中的“音频”按钮。在音频选项栏中点击“音乐”按钮。进入音乐素材库后，切换至“抖音收藏”选项栏，在其中可以看到刚刚在抖音中收藏的音乐，点击音乐右侧的“下载”按钮即可将音乐素材下载，再点击“使用”按钮即可添加至剪辑项目，如图 3-111 所示。

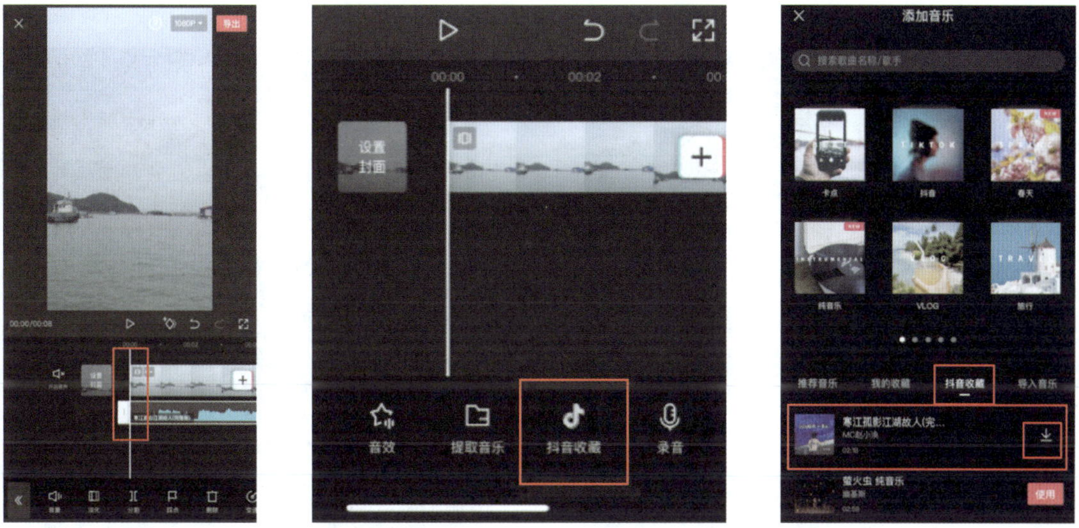

图 3-111　添加音乐素材

将时间线定位至视频素材的末端，在轨道区域中选择音乐素材，然后点击底部工具栏中的“分割”按钮，将素材分割后，选择时间线后的素材，点击底部工具栏中的“删除”按钮，如图 3-112 所示，将时间线后多余的素材删除。在轨道区域中选择音乐素材，点击底部工具栏中的“淡化”按钮，进入淡化选项栏，设置“淡入时长”和“淡出时长”均为 0.5 秒，如图 3-113 所示。完成后点击“√”按钮，至此就完成了背景音乐的添加操作。

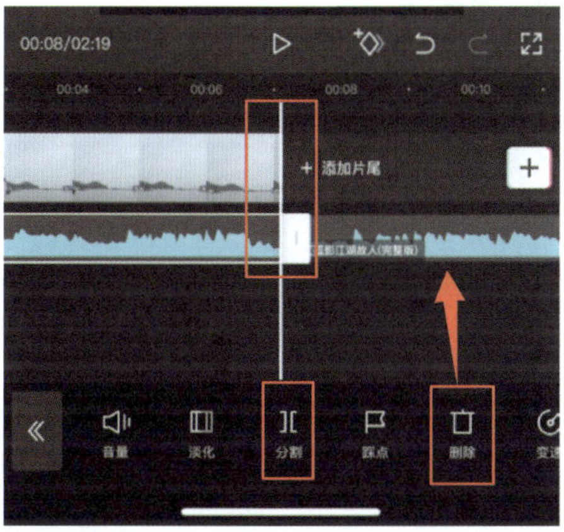

图 3-112　分割素材

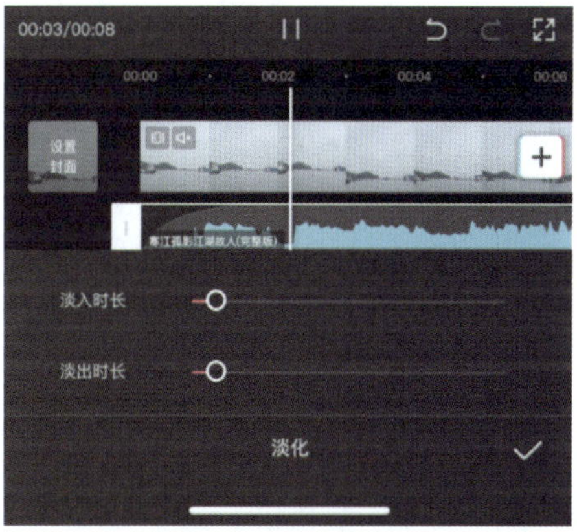

图 3-113　淡化设置

（3）通过链接导入音乐

如果剪映音乐素材库中的音乐素材不能满足剪辑需求，那么用户可以尝试在剪映的音乐素材库中导入其他平台的音乐。剪映主要是通过链接导入其他平台音乐的。以网易云音乐 App 为例，用户如果想将该平台中的音乐导入剪映中使用，可以在网易云音乐 App 的音乐播放界面，点击右上角的“分享”按钮，接着，在底部的弹出窗口中点击“复制链接”按钮，如图 3-114 所示。

复制好链接后回到剪映音乐素材库，点击“导入音乐”按钮，在选项栏中点击“链接下载”，在文本框中粘贴之前复制的音乐链接，再点击右侧的“下载”按钮等待解析完成，即可将音乐导入剪映，如图 3-115 所示。

图 3-114　导入平台音乐

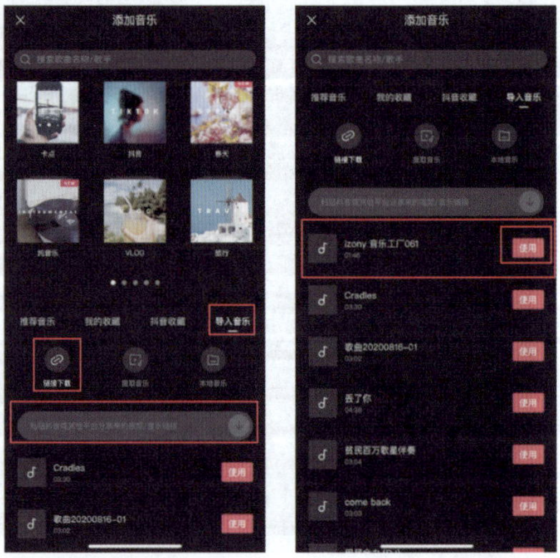

图 3-115　音乐下载

对于想要靠短视频作品营利的视频创作者来说，在使用其他音乐平台的音乐作为视频素材前，需与平台或音乐创作者进行协商，避免发生音乐作品侵权行为。

（4）提取视频音乐

剪映支持用户对本地相册中拍摄和存储的视频进行音乐提取操作，简单来说就是将其他视频中的音乐提取出来并单独应用到剪辑项目中。提取视频音乐的方法非常简单，进入“音频”工具栏内，选择“提取音乐”按钮，再按指示操作，即可将音乐当作素材提取出来。

3. 音频优化处理

剪映为用户提供了较为完备的音频处理功能，支持用户在剪辑项目中对音频素材进行添加音效、音量调整、音频淡化、复制音频、删除音频和降噪等处理。

（1）添加音效

在轨道区域中，将时间线定位至需要添加音效的时间点，在未选中素材的状态下，点击“添加音频”选项，或点击底部工具栏中的“音频”按钮，然后在打开的音频选项栏中点击“音效”按钮。打开音效选项栏，如图 3-116 所示，可以看到有综艺、笑声、机械、游戏、魔法、打斗、动物等不同类别的音效。

添加音效素材的方法与之前所介绍的添加音乐的方法一致，点击音效素材右侧的“使用”按钮，即可将音效添加至剪辑项目。

（2）音量调整

在进行视频编辑时，可能会出现音频声音过大或过小的情况，为了满足不同的制作需求，在剪辑项目中添加音频素材后，可以对音频素材的音量进行自由调整。调节素材音量的方法非常简单，在轨道区域中选择音频素材，然后点击底部工具栏中的“音量”按钮，在打开的音量选项栏中，左右拖动滑块即可改变素材的音量，如图 3-117 所示。

剪映中素材音量的调整范围为 0 ～ 200。一般添加至剪辑项目的音频素材初始音量为 100，即代表正常音量。调节时，数值越小，声音越小；数值越大，声音越大。背景音乐添加时一定要注意以人声为主，尽量避免背景音干扰口播。

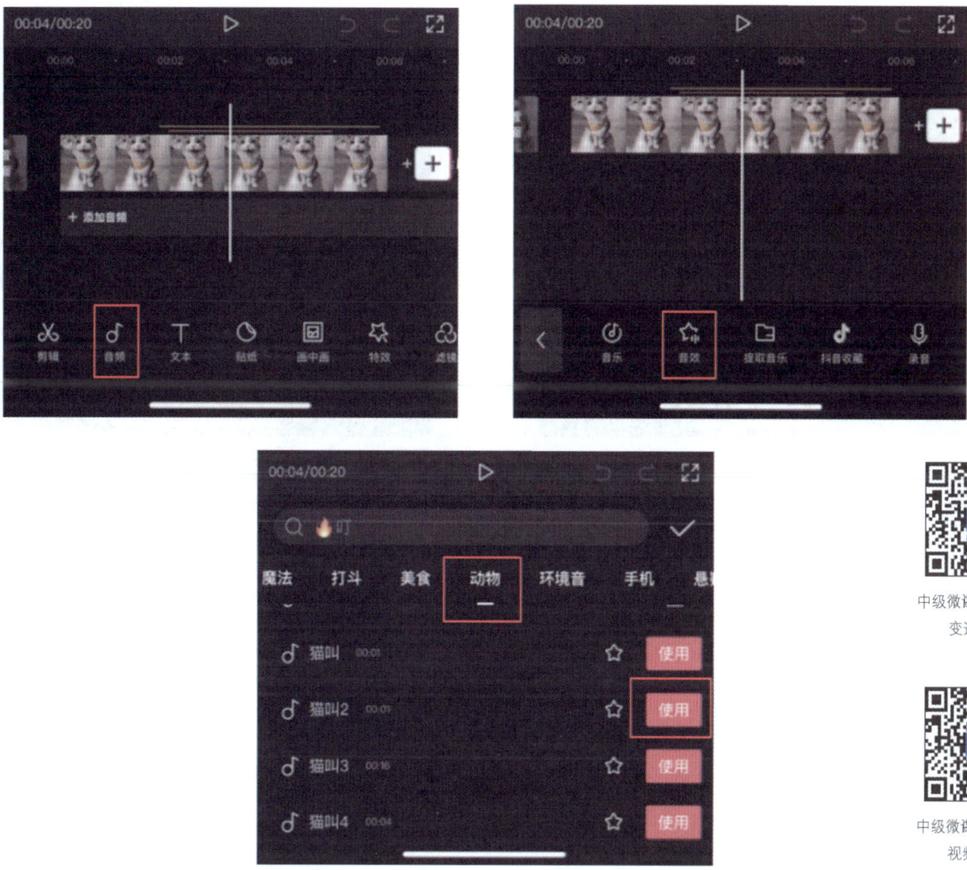

图 3-116 添加音效

中级微课 3-5
变速技巧

中级微课 3-6
视频降噪

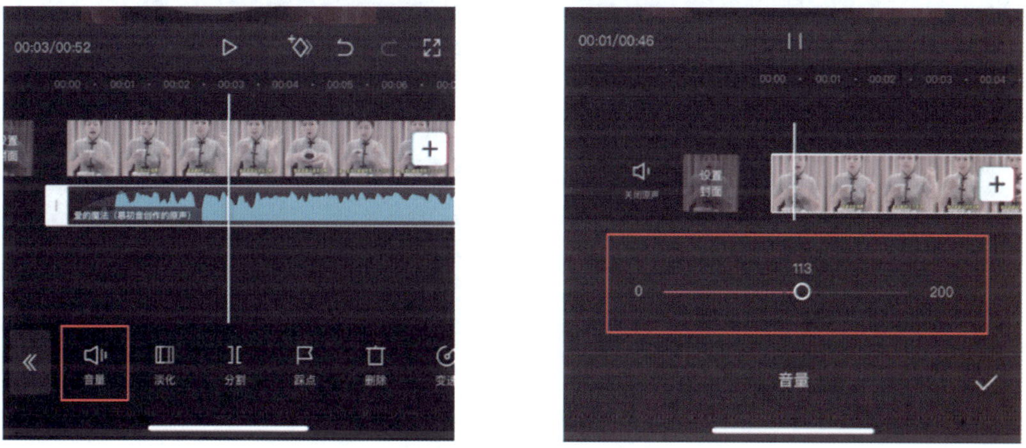

图 3-117 调整音量

（3）音频淡化

对于一些没有前奏和尾声的音频素材，在其前后添加淡化效果，可以有效降低音乐进出场时的突兀感；而在两个衔接音频之间加入淡化效果，则可以令音频之间的过渡更加自然。在轨道区域中选择音频素材，点击底部工具栏中的“淡化”按钮，在打开的淡化选项栏中，可以自行设置音频的淡入时长和淡出时长，如图 3-118 所示。

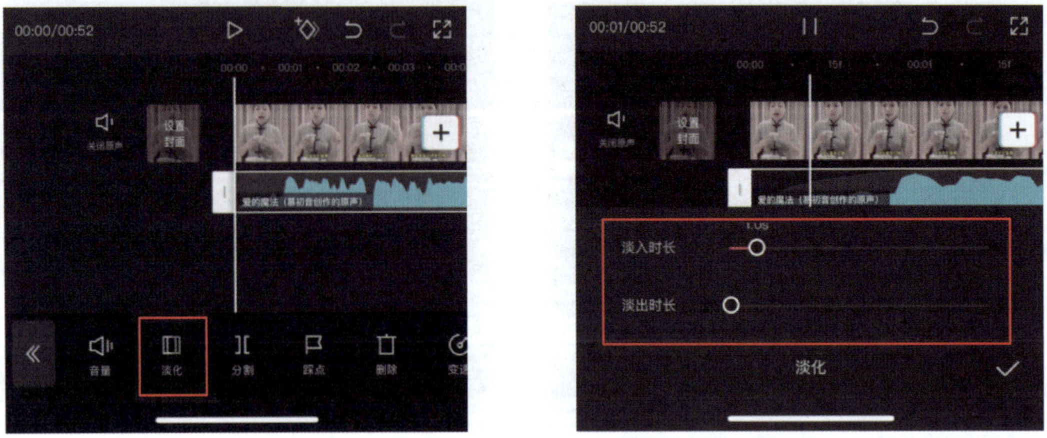

图 3-118 音频淡化处理

（4）视频降噪

在日常拍摄时，由于环境因素的影响，拍摄的短片或多或少会带有一些杂音，非常影响观看体验。剪映为用户提供了视频降噪功能，可以方便用户去除音频中的各类杂音、噪声，从而有效地提升音频的质量。在轨道区域选中需要进行降噪处理的视频素材，然后点击底部工具栏中的“降噪”按钮，此时在打开的降噪选项栏中，降噪开关为关闭状态，点击开关按钮将降噪功能打开，剪映将自动进行视频降噪处理，如图 3-119 所示。

完成降噪处理后，降噪开关变为开启状态，点击右下角的“√”按钮，保存降噪操作。需要注意的是，剪映中的“降噪”功能仅适用于视频素材。

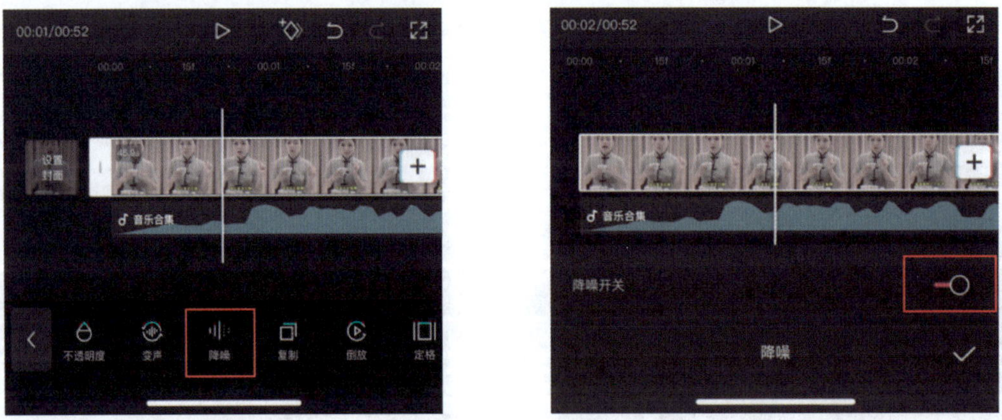

图 3-119 视频降噪

项目实训

结合视听语言知识，掌握不同角度、景别及运镜的拍摄技巧。合理选择及使用视频编辑软件完成剪辑、转场、特效等编辑操作。根据视频配音需求，对视频声音进行优化，并使用视频编辑软件，完成视频中特效、片头、片尾、字幕、配乐等后期包装制作，最终完成一条不少于

3 分钟的创意短片。

（1）实训目的

① 能掌握创意视频的制作流程及视频的优化技巧。

② 能够熟悉视频制作的完整流程进行短片创作。

（2）实训内容

① 能根据视听语言知识结合运镜技巧，完成视频素材拍摄。

② 能使用视频编辑软件完成剪辑、转场等编辑操作。

③ 能根据视频配音需求，对视频角色声音进行优化。

④ 能使用视频编辑软件，完成视频中特效、片头片尾、字幕、配乐等技能。

课后练习

请扫描二维码，查看本项目课后练习。

项目 3　课后练习

第二部分　平台运营

项目 4　内容运营

课时　10 学时

项目描述

本项目讲解了内容运营必须具备的专题内容策划与执行、内容推广引流、直播流程设计与管理、数据分析与内容优化 4 个板块，每个板块又从概念、技巧和操作方法 3 个维度出发，帮助读者全面掌握并能落地运用。

通过本项目的学习和实际操作，读者能够策划新媒体活动专题方案，掌握内容推广引流的方法步骤，构建直播全运营操盘逻辑，并能通过数据分析复盘优化内容创作和运营策略。

学习目标

知识目标	1. 理解专题的概念与类型
	2. 理解内容推广引流的概念和策略
	3. 理解直播的基础要求和规范
	4. 理解内容运营的概念
能力目标	1. 掌握专题内容方案的策划方法和执行方法
	2. 掌握内容推广引流的方法
	3. 掌握直播的流程设计和节奏设计
	4. 掌握账号运营数据分析和竞品数据分析的方法
素养目标	1. 通过数据分析，形成内容优化和运营策略调整的能力
	2. 形成吃苦耐劳、精益求精、与时俱进的工作态度

知识图谱

- 项目4　内容运营
  - 专题内容策划与执行
    - 专题的概念与类型
    - 专题内容方案的策划方法
    - 专题内容方案的执行方法
  - 内容推广引流
    - 内容推广引流的概念
    - 内容推广引流的方法
  - 直播流程设计与管理
    - 直播基础要求
    - 直播流程设计
    - 直播节奏设计与管理
  - 数据分析与内容优化
    - 账号运营数据分析
    - 竞品数据分析

任务 4.1　专题内容策划与执行

【任务描述】

本任务介绍专题的概念和类型，讲解专题内容方案的策划方法和执行方法，并介绍了根据某达人的账号特点和“618 大促”的专题，制订专题内容的策划方案的方法。

【知识准备】

4.1.1　专题的概念与类型

有专家认为，内容运营即是以内容为主导的系统运营，整个流程包括 4 个步骤：做好内容、渠道分发、广告合作、覆盖用户。因此，“内容”是运营的核心，好的内容应当有计划、有策划、有序地进行传播。在内容运营中，有一个非常重要的板块叫作专题内容策划，即根据不同平台调性，在特定的时间节点，设计主题结构布局，制作出阶段性持续传播的重要内容。

内容是专题的核心，不在内容基础上做专题是毫无意义的。一个成功的专题必须建立在优秀的内容选题之上。通过对专题内容的造势传播，形成网络舆论的生态链，充分发挥网络的互动性，让更多的网友成为内容营销的参与者，最后才能达到一定的传播广度。

通常情况下，专题内容策划又分为以下几种类型：

1. 对“热点事件”进行造势营销

借热点事件造势是指借助一些热点事件的影响力，使内容传播短时间内达到最大最优的传播效果，从而节约大量的宣传成本。

2. 突发事件的传播

突发事件没有内容筹备期，所以在进行内容专题策划时，通常是采用以下 2 种策略：

① 关注进程。突发事件出现后，最能检验内容策划的团队协作能力，如果能第一时间进入现场，获取第一手信息资源，那么就能最快地吸引用户的关注，获得报道整个事件的主导权。

② 关注前因后果。如果没法及时跟进事件进展，那么可以另辟蹊径，从事件的原因、背景和它可能产生的影响着手，进行专题策划。

3. 当下社会现象的解读

有些热点不一定有时间节点，它可能是某个阶段持续引人关注的某种社会现象，比如升学、网红经济、环保等。如果能对这些内容进行专题策划，并且设置好互动部分，那么这类专题也可能引发持续讨论和关注。

4. 平台原生内容输出

一些优质的内容平台，比如 bilibili（B 站）、抖音、小红书等，都会策划一些原生的内容专题。它主要的功能在于持续彰显产品内容和品牌价值，拉近企业与用户距离，传播产品文化和品牌价值。垂直领域的产品在整体内容量比较大时，就可以去考虑策划这种原生的内容专题。该类专题的内容策划玩法就是熟知当下用户关心的话题，并对站内优质内容进行整合推荐。

4.1.2 专题内容方案的策划方法

1. 设计专题框架

在做专题内容的过程中，一定要训练框架思维能力，要根据运营目标找到切入点，把问题进行拆解。

（1）以抖音短视频为例

短视频的专题内容指由原生平台发起话题，让更多的用户参与进来创作。短视频专题内容规划一般分为活动介绍、活动流程、活动奖励、参与方式、拍摄示范、报名表填写等 6 个部分：

① 活动介绍，活动的背景介绍是吸引用户参与拍摄的详细资料说明，应包括活动名称、活动时间、活动主题、活动话题、主办方等。

案例

在 2020 年 3 月，由抖音平台和某美妆品牌联合发起与举办的巨量文娱百大 IP 计划，是抖音推出的首个短剧剧场 IP。活动的主题是想让用户感受到女性在不同的人生阶段所展现出来的勇敢、精彩的人生故事，并以百万现金大奖激励用户参与，并在抖音平台以 # 女王上场出色大赏 # 的话题发起，如图 4–1 所示。

图 4–1 “女王剧场”活动图

② 活动流程，一般指活动发生的时间线，包括报名时间、视频审核时间、创作视频时间、终稿时间、视频发布时间等。

③ 活动奖励，指参与活动能给用户带来什么。一般在抖音短视频常见的几种奖励方式为 DOU+ 奖励、流量扶持、顶级合作资源等。

④ 参与方式，指该活动如何参与，包括内容方向说明、话题说明、使用特效说明等。

⑤ 拍摄示范，可由内部工作人员拍摄一些示范视频供达人参考、提供玩法的详细描述等。

⑥ 报名表填写，用于收集参与用户的资料，内容一般包括抖音昵称、抖音号、抖音号运营相关人员的联系方式等。

直通职场

DOU+ 奖励

简单来说，DOU+ 是抖音推出的一个推广视频的工具，也就是花钱上热门。对于内容优质但是没什么人看的主播来说，抖音 DOU+ 是一个极有帮助的小功能，运用得好的话，账号发展速度是很快的。

① 抖音 DOU+ 的作用。抖音 DOU+ 可以快速地提高曝光量，有时候一个主播耗费了大量的时间和精力发布一个视频，限于客观原因，无法带来足够的粉丝和流量，通过抖音 DOU+ 就可以快速获得播放量，也就是说，可以花钱把视频推向更多的客户。

② 电商转化。对于专业做电商运营的人来说，抖音 DOU+ 这个工具可以把视频里的购物车推给更多潜在客户看，看的人多了，自然买的也会多。

③ 抖音 DOU+ 多少钱？与淘宝直通车一样，看的人越多消耗的金额也就越多，只要开通了抖音 DOU+，视频会推给其他用户，按播放量来扣除金额，如果 48 小时还没有达到预定的效果，就会把剩余的钱退回来。

（2）以直播活动为例

直播好比一场演唱会，如何开始，如何进行高潮部分，如何结束，都是有讲究的。如果不规划好，那投入的时间和最后的转化可能就不成正比。一场直播活动的规划一般分 5 个方面展开：直播时间、直播主题、直播营销规划、直播产品和直播复盘。要做好一场转化量高的直播，这几个方面缺一不可。

① 直播时间。一般直播的流量高峰时间段在 19：00 ~ 24：00，这时候大多数人已经下班回到家，紧张工作了一天，在这个时候得到了放松，购物欲也容易被激发。例如，淘宝头部主播的直播一般都选择在 20：00 左右开始。

② 直播主题。直播主题一般跟营销节点相关，比如“年货节”“37 女神节”“618 大促”“双十一”等，通常情况下，带货红人也会设定自己的宠粉团购日。

③ 直播营销规划。直播一般会经历 3 个阶段：直播预热、产品优惠机制、直播间互动答疑。

- 直播预热：在直播前两天，可以通过短视频预告或者微博、公众号、朋友圈等图文内容进行宣传，也可以通过修改昵称备注告知用户直播时间。
- 产品优惠机制：直播的过程中，产品的优惠力度是用户最为关心的问题，抽奖款和福利秒杀款需要提前给到用户，刺激用户的消费欲望，也能吸引更多的粉丝来到直播间。
- 直播间互动答疑：在直播的过程中，需要提醒粉丝关注并转发分享给更多的人，因此直播间里和粉丝的互动必不可少。关心粉丝提出的问题并解答，有利于提升粉丝和主播之间的黏性。

④ 直播产品规划。一场直播是否能取得较高的转化率跟直播的产品息息相关。在产品的规划中，需要保证直播的产品包含引流款、基础款、福利款、利润款等 4 个种类。

- 引流款：如 1 元秒杀、9.9 包邮等，吸引观众进入直播间。
- 基础款：主要是做福利款的陪衬，用户会在几个产品之间做比较，然后选择最便宜的入手。基础款起到了调节整个直播节奏的作用。
- 福利款：是直播的高潮，配合抽奖活动一起，完成最高观看在线人数的 KPI（Key Performance Indicator，关键绩效指标）。
- 利润款：主要是赚钱的产品，也需要主播反复推这一款。

⑤ 直播复盘。直播结束后，需要在“巨量百应”里查看单场次的直播数据，及时进行直播复盘，可以查看单场次销售数据最高数量，以便在之后的直播过程中选择相似产品进行投放；也可以查看直播流量峰值高低，排查观众流失的原因，以便在下次直播过程中调整节奏。

直播活动规划的 5 个方面如图 4–2 所示。

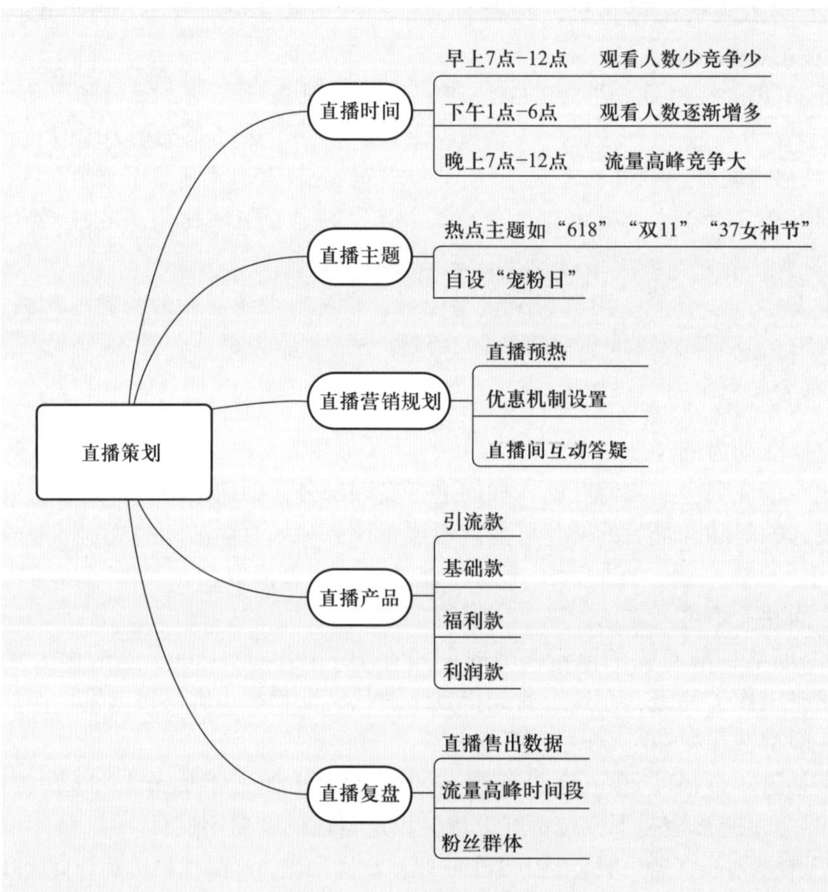

图 4–2 直播策划框架图

2. 填充专题内容

在整个专题内容的策划过程中，确定好基本框架之后，需要往里面填充内容来丰富整个选题。填充专题内容主要有 2 种方式：纵向填充和横向填充。

（1）纵向填充

纵向填充，顾名思义，指按照时间线来策划一系列活动内容。对“热点事件”进行造势营销，策划一场非凡的专题活动内容是新媒体人的必备技能之一。在策划过程中，可以借助“营销日历”等工具预知通用营销时间节点，比如“情人节”“父亲节”“618 大促”“双十一”等，这类专题内容是可预见的，可提前抢占话题，造势发布。

“双十一”是每年电商人的节日，2020 年因疫情影响又掀起了国民的购物狂潮，无论是商家还是带货红人都将 2020 年的“双十一”视作一场盛大的狂欢。仅仅是“双十一”预售就比往年提前了整整半个月。据胖球数据显示，仅“双十一”预售前两日，某电商头部主播的销售总额即达到了 43.27 亿元。那他在这场活动中是怎么做内容的呢？在微博上，关键词累积阅读次数达到了 200 余亿次数。直播结束后，“不要睡不要睡”“买它买它”等魔性口号被网友剪辑成“人间闹钟”素材，发布在 B 站和抖音等视频平台里。网友将这段素材再次演绎，又将该主播的搜索度拉高，这些内容都为其直播间进行赋能。

（2）横向填充

横向填充，也就是说以内容中心出发去延展。横向填充就像从一个中心点出发去发现更多相关的内容，话题与话题之间都有一定的关联性。

抖音“时尚百万新星计划”是抖音时尚领域板块输出的一个专题内容，属于“平台原生内容输出”的类型，旨在扶持更多时尚领域的新人博主。该专题吸引了上百位博主参与，话题累积播放次数已经达到了 111.9 亿次。在推出 3 期之后，该活动已然成为时尚领域重量级的活动之一。除此之外，根据主话题，还可以进行子话题的延伸，比如在这个活动之下，又开设了“# 春日樱花妆 #”等快闪话题。

4.1.3 专题内容方案的执行方法

专题内容从输出到落地执行往往涉及多个岗位，需要设计、运营、文案策划、商务、前端开发等部门同时参与进来，是一项具有挑战性的工作。

1. 专题上线步骤与流程

① 前期工作。文案策划拟好所有的内容脚本，设计制作好海报和专题头图；运营将海报和内容脚本进行确认；最后商务确定好发布时间。

② 上线时间。新的内容玩法出现时，一般会邀请相关领域大 V 进行项目内测；然后根据内测的意见和建议进行修改和调整，再开始正式上线。

③ 避免问题。内容一经上线，会受到广大网友关注，运营要及时关注评论风向。如果出现特别严重的问题，需要对内容进行说明或调整。

2. 专题头图与活动图设计流程

专题头图与活动图是吸引用户参与的第一元素，它强调可观性、可阅读性和可传播性，其设计流程主要包括：文字、背景、色彩、布局。

（1）文字

活动内容一般以标题文字的形式展示，吸引用户点击进主页。文字通常使用如黑体、宋体等清晰且辨识度高的字体，也可以在这些基础的字体之上加上一些设计元素，使其更具艺术感。

如在“抖音全民好书计划”的活动中，标题文字在“音”“书”“计”字上加入了“引号”的元素，凸显了读书节的氛围，如图 4-3 所示。在 B 站“必剪四月创作狂想曲”的活动中，标题文字的设计也尽量凸显音乐属性，如图 4-4 所示。

图 4-3 活动头图 1

图 4-4 活动头图 2

（2）背景

图片背景主要包括底图、配图、字体框等，目的是衬托文字标题，如图 4-4 中背景运用了樱花和音符元素，表达了春天的迹象，也与主题“四月”相辅相成。

（3）色彩

背景图和标题文字选用同色系会营造出和谐统一的效果；如果想要达到强烈的对比，营造生动活泼的效果，也可以选择对比色和互补色。配色尽量控制在 3 种色彩以内，背景色和前景色的对比度要大，如图 4-5 所示。

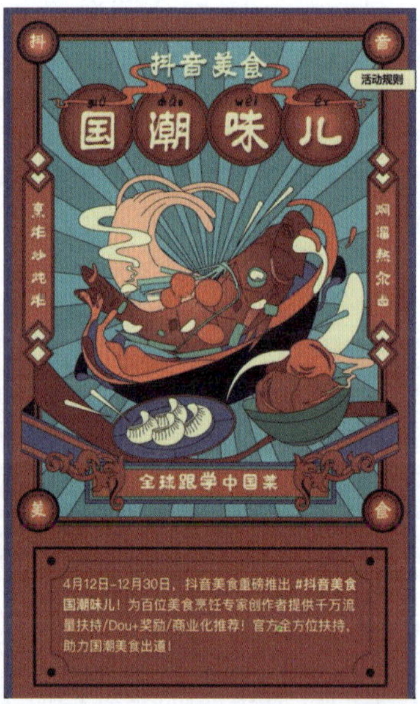

图 4-5 活动图配色

（4）布局

头图布局是审美性和艺术性的综合体现，没有一成不变的布局模式，在表达清楚主题思想的同时，达到赏心悦目的效果即可。

3. 专题的推广与传播

在新媒体时代，病毒式营销能在一夜之间将内容推至高潮，找到一个触发点，流量不容小觑。专题的推广和传播的方式有以下几种。

① 用户的自传播，活动的目标人群是认可活动的内容和价值的，他们会主动参与并分享该活动。

② 多平台传播，指在官方平台及相关平台进行传播。比如抖音平台的活动，也可以通过抖音官方的微信公众号、微博，利用转发、抽奖的形式进行二次传播，从而激发用户参与活动的积极性。

③ 邀请式裂变传播，一般是邀请好友参与活动，双方都能得到一定的奖励，同时新用户参与活动会得到更多的奖励。如抖音平台在过年期间的“集团圆家乡年”的活动中，快速点亮五张卡，就能得到大额的红包奖励。规则就是需要和好友之间互换或者邀请新用户下载抖音，平台在拉新的同时，也做到了专题活动内容的推广和传播。

4. 专题数据统计与内容优化

内容运营是大数据时代下的产物，通过数据的分析和统计，能让内容得到更好的传播。正所谓“不做数据分析的运营不是好运营”，专题的数据统计包括：用户画像数据统计、内容数据统计、渠道数据分析。

① 用户画像数据统计，主要是依据用户的喜好行为来进行分析，比如用户的基本属性、内容偏好等。准确了解了用户的喜好，及时输出用户感兴趣的内容，才能对数据的提升有帮助。

② 内容数据统计，主要是统计过往内容所生成的一些展示数据，比如阅读数、互动量等。通过对这些数据的分析，可以了解之前的内容是否进入了流量池，以便及时优化内容。

③ 渠道数据分析，主要指第三方平台的数据分析，如西瓜数据、微信指数、新榜数据等。实时查询专题内容的搜索和排名，不断监测运营数据的变化，才能掌握内容运营的核心。

【任务实施】

专题内容策划与执行——以某达人“618 大促”策划方案为例

1. 直播主题

某达人 618 宠粉狂欢节

2. 直播时间

2020 年 6 月 18 日下午 5 点至 2020 年 6 月 19 日凌晨 1 点

打开直播视频回放方式：打开抖音→点击上方的三横线→点击“创作者服务中心”→点击“我的直播”→点击“主播中心”→点击“直播回放”，如图 4–6 所示。

3. 直播营销规划

（1）直播预热

该达人账号从当天 14：00 开始持续为直播间视频预热。

① ID 更改直播后缀，如图 4–7 所示。

② 每条视频的文案后缀统一改成“下午 5 点直播”字样，如图 4–8 所示。

③ 评论区引导粉丝关注，如图 4–9 所示。

（2）直播间问题答疑（部分预设问题）

① 所有产品是否包邮？

答：家人们，本次直播的产品全场包邮！不需要你们付运费的……

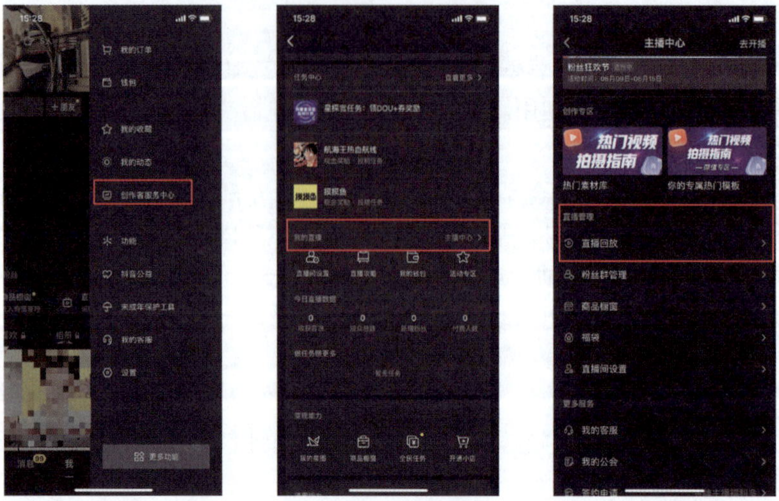

图 4-6　打开直播视频回放方式

② 拍下之后多久发货？

答：都是拍下 24/48 小时发货。

③ 在哪里领取优惠券？

答：来，我一个动作一个动作教你们……

④ 主播福利的暗号口令是什么？

答：每个拍到的宝贝，记得备注某达人，会多送一个××ml 的洗面奶……

图 4-7　ID 更改直播时间后缀

4. 直播产品规划

根据某达人的粉丝画像分析女性用户居多，此达人又以国风的形象为主，所以在选品上主要分为了 4 类：美妆个护类、零食类、珠宝类、汉服类。这 4 类与粉丝匹配度较高，但因为粉丝年龄消费属性不明显，所以低单价且有知名度的高性价比产品更适合。部分美妆产品选品规划如图 4-10 所示。

图 4-8　视频的文案后缀修改

图 4-9　评论区引导粉丝关注

商品名称	产品属性	样品情况	粉丝购买价	佣金	产品优势
芳丝洗面奶	爆款	有样	99		主打氨基酸洗面奶卖点，温和不刺激，受众广泛
婷面膜（蓝药丸/绿药丸）	主推款（可上组合）	需寄样	49		产品市场口碑非常好，具备非常大的价格优势
卸妆水	平推款	有样	49		便宜大碗作为卖点
ine睫毛膏	平推款	有样	49		泰国彩妆品牌，属于老网红产品
洗脸巾	福利款	需寄样	25.9		五折折扣，万级销量
娜唇釉	秒杀款	有样	9.9		秒杀福利
雅葡萄籽套装	平推款	需寄样	249		接受众范围较大
娜熊果甘精华	主推款	有样	49		对粉丝年龄段匹配度较高
玻尿酸原液	平推款	需寄样	109		旗舰店69元一瓶，直播间109元三瓶
早餐杯（两个）	引流款	需寄样	9.9		福利底价

图 4-10　部分美妆产品选品清单

任务 4.2　内容推广引流

【任务描述】

通过本任务学习，可以理解内容推广引流的概念，理解流量分配机制的制定方法；掌握内容推广引流的策略和步骤。根据某达人的账号特点完成 2 个任务：一是针对账号进行平台的内容推广引流；二是针对该账号“618 大促”的目标，制订专题内容的推广引流方案。

【知识准备】

4.2.1　内容推广引流的概念

内容推广引流是指增加内容的曝光率，让更多的观众看到和了解，并引导吸引观众。在这里可以理解为：利用推广方式以及渠道，将公域、它域的流量引导到私域的过程。

1. 内容推广引流的概念

内容推广引流可以拆分为：内容和推广引流，顾名思义就是把产出的内容做推广和引流。内容是事物所包含的实质性事物，在这里可以理解为达人拥有和创作的需要传播的产品。

推广引流，又可以拆分为推广和引流。推广，是一种通过各种平台将自己的产品传播出去的宣传行为。而当人们看到、了解这些宣传信息并到达达人所想要他们去往的目的地的过程称之为引流。可见引流的过程就包含了推广。

2. 流量分配机制的制定方法

理解了内容推广引流之后，接下来就要合理分配流量，把观众和粉丝吸引过来，也就是确定流量分配机制的制定方法。

① 明确目标粉丝的特点，如年龄、爱好、性别等，清楚账号的受众群体是谁、喜欢什么、特点是什么，才好“对症下药”。

② 确定目标粉丝聚集的地点，即受众群体经常浏览的话题、音乐、大 V 账号等，知道想吸引的人群在哪儿。

③ 开始制定特定的宣传推广方案，找到适合的推广引流方式。

④ 打造与其他人不一样的特征，拥有个人风格。

⑤ 精准引流，明确告诉目标粉丝时间与地点，感兴趣的粉丝会来观看。例如某达人经常发布视频说“今晚九点，来我直播间”。

4.2.2 内容推广引流的方法

1. 内容推广引流的策略

（1）优质内容引流

好的内容是引流增粉的第一条件，不仅能让平台辅助加持流量，还可以引导更多人的关注，只有通过内容吸粉才能拉高粉丝的互动量。

（2）互推引流

互推引流就是以大号带小号或矩阵账号的形式相互引流。

① 以“合拍”的形式引流。

② 矩阵账号引流。

（3）多渠道内容分发引流

主平台的流量稳定之后可以进行全网传播，同步到多个视频平台，带动全网粉丝量的增长。

2. 内容推广引流的步骤

① 选择内容发布的平台。选择流量大的平台发布合适的内容，才能获得更大的流量，例如：百度的百度贴吧、爱奇艺；字节跳动的抖音、今日头条；腾讯的微视、腾讯视频等。

② 找到目标用户。要根据平台的属性不同发布不同的内容，才能够精准找到用户群体，如在抖音发布短视频、在小红书发布图文等。

③ 对粉丝群体运营维护，即社群运营。根据账号内容的粉丝受众群体的定位，在不同的平台上以不同的方式跟粉丝受众群体进行互动，可以是视频内容中的互动、发布文案的互动、评论区的互动等。

【任务实施】

实施 1：某达人账号多平台推广引流

某达人凭借正能量的故事在全网积累了 2 000 万的粉丝，其中抖音占据 1 035.6 万，快手占 716 万，微博粉丝占 129 万等。视频主要内容是达人扮演执掌灵魂记忆的孟婆，为人心善、乐于助人，为帮助凡人弥补遗憾，教导人们珍惜身边的美好。在爱奇艺上线了竖短片栏目，优酷上线了《某达人的故事》系列短片等。

实施 2：某达人 618 大促策划专题方案

① 其他达人互推引流，如图 4–11 所示。

② 从开播之后每隔半个小时发布直播片段为直播间引流，如图 4–12 所示。

③ 整个“618 大促”期间发布视频 16 条，如图 4–13 所示。

图 4–11　其他达人互推引流

图 4–12　直播片段截图

<table>
<tr><th colspan="5">618孟婆十九直播预热视频时间</th></tr>
<tr><th>序号</th><th>时间</th><th>IP</th><th>内容</th><th>备注</th></tr>
<tr><td>1</td><td>14:00</td><td rowspan="3">孟婆十九</td><td>摆摊</td><td rowspan="16">1. 文案：统一加上下午5点开播
2. 评论区引导
3. ID更改直播后缀</td></tr>
<tr><td>2</td><td>15:00</td><td>雪姨合拍</td></tr>
<tr><td>3</td><td>16:00</td><td>对你心动</td></tr>
<tr><td>4</td><td>16:00</td><td>月老玄七</td><td>遇见未来的自己</td></tr>
<tr><td>5</td><td>17:00</td><td>孟婆十九</td><td>正片职业黑粉</td></tr>
<tr><td>6</td><td>17:00</td><td>月老玄七</td><td>抱头换装</td></tr>
<tr><td>7</td><td>19:00</td><td rowspan="10">孟婆十九</td><td>直播现场1</td></tr>
<tr><td>8</td><td>19:30</td><td>直播现场2</td></tr>
<tr><td>9</td><td>20:00</td><td>直播现场3</td></tr>
<tr><td>10</td><td>20:30</td><td>直播现场4</td></tr>
<tr><td>11</td><td>21:00</td><td>直播现场5</td></tr>
<tr><td>12</td><td>21:30</td><td>直播现场6</td></tr>
<tr><td>13</td><td>22:00</td><td>直播现场7</td></tr>
<tr><td>14</td><td>22:30</td><td>直播现场8</td></tr>
<tr><td>15</td><td>23:00</td><td>直播现场9</td></tr>
<tr><td>16</td><td>23:30</td><td>直播现场10</td></tr>
</table>

图 4–13　某达人“618 大促”期间发布视频时间表

任务 4.3 直播流程设计与管理

【任务描述】

本任务需要读者理解直播商品分享的一般内容规范和特殊行业内容规范；掌握直播流程设计及直播的节奏管理方法。并根据某达人的账号特点和“618 大促”的专题，完成 618 当天直播的 4 个阶段的流程策划设计。

【知识准备】

4.3.1 直播基础要求

直播商品规范

直播间离不开优秀的主播、有竞争力的供应链，更离不开优秀的直播操盘手。直播操盘手不一定精通每个维度，但一定是直播板块的全能选手。作为优秀的直播操盘手，对平台规范和利好的趋势必须十分敏锐，同时对直播整个流程把控、选品和主播状态都要有非常清晰的理解。

直播商品分享一般内容规范、直播商品分享特殊行业内容规范是一名直播操盘手必须掌握的知识，详见二维码链接。

4.3.2 直播流程设计

1. 前期准备

（1）人员配置

直播间的人员包括主播、副播、导播、助播、场控、美工、客服等，工作职责如下。

① 主播：介绍产品，互动用户，掌控直播现场。

② 副播：交替上场，展示效果，带动气氛，提醒促销。

③ 导播：直播前中后期布控，保证直播的整体流畅性及效果。

④ 助播：数据运营，场外监控，数据跟踪，话外音互动。

⑤ 场控：负责把控直播进度、商品和活动节奏。

⑥ 美工：负责宣传素材、话题润色、广告视频、空间设计。

⑦ 客服：直播互动，负责回复咨询及下单、抽奖、登记等。

（2）直播硬件

所谓“工欲善其事，必先利其器”，直播的手机、耳麦、摄影级照明设备及直播间环境等硬件是不可少的，因为这些都直接影响着直播的效果。

手机端直播所需的设备，即一部手机和一个三脚架。直播的手机最好是专用手机，免得有电话打进来中断直播。如果是电脑端的直播，需要连接摄像头，通过软件实现在线直播。

耳麦方面，室内直播一般用的是电容麦克风，室外直播适宜用动圈麦克风。

摄像设备至少要满足高清、稳定、低延时 3 个要求；如果摄像机没有上网功能，则需要有 SDI 或 HDMI 信号接口；注意配置焦距合适的镜头。

照明设备一般由一个主灯、两个补光灯和辅助背景灯组成。主灯是负责主照明的 LED 灯，也可以是直播间的顶灯。补光灯的主要作用是使画面更柔和，让主播的皮肤看起来光滑细腻。辅助背景灯一般安装在主播身后的背景上，其作用是装饰和衬托气氛。

直播的环境直接影响主播的吸粉程度，干净爽洁的环境能够更好、更有效地吸引更多用户，所以主播们要重视直播间环境的打造。

（3）脚本准备

脚本准备是开播前各项准备工作中的重中之重，无论是主播本人还是其背后的团队，都必须予以高度重视。直播脚本其实就是写一个整体的大纲，用以明确直播主题、控制直播节奏、安排直播分工、预热开场、直播互动、产品讲解、产品评价、抽奖、案例分享等。要根据时间，写下直播每个环节的顺序，明确需要多少时间和相关内容的要求。

以一场 30 分钟直播带货的大纲为例，每几分钟为一个时间段，各时段都有详尽的内容，如表 4–1 所示。

表 4–1　直播脚本案例

时段	直播内容
0 ~ 5 分钟	拉家常、聊八卦，拉近与用户的距离；对产品的产地、历史、口碑、销量等数据进行包装和渲染，以吸引眼球。但先不用说具体的产品，以引起用户的好奇心和聚集人群。这个时间段应该先预热，如果一上来就卖货，效果反而不好。而应该有一些家常、笑话等方面的内容，密集预热高潮点，高潮点的密度和集中度将影响直播的生动性和可信度。当然也要在聊的过程中加进产品信息
5 ~ 7 分钟	这个时间段应该宣布一个重大的福利，如邀请进直播间排名次，排在前三名的会发红包或者给现金等。这个时候如果能留住用户，那么直播间的人气自然就会越积越多。而且这些福利要在整个直播过程当中见缝插针地给用户反复地讲
7 ~ 12 分钟	这个时间段开始强调产品的一些功能属性，尤其是把以前用的产品案例分享给用户。现身说法可以通过图片的形式，也可以把用过产品的用户请到直播间来分享。这个时间段基本上是通过反复的福利加上产品用户现身说法来起到锁客的作用
12 ~ 16 分钟	这个时间段就要出产品的一些证书，比方说三证、获奖证书这些资料。要注重说服用户，把产品的差异化优势给描述出来，形成竞品所没有的独特优势
22 ~ 27 分钟	这个时间段是出单时间。一定要把产品的性价比、独特的优势营造出来
27 ~ 30 分钟	这个时间段就是相对的饥饿状态，比如拼团、秒杀都是可以实施的，将整个直播的气氛推到最高点

2. 直播预告

（1）海报预热

做一场直播前可以设计一张海报，配上预热文案，发布在微信朋友圈、微信群、各大网站等，全方位、广撒网，尽可能多地让别人看到海报消息。海报中可以直接点明主题 + 时间，另外配一些或幽默、或搞怪、或亲切的文案语句。

（2）短视频预热

提前 3 ~ 5 天在平台上发布直播预热短视频，在直播当天的开播前 2 ~ 3 小时，再发布一个小视频进行直播预热。

（3）个人主页及昵称预告

在直播的前一天或者当天，可以更改主播个人昵称，在个人昵称和简介处添加直播预告；

在开播主页或者短视频上直接填写直播时间预告，可以让粉丝一眼就看到直播预告信息。凡是刷到这条短视频的用户，都会看到视频下方账号后面的字样（如晚 9：30 直播），出于好奇就会点击右上角直播头像，进入直播间。

这种直播预热文案简单明了，开门见山，也是目前大多数主播喜欢用的预热方式之一。

直播主题是整场直播的筋骨，明确主题定位十分重要，要结合主题选择主播擅长的内容。比如知识类主播，擅长的可能是教育、财经、健康、法律、育儿等多类对专业知识要求较高的直播领域，那么就不需要为了迎合大众的兴趣将自己变成一个娱乐主播。挖掘自身的闪光点，打造自己的独特风格，就能在众多知识类主播中脱颖而出。

在直播中进行互动非常重要，需要对粉丝进入直播间的原因进行剖析（学东西、领福利和社交需求等），结合粉丝的心理进行互动，直击用户的需求。

最后，把直播间每个环节按时间轴的顺序写下来，估算各环节需要多少时间，这才是一个完整的直播脚本。直播前，可以按脚本演练一次。只有熟悉了整个过程，直播中才能有条不紊、松弛有度，才能有好的直播效果。

3. 直播带货话术及直播注意事项

直播带货话术主要有以下几种，具体详情见二维码链接。

① 留人话术。

② 互动话术。

③ 产品介绍话术。

④ 成交话术。

⑤ 催单话术。

⑥ 结束话术。

直播话术

直播带货话术本身的作用不是机械地复述，而是有技巧地引导、互动和促进成交。用一轮轮惊喜轰炸的方式，让用户产生一种“不买可能真的要吃亏了”的心理，很难“抵御诱惑”。同时，不管是哪一种话术，都不是独立存在的，需要主播融会贯通、烂熟于心，在直播间重复、灵活地表达。

直播过程中还有一些注意事项，具体如下。

（1）主播人设

围绕“人、货、场”的直播带货，人是首要核心。一个好的主播一定是有其人格魅力的。所谓的人格魅力就是来源于主播人设的定义，简单说就是粉丝对主播外貌、穿衣打扮以及性格方面的印象。通过人物设定可以让主播自身的定位更加鲜明立体，让粉丝通过一个关键词或者一句话就记住。人设一定要有记忆点，没有记忆点的人设都不叫人设。除了人设之外，一个好的直播电商其主播还必须要具有以下三大特征：

- 能说：能控场、带节奏，比如某电商头部主播的“所有女生，来啰！”
- 懂货：深刻理解行业及商品的优劣，能针对用户痛点讲解商品优势。
- 情商高：有说服力、引导力、亲和力，接地气等。

（2）直播时长

直播时长建议 3 ~ 4 小时或更长，可以选择中午、晚上等时间开播，视频热门后可随时开播。

（3）商品讲解

结合用户痛点展开讲解，让用户产生购买欲望；每个商品提炼 3 ~ 4 个特点，单品介绍时长不超过 10 分钟。

（4）提前开播测试

- 测试网速：确保网速正常、购物车及商品上下架等直播间功能正常。
- 设备调试：检查能否正常直播、镜头位置、灯光亮度、网络、话筒收声情况等，确保正式直播时不会出现意外。

（5）避免直播时违规

常见直播违规行为包括：

- 双平台直播，在不同平台同时直播一个场景。
- 站内多账号直播同一主播、同一场景。
- 直播时画面内人物衣着不当，着装暴露。
- 恶意发布广告，展示联系方式或以任何形式导流用户私下交易，如口播微信号、淘宝店铺名。
- 直播中存在长期静态挂机、播放个人或他人直播视频回放等行为。
- 未成年人直播，冒充官方、非本人实名认证开播。
- 展示管制刀具、枪支（包括仿真枪）、毒品等违禁物品。
- 在直播中进行开车、抽烟、喝酒等行为。

4. 直播复盘

要想让直播效果更好，必须要在下播后进行直播复盘。几乎所有的头部主播都会在每场直播结束后进行直播复盘。就算已经凌晨一两点，也会对刚结束的直播优劣进行梳理，记录下可以提高的要点。如何对直播进行复盘总结是本部分的讲解核心。

（1）复盘的价值和意义

复盘的价值和意义如表 4–2 所示。

表 4–2　复盘的价值和意义

复盘价值	复盘意义
强化目标	跟踪进度以及方便量化
发现规律	工作后总结规律以及固化流程
复制技巧	吸取成功经验并复制经验
避免失误	发现失败原因避免下次再犯

（2）复盘的要点

复盘的要点如表 4–3 所示。

表 4–3　复盘的要点

复盘要点	要点详解
回顾目标	对照脚本，回顾直播过程中有没有遗漏的点，清晰了解整个直播过程中的得失
数据分析	通过复盘去发现直播过程中观众感兴趣的话题，总结引起粉丝量增多或者是弹幕增多的话题，积累经验，再接再厉
形成风格	通过复盘总结出经验在下一次直播中应用，逐渐形成自己的直播风格
避免失误	记录直播过程中出现的错误，比如没有快速回复观众问题导致其离开直播间等，整理出失误列表，避免下次直播中再次出现

（3）复盘内容

① 主观发现问题。主播在下播之后要对正常直播的流程进行回顾，梳理出本场直播中的缺点，比如在某一个环节气氛冷场，有些粉丝的相关问题没有回答上来。还要总结梳理商品上架的相关问题，只有这样才能发现问题的所在，从而达到查漏补缺、积累经验的目的，为下次直播优化打好基础。

② 数据分析客观问题。从任何一个数据中都能分析出所对应的内容，直播数据也同样如此，主播在直播完成后应查看后台数据。最为直观的数据包括直播观众的总数、新增粉丝数、付费人数、评论人数、收获流量 5 个方面，分析重点应该放在新粉丝转化能力的占比上，也就是说一场直播下来有多少人关注了主播的账号，又有多少人为主播的直播内容进行了付费。

直播间的观众来源包括直播推荐、关注页、直播广场、视频推荐、同城等，了解直播间的观众从哪里来的，然后便可以根据相关数据进行有针对性的改进。如果大部分的流量都是来源于直播广场和视频推荐，说明获取的公域流量是非常多的。当单场直播新粉丝转化率低于 5% 时，说明陌生用户并没有被主播的内容吸引，因此直播内容要做很大改动。但推荐流量占比达到 50% 以上时，新粉丝转化率低是正常现象，因为推荐流量来源比较宽泛，流量自身定位不清晰，所以涨粉率会相对较低。

③ 直播优化。当所有问题复盘完之后便可对直播进行改进。直播优化可以从以下几个方向去开展：

- 提升玩法，多上引流款、秒杀款。让粉丝能够在直播间有获得感，能花更少的钱买到更优质的东西。
- 提升主播讲解的引导力、感染力、亲和力和颜值。如果主播幽默、颜值高，谁不喜欢？
- 改进货品的类目匹配、性价比、价格与目标人群的匹配。直播带货其实核心还是货，尤其是高性价比的好货。毕竟，粉丝关注主播的直播间，除了是对主播个人的认可，更重要的是想买到好货。
- 改善直播间的布景。直播间如果是和产品相关的、相结合的，比如卖服装的直播间就是服装店、服装工厂；卖护肤品的，直播间陈列的都是各种各样的护肤品，让粉丝有场景感，更加容易涨粉。

4.3.3 直播节奏设计与管理

1. 直播节奏设计

（1）第 1 阶段：预热——活跃直播间气氛

直播刚开始的前 20 分钟是一个观众陆续进入直播间的过程，在这种时候，不能马上介绍产品，不然很容易没人进直播间。主播应该先和观众聊聊天，介绍一下自己是谁、本场直播主要做什么，或者设计一些福利来留住观众。

如某电商头部主播的每场直播开头都是那句“话不多说，我们先来抽波奖”。主播可以设置“整点抽奖”“限时秒杀”“买二送一”等活动，这样有利于留住直播间的观众，增加直播间人气，使意向客户的转化率更高。建议每隔 15 ~ 20 分钟宣导一次，因为直播间会不停地有人进入，而新进来的观众是不知道福利政策的，如果不重复表达，很难留住新进来的观众。

（2）第 2 阶段：互动——介绍产品功效

把本场直播带货的产品给观众展示，可以先简单地展示一下产品外包装的各个角度。这个过程中可以用提问的方式和粉丝们互动，引导观众说出此类产品的使用痛点，主播再详细地讲解产品的卖点、使用感受、精华成分和产品的功效以及与其他渠道对比的价格优势等，让观众感觉“用得上、可以买”。接下来主播可以现场试用产品，分享使用体验与效果，验证产品功能，激发观众的使用需求和购买欲望。

（3）第 3 阶段：对比——激发用户购买欲望

主播想要激发观众的购买欲望，还要从产品的功效、价位、成分、包装设计、促销力度和现场使用结果等，与竞品对比，突出优势，进一步帮观众排除选择。注意，要吊足观众胃口，再正式公布产品的价格，让观众觉得物超所值，买到就是赚到。

（4）第 4 阶段：收尾——激发用户复购心理

直播间卖出产品并不是最终目的，主播要做的是让观众产生信赖，并进行复购。可以跟观众讲解购买直播间产品后续会享受什么样的服务，加深与观众的连接，以保证其发生复购。

2. 直播控场技巧

不管是什么直播的形式，直播互动都是直播内容的重要部分。高质量的直播互动能有效提升直播间人气和转化。因此，可以通过直播互动方式来丰富直播内容。

① 回答问题。在直播带货的过程中，观看的粉丝们肯定会有各种各样的问题出现，主播既要保证直播节奏不被打乱，同时也必须及时地回答粉丝的问题。问题少的时候，主播要及时回复；一旦问题过多，主播没有办法做到及时回复，也要做到不定时挑选回复，然后认真为粉丝解答。

② 抽奖。在直播间抽奖可以大大提升粉丝的活跃度。奖品最好是直播间推荐过的爆品，或是新品。抽奖也要讲究相应的方式和方法，不要集中把奖品给抽完，而是要把奖品和福利打散在直播中的各个环节。可以通过点赞数或者评论数来把握直播节奏。例如，某电商头部主播常说：“先来抽波奖。今天的抽奖是来自 ××× 的口红哦，色号是 ×××，想要的宝贝们公屏扣 1。”

③ 你问我答。主要是主播问问题，粉丝来回答，问问题的时候要尽量避开开放性的问题，多问一些封闭性的问题，引起粉丝的购买欲望。例如“宝宝们，觉得这件大衣怎么样？想不想要？想要的扣 1。”“宝宝们，黑色的风衣和卡其色风衣哪件好看？想要哪件？”然后根据粉丝们给予的反馈来进行一些促成交操作，或者给予正向回答，这样往往能提升粉丝的下单率。

④ 收尾。在下播前与粉丝聊聊天，缩短与粉丝之间的距离感，可以在不经意间提醒粉丝去转发、点赞今天的直播。除此之外，还可以预告下场、下下场的新品或者福利等，引起粉丝对直播间下场、下下场的期待。同时通过与粉丝对话，可以了解粉丝的需求点，利于直播的优化改善。

【任务实施】

直播流程设计——以某达人“618 大促”策划方案为例

1. 第 1 阶段：预热

送福利 / 抽奖开场预热。

话术参考：

“欢迎大家来到直播间的宝宝们，大家记得给主播点点关注、点赞、加粉丝团。”（这一句后续需要反复提。）

"今天有超多福利送给大家！咱不整那些虚的，直接来，大家在评论区刷'十九好美'，随机抽 5 个宝贝送十九同款 ×× 家的面膜一盒！我数 321，开始！刷起来啊，好，停！刚刚中奖的宝贝私信地址联系小仙官登记一下，今天我们节奏非常快，大家一定要下手快，手慢就没有奖品了哈。"

2. 第 2 阶段：互动

介绍产品之前先和粉丝互动。

① 场景化带入：询问粉丝有没有夏天脸上容易出油的困扰，场景化带入地介绍护肤类的产品。

② 刷屏式互动：介绍一款比较便宜、性价比好的产品的时候，直接问粉丝们想不想要，想要的话在评论区留言。

③ 介绍产品要点：快，不拖沓，一个产品 5 ~ 7 分钟介绍完，马上介绍下一个，观众询问得比较多的产品再反复介绍。切勿被观众带走节奏，要根据自己讲解的节奏来。

话术：总体介绍一下今天要卖的产品，比如"今天一共给大家介绍 20 个产品，包括美妆、零食类，美妆的时间在"×× 点—×× 点"；然后再一个一个地介绍产品；介绍时，除了基本的产品属性描述之外，可以加上一些自我使用的感受分享。

3. 第 3 阶段：收尾

① 主推品的反复介绍："今天一共介绍了这么多产品，我认为性价比最高的是 ×××，你们其他的不买可以，但这几个一定要买！太划算了，真的不亏啊，姐妹们！"

② 强调价格优势："旗舰店的价格是 99 元一瓶，我们今天晚上，买 2 瓶直接减 100，相当于第 1 瓶 49，第 2 瓶不要钱，再给你多减 2 块。前 100 名下单的宝宝我们再送你一个 ××××，这个真的物超所值！"

③ 营造时间紧迫感："还有最后 5 分钟，没有买到的宝宝赶紧下单。下播之后就会恢复吊牌价！就不是这个价格了。"

中级微课 4-1 完播率与留存率

中级微课 4-2 完播率与内容优化

任务 4.4 数据分析与内容优化

【任务描述】

完成本任务需要掌握账号运营的数据分析方法，重点理解完播率、留存率、增量数据趋势，并能够根据这些数据进行内容优化和营销策略调整；理解竞品的概念，掌握竞品数据的分析方法；并根据某达人的账号特点和"618 大促"的后台数据，进行直播复盘及数据分析。

【知识准备】

互联网语境之下，任何一个内容进入消费市场，都一定面临竞争。调查和分析现有的内容，了解用户接收不同的内容的方式，然后对当下的环境进行初步的判断，通过分析账号运营数据和竞品数据分析，最后得出创新性的想法。

4.4.1　账号运营数据分析

对于很多入门的创作者而言，在自己花了很多时间精力去创作，发布了自己的作品之后，往往很难达到预期效果，却又不知问题出在哪里，从而导致账号健康状况低下。在本节开始之前，先问自己三个问题：

第一，你是否潜心创作，但播放量却寥寥无几？

第二，你是否遇到创作瓶颈，粉丝与播放量停滞或是出现明显下滑？

第三，你是否感觉自己的视频播放量时好时坏，却一直以为被平台限流？

本节的课程就是针对数据运营从客观角度找到账号问题所在。首先，注意衡量内容效果的3大数据：完播率与留存率、增量数据趋势、视频播放量排行。

1. 完播率与留存率

（1）完播率与留存率

1）完播率

播放完成率，也就是常说的完播率。对于B站一类的长视频平台普遍指观众观看视频时长占视频总时长的比率，通常用一个计算公式来表达：

用户平均观看时长 ÷ 视频时长 ×100%

例如：一条视频总时长为10分钟，观众平均观看时长为5分钟，则完播率就是5÷10×100%=50%。完播率高不一定代表作品优质，但完播率低，则肯定会影响整个作品的流量，说明作品一定是有问题的。

对于抖音这样的短视频平台却又有另一套算法。抖音的完播率是指视频的播放完成率，即所有看这个作品的用户中，有多少人是100%看完这条视频，即：

看完视频的用户数 ÷ 点击观看视频用户数 ×100%

例如：10个人中，有3个人看完了这个视频，完播率就是30%。

对于长视频平台，完播率并不完全反映视频的质量优劣，要想完全找出内容问题，还需要结合视频留存率综合判断。

2）留存率

留存率，也就是在视频不同时段留下来观看的观众比率。其反映的实际是种转化率，也就是随着视频时长的增加，观众在不同时间节点中的留存比率，这也直接反映了视频内容的优质程度。留存率通常用于B站3～5分钟这类的中短视频中。

B站的视频留存率图，如图4-14所示，左侧纵轴为百分比，横轴为视频时间，右侧纵轴则代表弹幕数量，蓝色柱状图代表弹幕热点区域分布，而黄色线条则代表留存率，整体清晰明了。

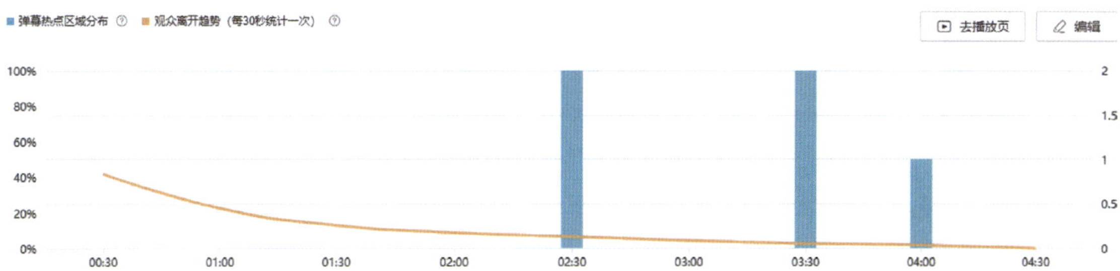

图4-14　B站的视频留存率图

抖音短视频时长普遍在 15 ~ 60 秒，因此对于抖音这类的短视频平台来说，留存率的作用并不大，完播率基本反映了视频质量的好坏。

（2）查看完播率和留存率的方法

1）如何查看完播率

创作者可以通过平台自身的“创作者中心”，查看每条视频对应的完播率。用 B 站来举例，需在客户端页面选择“创作中心”，单击左侧“数据中心”即可查看视频完播率统计表，右侧纵轴为视频时长，数据通常会精确到小数点后两位，左侧纵轴为完成百分比。

如图 4–15 所示，这是一个 B 站完播率统计图，横轴显示视频的名称，横轴上方蓝色柱状图表示当前视频时长，黄色折线图表示的是该视频的完播率。

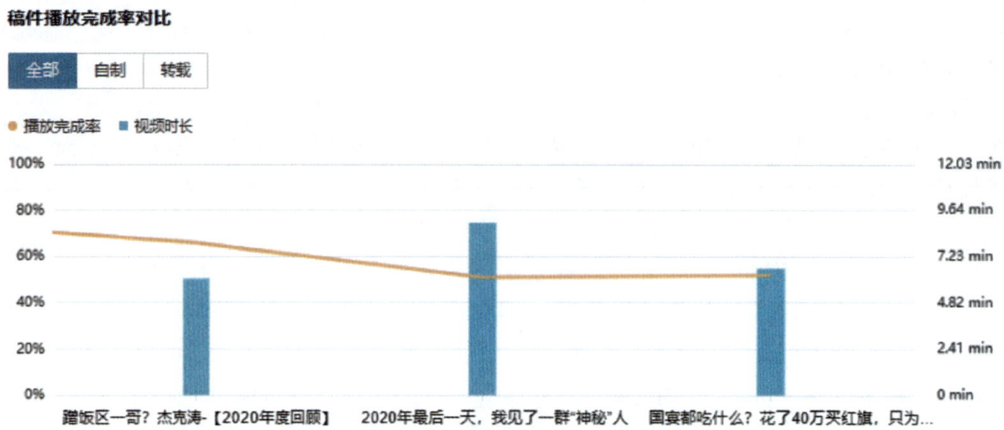

图 4–15　B 站视频完播率统计图

完播率统计图底部会有一个拖动按钮，可以通过该按钮调节柱状图显示数量，如图 4–15 中只有 3 个柱状图，则说明只显示了 3 个视频数据，如果想要查看更多的视频数据，可以尝试向左拖动按钮。拖动之后，显示的视频数据变多了，如图 4–16 所示。

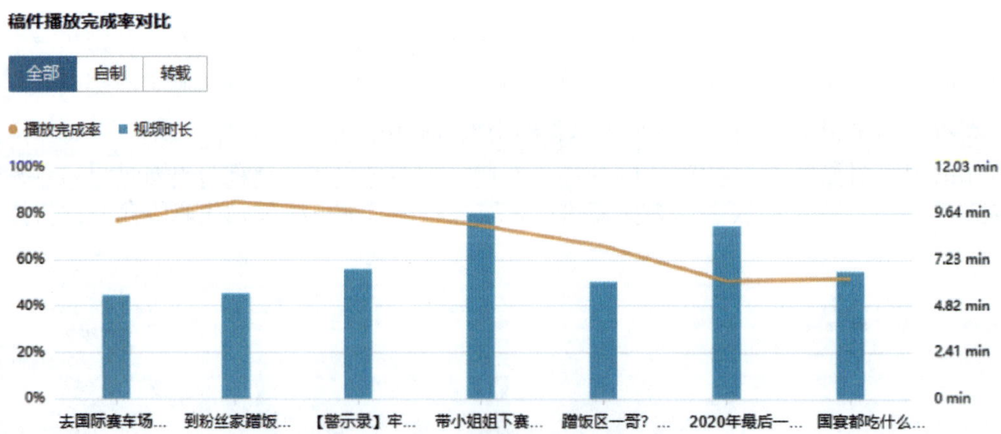

图 4–16　柱状视频数据图数量变多了

2）如何查看留存率

在 PC 端打开 B 站，在投稿列表里单击某一个视频右边的“数据”按钮即可查看，如图 4–17 所示：

图 4-17　B 站查看留存率按钮

（3）根据完播率优化内容

如图 4-16 所示，折线图代表完播率的走势，每一个柱状图则代表单一视频的时长。分析时先横向查看柱状图的时间对比，再根据折线走势找到视频对应完播率，能够明显看出哪一期视频完播率高，哪一期完播率低，再使用 3A 策略进行分析：

1A：分析高完播率视频的内容“吸睛点”。

2A：分析低完播率视频在 3 秒 /7 秒 /15 秒内是否有高潮点 / 转折 / 梗。

3A：分析最高完播率时间节点，找到问题点。

中级微课 4-3
增量数据趋势

2. 增量数据趋势

（1）什么是增量数据趋势

增量数据是指每个视频在上传后，在某一时间段内该视频相关的数据增量，包括播放量、评论数、弹幕数、点赞量、分享数、收藏量等多个维度的数据。基于各平台规则不同，增量数据维度也有所不同，如 B 站会增加投币数的维度，而抖音则没有弹幕数维度等，每个维度都会有相对应的数据增量趋势图。图 4-18 即为某视频以天为单位的某时段内播放量的变化趋势。

图 4-18　数据增量趋势图

（2）查看增量数据的方法

通过平台自身的创作者中心即可查看视频增量数据，如图 4-19 所示。

（3）根据增量数据优化内容

当拿到数据增量趋势图，选择对应维度，通过观察曲线可以轻松找到某时间段内图形的波峰波谷，增量数据用于优化内容时普遍采取 3 个步骤。

第 1 步，选定对应维度；

第 2 步，寻找图中的波峰；

第 3 步，对应波峰波谷的出现时间和频率，分析视频内容。

图 4-19　查看视频增量数据

图 4-20 是一个 B 站数据截图，如图所示，对比该时间段内视

频的波形走向，可以明显看出该博主的播放量遭遇了一次大的波谷，可以大胆推测该博主这段时间内没有及时更新，又或者是这段时间内更新的视频内容不够吸引人。

相比较另一个时间段，如图 4–21 所示，可以看出整体播放量连续多次出现波峰，那么则大胆推测该点对应视频可能压中热门词汇，视频内容可能符合观众需求和喜好，今后可能需要多做同类型内容。

图 4–20　B 站某视频增量数据趋势图出现大的波谷

中级微课 4–4
视频播放量排行

图 4–21　B 站某视频增量数据趋势图多次出现波峰

另外，可以连接某一时间段内起始点和终点，如图 4–22 所示，通过这条连线就可以明显看出该时间段内的视频播放量增量走势，如图所示就是下降趋势的增量走势图。

3. 视频播放量排行

（1）什么是视频播放量排行

视频播放量排行，指该账号投稿以来最高播放数据排行。在创作者上传的所有视频中，平台对每一个视频的播放数量做了前后排名，播放量高者排在第 1 位，排行不受发布时间限制，仅针对视频播放数据有效。

（2）查看视频播放量排行的方法

创作者可在创作中心查看自己的视频播放量排行榜单，根据榜单排行以及环形图占比分析视频，如图 4–23 所示。

（3）根据增量数据优化内容

创作者根据视频播放量排行找到数据最佳的视频，可以分析其内容的特点；还可以查看数据较差的视频，以分析其内容为什么造成数据差。当然，创作者分析此项也需结合发布时间，客观分析事实。

图 4-22　播放量下降趋势的增量走势图

图 4-23　视频播放量排行榜单

4.4.2　竞品数据分析

1. 竞品的概念

竞品即是竞争产品，竞品分析，即是竞争产品的分析。竞品这一概念最早源于经济学领域，主要集中在市场营销分析和企业战略管理方面。最主要目的是了解竞争对手的行为和策略，对比分析自身的优劣，从而为企业营销战略和战术的制定提供参考。在视频内容产品如火如荼的今天，各大视频平台间竞争激烈，不同的平台也在不断地探索更多的内容模式。

2. 了解竞品的方式

在做竞品分析的过程中，需要明确知道自己属于什么类型，才能对标竞争产品。如何了解到哪些是自己的竞品呢？主要通过以下几种方式：

① 产品属性分析。也就是自身产品的定位是以哪种形式为主，UGC（用户生产内容）/PGC（专业生产内容）还是两者兼有？选择与自身相近属性的平台内容作为竞品。

② 用户构成分析。了解自身用户的特点、男女用户占比、喜好程度、观看习惯等基础信息，再选择用户习惯相近的平台来对比。

③ 功能界面构成分析，分为创作者功能和阅读者功能两种。

④ 市场规模分析。了解自身平台在行业内的结构占比，理解行业头部的优势，学习其玩法，再在自身平台作出创新。

3. 获取竞品数据

对于新媒体行业来说，有效地信息收集有利于了解行业发展趋势和了解竞品业务背景。

（1）竞品数据获取途径

① 专业数据分析平台。如飞瓜数据、新榜数据、抖大大等，能帮助运营者了解实时的内容风向、播放量和互动量等数据监控。

② 媒体平台。通过媒体平台可了解竞品的新闻热点，如今日头条、腾讯新闻、知乎、36氪行业数据；能获得一些行业类的分析报告，如199IT中文互联网数据资讯网、360研究报告、艾瑞等。

（2）竞品数据收集方法

① 数据收集。首先可以根据用户的反馈意见来明确需要了解竞品哪些方面的需求。竞品平台存在的问题都是可以从用户的评论里得到的，比如“为什么在观看视频的时候广告弹出的次数增多”“界面不好操作”等，这些反馈也可以在媒体平台通过搜索关键词查询。

② 数据筛选。并不是所有的信息都是有效信息，这些数据来源于哪些场景，具体能解决哪方面的问题，将对结果产生重大影响，要把无效信息筛选掉，留下符合定位和需求的数据。

③ 数据排序。根据对竞品的需求的重要程度再进行数据的排序，让数据得到最终的优化。

4. 竞品数据分析方法

在明确了竞品之后，就可以开始对这些竞品数据进行分析了，这是最重要的一步。找出和竞品之间差异点和相似点，最终形成自己的特色，这也是竞品数据分析最有价值的部分。

主要的竞品数据分析方法有以下3种：

① 对比分析，即对现有的信息直接对比。以抖音和快手为例，可以从它们的主页设置、slogan（口号）、内容类型、主页功能来分析。比如：

抖音的slogan：记录美好生活；

快手的slogan：拥抱每一种生活。

② SWOT分析法（企业战略分析方法），分析竞品的优势和劣势，竞品现在所面临的机会和风险，借助行业数据，从宏观的角度来分析。

③ 个案分析。根据某个账号在不同平台的运营效果进行竞品的分析，比如账号在不同平台的涨粉情况、是否依据不同的平台输出不同的内容等，得到一个具体的数据表。分析人员会从表中总结出不同平台的差异性。

【任务实施】

直播复盘及数据分析——以某达人“618大促”专题策划方案为例

1. 直播情况复盘

如图4–24所示，直播时间段22：00—23：30为直播高峰，22：50达到观看峰值，在这一时间段直播的效果最好。

2. 用户画像复盘

如图4–25所示，观看人数18 ~ 23岁的人群占比40.5%；支付人群24 ~ 30岁的人群占比达49.5%，主要目的为挖掘观看人群中的部分潜在付费人群。

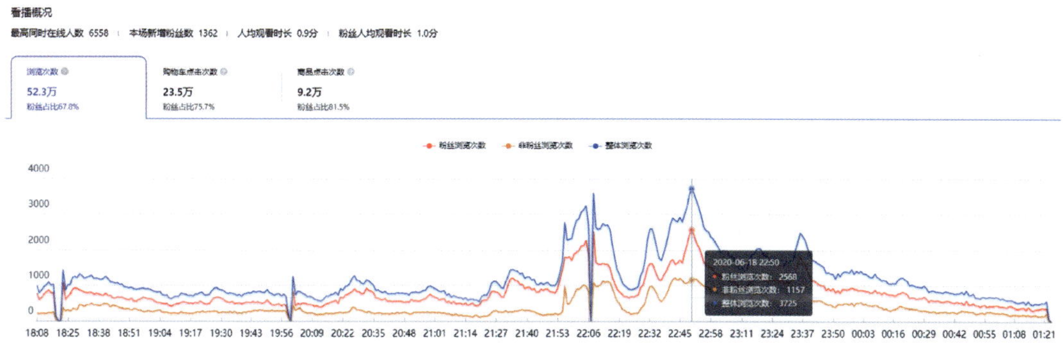

图 4–24　看播下降趋势的增量走势图

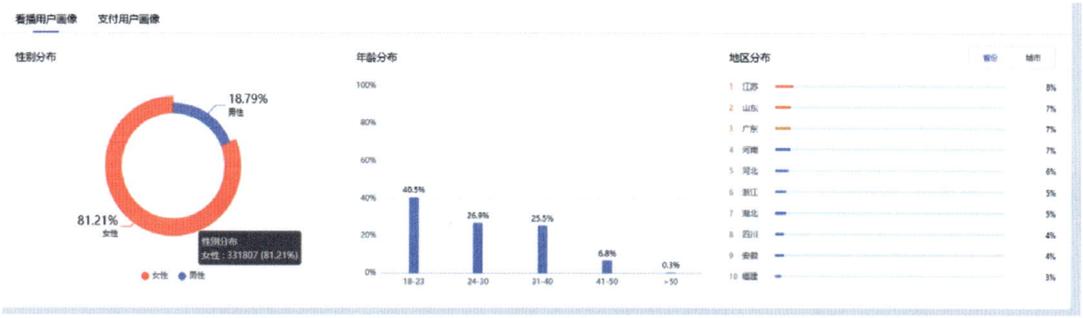

图 4–25　用户画像复盘

3. 流量转化复盘

如图 4–26 所示，可以从提高直播间在线停留时长、优惠形式“拍立减”效果高于领券、商品讲解时长、私域流量运营等几个方面，进行复盘，从而提升转化率。

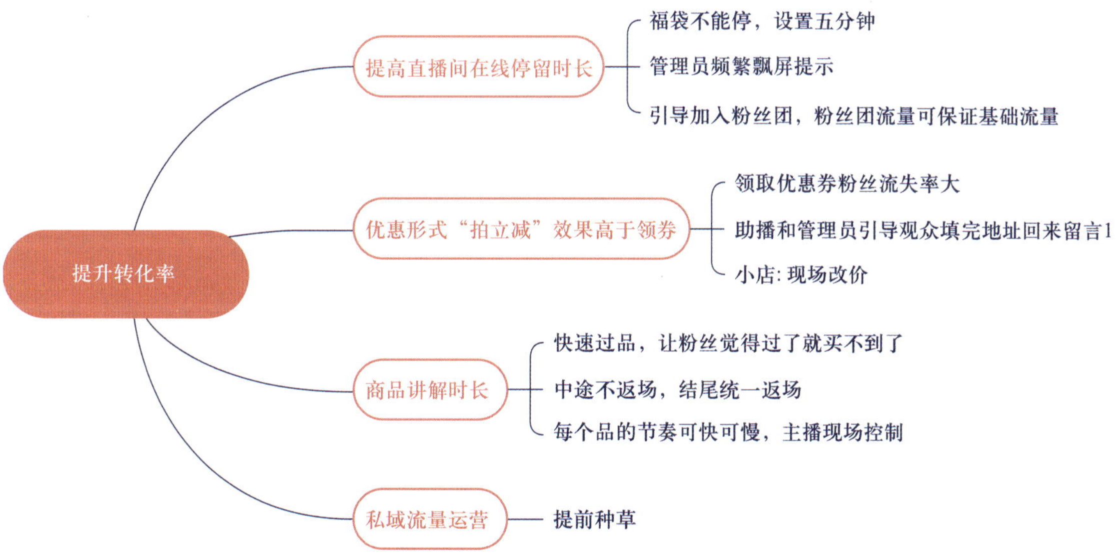

图 4–26　流量转化复盘框架图

项目实训

分析网上某达人账号的特点，以“618 大促”为专题，制定一套完整的专题内容运营的策划方案。

1. 实训目的

① 能够完成一个账号的专题方案策划。

② 能够根据该账号专题完成内容推广引流的方案策划。

③ 能够通过数据分析复盘优化运营策略。

2. 实训内容

① 依据账号专题内容搭建专题框架、填充专题内容。

② 根据专题策划方案，完成专题内容上线、图片设计和专题推广。

③ 根据专题需要，制定内容推广引流的策略，并进行推广引流实践。

④ 完成一期直播的脚本撰写，掌控节奏设计和控场技巧。

⑤ 通过完播率、留存率等账号运营数据分析，优化内容创作和运营策略。

课后练习

请扫描二维码，查看本项目课后练习。

项目 4 课后练习

项目 5　用户运营

课时　6 学时

项目描述

本项目围绕用户运营这个中心任务，详细讲解互联网时代的用户、用户运营概念与分类，并通过具体案例讲解实际的用户运营策划方案与执行。通过本项目的学习和实战，读者能根据用户认知心理学和消费心理学等基本知识原理，结合具体的营销策划方法有针对性地进行用户运营。此外，如何建立用户运营 FAQ 库也是需要了解的内容。

学习目标

知识目标	1. 理解互联网时代的“用户思维”
	2. 了解用户运营的基本概念与分类
	3. 掌握三种典型的运营活动策划与执行的要点与方法
	4. 了解用户运营过程中的常见误区与应对方法
能力目标	1. 能够根据新媒体运营模式合理选择用户运营策略
	2. 能够根据用户运营不同阶段有针对性地开展营销策略
	3. 具备相当的数据分析能力与文案编辑能力和策划执行力
素养目标	1. 具有专业的市场营销意识与品牌维护自觉
	2. 具有强烈的用户服务意识，主动分析用户使用习惯、情感及体验感受
	3. 具有敏锐的网络热点事件感知能力与社交沟通能力

知识图谱

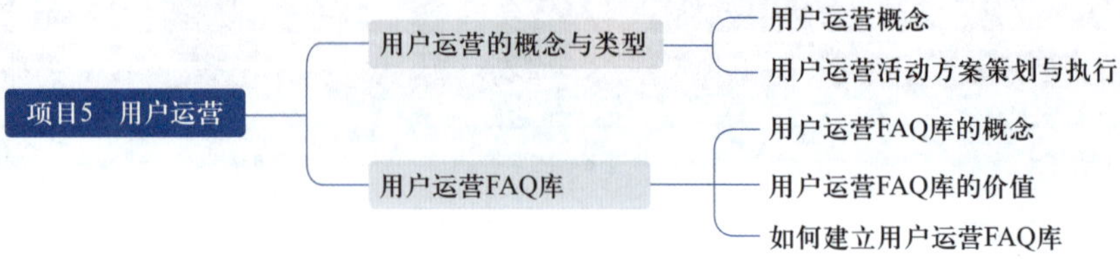

任务 5.1 用户运营的概念与类型

中级微课 5-1
用户概念

中级微课 5-2
典型的用户类型

【任务描述】

今天的用户运营已经非常多元化、精细化，需要明确用户运营基本概念、常规的分类，并掌握典型的运营活动策划与执行方法。在拉新、留存、促活、转化、变现等操作的同时，还要注重长期的品牌建设，形成可持续的品牌效应。

【知识准备】

用户运营概念

1. 互联网时代的用户

在传统商业向快速迭代的互联网经济迅速转变的当下，“用户思维”这个并不新鲜的概念成了每一个产品经理、每一个新媒体营销人天天挂在嘴边的高频词，他们都在想尽办法直达用户心智以实现商业营销目的。互联网的崛起打破了信息的不对称，大众的消费已经从功能式转变为体验式、品牌式，在产品的功能之外还讲究参与感、互动感和认同感，促成了商业模式从过去以交易为中心向以用户为中心的转移。那么，互联网时代的用户具体应该如何定义呢？

在现实业务场景中，“用户”这一称谓经常与客户、消费者混用，但它们三者的定位其实是有差别的。消费者一般是指非以盈利为目的的购买商品或者接受服务的个人。这一概念是与经营者相对应的，消费者购买商品或服务的目的主要是出于本人或家庭需要，强调的是其付款特征。客户也称为顾客，可以是个人，但更多指法人公司或单位，他们与商家的关系是短期的、易变的，互相之间的信任也不是长期的，强调的是其交易特征。而用户是产品或服务的真正使用者，用户和商家的关系是长期的、稳定的、拥有共同价值观的，更像是一个共同体，强调的是其体验特征。同时，用户不是一成不变的，而是不断升级迭代的群体。相比于习惯被企业操纵的保守用户，移动互联时代的用户，更渴求产品的个性化，更在意在产品设计中的参与感，更热衷表达对产品的体验。按业界流行的说法就是“互联网时代，得用户者得天下”。

2. 用户运营

(1) 什么是用户运营

用户运营是指以用户为中心，遵循用户的需求设置运营活动与规则，制订运营战略与运营目标，严格控制实施过程与结果，以达到预期所设置的运营目标与任务。概括地讲，就是以用户为核心，满足用户的需求；把用户当成朋友，构建共同价值观。

用户运营是一个很烦琐的过程，运营者要有足够的耐心和细心整理用户资料和信息，产品的核心应该是解决用户的问题。了解用户需求是用户运营最重要的一点，知道用户要什么，才能更好地为用户服务。在具体的运营活动中要用到心理学、传播学等知识，结合实际情况为用户服务。用户需求可能是购买产品或者服务，也可能仅仅是咨询或者互动。这个过程用户可能会付费，也可能不付费，很多时候运营活动并不是立马会产生收益，简单粗暴地"推销""销售"仅仅是用户运营的一个环节，商家还需要和用户建立更强的纽带关系，培养更深的感情基础。

具体的用户运营的过程，简单地讲就是获取新用户、提升用户体验、提高用户活跃度等一整套系统工作，无论是互联网企业还是传统企业都一样，只是手段和形式有差异罢了。本书所指用户运营多指互联网平台（产品）场景下，或是把互联网作为重要运营工具的用户运营。比如淘宝网，它既是平台也是产品，入驻的卖家和下单的顾客都是淘宝网的用户。如果站在淘宝卖家的角度来看，淘宝网是一个帮助他卖货的工具平台，卖家的用户则是那些在淘宝网上可能光顾的顾客们。

(2) 用户运营的意义

用户运营的意义主要体现在两个方面，一个是短期直接目标，包括获得用户的口碑推荐并推动产品不断完善；另一个是长期的间接目标，主要是配合品牌营销建立品牌文化。

在流量获取成本越来越高的今天，通过用户运营可以让用户更好地使用产品，获得更多的口碑推荐。因为用户运营与用户距离最近，可以第一时间收集用户对产品的反馈信息，给产品提出更多有价值的需求，从而不断推动产品迭代创新。所以，用户运营其实就是企业与用户之间的桥梁，主要目标就是拉新、留存、促活、转化、变现等，当然不同公司的用户运营侧重点不同，甚至有些行业的用户运营就是销售或销售支持。例如早期淘宝客服对用户首创了"亲""么么哒"这样亲切活泼的叫法，瞬间拉近了和用户的距离，让用户不仅买到了想买的产品，也像是刚交了个朋友。让用户有更多更好的产品和服务以外的超预期的体验，这是电商早期用户运营的短期直接目标。

3. 用户运营的分类

简单来说用户运营分成两大类型，即小规模的用户集中运营与大规模的用户策略运营。小规模的用户集中运营主要通过运营人员一对多的方式进行，通常适用于数量较少的高价值用户。因为用户数量足够少，价值足够高，运营人员通过直接沟通的效率更高。而面向大规模的用户策略运营则需要通过制订规则、建立系统去和用户进行沟通交流，保持用户在平台的良性运转。

两种运营类型分别有各自的优势与局限，具体详见表 5–1。

表 5–1 用户运营两大类型的优势和劣势

	小规模集中运营	大规模策略运营
优势	对用户把控强，可稳定地触达用户，便于收集用户需求，用户忠诚度高	可影响的用户数量级大，运营手段相对少，运营成本低
劣势	可影响的用户数量小，对用户质量的控制要求高，对产品的影响可能小	效果难评估，容易混入大盘数据涨跌；对用户特征分析要求高，对差异化运营要求高

【任务实施】

中级微课 5-3
用户转化的典型误区

用户运营活动方案策划与执行

1. 用户增长类活动方案策划与执行

用户增长即所谓的拉新获客，就是拉新用户注册或入群，是用户运营的第一个环节，也是最基础的环节。这项工作既可以是由市场部门去完成，也可以通过用户运营去完成。拉新、注册的渠道是非常多样的，比如有应用商店类推广、网盟类（把网上零散的量打包形成一个联盟，通过中间代理商统一分发广告）、应用内推广等，首先要针对产品来做一个注册渠道的来源分析。在具体执行过程中，常见的拉新获客方式有如下 9 种。

（1）线下地推

这是比较传统的拉新方式，在互联网还没有普及的年代就已经存在了。线下地推的目的可以是拉新、促销、引流、品牌宣传等，目的的不同则活动的方案也会有所不同。拉新的手段大致可以分为两类：一类是宣传，它就像糖衣，是消费者们看到的外表；另一类是活动，如果活动设计的好，那么它的参与度高、流量高。这两类缺一不可，只有“宣传 + 活动”才能获得良好的拉新效果。比如一场 App 线下活动最基础的就是要懂得如何造势，易拉宝、海报、单页全都要做起来，还有就是要让线下活动的推广人员现场拉人参加活动，以及让 App 线下活动的形象宣传随处可见等。当然，线下地推很重要一点是要保证拉新用户的优质体验。用户的时间是宝贵的，要让用户在最短的时间内快速体验产品核心功能。只要解决好用户体验的问题，App 线下活动的用户转化率不会差。所以，从报名，到活动体验环节，再到活动结束后的中奖公布，最后到福利发放，这中间每一个环节都要想方设法让用户关注公众号、使用小程序，如果建有社群，还需要让用户进入企业的微信社群中。

（2）付费广告

付费广告也是用户拉新的一种传统且直接的手法。企业通过付费购买的方式，提高自己的品牌或产品在各种媒介的曝光度。传播媒介如电视节目、音频广告、DM 传单、商圈广告、物业广告、电梯广告、公交站广告、传播景观等，都可以直接触达用户，然后吸引用户通过扫码或超链接的方式注册。

（3）资源互换互推

资源互换互推，就是通过粉丝换量或者付费互推来进行拉新。比如换量互推，就是在粉丝与合作互推平台数量接近的情况下选择粉丝换量的合作形式，包括微信号互推、公众号互推或者 App 应用内推荐。一般互推的企业在量级上要旗鼓相当，不然就需要付费互推来获取对方的流量。因为这种互推有成本，所以在执行过程中必须考虑实际效果，要结合后期转化率来考虑合作的投入规模。

（4）新媒体（内容）运营

这是当前性价比相对较高，且用户黏度也相对较高的一种拉新模式。企业通过在各种新媒体平台，比如微信公众号、抖音、B 站等建立和企业相关的账号，发布与企业相关的内容，包括产品信息、行业知识、优惠活动等，吸引粉丝关注。近年来，很多企业将一部分付费广告的预算用在了建立企业新媒体账号上，发布的内容不仅起到了品牌传播的效果，和用户之间的互动也拉近了双方的距离，并能在此基础上筛选出更精准的忠实用户群体。

（5）搜索引擎优化

搜索引擎优化主要是通过技术优化，让用户搜索关键词时，自己的品牌和内容排到更靠前的位置让用户优先搜索到。对于大多数人来说，工作期间一般是用台式计算机搜索，下班时间一般是使用手机浏览各种页面，借助 SEO（Search Engine Optimization，搜索引擎优化），利用搜索引擎的规则提高企业信息在有关搜索引擎的自然排名是非常直接有效的拉新手段。决定搜索效果的因素包括企业名称、关键字、标签、高关联度词汇等，因此，在名称的设定以及关键词上传时，应考虑用户在搜索引擎中搜索该应用最常见的关键词及使用习惯，以提升点击量。

（6）口碑传播

口碑传播几乎是零成本的拉新方式，也是企业最乐于看到的。移动联网时代，每一个人都是一个传播节点，利用用户口碑进行自传播是一种成本低、效果显著的拉新方式。一款新产品要拉新获客，首先得明确用户范围，需要从用户范围中选取第一批种子用户，先切入某个领域，抓住这部分用户的特点，让这些用户成为产品的忠实用户。然后，通过这批早期用户的使用数据来总结分析产品的不足，验证产品的商业模式，强化产品的优点，及时修复产品的缺陷，以利于口碑传播。

（7）KOL 推荐

KOL（Key Opinion Leader，关键意见领袖）有其擅长的领域，平日可能通过微博、社群或影音平台经营自己专业的内容。KOL 与其粉丝间的互动性较高，除了留言回答问题外，还会专门为粉丝做出定制化的内容。长时间积累，粉丝们会更喜爱、信任 KOL，黏着度相当高。通过这些有影响力的人士来为企业背书，推荐产品或推广品牌，可以让更多的粉丝变为企业的新用户。

（8）预装机

预装机是移动互联网刚刚崛起的时候，效率和性价比很高的一种拉新方式。那时候智能手机刚刚在市场上铺展开来，人们对从应用商店下载安装 App 还不是很熟悉，于是希望手机里的很多应用可以预先装好，这恰恰给一批 App 留出了拉新的空间。很多互联网企业找手机厂商或者经销商合作，每装一款 App 给相应的提成，这样企业的推广成本降低了，厂商赚到了额外的利润，消费者也省去了自行下载的麻烦，一举三得。不过，随着时间发展，这种预装机模式暴露出很多弊端，为此工业和信息化部 2017 年印发了《移动智能终端应用软件预置和分发管理暂行规定》，明确了“除基本功能软件外的移动智能终端应用软件可卸载”原则。对于各类互联网信息服务提供商或 App 来说，通过预装拉新固然重要，但更重要的还是提高 App 本身对用户的价值或作用，保持用户活跃度。

（9）裂变

裂变是近年来非常火热的一种用户拉新方式，简而言之就是用户的增长就像细胞的分裂一般，一个变两个，两个变四个，呈指数级地增长。而且，通过裂变产生的新用户，他们的分享欲望是非常强烈的，又将成为下一次裂变的种子，从而源源不断的获取新的流量。它与口碑传播类似，裂变主要靠老用户（或潜在用户）的分享行为带来新用户。当用户体验或者使用某种产品后，觉得这个产品非常不错，用户体验非常好，就会产生推荐给亲朋好友使用的想法，从而在用户的社交圈形成口碑。这无疑是非常好的传播方式，可以几乎零成本地获取非常多的新用户。当然，裂变的具体操作还是要看推广的产品及品牌调性。

以上就是在用户增长类活动方案策划与执行中常用的 9 种拉新获客的方式，要根据用户画像、品牌属性、产品特性来匹配具体的拉新方式。如果针对的用户群是中老年人，预装机和线下地推可能是比较好的拉新方式；如果是大中型企业，且品牌本身有一定的知名度，建立自有的新媒体内容团队，运营各个平台的新媒体账号，传播专业内容则是拉新的好办法。

以下通过一个案例来说明用户增长类活动的策划与执行要点。

有一家提供在线预约拍摄服务的互联网摄影平台做过一次拉新尝试。当时平台刚建立不久，在“冷启动”阶段要积累一批种子用户，也就是吸引那些专业的摄影师或摄影工作室入驻平台。他们的具体做法是，让用户运营人员在自己的微信朋友圈和一些摄影专业群里发布一些加工过的摄影作品，然后请大家评价。如果有人感兴趣并发表了专业的观点，说明他很可能是一名专业摄影师或摄影爱好者。这时，用户运营人员就跟进，通过赠送专业的摄影设备套件，如摄影包、擦镜布、相框等，引导新用户下载该平台的App，把他们发展成了种子用户。

从上面的案例中，可以总结出以下几条作为用户增长类活动的策划与执行要点。

① 明确“拉新”对象，建立用户模型和画像。如果是像上述案例一样，需要第一批种子用户，就需要知道种子用户必须是精准、高质量的潜在用户，只有这样的用户才有可能发展成为将来的种子用户。因此，种子用户的积累不求数量而是要追求质量，而且高质量的种子用户可以对产品和服务进行高质量的反馈，推动产品不断更新迭代。

② 明确“拉新”来源，找到潜在用户，挖掘需求并建立信任是这个环节最重要的事。其实，潜在用户是无所不在的，各大论坛、微信群、自媒体平台，或是路边线下门店，甚至运营人员的朋友圈都是发掘潜在用户的有效场景。在上述案例中，这个互联网摄影平台就是在一些摄影群以及运营人员的微信朋友圈，也就是私域流量中获取精准的潜在用户。

③ 明确“拉新”手段，精准筛选出优质的种子用户。在上述案例中通过将摄影作品发布出来，让大家互动讨论，这样就把符合平台需求的专业摄影师和摄影爱好者筛选出来了。然后，以赠送礼品和奖励的方式引导他们真正使用或体验平台所提供的产品和服务。还有一种简单直接的拉新手段就是“新手特权”，包括首单免费，新用户可以领取数额不等的优惠券，或者直接给新用户发红包等。

2. 用户留存促活类活动方案策划与执行

新用户拉进来后，为了不让其流失，必须通过一系列活动把用户留住，那么就需要提高用户的活跃度，这是用户留存的前提。以微博为例，用户发微博、评论、点赞、转发、收藏、关注、私信等行为就是用户活跃度的体现，活跃度越高的产品（平台），说明用户停留的时间和留存率越高。

在一个互联网平台上，用户主要分为两类：一类是新用户，这里包括了种子用户，即第一次登录的用户；另一类是留存用户，就是来了没走，还在继续使用产品的用户。新增的用户是不能列为活跃用户的，只有后续再次登录使用产品的用户才是留存用户，其中使用产品频率高的就是活跃用户。一般新增用户到留存用户再到活跃用户数量逐步递减，比如第一天新增用户10 000人，第二天再次登录的剩下5 000人，这个次日的留存率就是50%。一周后，与第一天相比，有1 000人还在登录，那么周留存率就是10%。一个月后有500人还在登录，月留存率就是5%。从留存的用户当中再观察他们的行为，把那些行为活跃、使用率高的给筛选出来，这部分用户是非常宝贵的，其数量越大，说明用户黏性越强。

一般来说，维护老用户的成本通常只是获取新用户所需成本的1/6，所以优秀的企业都相当重视老用户的运营。提高用户留存率和活跃度的方法，总结起来包括如下5种。

（1）消息推送

这是一种比较常见的与用户进行互动的方式，很多App都会给用户发推送，一般是提醒有新活动、新产品上线，抑或者是发送节假日祝福。其实推送很多时候都可以发，比如早上给用户发送学习打卡，晚上可以给用户发第二天的天气提醒，既能让用户感受到关心，也不会让用户反感。推送信息有些是优惠活动，有些是产品故事，这些消息可以增加用户使用 App 的次数。比如某外卖平台推出下午茶优惠活动，美味的蛋糕和咖啡的精美图片被推送到用户的首页，试想用户在下午有点饿的时候正好看到这张图片，就很可能点击进去，而且用户收到下午茶优惠券后，其下单的可能性也非常大。再比如很多商业银行，在用户每发生一笔消费时就会向其推送短信提醒，如果用户绑定了银行的微信公众号，还会收到一条微信通知。这既让用户觉得资金安全，又增加了跟用户多次接触的机会。在每条通知短信后面都会有一条活动链接，要么是贷款类，要么是抽奖。原本只是一条通知类的短信息，却被开发成了一个高效触达用户的广告位，增加了跟用户多次接触的机会。

（2）互动联系

有一句英文谚语 Business is relationship，即商业本质就是关系。用户运营也是一样，最重要的就是和用户建立关系，并且保持互动联系。很多自媒体账号，包括抖音、微信公众账号的博主都会回复粉丝的每条留言，很多企业账号的运营编辑也会和粉丝互动，让品牌的形象特别有亲和力。例如娃哈哈集团在 B 站上开设了企业账号，就叫娃哈哈，发布的视频内容多是和产品相关。这些视频融合了 B 站特有的“玩梗”文化，产品变得活灵活现，并且每条视频下方的评论区中都能看到娃哈哈的运营编辑在和用户进行互动，言语幽默，和用户打成一片。其实，越是大品牌大企业，如果能放低姿态，和用户主动互动联系就越能博取用户和公众好感，可谓“四两拨千斤”，成本低效果好。

（3）功能更新

在近几年的社交类 App 用户运营中，不断开发有趣的新功能来留存用户的例子很多，比如一种被戏称为“阅后即焚”的新功能，消息阅读后就会被自动删除。这不仅激发了用户的好奇心，还让用户在读消息时注意力更集中，并且增加了用户的使用频率，活跃度也就得到了提升。再比如像抖音 App，从最开始的音乐社交平台，到媒体平台，这两年又融入了社交、电商和搜索的功能。现在，抖音上不仅可以看陌生人的视频，还可以看到身边朋友拍的视频，随时与他们互动。此外，用户还可以搜索任何感兴趣的问题，从视频里看到好吃、好玩的东西，用户都可以直接下单购买。这些不断推出的特色创新功能让用户始终保持新鲜感，也持续提升产品的体验，满足了他们更多的需求。

（4）话题设置

在知乎、抖音、微博等媒体平台，官方经常会设置一些热点话题来激发用户创造更多的话题内容，比如“今年的情人节送什么”“会不会介意情侣整容”等。这些都能引发和话题相关的人群以及公众参与讨论，正所谓“网友的力量是无穷的”，“神评论”也都是来自用户。对于那些用户创造出来的好内容，平台官方予以扶持、引导，让内容二次发酵，引发更多用户的参与和互动。而另一类企业，比如像饿了么、美团、携程这样的 O2O（Online to Offline，线上到线下）模式平台，以及像淘宝、京东这样的电商平台，会鼓励用户在消费过后，对所购商品进行评论。评论可以是晒出买到手商品的图片，也可以是使用后的文字评价，对那些积极留评价的用户，平台会给予奖励。而这些评价本身就是好内容，让更多其他用户看到真实多元的反馈，也让商家和平台方得到更多的反馈。

（5）激励回馈

这是相对传统但又能有效提高留存度的方法。比如让用户去完成一项任务，而这项任务可以提升用户活跃度，又可以给用户以实实在在的利益。会员积分体系 + 积分兑换商城是通常采用的方式，而在游戏中，完成任务拿奖励也是类似的逻辑。因此，清楚地掌握用户想要什么，给其想要的利益，建立起一套有效的激励回馈机制，对留存促活非常有效。

比如在微博上，当账号有了一定的粉丝积累后，需要提高粉丝（用户）活跃度，增加粉丝黏性以方便后期产品推广，转发抽奖是采用得比较多的一种形式。只要粉丝同时完成转发、评论、@ 好友这三个动作，就有机会中奖。当然，也可以把抽奖的要求设定得高一些，除了完成以上三个基本动作外，还需要关注指定的 1 ~ 3 个微博好友，同时满足这几个条件才能抽奖。抽奖系统是由微博官方设计的一个程序，用户可以进行奖项的选择设置，回馈可以是实物或现金，也可以是虚拟奖品，比如送“微博会员”。如果采用现金作为奖励的，虽然简单粗暴，但效果最好，对于很多中小企业是直接有效的促进活跃度的方法。

3. 用户转化类活动方案策划与执行

虽然所有的运营都是服务用户的，但运营的根本目标是引导用户完成运营人员预设的某个期望行为或者某个预设任务，从而尽可能延长用户生命周期。从这个角度讲，用户运营人员所进行的每一项操作都应该为转化服务，它是用户运营过程中最后也是最重要的一个环节，也就是让用户消费买单。众所周知，如果企业没有转化将没法盈利，整个经营活动就无法持续，但往往这个环节也是最难完成的，做不好就会让用户产生反感。很多企业在推广拉新的时候花了很大力气，但留存的用户少之又少，而愿意消费的更是寥寥无几。究其原委，还是在用户转化上存在误区，其中比较典型的有如下几种。

误区一：把高流量等同于高转化。事实上，高流量不等于高转化。

误区二：把偶然事件当成必然规律。

误区三：忽略了转化率背后的千人千面。

针对以上误区，很多企业已经调整广告预算，把注意力转向更有目标性、性价比更高、可互动并吸引人的新媒介上。因此，移动互联时代的用户转化，需要把产品演绎成故事，把用户转变成朋友，帮企业做好用户运营实现营收。具体怎么做呢？以下详细介绍 4 种不同的运营策略和方案。

（1）内容营销活动策划

内容营销这种手段，其实早已有之。20 世纪初，英国一家食品企业搞了个展会，把他们刚出炉的香喷喷的面包、饼干等糕点拿出来给路人免费享用。人们品尝后赞不绝口，都想知道这些美味的糕点是怎么做的。于是，这家食品企业就把食物配方做成了食谱，印成小册子分发给食客们。这本食谱除了介绍糕点的做法，甚至还教人们如何用极低的预算来养活一个家庭，于是很快成了畅销读物，尤其为那些家庭主妇所欢迎。经过不断再版，它销量最高接近 4 000 万册，而推出它的食品企业自然也声名远播了。

以上这则成功案例说明，在内容营销策划活动中，首先要清晰地知道内容本身就具有完成用户运营过程中的“拉新”“留存”“促活”“转化”功能；其次，只有具备价值的、有趣的、差异化的内容才能更好地吸引人、留住人、打动人，最后让用户为产品买单。

内容营销在具体操作过程中有这样几条指导原则：首先，要以用户为中心，把用户放在第一位。在早期阶段，用户真正关注的不是商家的产品和服务，而是遇到的哪些问题可以被解决，哪些需求可以被满足，内容的价值是以满足用户为目的；其次，内容不能是单纯的推销信息，这和普通的广告不一样，先要和用户建立良好的关系，利用好企业的资源为用户创建对他们真正有用的内容，这样转化目标的达成才会顺理成章；第三点，要讲一个能打动人的故事。优秀的内容是有生命的，它是企业所讲述的故事，是品牌意志和情感的延伸。怎样讲好一个企业的故事呢？有一个惯用的办法就是找到那个故事的主人公，可以是企业的创始人，也可以是企业的员工，或者是企业的用户。总之，故事因人而生动，企业因故事而生动，品牌因故事而鲜活。

（2）事件营销活动策划

事件营销是指企业管理者在真实与不损害公众利益的前提下，运用“借势”和“造势”的手法，有计划地策划、组织、制造和利用具有新闻价值的活动，通过制造有“热点新闻”效应的事件，吸引媒体和社会公众的注意与兴趣，以达到提高社会知名度、塑造企业形象，并最终促进产品或服务的销售的经营活动。事件营销是近年来国内外十分流行的一种公关传播手段，是一种强有力的市场推广方式。

想要打造出现象级的事件营销，首先需要找到一个大众情绪洞察，而这个大众情绪洞察来源于现象层面的日常观察，通过某种社会现象，挖掘出背后人群的普遍痛点，再进一步进行概念包装。也就是说，所有刷屏级事件的源头，都来自某种被抑制住的社会情绪，事件就是给这种情绪一个出口，让用户来参与表达。找到事件的具体表现源头，通过具体的情景和设置让用户参与到具体活动环节中，在整个事件操作中，营销人员需要预埋下若干“创意点”，这些创意点通常就是一个个具体用户场景，释放用户的表达欲，让用户从关注转化为参与行动。用户在代入事件角色之后，便可以通过一系列的分享裂变设置，引导其拉动更多身边好友进入参与，事件的影响力就被不断地推动起来了。在整个事件营销过程中，企业可以作为一个植入者和参与者的角色，配合解决问题，以产品或者产品优惠的方式合作并互动，在现象级事件中“推波助澜”，收割品牌知名度，甚至美誉度。

因此，事件营销的第一要务是洞察精准，与企业品牌发展实际状况和阶段匹配；其次是内容，是自娱自乐还是说到用户的心坎里；第三是聚焦，一般品牌口碑建设需要通过公关手段潜移默化，但在重要的营销节点需要集中火力，重拳出击；第四是预判传播走向，加强可控性。事件或者资源匹配的传播与企业调性的匹配和相得益彰是非常重要的。能够做到同时收获知名度和口碑的事件才是好营销。另外，事件营销要求运营策划人员对于突发新闻事件有极强的敏感性和快速反应能力。而且，在将事件和营销内容结合的时候，要非常地谨慎，弄不好就可能弄巧成拙，品牌反而成了舆论的指责对象。很多热点事件，比如一些灾难、事故就不适合用来做事件营销。

（3）口碑营销活动策划

有专家将口碑营销定义为：由生产者以外的个人通过明示或暗示的方法，不经过第三方处理、加工，传递关于某一特定或某一种类的产品、品牌、厂商、销售者，以及能够使人联想到上述对象的任何组织或个人信息，从而导致受众获得信息、改变态度，甚至影响购买行为的一种双向互动传播行为。简而言之，口碑营销核心是“人传人”，高效的口碑营销会像“病毒”一样传播开来。因为是由用户传递这些信息或是向朋友推荐，所以这种所谓的“病毒营销”的成本很低且用户的信任度较高。

口碑是企业拥有的一项特殊无形资源，通过口碑传播有利于顾客简化决策流程，缩短做出购买决策的时间。通过口碑营销，有利于企业增加销量，降低获得新顾客成本、关系成本和维系成本等，使公司利润上升，是一种低成本高回报的用户运营方法。

口碑营销是一种经受过市场验证的营销方法，据市场统计发现，随着互联网的普及，有将近九成的消费者会在购物、消费前先在网络上进行评价或资料的搜寻。这些搜寻结果对消费者的购买意向有着非常大的影响力，可以说拿下了口碑营销就可以很大程度上左右消费者的购买意向。过去的口碑营销主要靠线下的“人传人”，而自媒体时代，KOL 成了口碑营销重要的传播节点，通常利用其庞大的粉丝圈来传播其对于产品和服务的好坏认识，从而引导趋势，影响大众的观念。例如，在 2019 年 7 月，某化妆品推出了一款新的面膜，厂家找了抖音上一批头部的 KOL 合作，推广加带货，引发众多粉丝追捧，产品迅速飙升为抖音美容护肤榜第一名。KOL 的口碑效应在产品营销活动中扮演的角色非常重要。

过去的广告营销主要是吸引注意力，现在的转化作为用户运营最后的一环就更加重要了。现在的小红书平台，KOL 对于产品的推荐转化非常精准，KOL 先“种草”——就是亲自体验产品，把整个体验过程和感受以视频或文字的形式记录下来，粉丝被“安利”后，然后 KOL 再进行“拔草”，向粉丝推荐产品并完成转化。这几年很多国产美妆类产品都是靠小红书上 KOL 的口碑传播带来销量的。

（4）品牌营销活动策划

前互联网时代，“大投放”的营销策略让大多数传统品牌只注重单项输出，疏于了解消费者需求。时过境迁，渠道和媒介纷杂多样，随着社交媒体、直播的发展，从品牌到消费者的流程变得环环相扣。在这个多媒介、多场景、多元化的时代，打造品牌的路径已经跟过去完全不一样了。现在打造品牌首先要有好的产品，然后需要将产品通过优质的内容精准化地传达，最重要的是通过与用户持续深入沟通来推演消费者偏好，依此改进与迭代产品，达到口碑和销量的双赢。

时代不一样了，消费者在做出购买决策前的信息收集模式产生了很大的改变，所以品牌营销在方法上也需要做一些调整，例如需要更加强场景的体验、精准、关注营销的效果等。尤其值得注意的是，打造品牌 IP 在这个消费不断升级的时代已经势不可挡。通过打造品牌 IP，与消费者建立密切的联系，进而实现营销转化是当前品牌 IP 化的根本原因。经典的品牌 IP 如迪士尼的米老鼠、海尔电器的海尔兄弟、腾讯公司的企鹅等，都是倾注了创作者心智的词语、短语、符号、设计、创意、人物形象等，是被法律赋予独享权利的知识财产。如今，很多知名品牌都有自己独特的 IP，成为品牌的具象化和延伸，并且被赋予了强大的商业价值。

知识拓展

什么是 AARRR 模型

AARRR 是比较常见的用户运营模型，由 5 个部分组成，就是上文提到的用户运营流程：Acquisition（拉新）、Activation（促活）、Retention（留存）、Revenue（转化）、Refer（推介），如图 5-1 所示。在上文中讲到了前面 4 个部分，第 5 个部分将在高级课程中详解介绍。

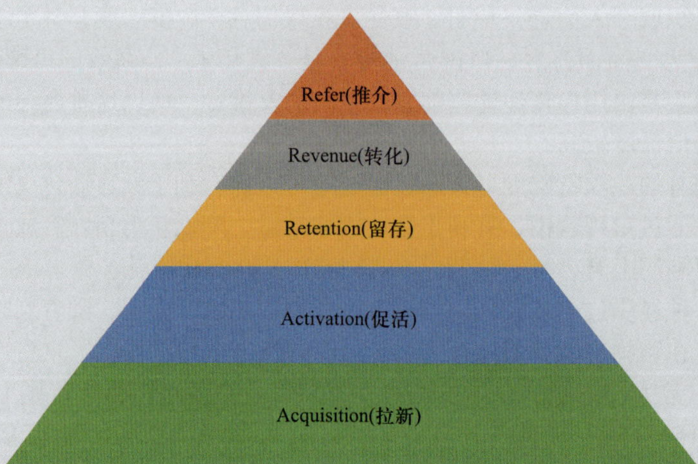

图 5-1　AARRR 模型

任务 5.2 用户运营 FAQ 库

【任务描述】

用户运营过程中很常见的问题总是会在不同用户间重复出现，通过建立 FAQ 库将一些高频问题存储起来随时答复用户是本任务的核心工作。在明确建立用户 FAQ 库的价值后，应当有计划分步骤地进行常见问题的收集整理，完善应答机制，通过 FAQ 提升用户服务体验。

【任务实施】

5.2.1 用户运营 FAQ 库的概念

FAQ（Frequently Asked Questions，经常问到的问题），通俗地叫作“常见问题解答”。FAQ 是当前网络上提供在线帮助的主要手段，通过事先组织好一些常见问答对，发布在网页上为用户提供咨询服务。建立 FAQ 库是为了提高用户体验，其中优质的答案可以引导潜在用户进行购买，还可以为用户理清产品脉络。常见的机器人客服，就是 FAQ 库的应用场景之一。

FAQ 是客户常见的问题，设计的问题和解答都必须是客户经常问到和遇到的。为保证 FAQ 的有效性，首先要经常更新问题，回答客户提出的一些热点问题；其次是问题要短小精悍，对于提问频率高的常见简单问题，回答不宜很长，否则会浪费客户时间。对于一些重要问题应在保证精准的前提下尽可能简短。为方便客户使用，首先 FAQ 应该提供搜索功能，客户通过输入关键字可以直接找到有关问题；其次是问题较多时，可以采用分层目录式的结构组织问题的解答，但目录层次不能太多，最好不要超过 4 层；第三是将客户最经常提问的问题放到前面，对于其他问题可以按照一定规律排列，常用方法是按字典顺序排列；第四对于一些复杂问题，可以在问题之间设计超链接，以便于客户方便地找到相关问题的答案。

5.2.2 用户运营 FAQ 库的价值

过去企业在做营销推广时，没有用户这一环，即使有，用户在整个推广环节中扮演的也仅仅是交易付款的角色，而一旦用户付款完成，企业就不再将用户的使用感受作为关注重点了。现在，用户的主人翁意识开始觉醒，企业如果还沿用老一套思路来推产品，自然会南辕北辙，业绩凋敝。看那些消失的老品牌，多是跟不上时代垮掉的。用户运营在现在越来越重要，新崛起的网红品牌，无一不是用户运营玩得娴熟的。现如今用户在企业发展中的作用还增加了内容输出、宣传推广这两个模块，而这两项在获客成本越来越高的当下，更加凸显其价值，通过私域流量概念的火爆也可见一斑。在此背景下，用户信息反馈及问题咨询成了用户运营中很重要的内容，可以直接高效地提升企业与用户间的关系。建立 FAQ 库的好处主要包括以下 3 个方面。

1. 减少企业日常运营的成本

对于用户而言，FAQ 页面是一个易于导航和有用的资源中心，并且全天候可用。最重要的是，来自客户的反馈表明，他们在FAQ页面“找到了他们想要的东西”，同时也减少了在线客服的压力。

2. 直接增加销售额

问题被解决，也就打消了用户对于产品和服务的疑虑，这可以直接促进他们的购买转化。

3. 增加企业的专业知识储备

有效的FAQ库，相当于企业的知识存储库，可以增强内部员工对产品和服务的认知，让他们更专业地服务用户。同时，一个优质的FAQ库也能挖掘潜在客户，其专业性证明企业能为用户提供优质的产品或服务。

5.2.3 如何建立用户运营FAQ库

一般来说，基于常问问题集FAQ库的问答系统是在已有的“问题—答案对”的集合中找到与用户提问相匹配的问题，并将其对应的答案直接返回给用户。FAQ库作为自动问答系统的重要组成部分，它的构建和维护的合理性对整个自动问答系统具有非常重要的作用。

建立用户运营FAQ库一般包括以下几个步骤：

① 收集用户最常问的问题。

② 为每个问题写清晰的答案。

③ 建立清晰简单的导航。

④ 将FAQ页面放在突出位置。

⑤ 根据需要及时调整更新常见问题解答。

直通职场

小红书企业号FAQ库举例

Q：认证服务费能开发票吗？

A：企业认证审核服务费可开具票面内容为【技术服务费】的增值税普通发票（电子票）。认证成功/失败之后，30个工作日内开具发票。

Q：企业号年审费用是多少？

A：年审费用和首次认证一样，均为300元/次。

Q：认证审核需要多久？

A：3个工作日内

……

（详见二维码）

小红书FAQ库

项目实训

根据本项目中用户运营活动方案策划与执行内容，自选案例，完成用户运营相关分析报告。

1. 实训目的

① 理解互联网时代的“用户思维”。

② 了解用户运营的基本概念与分类。

③ 掌握三种典型的运营活动策划与执行的要点与方法。

④ 了解用户运营过程中的常见误区与应对方法。

2. 实训内容

① 依据运营需求，理解用户运营活动方案策划与执行的要点。

② 完成对自选案例的用户运营相关分析。

③ 加深对用户运营相关概念和实操的理解。

课后练习

请扫描二维码，查看本项目课后练习。

项目 5　课后练习

项目 6　达人运营

课时　3 学时

项目描述

本项目从达人选拔与培训、达人营销活动方案执行、达人形象包装 3 个板块帮助新媒体人提升达人运营能力。达人选拔与培训将从筛选的注意事项、录用流程、培训流程和培训内容等方面介绍达人选拔、录用和培训技巧；达人营销活动方案执行包括达人营销活动类型介绍、营销活动方案制定流程和技巧完成活动执行工作；达人形象包装包括达人形象设计和人设打造。

学习目标

知识目标	1. 理解达人筛选与录用的标准与流程
	2. 了解达人营销活动类型与方案实施
	3. 了解达人形象设计的原则与个人 IP 的打造流程
能力目标	1. 能根据运营需求，对达人候选人进行筛选，完成候选人选拔与录用
	2. 能根据达人能力素质与合规要求，完成对达人的业务培训
	3. 能根据达人的职业生涯发展规划，完成达人的形象包装
素养目标	1. 具有筛选选题、分析用户进行图文内容创作的能力
	2. 形成独立完成短视频或直播脚本创作的能力
	3. 形成踏实肯干、吃苦耐劳的工作态度

知识图谱

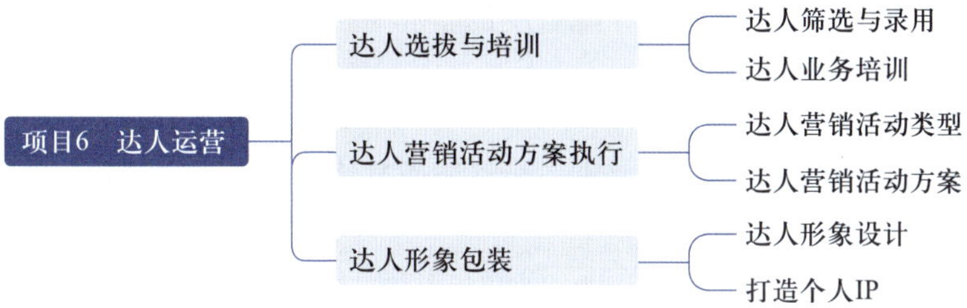

任务 6.1　达人选拔与培训

【任务描述】

若要培养一位达人，首先要求其具备一定的特质，从达人运营的角度去筛选出合适且优质的人选是必不可少的一项技能。

达人选拔主要介绍筛选误区和选拔流程，当然不同平台不同赛道对不同的达人的特质要求有异，但本质相通，只要掌握基本流程就能顺势而为。达人培训按照达人的不同时期有不同的培训内容，要根据达人的实际情况进行培训内容的制定，效果才会更佳。

【知识准备】

6.1.1　达人筛选与录用

达人的筛选是达人运营的第一步，达人数量很多，想找到真正适合培养的对象则需要严格筛选，再进行培训。

1. 筛选注意事项

根据平台的用户和品牌推广的需求，往往需要与不同类型的达人合作，不仅是对领域有要求，对账号的影响力也有要求，一般会以粉丝量等综合指数作为评选指标。根据粉丝量可将达人分成 4 类。

① 顶级 KOL（粉丝 1 000 万人以上）：这类基本都是某一个行业的标杆，影响力非常大，但是费用也十分昂贵。而且这类达人通常会挑选合作对象，或是会交由经纪人、经纪公司进行审核，一般合作对象都是大品牌。

② 头部 KOL（粉丝 100 万 ~ 1 000 万人）：这类达人比顶级 KOL 的影响力要低一点，但在某一个行业内也是赫赫有名，其专业度和垂直度非常高。且相较起名人或明星，与粉丝间更容易产生互动。

③ 腰部 KOL（粉丝 10 万 ~ 100 万人）：前两类达人有团队运作，腰部 KOL 一般是个人

经营的自媒体。虽然粉丝不是特别多，但是信赖度比较高，而且价格也不太贵，是比较理想的合作渠道。

④ 尾部 KOL（粉丝 1 万 ~ 10 万人）：这些达人虽然粉丝基数低，但是通常都是该领域的新人。这类达人通常合作收费比较低，配合度也非常高。虽然每位达人粉丝量不大，但可以与多个达人同时合作。

2. 录用流程

报名者经过面试、试播、选拔、培训，最终能通过达人培训机构筛选并成为达人的其实并不多。

在面试前需要严格筛选报名达人类型、颜值、声音、经验、团队，确认其作品和能力是否符合要求；面试是初次和达人面对面沟通，需要高效且清晰的确认达人是否和报名所有要求一致，临场应变能力是否符合要求；试播是必然要做的，通过试播不仅可以了解达人，还可以了解达人的配合度。达人在不同的场景和不同的制作团队都需要磨合，然后进行选拔和培训，最后才能录用。

知识拓展

KOL（Key Opinion Leader，关键意见领袖）是营销学上的概念，通常被定义为：拥有更多、更准确的产品信息，且为相关群体所接受或信任，并对该群体的购买行为有较大影响力的人。其一般具有以下特征：

- 持久介入。KOL 对某类产品较之群体中的其他人有着更为长期和深入的介入，因此对产品更了解，有更广的信息来源、更多的知识和更丰富的经验。
- 人际沟通。KOL 较常人更合群和更健谈，他们具有极强的社交能力和人际沟通技巧，且积极参加各类活动，善于交朋结友，喜欢高谈阔论，是群体的舆论中心和信息发布中心，对他人有强大的感染力。
- 性格。KOL 观念开放，接受新事物快，关心时尚、流行趋势的变化，愿意优先使用新产品，是营销学上新产品的早期使用者。

6.1.2 达人业务培训

1. 培训流程

达人的业务培训需要有一套完整的流程，包括从业规范、专业知识、直播脚本、带货话术等。然后通过自媒体的运作和一定的新闻铺垫，一个普通的达人就诞生了。这种达人虽然影响力不是很大，但是有了达人的标签，也是很受电商品牌欢迎的。当然也有一些粉丝量很高的达人，其自身就是穿衣打扮的 KOL，所以能带来的价值很大。这些群体很多都会自创品牌，开设网店，实现利益最大化。

以直播为例，介绍两种达人培训模式。

第一种是淘系 / 抖音等带货直播，目的是让观众和粉丝更近距离地了解产品，便于提高销售转化。这类达人大多在平台上有一定的粉丝基础，达人也会去专门的培训公司，更多培训的是表达能力和逻辑思维、直播规则、时尚穿搭行业的知识，学习的比较多，比较广泛。

第二种是秀场和直播平台。相对带货直播而言，其对个人特色能力要求比较高，大多需要外形好，会聊天，有才艺。当然直播和秀场里面不乏一些顶级的达人，像这种达人的培训，基本上需要达人自己去学习和提升。

2. 培训内容

“达人”在部分人的认知中还是一个不稳定不可靠的职业，对于新达人来讲，达人职业化认知就很有必要，因为只有把达人当成职业的人才会用心探索，才能发展成长。

达人在各个阶段有各个阶段的成长任务。

① 新手期。新手期的达人主要注意力应该放在直播技能学习以及适应性心态管理上。

② 成长期。这个阶段是达人发展的重要阶段，培训重点放在粉丝积累、瓶颈突破上。一般遇到的大都是直播生涯起伏导致心态改变，从而遇到的发展瓶颈，要注意直播心态管理。

③ 成熟期。这个阶段主要关注的应该是使自己直播内容更丰富，学习粉丝管理等。

【任务实施】

中级微课 6–1 达人的职业化认知培养需要注意事项

以抖音最美笑容、潮流生活时尚 KOL 优秀达人主播为例，介绍达人职业化认知培养的注意要点。

（1）行业价值

达人的价值在于分享和传播，让不在场的人们可以看到比赛、看到演出、看到美丽的风景，这是一种很有意义的分享。有的地方政府、乡村干部通过网络传播内容，让外界的人们知道了从未见过的原始风景区、知道了地道的土特产、知道了品质优良的农产品，带动了旅游业和农业的发展。

（2）职业化的形象

达人是聚光灯下的公众人物，一场直播也是达人在镜头前的表演。达人至少注意衣着打扮，保持美好的形象就是尊重观众。好看的皮囊千篇一律，有趣的灵魂万里挑一，辨识度是网红达人最核心的特质之一。比如抖音最美笑容达人，舞蹈不是跳得最好的，但是她的笑容很治愈，笑容就是她的“辨识度”，如图 6–1 所示。

图 6–1 抖音最美笑容达人

（3）职业化的态度

新达人首要注意的就是端正态度，凑时长、磨洋工不适合达人职业。达人是一个需要不断努力的职业，对待工作的态度会直接反映在最后的结果上。

（4）职业化的习惯

固定的时间档和持续新颖的直播内容是达人职业的基本要求。

（5）保持良好的心态

新人往往会出现迷茫、焦虑以及对自己能力不自信，这种属于成长过程中的正常现象。这个阶段运营要和新人多沟通，多交流，这也是沉淀的过程。保持学习，调整心情，合理分配时间，才能事半功倍。

（6）成长规划

任何一份职业都需要做短期和长期的规划，达人这份职业也不例外。达人们需要规划自己的直播事业，对自我有更高的要求，才会有明确的努力方向。各个阶段有各个阶段的任务，抖音最美笑容达人也一度成为“抖音第一舞蹈达人”，除了辨识度高，还因为她在舞蹈这个领域不断地学习，去提升自己的专业能力，粉丝也看见了她的努力，一直支持她，看着她成长。明确成长规划并不断努力，这是优秀达人必须具备的，如图 6–2 所示。

图 6–2 抖音第一舞蹈达人

任务 6.2 达人营销活动方案执行

【任务描述】

一个优秀的达人运营一定是营销高手，好的达人运营擅长策划营销活动帮助达人快速变现。本节内容重点是营销活动方案的制订方法。

【任务实施】

6.2.1 达人营销活动类型

当达人被认为是某领域的“专家”，有很高的流量并可以开始营销产品的时候，这些人也可能被认为在某些市场中很受欢迎。达人通常会对他们的追随者的购买行为产生影响。

达人营销是通过意见领袖来领导，而不是品牌本身来开发和传递广告信息。达人以身作则，而不是通过口耳相传来解释为什么应该购买该产品。

一些常见的营销措施有：

① 免费产品。通常品牌会为达人提供免费产品，以推广和评论产品。

② 现金。有时这是免费产品的额外奖励，高知名度的达人因此收益巨大。

③ 曝光。绑定有影响力的品牌宣传，进一步拓宽达人的曝光范围，使得达人更具市场吸引力。

6.2.2　达人营销活动方案

1. 明确营销目的

名人对于普通百姓的号召力是巨大的。借助互联网，尤其是社交媒体，人们可以实时更新并关注达人如何做自己擅长的事情。达人对品牌的选择、喜欢做的事情、从事的活动以及对不同主题的看法都非常重要。

这是达人营销的根源，或者说是市场营销商或品牌生产商从中受益的地方。通过使用达人来推广营销产品或想法，可以影响成千上万的人的决定。

2. 内容策划

达人营销人员使用关键网络达人将品牌信息传达到预定的目标市场，因此，品牌将自己与达人的个性联系起来。达人活动旨在打入现有的市场，通过微博、抖音、B 站积极地宣传品牌。

达人营销符合流行的商业法则，达人作为市场品牌宝贵的资产，在社交媒体平台上拥有大量粉丝，并且确实在网络社区中产生了显著影响。每当达人发布更新时，肯定会被许多人查看和阅读，而这正是营销收益所在。如果这些有个性的达人就市场品牌或想法发表意见，那么这些品牌一定会吸引关注者，因此，应用达人营销实践可以取得好的结果。

3. 执行流程制订

像其他所有营销活动一样，运行出色的达人计划需要花些功夫。

定义目标是达人营销的关键一步，但其实往往容易被忽略。在任何营销活动中，都需要遵循可靠的既定目标，以便可以保持精益策略并确定有效的方法。必须与达人讨论目标是什么，并定制广告系列以实现这些目标。通过明确目标，可以创建有效的程序。如果目标太模糊，就无法获得想要的结果。设定的目标将决定对广告系列使用的策略。如果在寻找要追踪的目标时遇到困难，还可以通过一些达人软件来帮助理解所追踪的对象，还可以通过软件来识别关键指标。

任务 6.3　达人形象包装

【任务描述】

达人的形象包装非常重要。作为给粉丝的第一印象，这里的形象不只是外形，更重要的是达人人设打造，接下来一起来学习达人形象包装技能。

【知识准备】

6.3.1 达人形象设计

目前来说达人领域已经百花齐放，各个类目都有涉及，在美妆、时尚、美食、数码、育儿、游戏、音乐、健身、干货分享等多个领域发展都不错。

达人是聚光灯下的公众人物，不管是直播 / 视频，还是图文都离不开镜头前的表演，那么达人至少需要在衣着打扮上凸显自己，光鲜亮丽的形象就是对观众的一种尊重。

1. 确定风格

风格定位大致可以分为温柔型、搞笑型、可爱风、高冷型、睿智型、妖艳型等，然后根据不同的风格去填充直播形式和内容。确定风格是为了抓住适合自己的粉丝，风格可以偶尔有变化，但是要记住，稳定的风格代表了大部分粉丝的口味，变化风格只是满足粉丝对于新鲜感的追求。变化风格是暂时的，保持风格才是持久的。真正需要多变的是内容和类型。

2. 服装造型

① 化妆要配合灯光效果。

② 化妆效果要符合自己的直播风格，衬托达人气质。

③ 服饰风格符合要求，不违规。

④ 发型和小饰品的搭配效果更好。

⑤ 造型和服装最好每天不同款，这样会给粉丝新鲜感。

达人在不同时期也会在服装造型上有所创新，如图 6–3 所示。

图 6–3 保持新鲜感的服装造型

6.3.2 打造个人 IP

达人创作的内容被别人点赞收藏容易，但是想被别人关注却非常难。达人必须展示自己在某些方面的专业，给粉丝留下深刻印象，当别人在平台上看到达人的时候，也会在心里浮现一个 KOL 的标签，这个达人 IP 就成功了。在任何一个领域里，达人只要持续输出优质内容，了解这个领域的用户自然会关注，只是时间长短而已。内容输出一定要符合账号定位。但无论账号怎么定位，千万不要忘记平台的定位，平台用户喜欢什么内容一定要记在心上。

【任务实施】

打造达人个人 IP 的技巧

直播以外的内容主要以两种形式存在，“图片 + 文字”和“视频 + 文字”，具体采用哪种形式，主要看自身优势在哪里。但是不管采用哪种形式，打造个人 IP 都一定要注意以下几点。

1. 标题技巧

① 平台内容标题最多显示两行，在大屏手机上一行可以显示 10 个字，两行就 20 个字，所以字数最好控制在 18 个字以内。

② 千万不要做标题党，很多平台的审核非常严格，太夸张、虚假的标题容易被判违规。

③ 选好热门关键词，比如“学生党”“Mac 口红”等，插入一两个合适的关键词，能带来长尾流量。

2. 封面图

封面除了保持干净整洁，最重要的是要点题，让人有想点进来的欲望。最好保持统一的风格，图片和文字介绍要整齐划一，如图 6–4 所示。

3. 内容

一定要原创。现在的内容平台都喜欢原创优质的内容。一方面有利于打造自己的 IP，另一方面不至于内容火了后因为侵权被举报。

4. 话题

根据自己的内容，添加一个合适的话题，可以增加内容的曝光度。

5. 发布时间

各平台推送的时间主要集中在早上 8：00 ~ 10：00、中午 11：30 ~ 14：00、晚上 19：00 ~ 21：00，所以这三个时间段平台的流量会大一点。但是，不同的领域都有不同的发布时间，错开高峰发布，平台也会给予不错的流量。

6. 快速吸粉

想要快速积累粉丝，没有其他特殊的途径，只有做爆款这一条路可以走。打造爆款的公式：对用户的了解 + 对平台规则的了解 + 运气 + 实力 + 勤奋。此外还要注意以下几点。

① 前期内容垂直度高，这样涨粉速度比较快。比如分享一篇投稿平台的爆款内容，可以快速积累第一批种子粉丝。

② 专注某一个领域，这是做出爆款的前提，千万不要发涉及违规的内容。

③ 多参加官方活动，不断跟进具有头条性的话题、热点。

④ 每篇内容可以打上编号，表明博主是有恒心的人，让粉丝有期待，即使没有期待也可以关注博主。

⑤ 发布短视频 /vlog。目前短视频的势头已经高过图文了，平台作为一个 UGC（用户生成内容）社区，短视频肯定也是一个重点。

7. 学习借鉴

最后，学习做爆款内容，可以去找相同定位的大号，去看他们的内容是怎么做的。学习借鉴，学会变通才是成功的开始。

图 6–4　在封面上打造个人 IP

项目实训

请分析课文中达人案例的 IP 打造流程，依据选题方向，完成达人运营流程。

1. 实训目的

① 能根据运营需求，对达人候选人进行筛选，完成候选人选拔与录用。

② 能根据达人能力素质与合规要求，完成对达人的业务培训。

③ 能根据达人的职业生涯发展规划，完成达人的形象包装。

2. 实训内容

① 依据运营需求，筛选达人主播。

② 完成达人业务培训。

③ 完成达人形象包装。

课后练习

请扫描二维码，查看本项目课后练习。

项目 6 课后练习

第三部分　内容变现

项目 7　内容电商变现

课时　10 学时

项目描述

本项目从内容电商变现必须具备的商品详情页优化方法、商品质量审核与商品采购、直播间商品组合策略制定、直播带货话术与脚本设计、电商直播活动方案策划、提升店铺 DSR 方法等几个板块出发，每个板块又从概念、技巧和操作方法等维度帮助读者全面掌握并能落地运用。

通过本项目的学习和实际操作，读者能够快速掌握依据商品卖点和销售话术设计直播脚本的能力和具有独立策划电商直播活动方案的能力。

学习目标

知识目标	1. 理解商品详情页的优化方法
	2. 了解商品详情页的设计原则
	3. 了解直播脚本的设计规则
能力目标	1. 能够根据商品选品规范，对商品质量进行审核，完成商品采购流程
	2. 能够根据供应商评价系统，对供应商进行合作评估，完成合作流程
	3. 能够根据变现目标，完成直播商品的筹备、组合搭配与直播顺序编排，完成直播间商品组合策略的整体制订
素养目标	1. 具有依据商品卖点和销售话术设计直播脚本的能力
	2. 具有独立策划电商直播活动方案的能力
	3. 形成踏实肯干、吃苦耐劳的工作态度

知识图谱

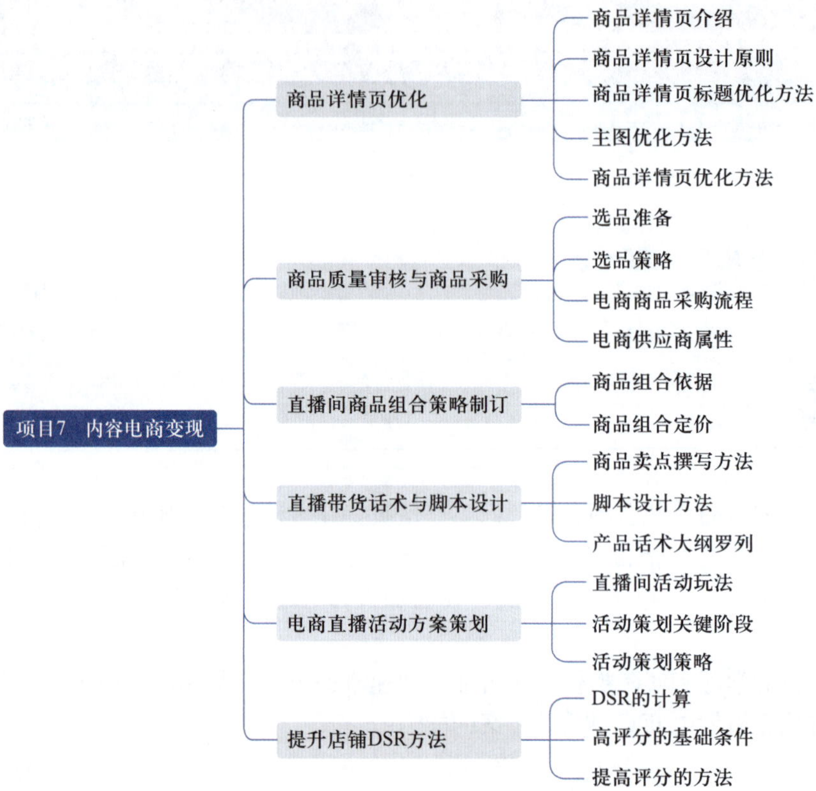

任务 7.1 商品详情页优化

【任务描述】

商品详情页是展示商品详细信息的一个页面，作为订单的入口承载着网站的大部分流量，打造一个优秀的商品详情页可以极大提高商品转化率。本任务主要围绕商品详情页介绍、商品详情页优化方法以及商品详情页的收益进行讲解。

【知识准备】

7.1.1 商品详情页介绍

1. 商品详情页功能

商品详情页的目的首先在于引起潜在买家的关注，也就是增加商品曝光流量，一定程度上可以这样说：吸引了多少眼球，就会有多少潜在买家，就等于增加了多少流量。其次是引起买家兴趣和购买欲望，从而得到精准的流量，激发买家购买欲比坐等生意上门要事半功倍。最后是传达品牌信息，塑造品牌形象，获得忠实流量，增加重复消费的行为。

成功在一个买家心目中树立起品牌形象，比实际成交一笔订单所取得的收益更大。如何让买家对卖家的商品重新认识，商品描述将会引导客户从不了解产品到了解产品，直至最终产生购买行为，这就是所说的静默转化能力。那么，商品详情页究竟如何一步一步引导买家的呢？这就需要对商品详情页的模块进行解析。

2. 商品详情页模块分解

想要设计一个高质量的商品详情页，首先需要知道其包括哪些模块，这样就可以针对每一个模块去设计内容。很多商家的详情页只有草草的一张主图片，有的甚至连详情页都没有，这样的内容能提高转化增加销售额吗？显然是不可能的。通常建议商品详情页至少包含两个模块，第一个模块描述产品类，分为 DSR（Detail Seller Rating，动态评分，包括商品体验分、物流体验分、商家服务分）、商品评分、图文详情内容、中差评等；第二个模块是促进转化的内容，包括主图图文或视频展示、客服推荐与商品参数、店铺搭配组合、店铺活动等。

3. 优质商品详情页判断标准

优质商品详情页判断标准总的来说概括为内容明了、结构清晰、视频生动、图片美观等。具体包括：

① 主图与商品要一致，且主图要清晰。

② 图片与描述要一致，如果出现偏差只会影响商品的形象。

③ 店铺装修风格与主图、详情页要一致，营造店铺自主性、品牌性，打造属于自己的店铺风格。

④ 全面展示商品的功能与卖点，让顾客看到商品“真实”的一面。

⑤ 图文并茂。视频可看性高于图片，图片可看性高于文字，文字延伸性高于图片，视频、图片与文字结合能达到不错的效果。

⑥ 一定要突出卖点，没有卖点的商品很难吸引顾客，图片最好保持简洁，不需要添加太多促销信息。

7.1.2 商品详情页设计原则

商品详情页设计应遵循以下四个原则。

① 承前启后：主图和商品要一致，真实描述商品。

② 页面有逻辑：页面排版结构清晰，从商品的整体到局部，再到细节展示，引起用户的购买欲望。

③ 卖点提炼：卖点精准，从商品的效果、品牌的资质、买家评价、退换货保障、优惠促销等方面来一一体现。

④ 优化迭代：视觉上生动，图片要清晰，从多角度，如远景、全景、中景、近景、特写，全面拍摄商品。

7.1.3 商品详情页标题优化方法

优化标题关键词之前，要先了解买家，每个关键词背后都代表着买家想要买东西的需求。

没有任何一个买家会随机输入搜索关键词，任何一个买家输入的词，代表的是买家对这种类型、属性的商品在最近这段时间的需求。因此，一个关键词可以体现天气、潮流、地区、流行等的改变。

中级微课 7-1
打造黄金标题六大原则

那么，商品标题究竟该怎么写呢？

1. 打造黄金标题的六大原则

（1）商品标题中的所有关键词都要保持高度相关性

关键词与商品的相关性是保证流量的精准垂直度，进而保证转化率的关键要素，不相关的关键词不要用。比如用别人的品牌词，除了可能违规以外，这样的关键词只会拉低本身商品的转化率，进而影响搜索引擎的判断，最终会直接影响店铺综合数据。

举例来说，商家卖的是某品牌口红，发现搜索“某某口红”的人比较多，所以就在标题中加了一个关键词“某某同款”，“某某”这个关键词就属于别人的品牌词。这时候哪怕有人搜索“某某口红”这个关键词进来了，一看是别的品牌，很可能马上就会离开，那么自己品牌的跳失率、店铺停留时间、转化率等各种指标都会大幅度下降，最终影响商品综合质量得分。还有就是弱相关的词，就是比较模糊不清的词，也尽量不要用。

（2）商品标题要同时写给搜索引擎和粉丝看

大部分商家在写商品标题时，总是认为标题是给搜索引擎看的，这样就能获得更多的流量，但是搜索引擎其实最终也是给用户看的。那么写关键词的超级技巧中重要的是什么？重要的是用户的阅读体验，也就是说用户读完这个标题后，能不能知道这是卖什么的，能不能知道商品的重要属性是什么。另外要注意的是，很多时候，标题还承担着促进点击的作用，所以有时候标题当中是可以放上一些功效词或者促销词的，这些词未必会有人去搜索，但是对于提高点击率是很有帮助的。

举例来说，“包邮”这个词，许多人认为是废词，因为只要设置了“卖家承担运费”，即使标题中没有包邮这个词，当别人搜索的时候，商品也是能够展现的。但是“包邮”这个词其实并不是一个废词，因为基于用户的角度去搜索“包邮”，他在标题中能看到“包邮”这两个字，和看不到“包邮”这两个字，对于点击的影响绝对是不一样的。

（3）要看数据拟写商品标题

一些新手卖家在刚刚开始做抖音小店的时候，喜欢去淘宝上搜索一下关键词，然后把销量高、跟自己商品差不多的标题直接抄过来，有一些比较“聪明”的卖家还会把关键词的前后顺序打乱。但是需要注意的是，关键词是给新手卖家提供机会的，它并没有权利决定商品是否有排名和排到一个什么样的位置。搜索排序规则中决定商品排在什么位置的是店铺和商品综合表现，如店铺的口碑分、产品的体验分等，这些因素才是决定排名的关键所在。

因此，在写标题的时候，要注意选择店铺类目的关键词。有的大词竞争很激烈，这个时候就避免去抢，因为很难竞争过那些人气店铺和人气商品。关键词好还是不好，不能只看是不是下拉框推荐的或系统推荐的，真正需要看的只有数据，要看这个数据是不是适合商品。

（4）商品标题与首图和详情要相关

标题要和主图、商品详情页相关是可以提升转化率的。比如用户搜索“某某 口红 小细跟”，那么当其看到一个主播拿着口红的时候，就愿意点击进来；然后当看到详情页当中也一直在突出这个“小细跟”的时候，用户就会愿意转化；这是相辅相成的。所以，在选词写标题的时候，不能是孤立地选词，应该跟首图、详情页都结合到一起，如图 7-1 所示。

（5）商品标题不要违规

违规影响的是店铺综合质量得分，进而会影响店铺的自然搜索排名。需要注意的包括：不要滥用关键词；不要用极限词，如“最大”“唯一”；不要用别人的品牌词；不要堆砌关键词；注意不要用比如“一夜美白”之类的极端词，除非产品是特殊化妆品；等等。

（6）商品标题的最佳优化时机是新品上架时

商品标题多久优化一次最佳呢？其实，最好的标题优化时机就是新品上架时。新品上架非常重要的一个工作就是选词写标题。商家对商品标题的优化频率不要过于频繁，可以选择以 7 天为一个优化周期，因为商品权重是以 7 天计算的。频繁优化标题，不利于关键词的数据积累。

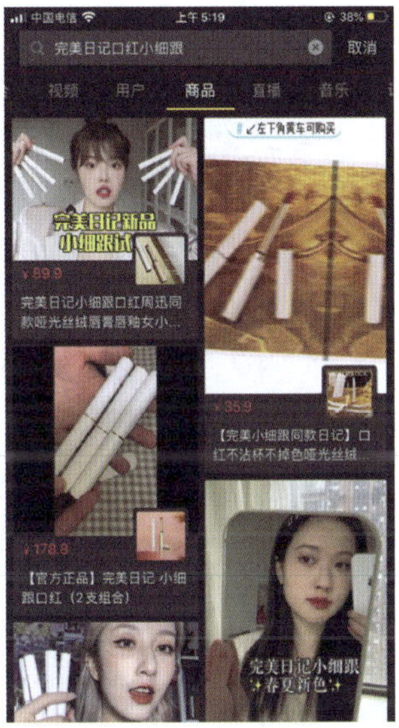

图 7-1 “某某口红 小细跟”搜索页面图

2. 商品标题优化的关键词选择

商品标题优化可以选择抖音搜索下拉框词。一是这些都是抖音系统推荐的词，搜索流量巨大，属于标题中必备的关键词；二是抖音系统推荐的不同的词都有其对应的产品，能让商家及时了解市场上正热卖的产品，对于商家做如商品搭配是一个重要参考。

举例来说，首先可以找到抖音全网当前热搜的词，如图 7-2 所示。可以看出现在热卖的商品品种是“某某口红小细跟”和“唇釉”，还可以看出“防晒霜”和“防晒喷雾”是最近热搜词，也是用户感兴趣的商品关键词。

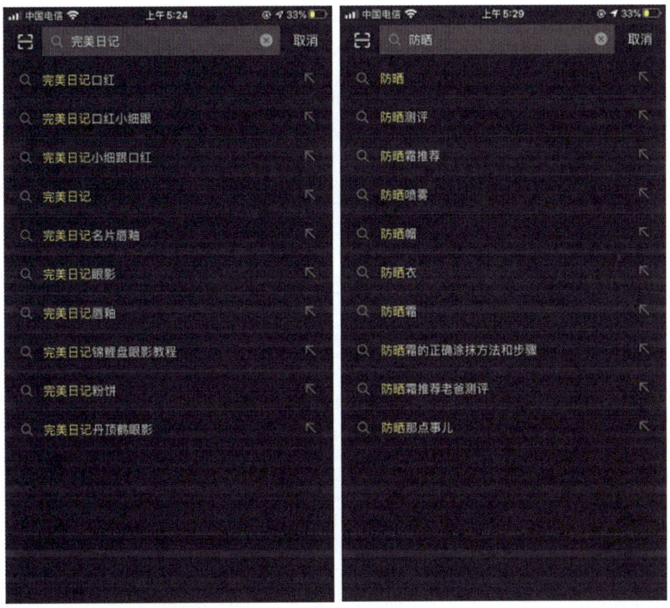

图 7-2 抖音热搜词

3. 关键词的标题设计和组合

关键词的设计可以在“飞瓜”（第三方软件）中去找，比如要确立一个作为主要方向推广的关键词，那么需要利用抖音关键词推广把这个关键词占据，使它的排名靠前为商品带来自然搜索流量，等到商品的基础销量足够大时，可以再确立搜索人气更大的关键词作为突破性关键词。在选择突破性关键词时，主要参考的是下面 3 个维度。

① 近 30 天关键词浏览量要在 1 000 以上，确保有足够的市场空间，比如像“防晒霜套装”“防晒帽”都是人气词。

② 关键词的转化率要在 3% 以上，确保这个关键词的销售热度。

③ 抖音引流推广的关键词的平均出价要合理，也就是说这个词的竞争不能太激烈。

以防晒这个类目为例，如图 7-3 所示。

图 7-3 “防晒霜推荐”搜索页面

从图片中可以看出，“防晒霜推荐”这个类目词，刚好可以作为商品的突破性关键词，搜索人气、转化率和竞争度都基本上符合要求。

中级微课 7-2 影响自然排名的因素

4. 影响自然排名的因素

① 相关性。对于抖音搜索系统来说，相关性是很重要的，搜索口红不会出现服装，因为系统在用户搜索的时候展现的就是他们所需要的商品，以期促成其实现转化。抖音的相关性分为三个档次：完全不相关、不完全相关、完全相关。因此，要想获得一个好的排名，就需要争取做到完全相关，既要注意类目属性相关，又要符合规则下的各项基本要求。

② 人气。人气中最主要权重就是销量螺旋，说的细致一点，就是以七天为周期统计销量的增长。如果销量螺旋好，商品的人气分就好，它在搜索的排名基本就是会比较靠前。

③ 粉丝体验度（口碑分）。粉丝体验度是一个很重要的方面，主要是根据点击率、页面的停留时间、访问深度、回头率等来判定。

④ 商品详情页。搜索排序与商品详情页相关，抖音会检索出详情页里相关的词、用户搜索关键词与这个商品的匹配度。匹配度高说明这个关键词更加符合用户的搜索要求，以后给这个关键词的权重会更大。

5. 标题后期监控优化

在做好商品的标题优化之后，后期还要通过每天的数据来查看商品的变动情况，主要目的是监控店内不同商品每天的流量变动，以及商品每天不同关键词的流量和转化的变动，如图 7–4 所示。

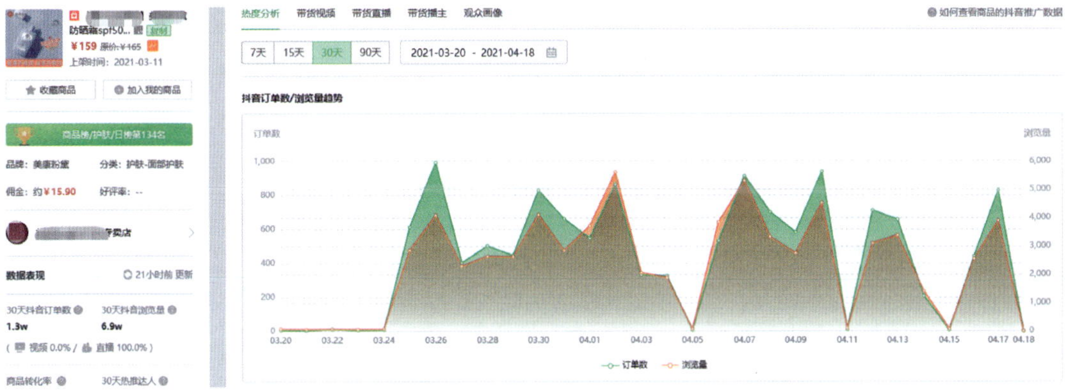

图 7–4　“飞瓜”热度分析

① 观测商品一段时间内的流量变动情况，在“飞瓜”的商品被访详情页中能够一目了然看到商品每天的流量变动趋势。如果出现连续几天流量下降较大的情况，要及时查找原因来解决。

② 可以在“飞瓜”的搜索中看到单个商品每天不同流量情况。利用这个工具，可以看到每个关键词在当天的展现量、点击率、转化率等重要指标。

③ 如果发现某个关键词几天的转化率持续下降，这时就要加大短视频和直播推广力度，将转化率拉上去，不然将直接影响后期的关键词排名。

通过数据可以看出目标客户群体是怎样的，也能够具体查看这些人的地域分布、消费层次和人群定位等细分数据，这为店铺做抖音推广提供了地域投放方面的参考价值，如图 7–5 所示。

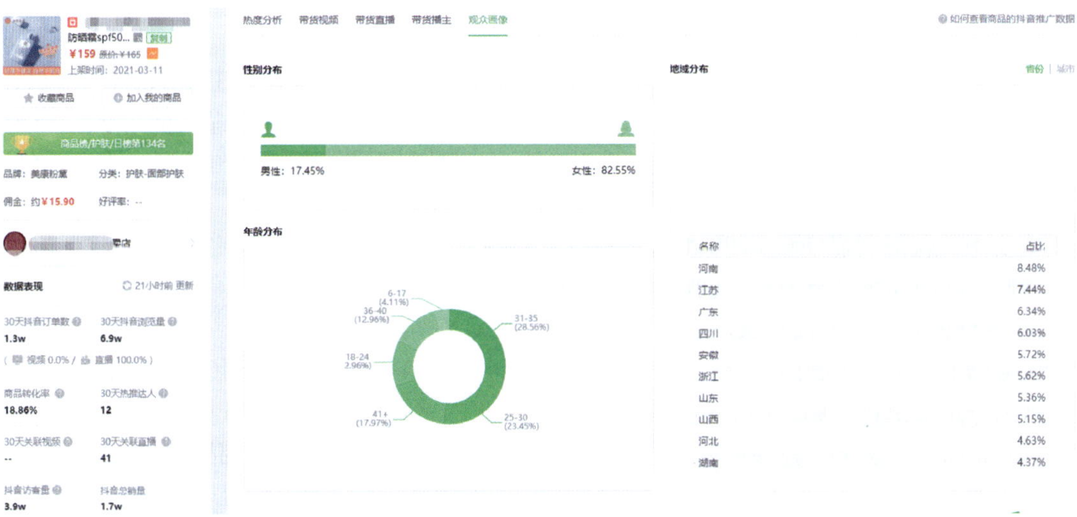

图 7–5　“飞瓜”观众画像

通过数据还可以查看用户人群标签，如图 7–6 所示，再结合图 7–5 可以总结出其用户人群定位主要是关注“母婴”和“穿搭”的女性，针对这些人群的营销，需要突出舒适和健康生活的产品概念。用户年龄 25 ~ 35 岁之间，这类年龄人群消费能力相对较高，这为后期新产品的定价提供了参考。

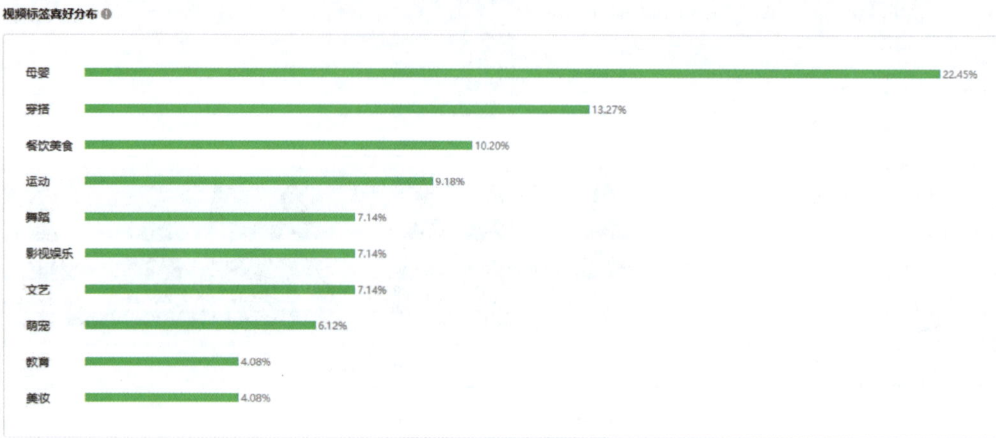

图 7–6 视频标签喜好分布

7.1.4 主图优化方法

中级微课 7–3 标题后期监控优化

中级微课 7–4 主图优化方法

1. 提升主图的点击率

很多商家把重点都放在了流量上，对于主图的重视远远不够。但是这里一定要记住一个公式：流量 = 展现 × 点击率。很多时候，抖音明明给了展现，但是因为主图点击率低，所以流量也是少得可怜。流量公式一定要记住，这也是重中之重。

如图 7–7 所示，抖音是将短视频和小店商品连接混合排序，因此，主图的封面就显得尤为重要。左边的主图上有人物和节日限量的两个关键点，用户往往会先看人物，再看商品，因此这样的主图会让用户更愿意点击进去观看。

2. 如何做一个好的主图

一个好的主图首先要做到如下两点。

① 差异化。首先要研究同行的商品，从其详情页及评价中提炼出自身商品的卖点以及优势，卖点不同是差异化的一个重要部分。但是，只参考同行商品的话是永远做不好差异化的，还需要一些方法和技巧，如图 7–8 所示，把关键词的商品主图整理出来，仔细找不同。

从主图上就能明显地看到 20 元优惠券及“高定”，给用户一种性价比高，商品高端的感觉。因此两款商品在价格差不多的情况下，左边商品的销量远超右边商品。

② 匹配度。要考虑商品及用户人群与主图风格是否匹配。

做好以上两点，主图的效果就基本上不会差。当然，在实操中还需要用心和细心，精益求精。最后一定要测试主图，因为商家认为好的不等于顾客也会认为好。目前优质的主图很少，但是真正小而美的主图，不仅可以引爆产品的点击率，还能够大幅提升产品的转化率。

3. 打造主图的差异化

由于主图的差异化很重要，以下详细介绍几种打造主图差异化的方法。

图 7-7　主图点击率

图 7-8　某某口红不同主图

（1）主图背景

因为商品主图是搜索出来的视频封面，它和同行的商品主图在竞争，所以能够第一眼就吸引别人，那就等于已经成功了一半。多吸引一分注意力，就多提升了一分用户点击的概率。

比如“某某口红”的搜索页，如图 7-9 所示，这个背景的设计思路就是以纯底色为主，利用好纯底色会对点击率有很大的帮助。此外需要注意的是，商品的主图背景要跟产品本身相符合，不要为了突出而哗众取宠，那样可能会弄巧成拙。

（2）商品卖点

用户下单购买最关注的是什么？是价格、质量还是功效？把用户关注的需求和商品优势完美结合起来，直击痛点，这也就是商品的卖点。当然，如果能挖掘出相对于其他产品独一无二的卖点更好。

如图 7-10 所示，搜索的关键词是“保温杯”，既然是保温杯，客户首先第一考虑的一般都是保温效果，那么主图重点突出“第 3 天还烫嘴”，就很好地突出了自己的卖点。

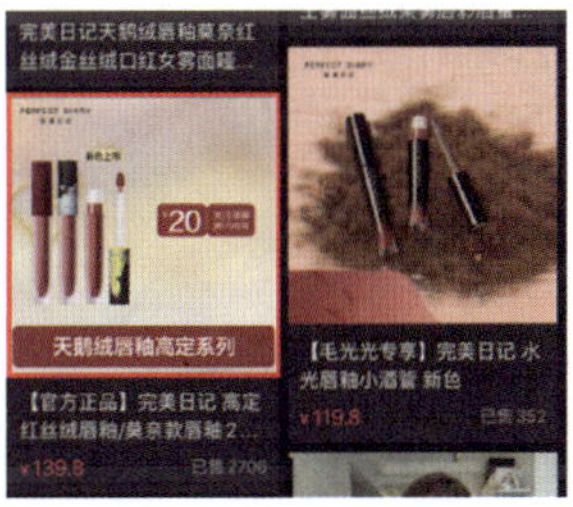

图 7-9　“某某口红”搜索页

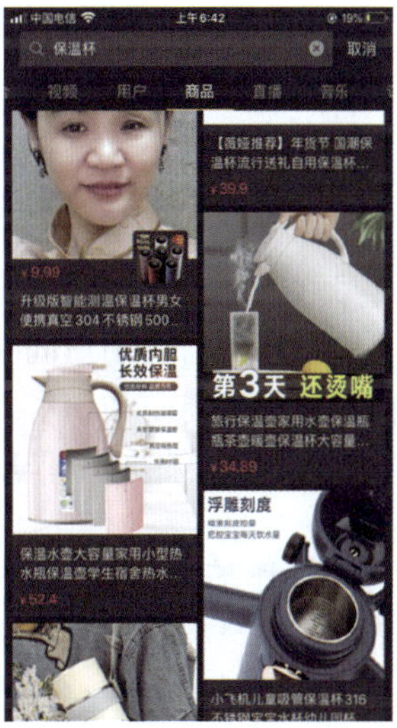

图 7-10　“保温杯”搜索页

（3）商品其他附加独特服务

现在市面上商品的质量、性能等差异性不明显，标品更加没有明显区别，所以很多时候商家拼的是服务。如图 7–11 所示，在“窗帘”的搜索页面中，右下角的主图标明“客厅阳台专用纱”，这就会让点击率有一个很大的提高。相比之下，右上图中窗帘主体不突出；左下图的使用场景不明确，用户不清楚到底窗帘是适合客厅、卧室、还是阳台使用；这些主图都不理想。

再以搜索关键词“床”为例，如图 7–12 所示，对于床这样的大件产品，下面的主图大家会选择首先点击哪个呢？右中图“一件也是批发价实木大床”让用户第一印象会觉得便宜很多，又突出了“实木”这一卖点。而相比这张图，其他图片卖点不突出，风格、物流或者安装等细节都没有体现，所以在吸引用户效果上会逊色很多。

图 7–11 “窗帘”搜索页

图 7–12 “床”搜索页

【任务实施】

商品详情页优化方法

1. 商品详情页的描述需要基于展示目的

商品详情页能让多位潜在用户同时接受一个产品信息。优质的商品详情页胜过优秀的销售专员，因此，商品详情页需要和销售专员一样从用户的需求出发，让用户直观地感受到商品能给自身带来的好处。商品详情页的作用就是让用户从引起注意、提升兴趣、建立信任、消除疑虑到最终促单成交。

2. 商品详情页的排版需要基于用户心理需求

商品详情页的排版是根据用户递进的心理需求来确定的，商品描述顺序包括整体图片、细节图片、介绍文字、售后服务、交易条款、联系方式。

比如一个用户想在超市里买一个电热毯，走进超市，看到一个电热毯很好看，正是用户想要的那种，这就相当于在店铺里看到的是整体图片。接下来，用户通常会走过去拿起来看，看它的材料、做工、安全性等，这就相当于用户在店铺里看商品的细节图。如果用户觉得商品的细节做得很到位，这个时候就会问售货员，了解它的功能如何，如通宵使用耗电会不会很多等，这相当于用户在店铺里看产品介绍文字。如果功能也符合他的要求，接下来就可能会去了解一下商品的售后服务，如是不是 5 年保修、是不是全国联保等，如果前面的都合适，但是商品不支持支付宝付款，可能再少的钱用户也不会买。最后，用户可能还会关心全国售后网点的地址在哪里，他所在的地区有没有售后网点。如果这些都没有问题了，用户肯定已经跃跃欲试准备购买了，商品描述再加上一些公司的品牌实力、促销活动展示等可能直接就会使得用户产生购买行为。

那么，是不是所有类目的商品都要这样排序呢？其实是不一定的，这种排序对样品或外观不重要的产品可能就不太适合。比如电脑硬盘，它们的外观都是一样的，那么买家就会更关心它的参数，因此就需要把买家最关心的内容放在最上面。总的来说，大家在应用时要注意灵活应变，但绝大部分产品都适合这个排序规则。

3. 商品详情页具体案例分析

下面通过一个案例来具体分析一下三家店铺的详细宝贝描述的优劣之处，详见二维码链接。

商品详情页案例

4. 商品描述需要包含基本信息

商品描述中应该包含的基本信息包括：

① 商品展示类：色彩、细节、优点、卖点、包装、搭配、效果。

② 实力展示类：品牌、荣誉、资质、销量、生产、仓储。

③ 吸引购买类：卖点打动、情感打动、买家评价、热销盛况。

④ 交易说明类：购买、付款、收货、验货、退换货、保修。

⑤ 促销说明类：热销商品、搭配商品、促销活动、优惠方式。

5. 商品描述设计要领

① 商品描述的图片要清晰真实，多角度全方位拍摄商品，注意远景、全景、中景、近景、特写等不同景别的使用。

② 展示商品的整体性。

③ 展示商品的局部细节。

④ 展现品质的同时要引起顾客的购物欲望。

任务 7.2 商品质量审核与商品采购

【任务描述】

根据商品选品规范，对商品质量进行审核，完成商品采购流程；根据供应商评价系统，对供应商进行合作评估，完成合作流程。

【任务实施】

7.2.1 选品准备

1. 了解市场单价

从市场上类似的款式、性能、资质、优惠促销等方面来了解产品的价格区间。

2. 了解账号阵地

指掌握账号的粉丝画像，粉丝主要是男生还是女生，商品适合什么年龄、什么消费水平，粉丝的地域来源。

3. 组货商品结构

指主推商品（引流款）、畅销单品（爆款）、平销款（搭配款）、清仓款的组成结构。

4. 商品选择标准

商品选择要符合国家规定标准，且要以粉丝需求为出发点，可以从家居、食品、护肤等各个方面考虑。如果是生鲜商品，以粉丝体验出发，优先要选择冷链，而不是普通快递。

7.2.2 选品策略

选品策略也就是规划产品，可以帮助卖家指明商品方向，梳理商品，避免造成商品之间的竞争，增强品牌优势。

1. 商品定位

商品定位是指商品在风格、功能和样式等方面的定位，使商品在用户心中形成独特的形象和地位。仅针对商品功能进行定位已经不能满足市场的需求，电商商家需要结合营销组合的相关方面来进行商品定位。商品定位的步骤主要包括确定目标市场、调查商品需求、明确差异化功能、确定营销组合、进行商品测试等。

（1）确定目标市场

电商商家通过行业分析、竞争力分析及市场分析后，确定目标市场。

（2）调查商品需求

确定目标市场后，需要分析其相对应的目标用户需求。用户在购买某种商品时，是为了获取商品的某种功能，用户通常对同类型的商品有着不同的需求，这就要求电商商家提供功能与用户需求一致的商品。

（3）明确差异化功能

结合买家需求和竞争商品的特点，电商商家需要明确商品的差异化功能，同时还要考虑这些差异化功能是否可以作为营销点。

（4）确定营销组合

营销组合包括商品、价格、渠道、促销等。营销不仅是品牌推广的过程，也包括针对营销组合的战术运用。商品结合营销组合进行定位后，电商商家规划的营销策略更容易将商品推广。因为商品很难长时间地在市场中一直保持某种差异化的功能，电商商家推出任何新商品，在市场中都会很快地出现模仿者，而营销的差异化要比商品差异化难模仿得多。

（5）进行商品测试

商品测试是为了确定电商商家提供的商品能否满足用户需求。电商商家可以检查实体商品的性能，考察用户对商品的理解度、喜爱度和接受度，然后根据用户的反馈结果，进而可以对商品进行改良，使其更加适应用户的购物心理和需求。

7.2.3 电商商品采购流程

电商商品采购的基本流程如下。

1. 选择类目

规划好店铺发展大方向，以作为选择类目的参考，进而确认想要销售的类目，如服饰、食品、母婴用品等。

2. 选择供应商

确认商品类目后，开始进行平台供应商筛选。因为平台供应商较多，所以选择时，最好从产品价格、评价、采购优惠、卖家服务及支付方式等方面进行多重比较，择优选择。

3. 询比议价

经过筛选后，进一步确认各具体事项，比如能否开发票、是否独家授权、是否达到指定销售额之后有额外返点政策、是否有配置赠品、“大促 618”或“双 11”是否有额外的现金或礼品扶持等。

4. 进行交易

磋商完成后，即可进行合同协议的签订以确定支付方式（跨境电商要确定是否有美元账户，这点很重要）、发货流程。待到商品到货，商家便可上架销售，其中双方约定好的口头内容也必须写进合同，以免日后发生纠纷。

5. 下采购单

制作采购单的策略包括：供应商代码、商品代码、采购价、物流信息、物流成本、结算方式、发货日期、预计到货日期、数量。

① 供应商代码。因为供应商资料是高度保密的，所以一般都建议公开的单据文件中使用供应商代码，而不是供应商名称。这不是流程上必须要做的，而是出于企业内控的考虑，建议最好这样操作。供应商代码与供应商详细信息对应表只掌握在采购部。

② 商品代码。这里的商品代码有两层含义，对内使用的是自己店铺商品的内部代码，对外使用的往往是供应商的产品货号。同质化的产品过多，如果没有代码就容易发错货，比如卫衣，可能有狮子图案、猴子图案等，为了能更好地区分，一定要用代码，可以避免因发错货而导致损失。

③ 采购价。采购价是最终与供应商结算的依据。跨境电商要注意汇率，采购价是以当天的汇率为依据，最终确定采购价。一般跨境电商多以美妆产品为主。

④ 物流信息。物流信息是保证到货准时的必要条件之一，在后面的内容中会详细讲述，特别是针对跨境电商尤为重要。

⑤ 物流成本。物流成本是要和采购价格并入生产成本的内容之一，商品的生产成本不仅仅是商品的生产员工成本、原材料成本，还包含大货物流成本，加在一起才是商品最终的生产成本。

⑥ 结算方式，其是与供应商结算的重要依据。

⑦ 发货日期，是指供应商发货的日期，同样是保证到货准时的必要条件之一。

⑧ 预计到货日期，是指发货后预计到达仓库的日期，此日期是让仓库能预先安排好到货后的接货工作。

⑨ 数量。总体来说分为两类：初次采购计划数量与追单采购计划数量。这个策略针对不

同的业务和不同的商品都不一样。关于初次采购计划生成策略与追单采购计划生成策略将在后面用两个单独的板块进行详细讲述。

订单下达后，针对生产周期较长的特点，生产过程的品质和进度的把控是一个重要的工作环节。而针对电商多批次、小量的特点，这个过程比较快，因此它的影响因素并不大，这里就不做展开。

6. 大货物流跟踪

根据供应商从发货到到达仓库的时间，可以推算出预计到货时间，根据预计到货时间，做好人员和接货安排，特别是店铺的爆款产品，到货时间尤为重要。如果是跨境美妆产品，还要通过海关报关，这一系列的到货时间就会延长。因此，对于到货时间比较紧张的，一定要实时跟踪物流信息，以便提早做好安排。

7. 采购到货准备

很多电商商家会忽视到货方面的准备工作，因此大货到了以后，整个仓库手忙脚乱。如果仓库已经事先知晓采购的预计到货时间的话，再通过大货物流跟踪，可以预知大货是否会晚到；如果晚到，大约会晚几天，将会在什么时间到达仓库；从而比较好地安排仓库的工作。

仓库部门需要做好以下几个方面的准备工作：

① 到货堆场准备：大货到达后，如果未能腾出位置堆放，需要准备临时堆放场地。

② 人员准备：根据到货的时间和到货数量需要安排好足够的人力资源。比如婴儿纸尿裤这类大件的产品，除了人员还需要准备叉车。

③ 货架准备：现在库房有多少空余的货位，大货到货后，什么商品放在什么库位需要事先安排好。

8. 采购到货清点

采购到货清点的流程是：收包清点—详细到货数量清点—到货差异确认。

① 收包清点。收包清点是与物流公司进行商品包裹的交接。由于物流公司将商品送到仓库后一般都不会停留很长时间，因此，不可能做详细商品数量的清点。与物流公司收货清点时，要仔细核对物运清单。注意以下两点：第一，货运大包的数量是否与货运清单一致；第二，货运大包的外包装是否有破损，是否有拆封痕迹。如果核对无问题即可签收，否则可拒收或在物流公司在场的情况下立刻联系发货供应商。

② 详细到货清点。签收物流大包后，就要进行装卸、清点货品、统计货品和数量。此时需要注意的问题是在临时堆场许可的情况下，按 SKU（款式、规格）分类堆放清点。这样不仅可以提高清点准确率，还可以提高接下来的检验和上架环节的效率。

③ 到货差异化确认。根据实际到货情况与采购到货情况的差异情况，采购人员应该在第一时间与发货供应商进行确认，同时就差异数量进行沟通与协调，并做差异反馈统计表，这是作为采购人员与供应商之间结算最原始的凭证。

9. 大货到货检验

此环节包括检验重点确认—拆包—检验—二次包装—条码粘贴—检验报告—次品退还等流程。

检验重点确认环节中，商品入库检验和工厂生产过程中的商品品质检验实际上标准还是有一些差异的。以鞋类商品为例，对工厂来说，这双鞋的质量检验是有很多专业指标的，如鞋跟坡度、黏性、皮料厚度等。此类检验需要一定的专业知识，但并不一定是买家最关心的方面。

而对于入库检验来说，以买家眼光来检验商品是最重要的，比如，需要检验的这款鞋，鞋面是由两块不同颜色皮料拼接而成，那么拼接线的胶水或线痕一定不能很明显，虽然这不是工厂级品质检验的必要条件，但却是入库检验的必要条件。因为买家对此项检验尤其关注，而皮料厚度是否均匀就显得不太重要了。由于每款鞋的款式不同，或者说买家对每个款式的关注角度不同，每款产品的检验标准都有所不同。所以一般都在正式大货检验前，先进行该款商品的检验标准确认，就是说每一款产品由采购人员或者设计师来对这款商品检验重点进行确认，明确这款产品的检验重点是什么，什么是可以接受的，什么是不可以接受的。

10. 采购到货上架

采购到货上架的流程：商品与货位匹配—整仓堆放—零售仓上架—店铺上架。

① 商品与库位的匹配。根据大货到货前期准备时完成的商品与库位的匹配方法，将商品放入对应的库位上。

② 整仓堆放。为了保证库房利用率最大，很多店铺使用零售仓、整箱法的库房规划方式。整箱堆场就是商品以整箱的方式进行堆放，在整箱堆放时有三个关键点：第一，每一箱中只能存放同款同规格的商品，不能混放；第二，每一箱的商品数量都一样，主要是方便调仓以及盘点的统计；移仓和盘点确认数量的时候，只要数箱数就可以了。如果整箱很随意，就必须要进行开箱清点，这会极大降低工作效率；第三，整箱的取货或者移仓，既然是以箱存放的，必须以箱为单位进行取货，也是为了盘点或移仓统计效率而需要采取的必要措施。

③ 零售仓上架。电商仓库最大的特点就是零售仓配货，从零售仓角度来讲，零售仓的商品库存量的计算是零售仓库房规划的一个关键点。零售仓库存量过大会导致零售仓面积过大，零售仓面积过大会导致配货线路过长，导致配货效率降低。如果零售仓面积过小，导致零售仓商品库存量过少，以及从整仓到零售仓的补货频率过于频繁，这样同样会导致配货效率下降。一般零售仓的库存量以该商品日销售量的 1.5 倍为佳，既保证了一天的配货量需求，每天一次的补货操作和仓储效率也得到了保障。

④ 店铺上架。商品入仓后，就可以在店铺进行上架并更新店铺库存。特别需要注意的是，如果是预售商品库存更新，店铺商品店存数量在现货的基础上还需要增加在途商品数量。在途商品数量就是已经确认采购订单，而未到货的商品数量。由于在途商品存在着晚于到货期、实际到货与预计到货数量不符、次品率等不可预知的问题，因此会存在数量上的风险，一般不作 100% 的计算，这个风险的数据把控根据供应商质量进行调整。

7.2.4 电商供应商属性

1. 合作的供应商类型

① 供货商：品牌的代理或经销商，给电商商家提供货源。

② 品牌：商家与品牌之间的采购货品。

③ 商家：商家与商家之间的采购货品，一般同行间调货情况居多。

2. 合作的模式

① 经销：就是拿钱从企业进货，买来不是自己用，而是转手卖出去。因为只是经手再销售而已，所以他们关注的是利差，而不是实际的价格。

② 代销：以代销的方式向供应商采购货品，货物放在供应商的仓库里，所有权仍归供应商；买家在分销商店铺拍下宝贝后生成订单的同时会同步生成采购单。由供应商直接发货给买

家，系统实时分账。

③ 联营：是指两个或两个以上经济组织共同投资，联合经营的企业。联营企业一般都形成对外称呼的各联营公司。联营企业按投资多少，享受一定的分红比例，比如某企业占股30%，就按利润的 30% 分红。

3. 其他分类

① 是否入仓：仓储也是供应链中的一个独特的服务。第三方仓储服务，仓库不再只是单纯存储货物的库房，而是向配送中心演化。

② 经营业务：临时客服服务。以某网红店铺为例，在“双 11”大促期间，接待量是日常的 5 倍以上，采取的方式是增加临时外包客服数量，提早培训产品知识。

任务 7.3 直播间商品组合策略制订

【任务描述】

能根据变现目标，完成直播商品的筹备、组合搭配与直播顺序编排，完成直播间商品组合策略的整体制订。

【任务实施】

7.3.1 商品组合依据

直播带货的商品类目很多，判断商品是否热卖或者适合团队做直播，是需要直播团队仔细分析的。这是一项能够影响直播是否盈利的重要决策，因此主播团队一定要制订正确的选品策略。

1. 分析画像

在电商直播过程中，主播类似于导购角色，主要作用是帮助粉丝减少购物决策时间。要想提高直播间的转化率，主播一定要学会分析粉丝画像。粉丝画像一般由性别、年龄、地域、兴趣、购物偏好、消费承受力等组成，主播在选品时要判断商品是否符合粉丝画像所描述的需求。不同的粉丝群体，需要的商品类型不同。例如，如果粉丝中男性居多，最好推荐科技、数码、游戏、汽车用品、运动装备等商品；如果粉丝中女性居多，最好推荐美妆、服饰、居家用品、美食等商品。主播只有选择符合粉丝画像的商品，转化率才会高。

2. 看匹配度

商品与主播之间一定要相互匹配，至少主播不反感商品，并对商品有自己的认知。主播对商品的阐述能够化繁为简，要把粉丝诉求与商品卖点在短时间内有条理地表达出来，刺激粉丝产生购买欲望，进而消费乃至传播。

直播卖的商品要与主播的人设相匹配。比如，推荐母婴用品时，未婚女性做主播的就会缺乏可信度，而拥有“宝妈”身份的主播就显得自然得多，可信度也更高。

3. 市场数据

市面上有很多专门为粉丝提供直播数据分析的第三方数据分析工具，主播可以利用这些工具搜集自己需要的数据。下面主要介绍“飞瓜数据”这款数据分析工具。

飞瓜数据是一款针对短视频和直播电商服务平台的数据分析工具，可以为抖音、快手和哔哩哔哩等平台上的短视频创作者和主播提供数据分析服务。以抖音直播为例，主播可以通过飞瓜数据查看抖音直播电商数据，并以此为依据进行数据分析。抖音直播电商数据分析要以“带货”为核心展开，其中涉及“人、货、场”这 3 个要素，也就是抖音直播的流量、商品和直播间。这 3 个要素组合起来，就带来了以下两个重要的问题。

问题一：商品适合在什么类型的直播间推广？

同一款商品在不同的直播间会有不同的转化率，要想知道同一款商品在哪些直播间好卖，在哪些直播间不好卖，主播可以在飞瓜数据的“直播间搜索”菜单中搜索具体的商品细分品类。如“口红”直播间搜索结果，如图 7-13 所示，可以查看具体哪些直播间在推广这类商品，并在直播详情页中查看这些直播间的推广策略、主推商品、推广效果等，通过总结归纳，可作为自己直播间的参考。

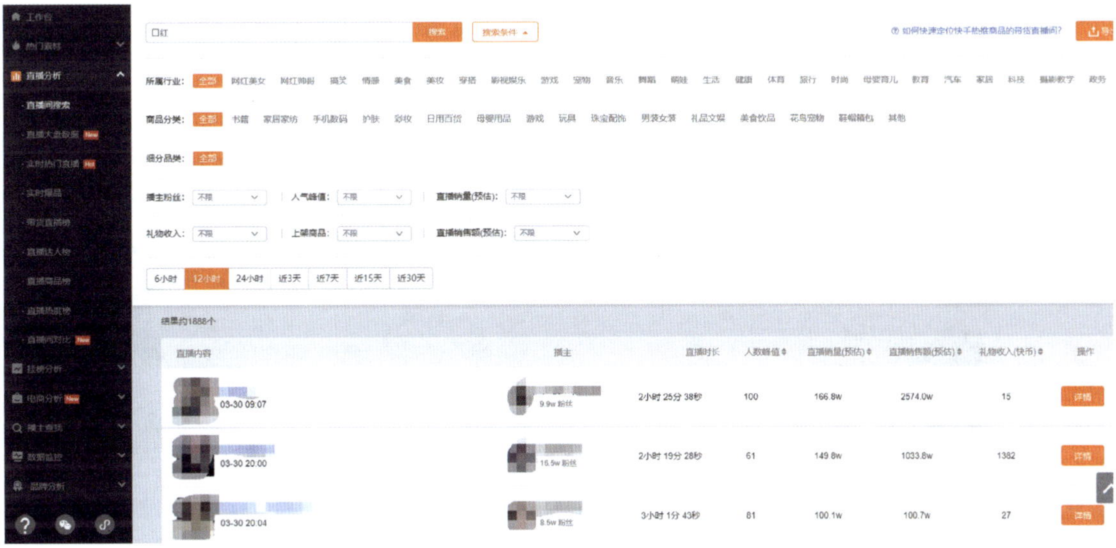

图 7-13 “口红”直播间搜索图

问题二：主播应该推广什么类型的商品？

通常情况下，美妆、穿搭类主播的直播间推广方向很明确，大多是美妆、服装、时尚商品，而搞笑、音乐、教育类的主播在直播间推广什么商品比较合适呢？这时，主播可以结合账号的粉丝画像和商品的粉丝画像进行选品，也可以查看最近哪些商品在直播间有较好的推广效果，或参考同类型主播在直播间推广商品的品类，从而找到可以满足粉丝需求的商品。

4. 运营数据

在抖音直播时，要重点关注几个数据指标。通过分析这些数据指标，主播可以在提升直播转化率时更加得心应手。

（1）直播销售额

直播销售额最能直观地体现出主播的直播带货能力，但需要对某一段时间内的数据走向进行综合分析。

飞瓜数据可以监测抖音直播账号近 30 天、60 天、90 天的直播带货数据，主播可以根据每场直播的预估销量和销售额来判断某段时间内直播带货效果的稳定性，如图 7–14 所示。当发现数据有下滑趋势时，主播要及时找出原因，尽快调整直播运营策略，以提升直播带货销售额，保证直播带货效果的稳定性。

（2）正在购买人数

直播时，粉丝如果对主播推荐的商品感兴趣，大多会点击购物车查看商品详情，而粉丝的这一操作可以体现在直播中的“正在购买人数”弹幕上。主播可以点击飞瓜数据的“直播监控”，查看直播间的“正在购买人数趋势图”，如图 7–15 所示，清楚地了解哪款商品购买人数较多，从而找到推广重点。

图 7–14　直播销售额

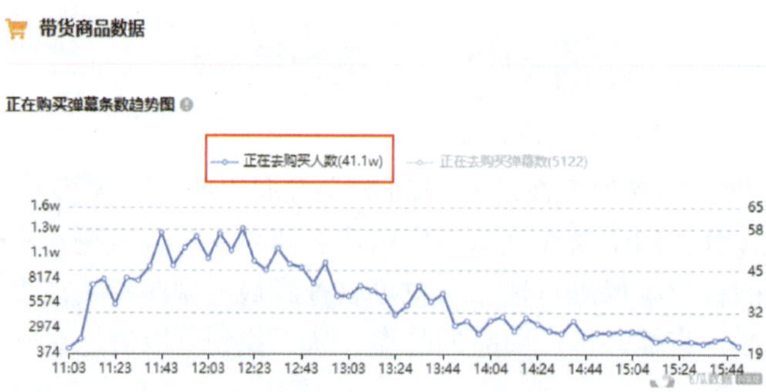

图 7–15　直播转化率图

（3）直播粉丝留存率

粉丝在直播间停留的时间越长，说明直播间的人气越高，商品或直播内容越有吸引力。随着直播间人气的不断提升，系统会把直播间推荐给更多的粉丝观看，这与短视频的推荐机制很相似。因此，要想留住直播间里的粉丝，提升直播粉丝留存率，主播就要多推荐物美价廉的优质商品，同时在直播间里积极与粉丝互动，营造热闹的购物氛围。

（4）粉丝画像数据

直播带货要基于直播间粉丝的需求展开，而直播间粉丝的需求可以通过粉丝画像来分析。直播间的粉丝画像主要包括年龄、性别、兴趣、地域等，如图 7–16 所示。只要掌了这些数据，不管是选品，还是优化直播间，主播都可以迅速找到切入点。

（5）直播互动数据

直播互动数据的主要反映形式是弹幕词云，如图 7–17 所示。主播通过弹幕词云的分析可以看出粉丝都喜欢聊什么，对哪些商品的兴趣较高，发现其购买倾向和主要需求。这样当下次直播时，主播就可以准备更多的相关话题，以活跃直播间的氛围，或在直播中对粉丝感兴趣的商品持续推广。

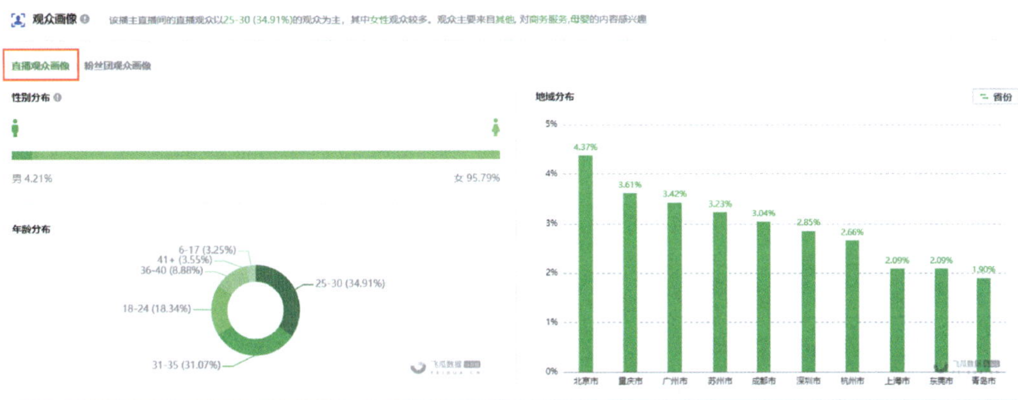

图 7–16　粉丝画像数据

图 7–17　直播互动数据

7.3.2　商品组合定价

1. 组合定价法

组合定价法指的是为了迎合用户的心理，特意将某些商品的价格定高一些，某些定低一些，以取得整体经济效益的定价方法。这种方法一般将互补商品或关联商品进行组合定价。因为用户对价格非常敏感，尤其是对不经常购买或价值较高的商品的价格更敏感，所以企业或商家可以利用用户的这一心理，在对关联商品、互补商品定价时，将用户不经常购买、价值又相对较高的商品价格定低一些，而对经常购买、价值又相对较低的商品价格定高一些。从某种程度上来讲，低价可以打开销路，高价也暗示着商品的高质量，共同起到刺激需求的作用。对于电商直播来说，组合定价法同样适用。

2. 商品组合原则

商品组合应遵循以下原则，下面举例说明。

（1）赠品和商品有关联

例如，某款卸妆水在品牌店或电商平台卖100元，但在直播时粉丝花同样的价格可以得到两份商品，再获赠一个卸妆棉。虽然主播也可以赠送给粉丝其他商品，如奶茶、水果等，但不如送卸妆棉实用。因为粉丝在使用卸妆水的过程中一定会用到卸妆棉。主播这样做可以给粉丝带来一种受到关爱、关心的感觉，在保证商品质量的前提下，即使定价稍微高一些，粉丝也会接受。

（2）套装搭配，使粉丝获得购买的满足感

例如，一套夏季出行装一般包括T恤、短裤或裙子、墨镜、帽子和配饰。如果以上服装配饰单独购买，总价可能会超过500元。但主播在直播间给出的价格会非常实惠，T恤66元，短裤或裙子50元，墨镜不要钱，帽子不要钱，配饰也不要钱，总价只有116元。主播在说出商品的价格时，语速一定要快，声音要饱满，音量要大，向粉丝传达商品的优惠力度，刺激粉丝使其兴奋起来，进而下单购买。需要注意的是，主播在直播之前一定要先做好商品的搭配。由于粉丝可以直接买到套装，节省了自己搭配套装的精力，并且价格实惠，因而会有一种超值的感觉，心里会十分满足。

（3）赠品在直播过程中要提前多次出镜

例如，一款500 ml的身体乳，实体店卖98元，电商平台卖89元。主播在直播间做活动，60元就可以买两瓶，如果再加10元，主播再送两个护手霜，粉丝可以配合身体乳使用，效果很不错。要特别注意的是，这款护手霜一定要在直播过程中多次出镜，并且由主播亲自使用，这样一来这款护手霜会非常有话题点，能够给粉丝留下深刻的印象。同时正因为是主播亲自使用，这种行动远比单纯地说一句“这款商品我用了两个月”效果更好、更有说服力，可以增强粉丝对主播的信任度。

（4）花式价格策略

花式价格策略通常采用阶梯型价格，主要用于销售客单价较低或成套的商品，相当于传统“买一送一”的升级版。例如，某款婴幼儿商品，原价为399元/件，直播间第一件卖299元，第二件卖199元，第三件卖99元，第四件免费，限量2万件，主播引导粉丝在直播间直接下单，购买数量为4。4件只要597元，平均每件只要149元，相当于打了37折。阶梯型的价格会给粉丝带来巨大冲击力，刺激粉丝产生下单购买欲望。

采用花式价格策略对于一些想要冲击销量的单品来说是非常有效的，相对于采用商品组合定价法进行销售，采用花式定价策略的商品往往是成套出售，在冲击销量的同时，也适合为商品促销。在采用花式价格策略时，主播可以参照以下方法来做。

① 引导粉丝关注价格优惠。主播要突出这套商品的价格优势，在直播时可以利用小黑板将原价标出来，或用计算器现场算价格，用数字与直播间的价格形成鲜明的对比。

② 营造购物氛围。主播可以通过语速和声音向粉丝传达商品的优惠力度，使粉丝情绪激动地下单购买。例如，有的主播通常会运用倒计时的手段来营造紧张和商品稀缺的氛围，粉丝会觉得这次不买以后肯定享受不到这么低的价格了。

任务 7.4 直播带货话术与脚本设计

【任务描述】

就像任何剧目都必须有剧本一样，直播带货中的言辞需要在直播前依据商品卖点和适当的言语技巧精心准备和设计。如何依据商品卖点和销售话术设计直播脚本，是本任务的核心。

【任务实施】

7.4.1 商品卖点撰写方法

商品卖点说明公式为“卖点＋价格＋额外加分项”。

1. 卖点说明

① 粉丝画像：商品是给谁用的，商品适合的年龄、性别、消费能力、职业等。

② 放大痛点：解决目标人群面临的问题，并且和目标人群相呼应，可用于如祛痘膏、防晒霜等产品。

③ 产品细分：尝试多维度分解商品，如美妆从容量、成分、功效等角度；或从竞品角度分析细节、用料等，如红糖姜茶，可从各个品牌与自身商品的不同入手。

④ 提升高度：明星背书、KOL 背书、检测报告、证书展示（检测报告、专利证书、报关证等）。需要特别注意的是，在口播证书时，画面同时要展示给粉丝证书实物和相关内容，否则容易违规（涉嫌虚假宣传）。

2. 价格说明

① 日常价：天猫、京东、拼多多、快手及其他平台。

② 直播间优惠：满减、满赠、优惠券、限时秒杀。

③ 直播间到手价：最终付款价格，由品牌方或供应链定价。

3. 额外加分项

主要是考验主播的词汇积累和语言表达能力，可依据同类商品的广告或商品介绍积累相关词汇，或者从产品说明中引用部分有说服力的数据。避免在直播过程中言辞模糊、用词干瘪，详见表 7–1。

表 7–1 主播的语言表达

	一般主播	专业主播
材质	鸭绒	含绒量 90%，充绒量 80%
颜色	红色	番茄红
功能	保暖	零下 15 度也很暖和
元素	小鸭子	与黄小鸭联名款
尺寸	大小正好	身高 163、体重 100、建议穿 S 码
提醒	根据说明使用	敏感肌慎用，孕妇慎用

7.4.2 脚本设计方法

1. 脚本类型

如何打造一场成功的直播呢？撰写优质的直播脚本是关键因素之一，一份清晰、详细、可执行的直播脚本是直播顺利进行并取得良好效果的有力保障。具体来说，直播脚本可分为以下3种类型。

（1）整场脚本

此脚本是对整场直播活动的内容与流程进行规划与安排，规划直播活动中的流程和直播节奏。通常来说，整场直播活动脚本的要求应该包括以下几点：

① 直播主播：从粉丝需求出发，明确直播的主题，避免直播内容没有营养。

② 直播目标：明确直播要实现何种目标，是积累粉丝、提升粉丝进店率，还是宣传新品等。

③ 主播介绍：介绍主播、副播的名称、身份等，每一款商品的核心亮点都由主播进行讲解。主播需要非常熟悉商品和优惠策略，比如满减、优惠券等信息，并且对品牌和商品发展历程要足够了解，才能够在直播的过程中通过真诚的推荐引导用户下单购买。在介绍商品时要有详细的讲解，同时融入个人对产品的喜好和主张，而不是一味地叫卖，导致销售气息过于浓重。在大促活动中，主播有权力决定如何抽奖和赠送什么样的礼品，此时用户往往对主播有一定的信任感和依赖感。副播可针对主播疏漏或未回答的问题进行补充，在直播过程中如主播的节奏过快或过慢，可以从旁提醒，为主播提供帮助。此外，主播和副播之间的互动也能够让用户耳目一新，主播风格直爽、明确，副播温柔、可爱，两人之间可以形成一种默契的互动磁场。有时候遇到大促直播，主播与副播情绪饱满，进入一种“表演”的状态，同时为了表达产品价格的实惠，适度表现夸张，可以强化直播间的热烈氛围，并感染观众。

④ 直播时间：明确直播开始、结束时间，如“X 月 X 日周三晚上 9 点开始”。

⑤ 直播地点：直播地点和平台，比如在抖音平台，在家中、公司或工厂直播等。

⑥ 注意事项：说明直播中需要注意的事项。

⑦ 人员安排：明确团队直播人员的职责，每个人的分工要明确，例如，主播负责引导关注、讲解商品、解释活动规则；助理负责互动、回复问题、发放优惠信息等；后台或客服负责修改商品价格、与粉丝沟通转化订单；抖音推广人员负责抖加及巨量千川的投放，根据直播现场情况，实时调整优化数据；商务人员负责与品牌方沟通库存、预售、调货等；设备人员负责调试直播灯光；场记负责实时记录商品讲解时间及商品销售转化数据等。

⑧ 直播流程细节：直播的流程细节要非常具体，详细说明开场预热、商品讲解、优惠信息、粉丝互动等各个环节的具体内容及如何操作等问题。例如，什么时间讲解第一款商品，具体讲解多长时间，什么时候抽奖等，尽可能把时间提前规划好，并按照规划来执行，详见二维码。

整场活动脚本

（2）单品脚本

顾名思义，单品脚本就是针对单个商品的脚本。在一场直播中，主播会向粉丝推荐多款商品，主播必须对每款商品的特点和营销手段有清晰的了解，才能更好地将商品的亮点和优惠信息传达给粉丝，刺激粉丝的购买欲。因此，为了帮助主播明确商品卖点，熟知每款商品的福利，直播运营团队最好为直播中的每款商品都准备一份对应的单品脚本如图7–18 所示。直播运营团队可以将单品脚本设计成表格形式，将品牌介绍、商品卖点、直播利益点、直播时的注意事项等内容都呈现在表格中，这样便于主播全方位地了解直播商品，也能有效地避免不同岗位人员在对接时对商品有不清楚的地方，避免出现歧义或误解，降低差错率。

可心柔婴儿保湿柔抽纸

产品名称	可心柔保湿纸40抽5包整箱	市场价	12.9元	赠品	无
规格	40抽5包	直播价	9.9元	佣金	20%
利益点	6件立减5元	库存量	50000件		

产品卖点：
1.美国FDA食品级认证，湿水不易破，不掉屑。
2.内含保湿因子、木糖醇，质感非常柔软，舔到带有甜甜的味道。
3.无刺激，无添加任何有害物质，不添加酒精，不添加二噁英，不添加荧光剂。
4.生产日期：都是近期。
5.保质期/售后质保：未开封保质期3年，支持7天无理由退换货。
6.适用人群：宝宝，妈妈，白领，鼻炎患者等；禁忌人群/禁忌事项：暂无。
快递信息：（发什么快递 多久发货）
目前合作的快递：中通、百世及顺丰，正常下单24小时内发出，48小时内肯定发出。
发货区域：
全国包邮（除新疆、西藏、青海、宁夏、甘肃、港澳台地区和受疫情影响管控地区）具体疫情管控地区详情页有具体说明。

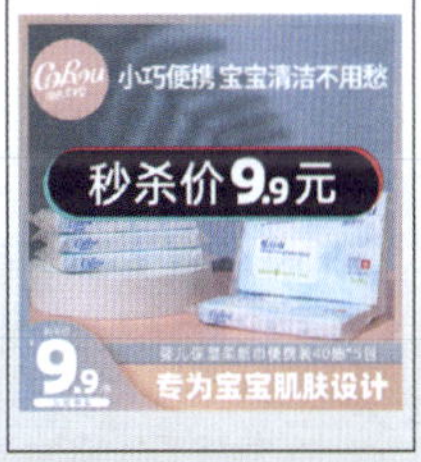

实际到手：9.9元

规格：（40抽*5包*1箱）

图 7–18　单品脚本示例

（3）互动话术脚本

互动是增进主播与粉丝感情的重要方式。通常来说，新粉丝不会主动与主播互动，只会安静地观看直播。这个时候，主播应该主动对新粉丝表示欢迎，并和老粉丝寒暄一番。只有主播和粉丝形成良好的互动关系，增进彼此之间的感情，粉丝才更愿意关注主播。当然，主动与粉丝打招呼只是互动的第一环节。

下面介绍 3 种互动方式。

① 连麦互动：在线人数不高时，连麦可以带动整个直播间的气氛。在连麦的过程中，可以将本场直播中的部分单品给予对方店铺粉丝更大的优惠，比如“一元秒”和“抽名单”的形式，玩转直播间氛围。通过连麦主播秒杀福利，为新粉丝的首次下单提供契机，在两个主播之间架起相互带货的桥梁。相似的用户画像会给两个主播带来粉丝，相互置换的模式也更加公平，不论是大主播还是小主播都可以尝试。连麦形式分两种：一种是聊天形式，另一种是 PK 形式。不论哪一种形式，对于双方直播效果提升都有较大的帮助。

② 提问互动：直播间多种多样的提问话题互动能够增强粉丝的参与感，增加直播间的活跃度。提问也是有技巧的，不同的提问方式会产生不同的效果。主播要尽量选择容易引发讨论的问题，例如，在服装方面，“你朋友接受你穿超短裙吗？”“大家认为今年的流行色是什么？”这类开放式的问题更容易吸引粉丝参与讨论。主播可以根据粉丝的回答来分析其喜好，为之后的产品推荐打好基础。需要注意的是，主播不要直截了当问粉丝是否愿意购买，同时还要避免提出敏感问题或涉及隐私问题。可以尝试从日常话题入手，逐步引导话题到商品相关话题。

③ 才艺互动：很多主播多才多艺，但在一场直播中不必展示所有才艺，展示其中一种就可以了。例如，跳一段舞蹈，唱一首歌，弹一首曲子等。可尝试采用以下话术：“现在我为大家表演一个才艺，新来的粉丝可能不知道，我唱歌还是挺不错的”，之后花 5 ~ 10 分钟表演才艺，展示自己，活跃气氛。同时需要注意把握好才艺时间，不能太长，否则会挤占与粉丝互

动的时间，也会挤占真正的带货时间。

2. 脚本模块与应用技巧

（1）玩法策略

为了吸引粉丝观看直播，直播运营团队需要根据实际情况选择比较具有看点的直播玩法策略。具体有以下几种形式：

① 商品分享式直播：主播在直播间里向粉丝分享和推荐商品，或者由粉丝在直播间的评价区留言，告诉主播自己需要的商品，然后主播按照粉丝的需求推荐并讲解相应的商品，整个直播的内容就是主播讲解并展示商品。

② 产地直销式直播：主播在商品的原产地、生产车间等场景进行直播，直接向粉丝展示商品真实的生产环境、生产过程，从而吸引粉丝购买。

③ 基地走播式直播：主播到直播基地进行直播。很多直播基地是由专业的直播机构建立的，能够为主播提供直播间、商品等服务。直播基地通常用于直播机构自身旗下的主播开展直播，或租给外界主播、商家进行直播。在供应链比较完善的基地，主播可以根据自身需求在基地挑选商品，并在基地提供的直播场中直播。

④ 现场制作并体验式直播：主播在直播间里现场对商品进行加工、制作，向粉丝展示商品经过加工后的真实状态。食品、小型家电、3C 商品（计算机类、通信类和消费类电子商品）等可以采取这种直播营销模式。对于一些可加工的食品来说，主播可以在直播时加入烹饪食品的过程，然后进行试吃。这样既能向粉丝展示食品的加工方法，提高粉丝对食品的信任度，又能丰富直播内容，提高直播的吸引力。

⑤ 教学培训式直播：主播以授课方式在直播中分享一些有价值的知识或技巧，如提升英语口语能力的技巧、化妆技巧、运动健身技巧等。主播在分享知识或技巧的过程中推广一些商品，这样不仅能让粉丝通过观看直播学习到某些知识或技能，也能让粉丝感受到主播的专业性，增强粉丝对主播和推荐商品的信任度。

⑥ 才艺表演式直播：表演舞蹈、脱口秀、魔术等才艺，并在表演才艺的过程中使用某种商品，从而达到推广商品的目的。才艺表演式直播更多适用于穿着的服装、鞋、乐器等与才艺关联度高的商品。

⑦ 开箱测评式直播：主播在直播过程中边拆箱边介绍盒子里的商品。在这类直播中，主播需要在开箱后诚实、客观地介绍商品特点和商品的使用体验，让粉丝真实、全面地了解商品功能、使用方法等，从而达到推广商品的目的。

⑧ 海淘现场式直播：主播在国外商场、免税店直播，粉丝通过观看直播选购商品。通过直播海淘现场，粉丝容易产生仿佛亲身在国外商场购物的感觉，商品的标价也一目了然，有利于提升粉丝对商品的信任度。

⑨ 展示日常式直播：直播吃饭、购物等日常生活场景，可以作为宣传个人形象的内容。同样，对于品牌来说，也可以通过结合生活情景，融入相关品牌的日常使用情景来进行产品宣传。

（2）商品选品

主播在选择商品时，按不同维度可有不同的分类。

1）按价格：

① 高客单价（100 元以上），粉丝十分看重质量和品牌，下单十分谨慎。

② 中客单价（50 ~ 100 元），粉丝有所顾虑，充分考虑购买的必要性和商品的实用性。

③ 低客单价（50 元以下），粉丝购买决策过程很短，大多属于冲动式消费。

2）直播间排品分为：销售潜力、作用功能、库存状况、品类定位四大类型。

① 销售潜力

- 热销款：直播间主力销售单品，通常是店铺销售量位于前列的热门爆款。
- 平销款：销售能力尚可，是可以提高转化率的潜力单品，可做热销款的替代。
- 滞销款：销售能力不足，转化效果一般，是比较鸡肋的冷门款。

② 作用功能

- 引流款：性价比高，能够为直播间引流，是粉丝点击率高的商品。
- 秒杀款：在直播间日销阶段能提高转化率的单品，以秒杀降价的利益点带动销售额。
- 利润款：高质量，能够提高直播间利润的款，虽然转化率一般，但是单品利润较高。

③ 库存状况

- 深库存款：库存较多的款，如果销售受到影响，则会带来库存风险。
- 清仓款：库存较少的款，通常存在断货风险，可用来作为清仓商品。

④ 品类定位

- 主营类目款：店铺直播间的重点主营类目商品。
- 辅营类目款：用来提高主营类目的连带销售，非店铺主营类目商品，但是与主营类目商品关联性强，比如：保暖内衣店铺销售的加厚棉袜。

（3）商品介绍流程编排

过款式流程：过款式流程就是在直播中按照一定的顺序一款一款地讲解直播间里的商品。由于一场直播持续的时间较长，直播期间会不断有粉丝离开直播间，也会不断地有新粉丝进入直播间。因此，在直播结束前 20 分钟左右，主播可以将本场直播中的所有商品再快速地回顾一遍，这样不仅可以让新进入直播间的粉丝了解本场直播中的各款商品，还可以通过“捡漏”形成一些订单，提升本场直播的成交额。过款式产品介绍流程示例见表 7–2。

表 7–2　过款式流程示例

时间安排	直播内容
20 : 00 ～ 20 : 10	热场互动
20 : 10 ～ 20 : 30	介绍本场直播第一款商品
20 : 30 ～ 20 : 50	介绍本场直播第二款商品
20 : 50 ～ 21 : 10	与粉丝互动环节
21 : 10 ～ 21 : 20	介绍本场直播第三款商品
21 : 20 ～ 21 : 40	介绍本场直播第四款商品
21 : 40 ～ 22 : 00	再将本场直播中所有商品快速地介绍一遍

循环式流程：循环式流程就是在直播中循环介绍直播间中的商品，假如在一场直播中主播要推荐 3 款商品，那么主播可以以 30 ～ 40 分钟为一个周期，将 3 款商品在一场 130 分钟的直播里循环 3 ～ 4 遍，详见表 7–3。

表 7-3 循环式流程示例

时间安排	直播内容
20:00 ~ 20:10	热场互动
20:10 ~ 20:40	介绍本场直播中的三款商品
20:40 ~ 20:50	介绍本场直播中的一款“宠粉款”商品
20:50 ~ 21:20	介绍本场直播中的三款商品（第一次循环）
21:20 ~ 21:30	介绍本场直播中的一款“宠粉款”商品（第一次循环）
21:30 ~ 22:00	介绍本场直播中的三款商品（第二次循环）
22:00 ~ 22:10	介绍本场直播中的一款“宠粉款”商品（第二次循环）

（4）商品销售流程

掌握了商品介绍流程后，接下来了解一下商品销售流程，也称为“销售四步法”。

① 第 1 步：商品展示，包括以下几种形式。

- 站式展示：适用于服装、清洁品。可展示动作，如走秀、拖拽、造型、搭配、换装。
- 坐式展示：适用于美妆，食品，小家电。可展示动作：拆盒、展示、试用、敲击、实验。
- 细节展示：适用于珠宝、玉石、手机壳。可展示动作：拆包、试用、分享、搭配、成分。

信息导入流程

② 第 2 步：信息导入。当看完商品展示后，粉丝会对商品价格产生一个大致的心理价位。但是作为主播一定要把握一个原则，那就是“价值不到，价格不报”，一定要把商品卖点说明讲解清晰后，再报出价格。只有当商品卖点和亮点明晰后，粉丝才能够对商品价值有一个直观的估算，此时主播再报出价格，粉丝才能够依据商品特性和价格有一个直观的比较。假设还没有介绍清楚商品特性就报出价格，如果此时与粉丝的心理预期差异过大，粉丝可能会失去继续关注商品的耐心，甚至有可能离开直播间。所以，在展示完商品后，一定要导入商品信息，讲解卖点。具体流程包括提醒人群、痛点追击、商品评比、达人背书、技术演示等。

③ 第 3 步：互动答疑。针对粉丝的问题，如问大小、问尺寸、问颜色等，主播要毫无遗漏地精准回答。粉丝在线人数多时，简单去回答；粉丝在线人数少时，详细去回答。

④ 第 4 步：销售促单，包括以下几种方法。

- 成本法：口述单价高的产品，把产品成本、工费拆解，把产品的每个部分拆分，说明价值，对比成品价格。
- 对比法：对比专柜价格、平台价格、竞品价格，截图放在镜头（一般不超过 3 秒）。
- 实验法：对产品进行实验、监测产品性能，做肉眼可识别的对比测试。
- 限时限量法：修改 SKU 库存量基础量，1 分钟内总是被拍断，根据节奏下架产品，引起粉丝追问，之后再安排返场。
- 发货时效法：特殊时间节点，如节假日优先保证发货并选择优质快递。
- 福利赠送法：全场满送、满减、买免。
- 促单催单法：利用粉丝从众心理，引导抢购，促进销售。

7.4.3　产品话术大纲罗列

1. 美妆类产品讲解要点

① 底妆类：色号、适合的肤质、持久度、滋润度、遮瑕度等。

② 唇妆类：色号、持久度、滋润度、是否容易沾杯、适合搭配何种腮红和眼妆等。

③ 修容类：质地（粉状还是膏状）、颜色（如偏红、番茄红）、是否飞粉、是否容易晕染开等，并向粉丝演示使用商品修容的方法，展示使用商品前后的对比效果。

④ 遮瑕类：适合的肤质、遮瑕度、滋润度等。

⑤ 眼妆类：

- 眼线：颜色、持久度、防水性、使用寿命、使用起来是否顺滑等。
- 眼影：质地、显色度、延展度、细腻度、持久性、是否飞粉等。
- 眉笔：颜色、成分、质地是否柔和、持久度、防水性等。
- 睫毛膏：持久度、刷头形状、功能（让睫毛显浓密、显卷翘等）、刷完是否会出现“苍蝇腿”等。

⑥ 化妆工具：商品的用途、材质、使用方法、使用感受等，并向粉丝展示使用方法。

⑦ 卸妆类：质地是否柔和、卸妆效果（可以将彩妆画在手臂上，现场卸妆）、适用的场合（如卸妆湿纸巾适合在外出差、等飞机等场合使用）。

⑧ 面膜类：功效、成分、使用方法、精华液含量等。

⑨ 美容工具类：功效、使用方法、使用效果、商品安全保证、商品质量认证等。

2. 服装类产品讲解要点

① 亲自上身试穿：主播可以亲自试穿服装，向粉丝展示服装的试穿效果，前后左右都要展示清楚。主播展示试穿效果时要注意走位，用全景向粉丝展示服装的整体效果，用近景向粉丝展示服装的设计细节和亮点等。

② 介绍服装的风格：服装的风格有很多种，如女装有学院风、森女风、小香风、名媛风、淑女风等，主播在介绍商品时，要向粉丝说清楚所推荐的服装属于哪种风格。

③ 介绍服装的尺码与款式：主播要向粉丝介绍服装的尺码，上衣需要介绍腰围、胸围、袖长及所适合的人群，裤子需要介绍腰围、臀围和裤长。另外，主播还要介绍服装的版型，例如，宽松型服装包容性强，显得人比较瘦；修身型服装凸显身材，显得人比较精神；长款服装能够遮住臀部和大腿，修饰线条等。

④ 介绍服装的颜色：要说清楚这种颜色能给粉丝带来什么样的感觉，比如粉色显得可爱，黑色显瘦，红色显皮肤白等。

⑤ 介绍服装的面料：服装的面料有纯棉、皮质、羊羔绒等，先说明服装的面料，再讲解面料的优点，比如纯棉面料透气，羊羔绒面料保暖效果好，皮质面料防风等。

⑥ 介绍服装的设计亮点：可以从款式、图案、工艺等方面讲解设计亮点，突出独特性。比如在展示服装领口时，介绍卫衣是全棉螺纹面料，洗涤之后不会变形；胸口鲜花是纯手工刺绣，非常的立体。

⑦ 穿搭及使用场景：使用场景和搭配组合是服装商品介绍中非常重要的一个环节。比如介绍一衣多穿时，“V 领白色短 T 恤 + 西装裤”显得职业，“V 领白色短 T 恤 + 牛仔裤”显得休闲，“V 领白色短 T 恤 + 半身裙”显得可爱，同一件衣服可以满足休闲、上班、约会等不同场景的需求。

任务 7.5 电商直播活动方案策划

【任务描述】

本任务从直播间活动玩法、活动策划关键阶段、活动策划策略三个方面介绍电商直播活动的方案策划方法。

【任务实施】

7.5.1 直播间活动玩法

1. 固定热点（见表 7–4）

表 7–4 固 定 热 点

热点类型	主题热点	分主题	具体内容
固定热点	节假日	中国传统节假日	春节、端午节、元宵节、中秋节、清明节特色商品
		文化历史节假日	儿童节、教师节、母亲节、父亲节、劳动节特色商品
	季节	春季	春季新品、烧烤、防雨用具
		夏季	清凉降火、防晒、防蚊、沙滩玩具、夏季新品、饮料、雪糕
		秋季	秋季新品、旅游、民宿
		冬季	保暖御寒、火锅、润肤乳
	商品品类	零食	干果、罐头、薯片、果冻、酸奶、糖果、巧克力
		服装	连衣裙、衬衫、牛仔裤、西装
		美妆	口红、眼影、面膜、精华液

2. 原创热点（见表 7–5）

表 7–5 原 创 热 点

热点类型	主题热点	分主题	具体内容
原创热点	造节日（每月）	粉丝节	护肤、食品、个护
		生活节	洗发水、卫生巾、纸巾
		美妆节	大牌美妆节、跨境美妆节、各类美妆品牌
		零食节	零食专场、生鲜、小零食、火锅等

7.5.2　活动策划关键阶段

1. 引流

引流方式分为免费流量和付费流量。

① 免费流量：直播推荐流量、粉丝私域、短视频引流、微博 / 微信 / 微淘、微信公众号等。

② 付费流量：竞价直播推广、DOU+、品牌广告（feedslive）。通过付费流量来拉新粉丝时，需要在流量进来的时候推出爆款商品去稳定在线粉丝继续观看。

2. 留存

① 留存方式一：构建场景。围绕产品用途，构建一个日常生活中常见的、每个人都可能遇到的场景是最容易引起粉丝共鸣的一种方式，同时也是提高粉丝活跃度、让粉丝积极参与话题讨论的一个有效的方法。

② 留存方式二：点出需求。主播可以在场景中设置一个最平常、最普遍的问题，从而引发粉丝需求。例如，脚后跟开裂导致穿露脚后跟的鞋子不好看、下雨导致脱妆、早晨起来晚来不及化妆等都是很多人都经历过的状况。提出问题之后就要解决，可以尝试通过解决问题去引导粉丝产生需求。

3. 转化

用细节刺激粉丝的内心世界，从而实现转化。成功的细节描述能让粉丝产生深刻的印象，描述得越细致，获得粉丝认可的可能性就越高。比如，某主播在推荐 ×× 涂抹面膜，曾创造了直播 10 分钟成交 100 万的战绩。粉丝问："这款面膜怎么样？" 主播："这位美眉真有眼光。这是今年推出的新品，很受美眉们的喜爱哦。通过包装外部的成分列表可以看到它的原料包含牛油果……还能闻到一股清香，不是香料的那种香味，是很淡很淡的蔬果清香，即使皮肤敏感的美眉也可以尝试。" 通过这一系列的言语描述，将产品的成分细节和样式细节呈现得淋漓尽致。

7.5.3　活动策划策略

1. 直播前

先要确定整体思路，这是直播策划的第一步，直播团队在做活动策划之前，应该事先理清计划的整体思路。然后按思路策划完成整个活动的筹备策划。

筹备策划涉及 4 个步骤：撰写整场直播脚本、硬件检查、商品排品、预热宣传。

第 1 步：撰写整场直播脚本（见前文）。

第 2 步：在正式直播前，检查直播过程中会用到的硬件设备，并对直播要用到的软件进行测试，尽可能地避免直播过程中出现意外情况。首先场地选择分为室内和室外，室外场地有广场、工厂、景区、农场基地等，室内有专柜、办公室、咖啡馆等，需要根据直播活动策划的目的选择适合的直播场地。其次是直播设备，一般会使用手机、摄像头、灯光、网络等直播设备。在室外直播时，网络问题往往是最大的问题，需要提前采点调试，以免在直播中发生黑屏、断网等影响直播的情况。最后是直播辅助设备，包括直播商品、直播活动宣传物料、直播中需要用到的辅助道具等。在直播开始前就应当准备好，方便在直播过程中主播能够快速地找到并进行展示。辅助道具包括商品照片、实验道具、计算器、碗盘等，巧妙地使用辅助道具能帮助主播更好地展示商品，让粉丝理解直播内容和商品特性。

第 3 步：商品排品。在梳理直播间排品逻辑之前，先介绍一下直播间商品曝光量的梯度分板，如图 7–19 所示。从图中可以看到从上往下整齐的商品排列，最高处是直播间的热门位置（热门位置有且只有一个），序号是直播间 1 号商品。之后的数字是从小到大升序排列。在后台上传商品时需要注意，热门位置是 1 号而非最大序号，在讲解时，需要移动产品位置到 1 号位。

产品曝光量逐渐降低	热门位 1 个
	核心区域 10%
	高曝光区域 20%
	中曝光区域 50%
	低曝光区域 20%

图 7–19 产品排品示意

如图所示，第二层级是 10% 的核心区域，粉丝浏览产品时在前几屏中就可以直接看到，是仅次于热门爆款的好位置。注意，第二层级到第五层级总和为 100%。第三层级是 20% 的高曝光区域，这一层级的产品曝光量不及核心区域，但是曝光率依然较高。第四层级是 50% 的中曝光区域，这一位置的产品最多，单一商品曝光量不大，如果产品本身的吸引力不够，或者粉丝观看耐心不足，就容易忽略这一部分。最后是 20% 的低曝光区域，在产品排列较多的情况下，粉丝触达率最低，潜在的转化也最弱。粉丝触达越快，曝光量越高，潜在转化可能性越大，最好的曝光往往集中于前列 30% 的产品中。此时需要一点“偏心”，对前列 30% 左右的产品有些特殊关照，才能带来转化率和销售额的提升。常规店铺销售的产品分层应该遵循“二八法则”，即 20% 的产品带来 80% 的销售额，然而在直播间则不尽然。在直播间一般是“三七法则”，其适用于产品较多且大部分产品充足的直播间。

精华化排品方法

在精华化运营过程中还需要考虑让排品更能满足平台营销玩法的需求，通过对不同营销阶段的不同目的的了解，重新定位产品，并在直播间调整产品的位置。精华化排品方法又有日常销售小促、上新阶段、排位赛等 3 种。

第 4 步：预热宣传。选择合适的宣传渠道和形式来预热宣传直播，并引导粉丝进入直播间。例如，在微博平台上，直播运营团队可以采用图文或短视频来宣传直播活动；在微信群、微信朋友圈、微信公众号中，可以推送九宫格图、创意长图来宣传直播活动；在抖音、快手等平台上，可以通过短视频来宣传直播活动。

2. 直播中

注意直播切片。直播运营团队可以从直播中截取有趣、有料、有意义的片段，将其制作成视频发布到网上。例如，有一对夫妇主播会将自己直播中有趣的片段剪辑成短视频发布到抖音平台上。一些带货达人也同样会把二次剪辑的短视频发布到抖音、快手平台上。直播过程中还可以借助直播话术、发红包、发优惠券、才艺表演等方式，进一步加深粉丝对直播的兴趣，让用户长时间停留在直播间，并产生购买行为。

3. 直播结束

直播营销复盘，包括直播间数据分析和直播经验总结两个部分。其中，直播间数据分析主要是利用直播中形成的客观数据对直播进行复盘，分析内容包括直播流程设计、团队协作效率、主播现场表现等。直播运营团队通过自我总结、团队讨论等方式对这些无法通过客观数据检验的内容进行分析，并将其整理成经验手册，为后面开展直播提供有效的参考，避免重复犯错。

数据复盘，又分整场数据、商品数据、分时段数据及环比数据复盘。比如某剧情号，以往都是以接广告为主，从未做过直播。其第一场和第二场的直播时间都是在 5 小时左右，从数据中能明显看出美妆的销售额占比大，如图 7–20 所示，所以在第二场直播时重点放在美妆产品，并根据数据预测一款爆款产品（××眼影盘）。这款产品当时是新品，在全网的短视频内容矩阵推广，而且在××粉丝群里前期进行种草时，粉丝反馈这款产品的热度很高。另外从分时段销售额环比情况来看，主播的高光时间是在晚上 10 点 ~ 12 点。因此在排品方面，开播先用秒杀款炸一波基础销量；其次，预告今晚的所有产品，让粉丝尽可能地停留在直播间；从 8 点开始先上粉丝们刚需的生活产品；到 10 点开始高光时间开卖美妆产品。其使用的是双机位摄像头直播，如图 7-21 所示，因此，能把产品的远景和近景同时展示，在线及转化非常有效果。最后再卖食品，临近半夜消夜时间，粉丝们都看馋了，下单率自然有保证，如图 7-22 所示。

3月直播-放扬的心心

日期	星期		产品数量	奖品数量	直播时长	音浪	送礼人数	观众总数	新增粉丝	购买转化率	总金额	美妆	食品	生活	总订单数	直播客单价	7点-8点	8点-9点	9点-10点	10点-11点	11点-12点	12点以后
3月6日	星期六	天猫/小店	24	15	5.5	33,000	9,621	2,401,000	20,000	0.06%	¥68,469	63,763	2,480	2,227	1,437	63.87	¥ 9,104	¥ 26,728	¥ 27,012	¥ 26,451	¥ 38,985	¥ 1,693
3月13日	星期六	天猫	23	38	5.3	39,000	7,050	773,000	5,065	1.06%	¥441,950	349,809	72,742	19,398	8,212	53.82	¥ 9,642	¥ 52,749	¥ 37,954	¥ 64,431	¥ 71,727	¥ 15,044
合计			23	38	5.3	39,000	7,050	773,000	5,065	1.06%	¥441,950	349,809.10	72,742.00	19,398.42	8,212	53.82	18,746	79,477	64,966	90,882	110,712	16,737

图 7-20　销售数据分析

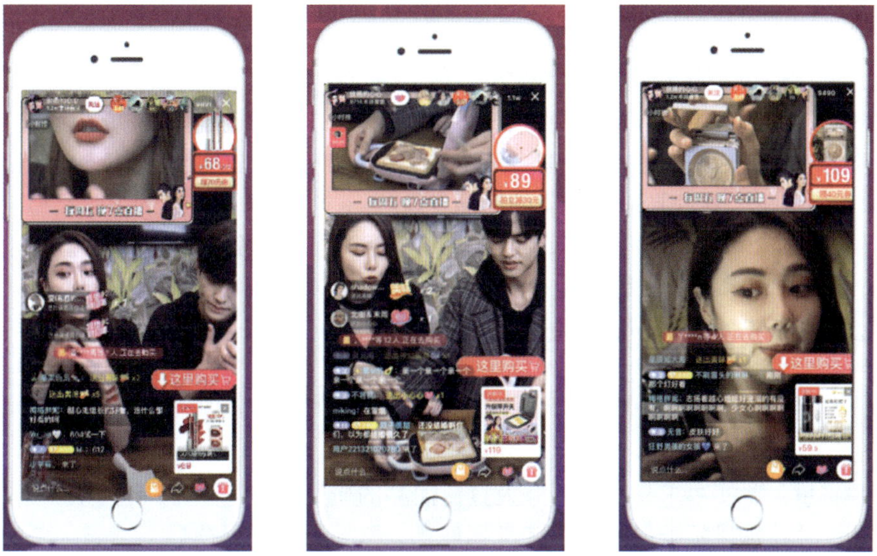

图 7-21　双机位直播

放扬的心心

	序号	一级类目	二级类目	店铺名称	产品名称	价格	总销量	销售金额	销售区间	备注
2020年3月13日	1	美妆	彩妆	记旗舰店	眼影盘	130.9	2.879	¥207.688.40	100以上	130.9/2盘
	2	美妆	唇部彩妆	化妆品旗舰店	幻想唇釉	34.9	1.238	¥44.689.65	100以上	
	3	美妆	防晒霜	e海外旗舰店	黄帽防晒霜	49	481	¥25.490.93	100以上	
	4	美妆	洁面	妆品旗舰店	面洗面奶	66.9	233	¥19.647.71	100以上	78/3盒
	5	食品	麦片	呀食品旗舰店	麦片	29.9	458	¥18.230.59	100以上	78/3盒
	6	食品	奶酪	酪旗舰店	奶酪棒	99	337	¥16.804.79	100以上	69.8/2支
	7	美妆	卸妆	旗舰店	卸妆湿巾	78	209	¥16.157.87	100以上	
	8	美妆	化妆水/爽肤水	海外旗舰店	保湿美妆水200ml	98	167	¥13.693.58	100以上	
	9	美妆	身体护理	官方旗舰店	乳	69.9	159	¥11.225.46	100以上	98/2瓶
	10	食品	笋类制品	旗舰店		16.9	396	¥9.833.42	100以上	券有问题
	11	食品	坚果	旗舰店	活力款750g	79	113	¥9.119.91	100以上	拍立减12元(第一件16.9元，第二件13.9)
	12	食品	杏仁/巴旦木	场旗舰店	12连包	66	125	¥7.900.62	100以上	
	13	生活	留香珠	美旗舰店	大美双色留香珠	99	77	¥7.697.70	50–100	第1件29.9元，第二件10元，2件到手39.9元/
	14	美妆	乳液/面霜	旗舰店	份霜	108	69	¥7.357.95	50–100	
	15	生活	发膜	美旗舰店	大美小黄油发膜	69	115	¥5.964.01	100以上	
	16	食品	海苔系列	旗舰店		24.9	145	¥3.882.71	100以上	买2件领券减10元，23.8/2袋包邮
	17	美妆	BB霜	海外旗舰店	A蜜芭离子钙BB霜50ML	89	98	¥3.862.55	50–100	第一件24.9元，第二件9.9元
	18	生活	洗手液	舰店	洗抗菌凝胶	12.9	152	¥3.648.67	100以上	第一件16.9元，第二件13.9元
	19	食品	酱类调料	旗舰店	阳葱油酱	23.8	146	¥3.437.83	100以上	
	20	食品	饮料	林旗舰店	梅汤	54.9	39	¥2.140.09	20–50	
	21	生活	湿巾	居专营店	75度消毒杀菌湿巾	59	31	¥1.689.74	20–50	
	22	食品	零食	旗舰店	结245克X2袋	16.9	536	¥1.392.04	100以上	一瓶到手价12.9元/瓶，第5件0元，直接拍5
	23	生活	奶瓶果蔬清洗液	旗舰店	子星除菌喷雾	45	9	¥394.30	20以内	
	合计					61.77	8212	¥441.949.52		

图 7-22　单日销售统计

任务 7.6 提升店铺 DSR 方法

【任务描述】

顾客在买东西的时候首先关注的就是店铺 DSR。作为一个稍有经验的消费者，都会仔细看店铺的评分是比行业平均水平高、持平还是明显偏低。如果看到三项评分都不高的店铺，一般来说，消费者的购买意愿会大大降低，甚至直接离开店铺。本节任务就是介绍提高店铺 DSR 的方法。

【任务实施】

7.6.1 DSR 的计算

店铺 DSR（Detail Seller Rating，卖家服务评价系统）是指买家在交易完成后给商品的“描述相符”“服务态度”“物流服务”三项指标进行评分。店铺中成功交易的每一款商品都有好、中、差 3 种不同评价，这就是通常所说的商品评价。

DSR 评分的三项指标是分开计算的，计算公式为：总分数 / 总人数。DSR 评分最高为 5 分，最低是 1 分。通常来讲，得分在 4.8 分以上属于“好评”等级，得分为 4.6 ~ 4.7 分属于“中评”等级，而低于 4.5 分的属于“差评”等级。

7.6.2 高评分的基础条件

1. 描述相符优化

① 商品质量：要实事求是，不要夸大宣传商品的质量。

② 商品尺寸：提供标准尺码和模特身高信息，引导买家自行选择。

③ 卖点描述：不要过度承诺，不要宣传与实际商品不相符的内容或卖点。

④ 实物与图片：尽量使用实物拍摄，选择分辨率较高的图片。

2. 服务质量优化

① 聊天响应时间：就是提高回复用户信息的速度，活动时可设置自动回复。

② 礼貌用语：聊天交流或电话交流要注意说话态度和语言，多使用礼貌用语。

③ 专业知识：加强对商品本身的了解，熟悉运营的各项规则，增加引导话术。

④ 售后问题：站在用户的角度快速提供优质的售后服务，如果有恶意差评，可以保留证据以便举证。

3. 发货速度优化

① 发货时间：一旦产生订单，就准确填写订单及物流信息，及时发货并通知买家。

② 发货速度：非定制类、预售类产品，要尽量做到 24 小时内发货出库。

③ 合作快递：合作的快递要能让 95% 的订单要在 3 天内到达。

④ 及时沟通：超过 3 天未签收的货物要及时联系快递，同时联系用户做好解释安抚。

7.6.3 提高评分的方法

1. 好评返现

返现的方法有五星好评返现、求图求真相返现、晒图有奖，还有感谢信等。虽然这些方法不可能百分百地引导用户都给商品打 5 分，但只要有用户做了，对提升 DSR 评分肯定会有很大的帮助。

2. 减少漏评

DSR 评分的计算方法是不同分值乘以相应的人数得到的分数求和除以总人数。例如，有 98 个人给了 5 分，有 2 个人给了 4 分，那么 DSR 的分值为（98 × 5+2 × 4）/100=4.98。但是有一种情况比较例外，就是漏评。漏评就是顾客没有给好评，也没有给差评，而是等待默认好评，也就是说这个人被忽略了，这样就可能会造成一个 5 分的流失。这个时候商家可以用抖音聊天去提醒买家，或者打电话沟通，或者可以用礼品或其他的方式去刺激、激励买家做出评价，尽可能多拉回一个 5 分。

3. 赠品搭送

送赠品可以提升用户的购买体验，给顾客惊喜以获取其认可，让顾客不好意思拒绝评分。具体做法是在赠品中搭送一些提示顾客给予好评的小卡片或直接将提示写在发货单上，如图 7-23 所示，就是赠品中搭送的提示顾客给予好评的小卡片。

图 7-23 好评提示卡

中级微课 7-5
提升店铺 DSR 店铺评分方法

课后练习

请扫描二维码，查看本项目课后练习。

项目 7 课后练习

项目 8　内容服务变现方案策划与实施

课时　4 学时

项目描述

本项目结合实际案例，以内容服务变现的相关知识展开讲解，包括读懂客户需求、自媒体展示、商业服务内容产出与变现发展趋势等 4 个任务。通过本项目的学习和实战，读者将全面清楚地了解内容服务变现的整体流程，掌握如何建立完善的内容服务变现体系。

学习目标

知识目标	1. 理解内容服务变现的概念
	2. 了解内容服务变现的整体流程
	3. 明确建立完善的服务内容体系的方向
	4. 了解内容服务变现的发展趋势
能力目标	1. 能够根据客户提供的基本信息确定沟通重点
	2. 能够根据与客户的交流确定营销目标
	3. 能够应客户需求完成内容产出
素养目标	1. 具有深度解读客户需求的能力
	2. 具有较强的自我展示能力
	3. 关注行业新技术与市场新趋势

知识图谱

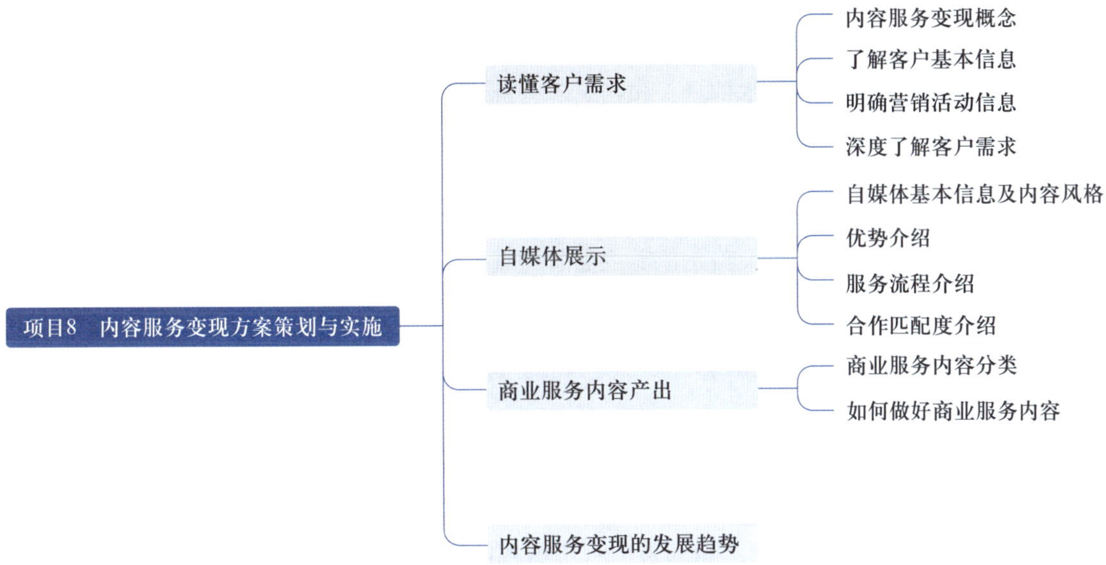

任务 8.1 读懂客户需求

【任务描述】

读懂客户需求并做出合理评估，是广告行业、媒体行业中专业营销人员的基本功，而且越是经验丰富的专业人员就越发认识到这个问题的重要性。帮助刚刚开始接触客户，以内容创作和解读粉丝需求为专长的自媒体人解读客户需求，是本节的任务核心。

【任务实施】

中级微课 8-1
服务内容变现概念

8.1.1 内容服务变现概念

内容服务变现不同于单纯的内容变现或电商变现，是一种介于两者之间的、依托于自媒体内容和流量的变现方式。主要形式是在自媒体既定内容的基础上加入一定比例的商业内容，或者依托自身内容特征为客户定制相应的媒体内容。内容服务变现的模式不仅仅是流量分成或知识付费那么简单，它必须依托于自媒体内容本身，再根据客户需求加入或定制相应的商业内容来变现，就必须高度重视商业内容制作的精彩程度。

因此，自媒体在实现内容服务变现过程中，应该特别注意商业内容与自身内容的契合度问题，同时满足粉丝与客户的诉求。做个简单的比喻，单纯做内容只要讨粉丝欢心就好，传统的广告模式只要令客户满意就好，而自媒体的内容服务变现则是一手托粉丝，一手托客户，只有两边都满意的时候才能取得好的效果。

8.1.2 了解客户基本信息

完成客户基本信息收集，有助于形成对客户基本情况的初步认知。

首先要掌握客户的品牌基本信息，包括名称、标识和主要卖点等。比如该品牌是集团品牌还是产品线品牌，或者是具体某类产品的品牌？从地域属性上看，该品牌是区域品牌还是全国品牌，是国外品牌还是全球品牌？该品牌理念的主要宣传点在哪儿？

其次要清楚客户产品的规划蓝图，比如客户产品系列的整体架构及开发策略、总体产品数量、知名产品名称，主要产品策略是依靠主品牌力量推动整体产品线，还是独立产品品牌的单点突破？能够回答这些问题，就说明已经初步掌握了客户的基本信息。

8.1.3 明确营销活动信息

掌握客户寻求合作的核心目标与具体内容，是读懂客户需求的核心任务。

1. 营销目标

营销目标是一个非常复杂的概念，市场上流行的营销理论所推演出来的营销目标模型也并不一致。参考 KOL 交易平台——微播易的营销模式，可以将营销目标分为 3 种类型：销售导向目标、品牌导向目标、综合导向目标。

① 销售导向目标：通常以产品为主要传播内容，将短期销售转化率视为核心诉求。游戏和 App 这样需要迅速获得下载和注册量的营销活动就是典型的以销售为导向，需要传播内容可以直接刺激消费者的下单行为。具体的营销手段包括促销、“种草”，在高阶的营销实践中还可以表现为“种草 + 拔草”的组合应用，即先通过“种草”培育消费欲望，再通过促销行为达成营销目标。

② 品牌导向目标：以提升品牌认知度、好感度、影响力等为核心诉求，更加重视内容服务的阅读量和转、评、赞指数以及营销的社会影响力，比如新闻媒体的主动报道等。品牌导向目标下的营销手段非常广泛，没有明显的内容特征，却更考验自媒体人的营销创意能力。

③ 综合导向目标：综合导向目标是内容服务变现场景中最常见的类型，客户既看中短期销量的提升，又要求提升品牌认知度、好感度，还希望积攒品牌影响力。在遇到这类目标诉求的时候，需要就第一目标与客户达成共识。大多数情况下，提出综合导向目标的客户都是以销售目标为首要目标的，而品牌目标则为附属目标。所以，综合导向目标也需要明确客户销售预期中的优先考虑目标。

2. 营销目标所针对的核心人群

无论销售导向目标还是品牌导向目标，都需要明确传播对象即核心目标人群。在营销策略上，通常根据品牌和产品圈定目标群体，再根据这个群体的特点选择适宜的传播途径和传播手法。当客户找到自媒体寻求合作时，说明他们已经初步认可了该自媒体的粉丝群体与营销目标群体是吻合的。但是，这并不代表自媒体运营者可以不必再了解客户方对目标群体的描述，毕竟客户方对目标群体信息的掌握程度对接下来的精准创作是非常关键的。

对目标群体的描述与常见的粉丝画像有些类似，但深入细致程度更高，一般从以下几个维度进行描述：

- 基本信息，比如年龄、性别、地域和收入水平等。

- 角色信息，比如家庭角色中的父母、子女等，社会角色的工薪白领、中层管理等；
- 性格信息，比如崇尚个性自由的群体或爱好自然崇尚简约的群体等；
- 细分信息，比如健身达人、工作狂、甜美系女孩、明星粉丝等。

3. 营销目标所涉及的具体信息（见表 8–1）

表 8–1 营销目标所涉及的具体信息

产品信息	名称、标识、功能、外观、售价、渠道、优势等
品牌信息	名称、标识、品牌标语、品牌理念、优势等

从上表中可以看到，无论是以销售为目标还是以品牌为目标，最需要引起重视的就是如何突出优势。客户对自身优势的总结就是后续传播的重点，以下分别从产品和品牌两方面来列举都有哪些优势。

（1）产品优势

① 价格优势。低价本身对消费人群就是一种吸引力，所以“1 元 N 件”系列营销在抖音上的人气一直居高不下。连肯德基这样价格超级透明的品牌，也开始采用低价传播吸引的策略。但是，这种策略与某平台上的“9.9 元抢 iPhone”手法一样，都属于比较低端的营销手段，并不是真正的产品层面的价格优势。

② 质量优势。在进行质量优势传播的时候，要特别注意不要陷入枯燥的质量解读，要将质量的优势转化为使用者的效益。比如“耐久”这个特性可以转化为“长期不用更换”“平均到每一天使用成本更低”等消费者的收益点。

③ 技术优势。技术优势是客户非常爱讲，但通常消费者又很难直观感受到的优势。所以在传播过程中要特别注意目标群体的特点，比如对技术敏感型群体就适合宣导技术优势。例如汽车营销，大部分购车人群对汽车的基本技术指标都有一定了解，车企在取得巨大技术进步的时候就会以技术领先来引导传播。但是对于大多数快消品行业，如食品、酒类等，即使有非常先进的专利技术也只能作为某项产品优势的技术背书，而不能作为传播的重点。

④ 性价比优势。这是一种在产品以及促销传播中最为常见的优势类型。运用这种产品优势要特别注意将性能与价格结合阐述，突出“比”的概念，做出“旧时王谢堂前燕，飞入寻常百姓家”的感觉。

⑤ 功能优势。在当前新消费模式火热的时代背景下，解决消费者细分痛点的功能优势大有可为。新消费大潮催生出新的生活方式、新的消费理念和新的消费需求，在此过程中也必然存在一些消费痛点有待解决。如专门面向健身人群的零卡路里产品、专门针对速食需求的自加热产品，都是依靠功能优势解决痛点的代表。

⑥ 销量优势。销量优势与前面所提到的产品自身优势不同，它是一种类似于品牌效应的人群优势。通过庞大的消费量，以及较长的产品生命周期，让大众选择来背书，突出产品的综合优势。

（2）品牌优势

在进行品牌传播时，优势更多体现为品牌特征。与产品层面的对比优势不同，品牌的优势更多体现在精神层面的感染力上。这是一个非常复杂的体系，品牌就如同一个又一个的鲜活的个体。可以简单概述它的一些信息，比如是年轻的还是成熟的，是睿智的还是不羁的，是可靠的还是灵活的，是二次元还是文艺片？但又无法完整地表述由各种信息所构建的这个品牌整体。所以，通常会选择众多品牌特征当中最容易引起共鸣和被人喜欢的一点来进行集中传播。

8.1.4 深度了解客户需求

在现实的营销服务场景中，应该在拜访客户听取客户基本需求之前就先了解客户基本信息。进入双方会面沟通环节后，再请客户尽可能完整而详细地介绍本次营销活动的营销目标、核心人群以及具体的优势信息，做好倾听和记录工作。

接下来就是读懂客户需求的进阶部分了。自媒体人与客户一起深入探讨，将本次营销活动的需求明确下来，尤其是以下 4 个关键问题。

1. 内容服务变现目标的量化确认

在客户初步描述了他们所期望的营销目标后，需要通过更加深入地探讨让目标变得更加明晰。比如针对目标所涉及的销售量、阅读数、转评赞等相关指数询问客户的心理预期。对一些比较模糊的综合性指标，也需要进一步确认优先级，做到有的放矢。

2. 从客户过往营销传播内容校准目标

研究客户过往营销传播案例主要分为两个部分：一是了解之前案例的整体实施过程，二是了解客户对于之前案例的效果评价，且后者的重要性更明显。比如在某些案例中阅读数、转评赞都达标了，但客户却并没有继续选择与该自媒体合作，原因可能就是该自媒体拍摄的内容过于低俗，与公司形象不符。这就提醒读者要更加深入详细地了解客户企业对于自身品牌形象的定位，校准营销传播目标。

3. 了解竞品信息

这部分信息可以通过一般途径搜集获取，但如果有可能还是尽量与客户一起讨论竞品的竞争行为。这是因为客户对竞品的了解是清楚的，他们常年与竞争对手打交道并跟踪其竞争行为，无论从信息获取的丰富程度，还是从分析的深度上看，偶尔从事商业行为的自媒体从业者都不能忽视来自客户的竞品信息渠道。此外，通过客户对竞品行为的评估，还可以更加准确地把握该行业领域的整体发展趋势。

4. 营销要点

这里的营销要点就是在本次内容服务中必须出现的关键词语、关键画面以及核心理念等。比如很多营销策划人员常常站在自我视角去看待要策划的活动，他们清楚自己想要什么，要去做什么，整个策划流程的考虑角度就比较单一。这种情况下，深度了解委托客户需求，从自媒体运营方的视角给客户合理建议，梳理营销策划的核心理念与核心规则，最大程度与客户达成理念与执行上的一致就尤为重要。

任务 8.2 自媒体展示

中级微课 8-2
深度了解客户需求

【任务描述】

要达成与客户间的商业合作，自媒体就需要向客户展示自己能够满足对方的商业需求。在本项任务中，一切推荐都要围绕上一任务中已经获得的客户需求展开，而不是让客户觉得自媒体多么有趣。这种商业推荐不同于粉丝推荐会，需要提供的信息数据也许很枯燥乏味，但一切都以有价值为标准。有趣是一种价值，但不是价值的全部。

【任务实施】

8.2.1 自媒体基本信息及内容风格

1. 基础信息

这部分信息相对直观，基本上就是与自媒体后台资料保持一致即可，包含粉丝数量、性别占比、年龄占比、地域分布以及服务定价等内容。

2. 内容风格

主要展现自媒体内容的风格特征，可以选择几条有代表性的爆款视频作为范例进行展示。“互联网 +”时代的到来重构了过去的信息传播方式，受众获得了多样化的表达渠道，也造就了一大批分工越来越细，在特定领域内越来越专业的自媒体。向客户展现专业性就是要展现自媒体在细分领域内的独特优势，特别是一些在业界和消费者群体中有口皆碑的成功案例，可以让对方了解自媒体的内容风格和专业实力。

8.2.2 优势介绍

1. 内容优势

可以与同类型、同等级主播进行比较，提炼更多自身的优势特点。比如同为时尚颜值类主播，但风格可能更加多变，或者所穿的服装更为高端，拍摄技巧更加专业等。

2. 商业价值优势

① 深入挖掘与客户相契合的粉丝特性，比如粉丝黏性更强、活跃度更高、消费力更强等。只是官方数据平台可能并不能提供充分证明，需要 KOL 自己多积累与之相关的粉丝互动、评论等，形成具有说服力的展示材料。

② 服务优势。初创期的 KOL 如果没有以往商业合作的实际案例，可以用服务优势来建立客户信心。比如团队内部设有专业的商务对接人员，可以保证反馈的及时性；或者 KOL 自身具有很高的商业素养，乐于并善于进行商务创作等。

③ 成功案例。对于已经具备了商务服务经验的自媒体来说，可以提供往期内容服务变现的成功案例。

8.2.3 服务流程介绍

KOL 可根据自己所在平台的要求，结合自身需求来制定服务流程。一套服务流程需要兼顾自媒体本身和客户双方的需求，但 KOL 应该明白，在现实场景中很多客户是不会严格按照服务流程来执行的，这套流程只能实现双方对合作过程的基本共识。

下面提供一种比较常用的示意模板，供读者参考，如图 8-1 所示。

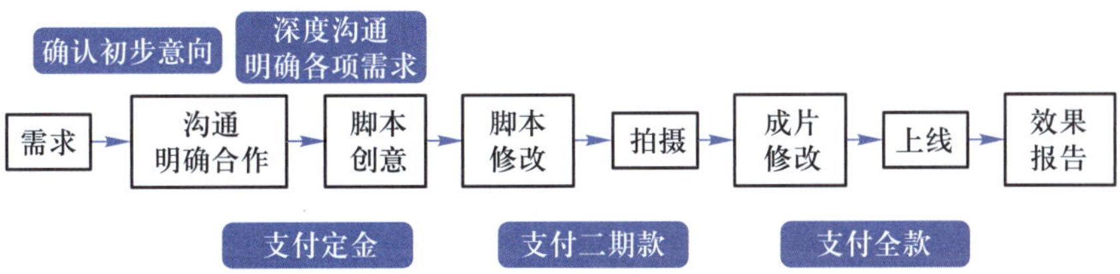

图 8-1 服务流程示意模板

此模板仅作为一般基础流程，根据客户、平台、KOL 三方需求不同，合作流程可能会有较大的差异。在这个基础流程中，通常不会规定脚本和成片的修改次数，更多是根据执行过程中的实际情况来处理。但有部分 KOL 为了规避超量修改等特殊情况，就会对修改次数及规模进行明确规定，比如脚本可以大修一次、小调整三次，成片只做微调等。

8.2.4 合作匹配度介绍

通过前面的推荐环节，已经向客户展示了自身的优势和特点。接下来就是最为重要的一个环节，让客户看到自媒体如何将自身优势转化为客户利益，即通过契合度的分析将自身优势转变为可以达成客户营销目标的具体因素。这里介绍几种常见的适配组合方法。

1. 粉丝契合

① 按性别匹配，这是最常见也是最基础的目标人群分类方法。下列两位达人就是以女性粉丝为主要目标群体的典型，如图 8-2 和图 8-3 所示。

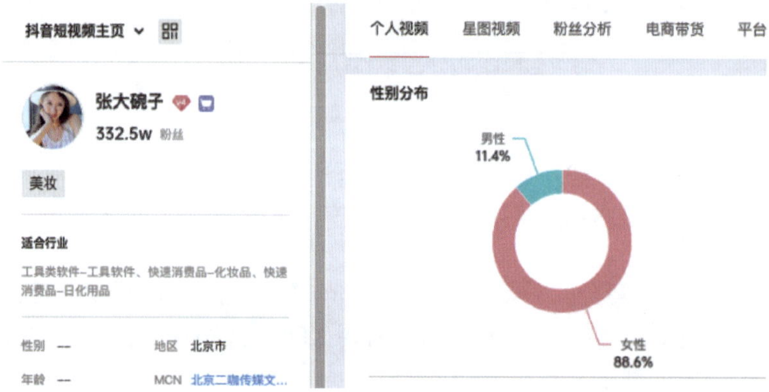

图 8-2 达人首页及粉丝性别构成 1

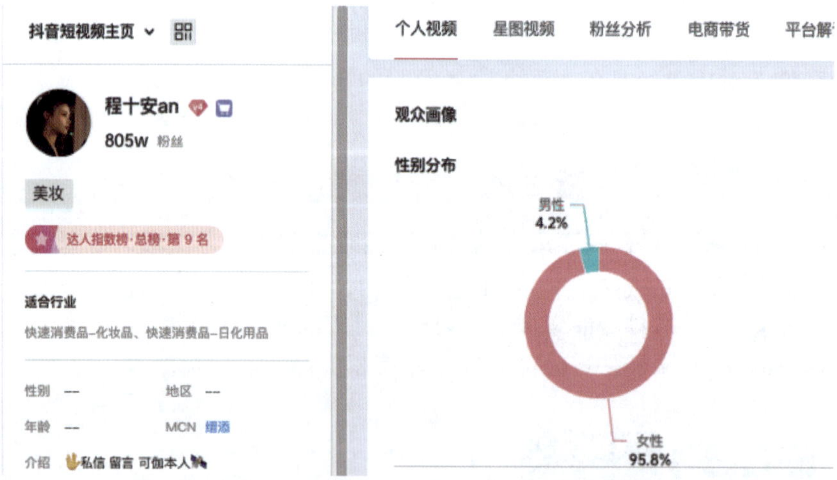

图 8-3 达人首页及粉丝性别构成 2

现实生活中，女性往往对美妆、女装、日化、美食等领域具有天然的敏感度，家庭中的日化产品如洗护产品也通常是由女性成员负责购买；而男性更多关注 IT、家用电器、汽车、男装等信息。

② 按社会角色匹配。一般的数据平台中不会有社会角色的具体数据，这就需要 KOL 自己的商务团队通过年龄与性别的组合，再加入自媒体的评测方法为粉丝群体赋予社会角色，如图 8–4 所示。比如一个本来没有明显粉丝特征的评测主播，可以将年龄在 28 ～ 35 岁的女性人群定义为妈妈群体，再通过家庭生活用品评测的粉丝活动来印证该群体的活跃性。如果评测对象在母婴、日化、美妆、服饰、健康等几个方面的数据都符合妈妈群体这一社会角色的指标，那这个粉丝契合度就非常高了。

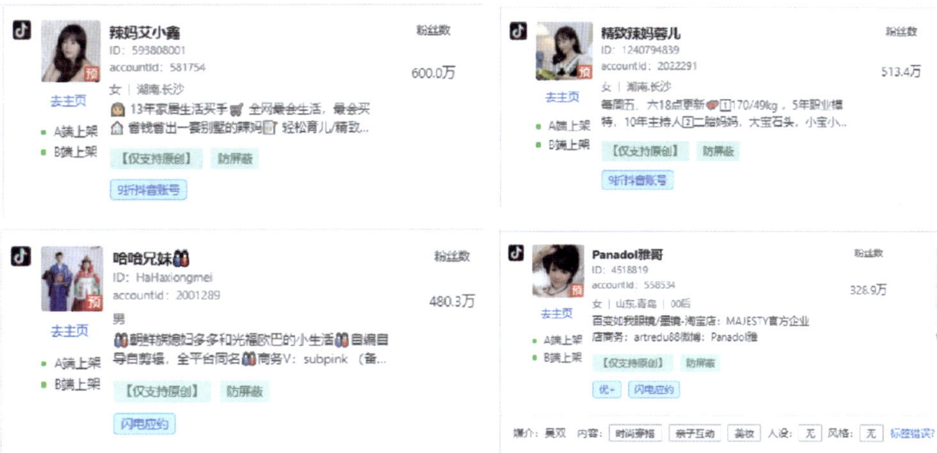

图 8–4　按社会角色匹配粉丝群体

2. 品牌调性契合

寻找客户品牌与自媒体调性的契合点至关重要。所有的自媒体平台都会有一个偏好上的共同点，那就是年轻化。而当今各大品牌商也在着力发展年轻人市场，借助自媒体平台这个年轻粉丝聚集地的优势是必然选择。当然，除了年轻化这个契合点，双方还要从品牌调性上深入挖掘，提升服务内容与客户目标间的匹配度。常见品牌调性定位参考见表 8–2。

表 8–2　常见品牌调性参考

品牌类别	品牌调性与认知感受
护肤	自然、优雅、高颜值、高贵、舒适、魅惑
彩妆	魅惑、优雅、高贵、少女感、时尚感、国际感
家电	温馨、科技、信任、责任、高贵、时尚
3C	科技、时尚、领先、效率、精英、信任
女装	时尚、优雅、高贵、简约、舒适、自然
男装	精英、时尚、舒适、自然、简约、动感
食品	享受、时尚、自然、品质、猎奇、健康
汽车	科技、温馨、信任、责任、精英、享受

3. 品牌营销点与内容场景契合

在真实的工作场景中，并不是所有的产品都可以非常自然地与主播原有的内容完美结合。比如一直高频次换装的颜值主播，他们几乎拥有与所有品类产品都匹配的时尚标签，但却与家电和食品类产品在内容上的融合存在难度。如果要顺利达成内容服务变现，自媒体就要在原有内容的适用场景上进行适度延展，为内容匹配奠定基础。比如颜值换装内容的主播，可以偶尔发布一些日常生活花絮，这就为家电、食品的营销提供了更好的场景基础。

任务 8.3 商业服务内容产出

【任务描述】

在确定与客户合作关系后，就正式进入商业服务内容产出阶段。在执行过程中需要明确商业服务内容的类型，并针对不同类型进行内容创意与制作。

【任务实施】

8.3.1 商业服务内容分类

1. 按与自媒体内容的结合程度分类

（1）植入型

这种类型的特点是较大程度维持原有视频内容风格，在特定环节短暂加入宣传信息内容，基本上不会影响原有自媒体内容的调性和完整性。例如某搞笑达人，拥有粉丝 1 377 万，视频内容以一群中国人在国外某城市的日常生活为主，主题多是朋友间互开玩笑，整体风格轻松幽默。这个自媒体账号还有一个特点是多人小组打造矩阵，形成以“酱总”为核心，包括“桔梗”“老卢”等人组成的网红小队，如图 8–5 所示。这些在“酱总”视频里经常出现的小队成员虽然也开通了独立的账号，并且阐述角度和风格各有不同，但他们的视频内容还保持了相当的关联度。比如这几个人常常客串到其他人的账号里去，粉丝可能会为了弄清一件事的来龙去脉把几个账号都访问一遍，无形中就完成了引流。同一款产品的营销任务被他们打包植入，既延续了日常的视频风格又增强了对客户的宣传力度。

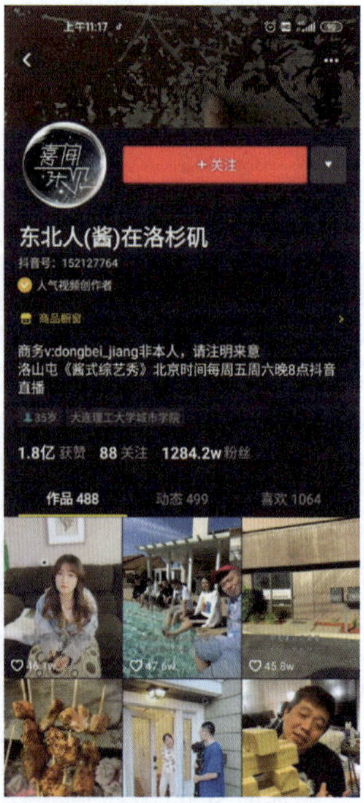

图 8–5 自媒体达人主页

下面介绍他们的一个具体执行案例。视频中，“酱总”把自己的汽车送去保养，服务商给他提供了一辆好车作为过渡用车。“酱总”把车开到“桔梗”家，跟“桔梗”开玩笑说是自己买的新车，没想到被其一眼识破。两人在一阵玩笑过后，“酱总”顺便蹭了一顿“桔梗”家刚刚做好的焖面，并在吃面的过程中插入了游戏植入内容，最后环节是“酱总”离开时还开走了“桔梗”的爱车，如图 8–6 所示。

这种植入手法是“酱总”经常使用的手法，也是植入型服务内容中最为简单常见的方法。它尤其适合日常生活记录类型的自媒体和线上产品的结合，无论宣传什么都可以用“在等待 XX 的时候，我们可以来做 XX”这种句式。比如“在等待上菜的时候，我们正好来逛逛评论区里提到的某奢侈品二手交易平台”“在等车的时候，我们正好来玩玩评论区里提到的这款游戏”。

图 8–6　植入型服务内容

（2）定制型

这是目前内容服务中最为常见的合作形式，即在保持自媒体原有风格的基础上，根据商业目标拍摄一条视频。在做定制内容的时候需要特别注意，每个平台对于纯商业露出都有一定的规范与限制（比如产品露出秒数等），在定制内容的时候也要同时兼顾平台规范。

例如某个性化自媒体账号产出内容的整体风格以阴郁悬疑故事风为主。其中有一条名为“昨夜发生了什么？夫人去哪里了？”的视频，是给某品牌激光水护肤系列产品定制拍摄的，如图 8–7 所示。

图 8–7　植入型服务内容展示

2. 按商业功能分类

（1）促销

在商业促销中有些非常熟悉的话语，如“100 元 4 件，4 件不够再加 4 件”“9.9 元抢购某某产品”“1 元薅某某的羊毛”等。在抖音平台上，确实连促销都能形成潮流模式。所以在接到品牌促销任务后，可以先在抖音上了解一下当前最火最走量的促销模式是什么。当然，也要避免千篇一律的促销模式，还是要在内容服务上做足功夫。比如下面这个案例，某达人做超市评测的视频，延续了她一直以来的生活分享的风格。视频内容是她走访方圆 5 千米范围内的超市，购买了完全不同的商品，最后通过单价及总价对比来突出委托客户 ×× 超市的价格优势，如图 8-8 所示。

图 8-8 超市促销内容展示

（2）种草

种草内容是所有内容服务中应用最广也是最为常见的类型，它兼具品牌与带货的双重效能，内容比单纯的促销视频范围更广泛也更加有趣。而且，以种草为核心还可以实现更多组合策略跟玩法，在后面的新媒体 KOL 投放策略部分，本书还会针对组合玩法进行介绍。这里的实例分析是一条秀发护理流程的视频，如图 8-9 所示。该视频仍然延续了主播一贯的生活窍门分享短视频风格，将产品的展示和使用体验融入洗头护理的完整过程中。值得注意的是，这条视频还与她之前一条在平台上大火的秀发视频进行了关联，很好地调动起粉丝的想象力。而且，KOL 植入产品的过程非常自然，通过使用量的展示，在粉丝心中种草了“主播一直在用，所以发质那么好”这件事的可信度。

图 8-9 达人主页及种草内容

（3）品牌

以品牌传播为主的内容服务主要是为了增加产品公信力，突出品牌背书作用的类型。在真实的工作场景中，单纯的品牌功能的内容，尤其是短视频内容已经很少见了，大多数还是以品牌为主兼顾带货功能的商业内容。

以全网知名的某搞笑主播为例，她的内容风格是以剧情搞笑的夫妻日常生活为主，自带地方特色方言的搞笑基因。在一次商业内容合作中，主播仍然以媳妇向闺蜜炫“老公”为主线，把老公做美食、送名包、送鲜花等招数悉数亮出，从而引出送花不如送某某品牌的产品。同时，还种草了该品牌的五个彩妆产品，包括“情定三生”“一眼万年”“一笔传情”“永结同心”和“一锁定情”，在娱乐搞笑的同时强露出品牌，最终以购物车形式实现效果导流，如图 8–10 所示。

图 8–10　达人主页及品牌推广内容

8.3.2　如何做好商业服务内容

1. 如何做好种草视频

根据微播易平台对以往订单的研究，兼具带货功能的种草内容占据商业服务内容 80% 以上，非常有必要去分析如何做好一个种草视频。因为该类型的视频兼具品牌与销售双重特征，其制作要领也可以应用到其他类型的视频当中。一般来说，一个好的种草视频应该具备以下 6 个特点，如图 8–11 所示。

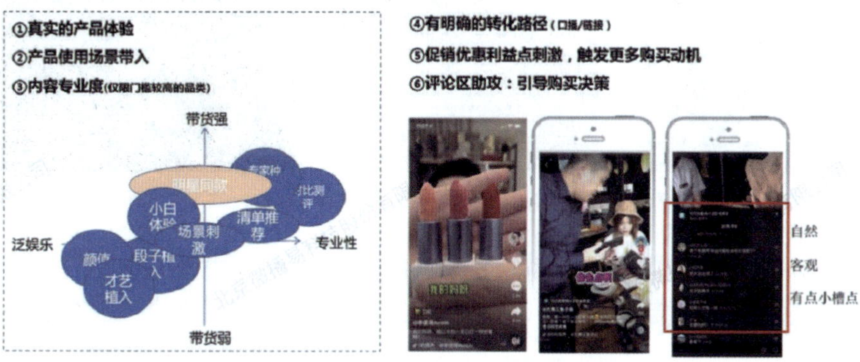

图 8–11　带货内容应具备的要素

① 真实的产品体验。真实的内容是用户信任的基础，真实的场景和不过分夸大效果都有利于信任感的培育。

② 产品使用场景带入。比如专门存放美妆产品的冰箱这样新品类产品，基于有共鸣的真实痛点和使用场景进行内容策划，就会产生更强的用户带入感。

③ 内容的专业水准。这主要是针对内容制作过程中脚本的流畅度、拍摄手法及后期特效的运用情况而言，尤其是一些门槛较高的品类，高水准的制作更有助于内容的完播率。

④ 明确的转化路径。尤其是对于销售渠道还不完善的新品牌，一定要给出“哪里能够买到”的提示，比如在评论区置顶链接地址或由主播在内容中口授等。

⑤ 促销优惠刺激。必要的促销优惠可以实现快速种草，而且促销优惠利益点刺激可以触发更多的购买动机，尤其是对部分冲动消费群体可以实现高效的行动转化率。

⑥ 评论区助攻。主播或自媒体团队可以在评论区里引导粉丝对产品本身的讨论，在推动用户集体讨论过程中引导购买决策，完成品牌或产品种草。

2. 发挥创意的力量

在做好内容的基础上，如果有好创意的加持无疑会大大提升短视频成为爆款的概率。脑洞大开的创作者加上强大的短视频平台功能，可以让来源于生活现实的普通素材也能成为获取粉丝、达成品牌传播或产品营销的利器，这就是发挥了创意的力量。特别是针对碎片化时间的应用场景，带有一点专业技能的才艺展示能够快速引起受众的好奇心理、反复观看，推进短视频的完播率。以下介绍两种带有技巧性质的创意形式。

① 模仿和仿妆。此类视频内容拥有一个已被受众熟知的“模仿对象”，容易引起大家的关注。在专业的仿妆攻略中就给受众一个“先天不够，后天来凑”的暗示，借助美妆技巧可以满足对美好自我的追求。这样的内容显然符合各类美妆品牌需求，比如下面这款借仿妆植入化妆产品的视频创意，如图 8-12 所示。

图 8-12 模仿型创意内容

② 衍生动画。随短视频营销市场发展而出现的新兴动画视频内容不同于传统动画，目前还没有一个明确而统一的定义。广告、衍生、授权是这种“泛动画”视频内容主流的变现方式，比如手指动画这种衍生动画形式就具有低门槛、低成本和高收益的特点，适合各类新兴产业品牌和产品植入种草，如图 8-13 所示。

图 8-13 动画型创意内容

③ 脑洞创意。这个类别没有明确的定义，也不单指某一种具体的视频类型，通常把出乎自己意料的，想象不到的全新创意都归类其中。比如下面这条爆改视频，主播把折叠屏手机拆碎再拼成天坛模型，完全打破一般技术宅的惯用玩法，如图 8-14 所示。

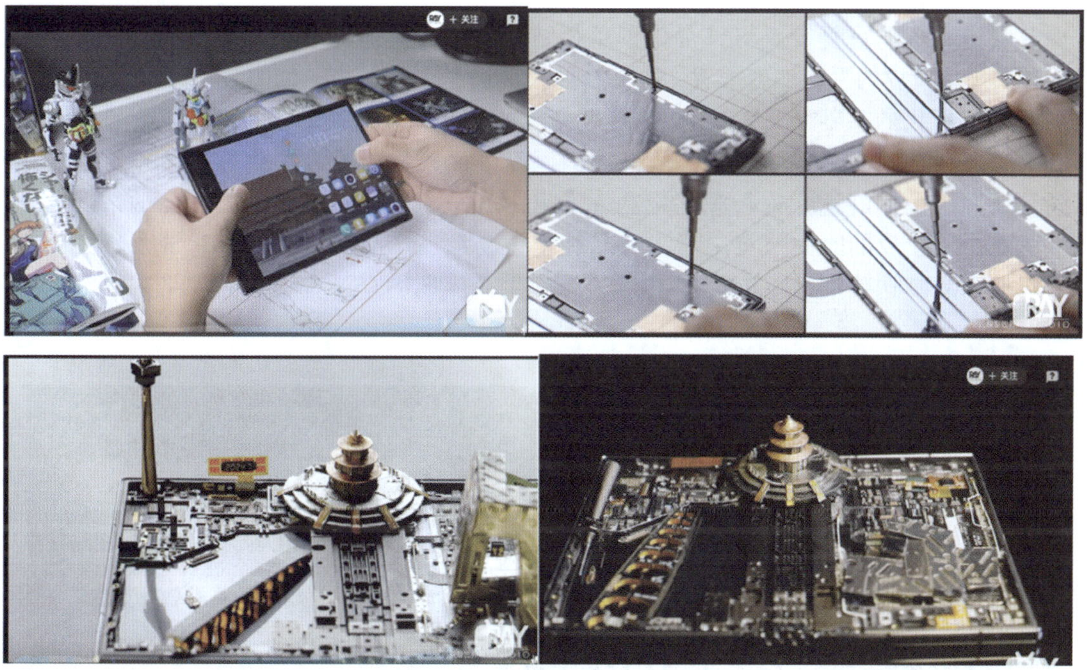

图 8-14 "脑洞"型创意内容

任务 8.4 内容服务变现的发展趋势

【任务描述】

短视频的崛起背后是移动互联网时代，流量、用户量和内容市场需求等诸要素对市场需求的满足，自媒体人的内容创作方式以及内容服务变现方式都不可避免随市场变迁而不断更新。本节任务就是对内容服务变现的发展趋势进行梳理，总结出 5 条发展趋势帮助自媒体经营者不断适应新环境，创作新内容，尝试新形式。

【任务实施】

据不完全统计，在 2020 年，全国不少于 2 000 个新消费品牌通过网红种草、直播带货等营销模式销售火爆，这也直接促成了内容营销和服务形态发生翻天覆地的变化，如图 8–15 所示。

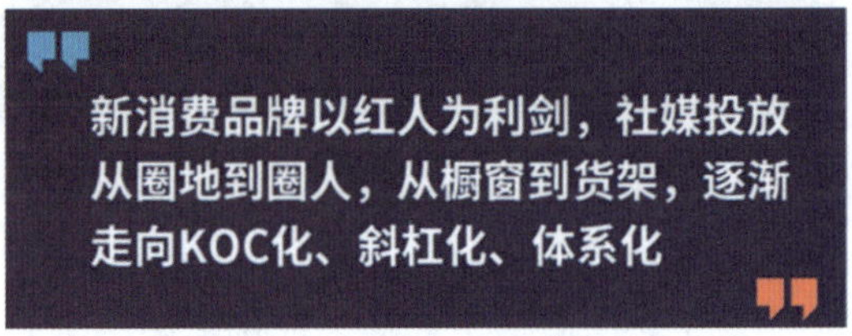

图 8–15　内容服务变现发展趋势

1. 传播从单点到体系

首先从内容投放的场景密度来看，各大自媒体平台和网红账号的投放愈发密集，逐渐出现节点饱和式的重复投放与日常化种草相结合的组合模式，形成对用户不间断的有效捕捉。其次是从投放的平台广度来看，跨平台的投放已是大势所趋，如图 8–16 所示。同时，在多平台与工具化的基础上又较 2019 年有进一步的升级，实现了跨域联动效应，如“微博 + 小红书 + 抖音”成为趋势。最后，从投放的深度方面来看，投放的内容高度定制化。基于不同 IP、圈层的网红达人进行深度定制，产出内容千人千面，甚至一人千面的情况比比皆是。此外，从投放的时间节点来看，从品牌定位初期、产品打磨期、品牌成长期、品牌溢价引爆期到品牌迭代期，KOL 营销贯穿了品牌生命周期的全过程，为品牌带来巨大的人气流量。

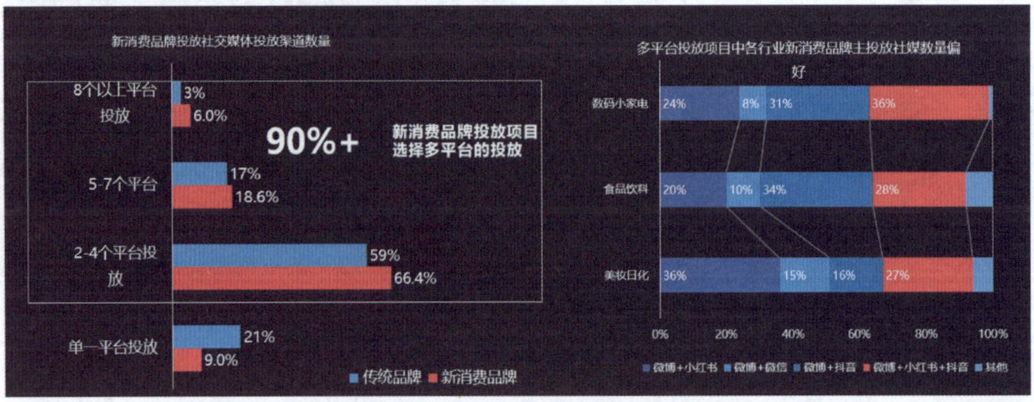

图 8–16　品牌投放数量及偏好统计

2. 从圈地到圈人

过去独占渠道就能带来超额红利，像曾经的央视广告标王“脑白金”、各大卫视频道投放的“美妆水密码”等，就是通过把握关键传播渠道来收获品牌成长。随着媒介更新和细分市场时代来临，很多初创品牌和成长期新品牌也不断涌入竞争赛道，为了避免同质化、价格战，只能通过快速抢占用户的心智版图来提升目标市场占有率。所以，有很多品牌在最初尝试内容服务营销的时候，会选择具备社区聚集能力或者共同兴趣群体效应的媒体渠道。比如 B 站就聚集了最多的“Z 世代”群体，而小红书的用户群体则是年轻都市时尚女性占比远超男性。当然，今天的抖音和快手平台也逐渐出现垂直化和圈层化的趋势。

3. 一专多能化

社交流量的红利时代正在褪去，大量品牌开始通过跨界的形式开拓新增量，于是在内容投放中呈现出一专多能化倾向。对自媒体人来说，初期的 KOL 投放只看兴趣圈本身，比如一个美食品牌，其资源更多投放在那些美食红人账号上。但随着 KOL 粉丝数据的不断丰富，品牌可基于微播易平台上 KOL 粉丝的年龄、兴趣、消费能力做出更大胆的选择，即在品牌营销竞争激烈、跨界成风的背景下，依托大数据分析，大胆尝试一专多能化出圈投放。

4. KOC 成为新标配

随着 KOL 投放越发变得常规，不少新消费品牌商看到了 KOC（Key Opinion Consumer，关键意见消费者）的价值。在他们投放预算中 KOC 获得的占比高达 62%，比传统消费品牌高出 10%。通过微播易平台的数据分析可以发现，KOC 账号因不具备社会效应，所以品牌商更关注他们在某一具体领域的专业能力，还有他们本身作为消费者与评论者双重身份的特殊价值。所以，在 KOC 种草的内容中消费者关注产品本身的程度更高，那么品牌的广告价值会更加凸显。这也是除了价格优势、服务配合度以及选择范围因素以外，新消费品牌更青睐 KOC 的原因之一，如图 8–17 所示。

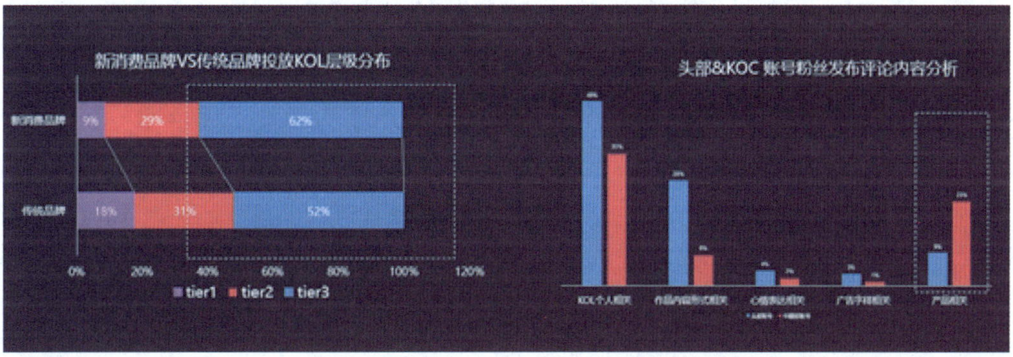

图 8–17　品牌投放层级及粉丝评论统计

5. 从橱窗到新货架

在强大的平台支持下，KOL 的品牌运营推广不仅可以作为品牌与消费者直接对话的沟通渠道，还可以将其在社交媒体上的话语权和号召力转化为粉丝的直接消费行为。在新消费崛起的当下，某些有实力的 KOL 还与品牌一起开发定制产品或直接联合工厂打造新品牌，成为名副其实的超级货架。当然，新货架也有新的效果评估标准，比如 KOL 红人传播的短期效果主要看他所触达的价值用户数量、种草用户数量以及转化率等。如果是长效评估，尤其是针对一些耐用消费品就要在一个较长的周期内进行评估，或者考察用户成为品牌私域流量池后产生的用户终身价值（LTV），即未来可能为企业带来的收益总和，如图 8–18 所示。在 KOL 帮助品牌商蓄积的私域流量池中，商家可以多次免费触达用户，通过内容运营和 IP 打造给用户种草，从而促成用户的复购行为与体验分享。

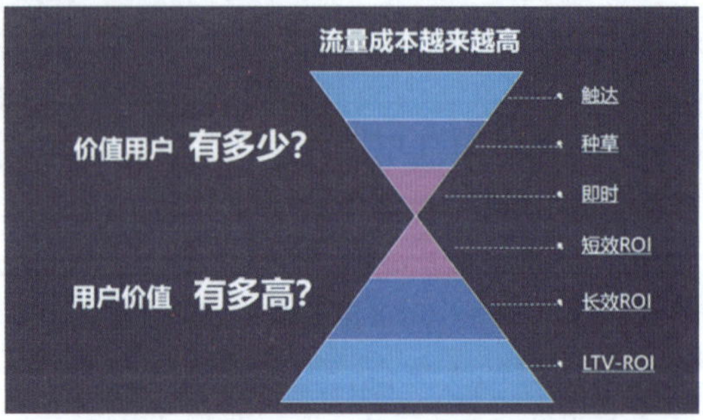

图 8–18　KOL 的品牌运营推广价值维度

项目实训

某知名达人，1998 年出生于广东，自 2019 年 7 月入驻抖音以来，短短两年就拥有粉丝超 2 200 万，视频总点赞高达 3.7 亿，平均获赞超百万。2020 年四月，他以领带变装，街头少年立马变身总裁的玩法引发席卷全网的现象级跟拍热潮，相关话题的热度高达几十亿。最近，他还与几十位当红明星合作，成功跻身抖音头部网红，如图 8–19 所示。

图 8–19　变装视频造型

在内容日新月异的抖音平台，观众的喜好也随时在变。想要账号拥有持续的生命力，账号运营团队需要时刻关注平台的内容趋势，不断创新突破和挖掘有创意的内容。该达人成为抖音红人初期，以扎实的街舞功底和酷似某歌手的外貌，具备了极高的辨识度，定位街舞帅哥吸粉五十万。第二阶段，他与其他三人组成男团，形成网红矩阵。定位卡点慢动作，变装耍帅，感情生活等打造热门话题，引领全网跟拍。第三阶段，男团解散后，他的团队根据对潮流爆款的独到理解，将 Slomo（慢动作）融合剧情演绎，再度打造出领带变装、战术名侦探系列等现象级爆款作品。

如何保持 KOL 持续的内容产出与内容服务变现能力，需要角色定位明确，只有坚持内容创新才能引领潮流。

课后练习

请扫描二维码，查看本项目课后练习。

项目 8　课后练习

第四部分　营销推广

项目 9　新媒体 KOL 投放

课时　4 学时

项目描述

如果把视角切换到更加广义的新媒体行业从业者，就应该站在品牌运维的角度去学习如何选择和应用 KOL 以及 KOL 矩阵。在本项目中，将会深入了解 KOL 投放的基本知识，包括 KOL 主要类型以及在各主流平台中的运营数据，KOL 中台机构如何与网红达人建立商业合作，还有如何对 KOL 进行选择评估等。

学习目标

知识目标	1. 明确新媒体 KOL 投放的基本知识
	2. 了解各主流平台内容服务账号商业化程度
	3. 了解平台与中台机构、MCN、KOL 的合作模式
能力目标	1. 能够借助数据分析对 KOL 的商业价值进行评估
	2. 能够运用 SNBT 指数筛选合作对象
素养目标	1. 具有较强的数据分析能力
	2. 具有理性客观的评估能力

知识图谱

- 项目9　新媒体KOL投放
  - KOL投放的基本知识
    - KOL的类型
    - 与KOL合作的两种模式
  - KOL的筛选与评估

任务 9.1　KOL 投放的基本知识

【任务描述】

在流量焦虑时代，企业对转化率的要求越来越严苛。本节任务以新媒体从业者的视角，从品牌运维立场去深入分析 KOL 的类型，在不同平台完成符合合作需求的 KOL 筛选。此外，针对新媒体行业 KOL 与 MCN 机构的合作问题也进行简要介绍。

【任务实施】

中级微课 9-1
KOL 的类型

9.1.1　KOL 的类型

1. 按照粉丝规模分类

KOL 作为关键意见领袖通常被定义为拥有更多、更准确产品信息，被特定群体所接受和信任，并且对该群体的购买行为可以产生较大影响力的人。他的核心资源就是这个特定群体的规模，通俗地说就是按拥有粉丝的规模而冠以头部、腰部及其他等称谓。当然，不同平台的粉丝基数不同，KOL 就很难用统一具体的粉丝数量来划分。比如在抖音、快手平台，头部自媒体的粉丝量在 500 万以上，腰部自媒体的粉丝量在 100 万 ~ 500 万之间，而 100 万以下都归为尾部自媒体了。B 站平台的头部自媒体拥有超过 100 万粉丝量，腰部自媒体拥有 10 万 ~ 100 万，10 万以下就是尾部自媒体了。小红书平台的头部数据是 50 万以上，5 万 ~ 50 万是腰部自媒体，5 万以内就是尾部了。粉丝数量对 KOL 来说当然是传播力和影响力的直观表现，头部自媒体可以换来头牌流量，但实际的传播效果和转化率却并不一定与粉丝规模正相关。

2. 按照所属平台分类

当前主流的提供内容服务变现的 KOL 平台主要包括抖音、今日头条、微信公众号、微博、快手、B 站、小红书、知乎等，下面来了解一下部分平台的综合数据情况，如图 9-1 所示。

	微博	抖音	快手	B站	小红书	微信	知乎	今日头条
月活跃用户数(亿)	5.23	8.5	7.77	4	1.38	12.1	1.2	4.1
特点	讯息广场&娱乐化	强娱乐、中心化	真实、人体	年轻、二次元	女性、精致生活	垂直行业、深度信息、私域流量	知识内容	资讯信息
活跃率	20.4%	57.2%	48.3%	26.4%	33.1%	–	–	42%
月人均使用时长(分钟)	1710	2670	2100	3270	990	1710	2100	2200
年轻人群覆盖度	30岁以上用户占比23%，30岁以下的占比77%	0–18岁，10.9% 19–25岁，35.4% 26–30岁，17.6%	0–18岁，15.7% 19–25岁，27.0% 26–30岁，14.6%	0–18岁，9.3% 19–25岁，49.6% 26–30岁，13.4%	0–18岁，9.2% 19–25岁，33.0% 26–30岁，20.4%	18岁以下15% 18–22岁，27% 23–30岁，39%	24岁以下占比近26%25–35岁人群占比近57%	19–24岁占比12% 25–30岁占比23% 31–35岁占比19%
一线以及新一线用户	16%	36%	21%	53%	56%	16%	45%	25%
主流玩法和机会	种草、代言人营销、事件营销、造热搜，热门事件	场景营销、种草新的转化入口	认人买货和下沉红利	深度种草 圈层测评 品牌年轻化	好物评测 清单推荐	种草、代言人营销、事件营销、造热搜，热门事件	知识问答、深度图文种草、科普	公关稿件、UGC、精准推荐

图 9-1　主流内容服务变现的 KOL 平台

① 平台综合态势分析。从各平台总体月活跃用户数来看，目前微信平台、抖音、快手三家的数据最为靠前。在这些社交媒体用户中，短视频用户的总体数量又接近 90%。其中，微信平台在覆盖度、依赖度和用户黏性方面的表现更为突出，但不能将微信平台的总体表现直接

理解为微信公众号的覆盖度、依赖度和黏性。这是由于该平台的特征限制，微信公众号的表现很难与微信本身进行剥离评测。所以，比较而言抖音平台则依靠高敏感度和扩散性，处于各主流平台最有竞争力的位置。各主要平台的特征及定位如图 9–2 所示。

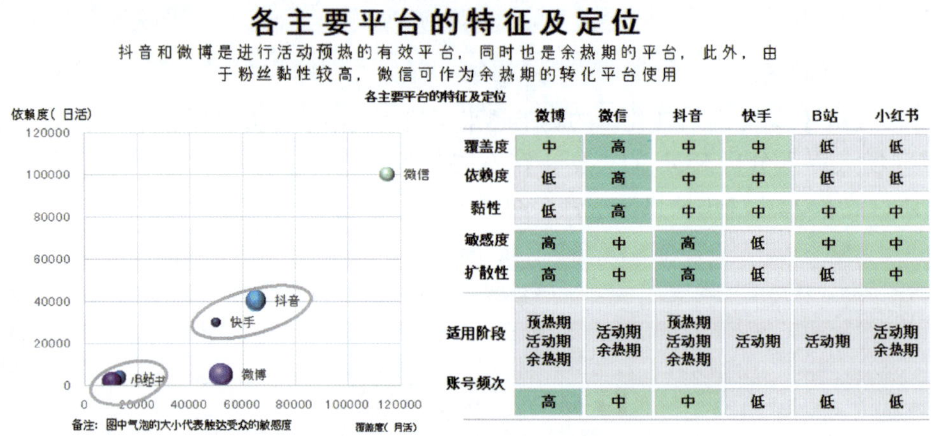

图 9–2 各主要平台的特征及定位

从性别分布数据来看，除了小红书的用户群体强女性特征外，其他平台基本上还是男女比例均衡。在年轻人群覆盖度方面，各平台在 35 岁以下人群的占比都超过了 50%，其中微博的年轻化趋势最为明显。地域分布方面，快手在四线城市有着较为突出的表现，其余各平台均以一线或新一线城市见长。在内容分布方面，各家平台都有相对擅长的领域，但相互间的竞争优势却并不十分突出。比如小红书在美妆领域尤为突出，抖音在汽车和休闲娱乐两个领域都有很好的表现，但在奢侈品和 3C 领域都没有太过亮眼的表现。综合以上各平台整体商业化程度来看，抖音、微博、微信的可商业化账号总数远远高于其他几个平台，如图 9–3 所示。

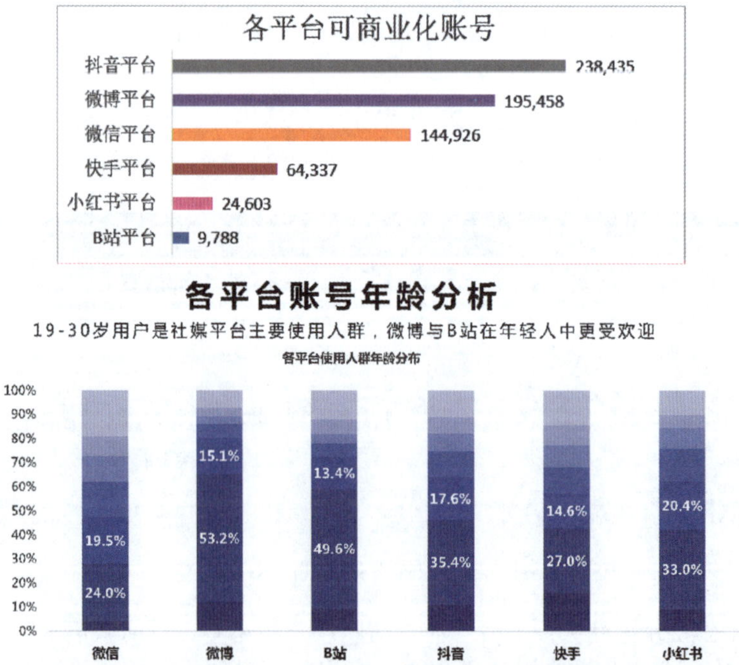

图 9–3 各平台可商业化账号数据分析

② 平台优势分析。由于各平台的量级不同，下面引入的数据分析中划分账号的标准也不相同，具体各平台 KOL Tier 参考标准见表 9–1。

表 9–1　各平台 KOL Tier 参考标准

粉丝规模	微博	微信	小红书	抖音 / 快手	B 站
Tier 1：	≥ 5 000 000	≥ 2 000 000	≥ 500 000	≥ 5 000 000	≥ 1 000 000
Tier 2：	≥ 1 000 000 <5 000 000	≥ 500 000 <2 000 000	≥ 50 000 <500 000	≥ 1 000 000 <5 000 000	≥ 100 000 <1 000 000
Tier 3：	≥ 100 000 <1 000 000	≥ 30 000 <500 000	≥ 10 000 <50 000	≥ 100 000 <1 000 000	≥ 30 000 <100 000

注：Tier 1 为头部，Tier 2 为中部，Tier 3 为尾部。

抖音：截至 2020 年 8 月，抖音的日活用户数突破 6 亿，月度活跃用户规模超 8.5 亿，已经从高速发展期步入平稳运营阶段，是主流平台中用户规模最大的短视频 App，排名短视频第 1。创作用户持续高速增长，其中男性创作者增长速度更快，如图 9–4 所示。颜值达人、剧情搞笑、影视娱乐 3 类 KOL 是平台占比最多的类型，娱乐、萌宠、体育、美食、科技类细分领域增粉率较高，为平台热门内容，如图 9–5 所示。

快手：截至 2020 年上半年，快手直播日活用户达 1.7 亿，排名短视频第 2。全年在快手平台发布作品的用户数达 3 亿，男女用户比例相对均衡。从用户城市等级分布来看，快手不断向一、二线城市拓展，目前比例已接近 45%，如图 9–6 所示；从短视频类型来看，生活类视频内容仍然是快手用户发布最多的类型，如图 9–7 所示。

微博：该平台账号类型较为丰富，其中娱乐影音、美容美妆及时尚穿搭的账号占比较多，从数量上来讲腰、尾部 KOL 居多，如图 9–8 所示。

微信：该平台上情感心理类型账号占比较高，尾部 KOL 占比超过 60%，而且地域类账号占比较多也是很明显的特征，如图 9–9 所示。

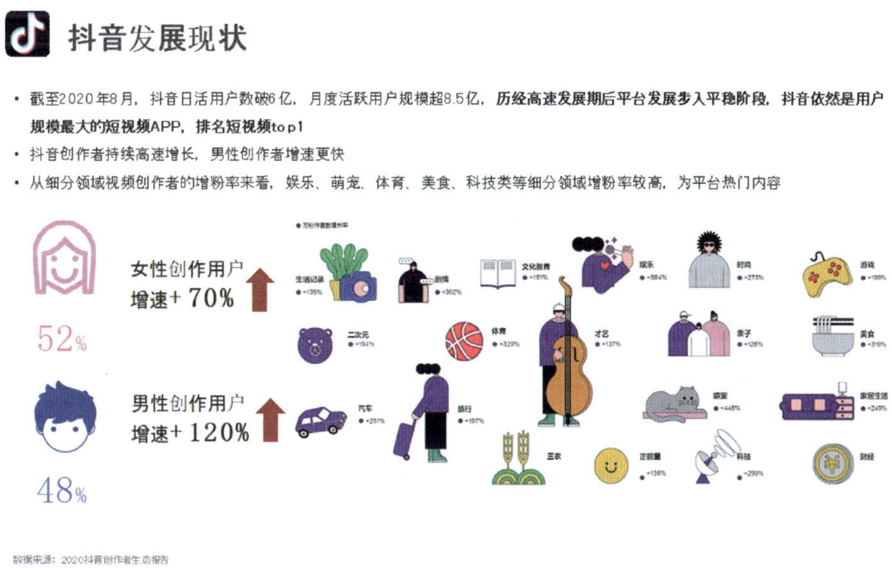

图 9–4　抖音发展现状

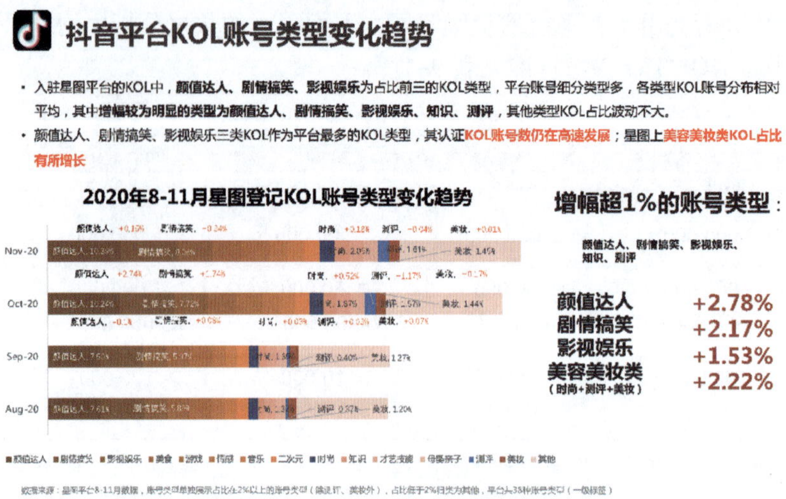

图 9–5 抖音平台 KOL 账号类型变化趋势

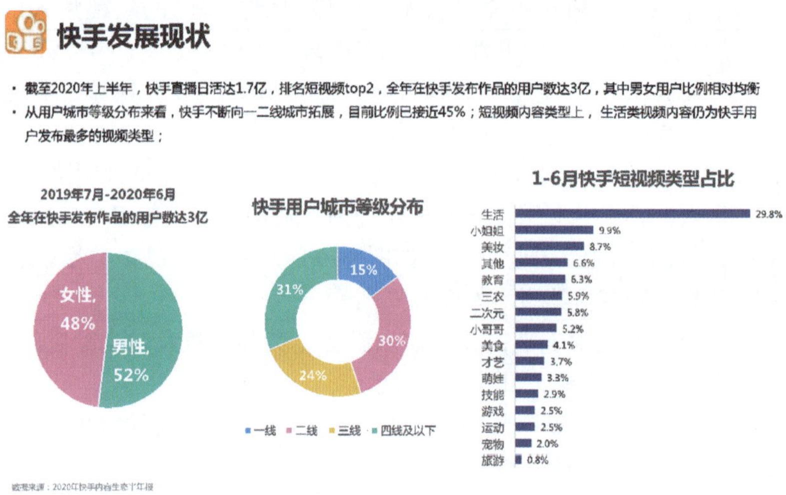

图 9–6 快手发展现状

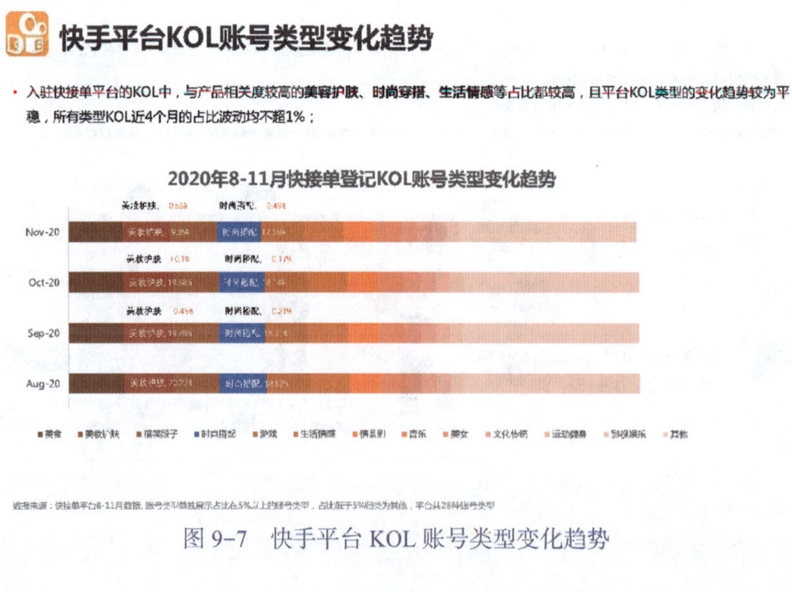

图 9–7 快手平台 KOL 账号类型变化趋势

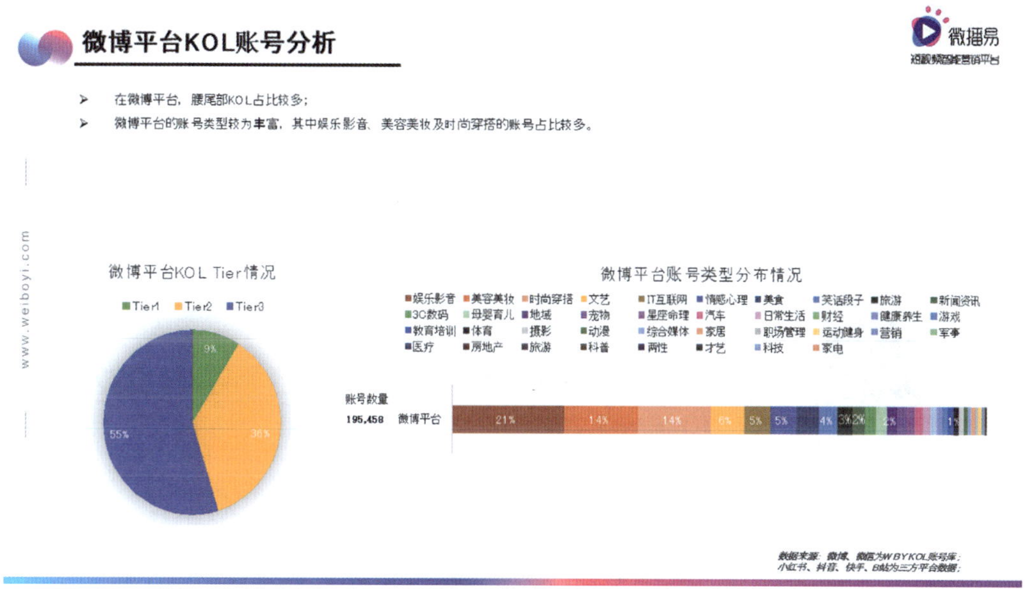

图 9-8　微博平台 KOL 账号分析

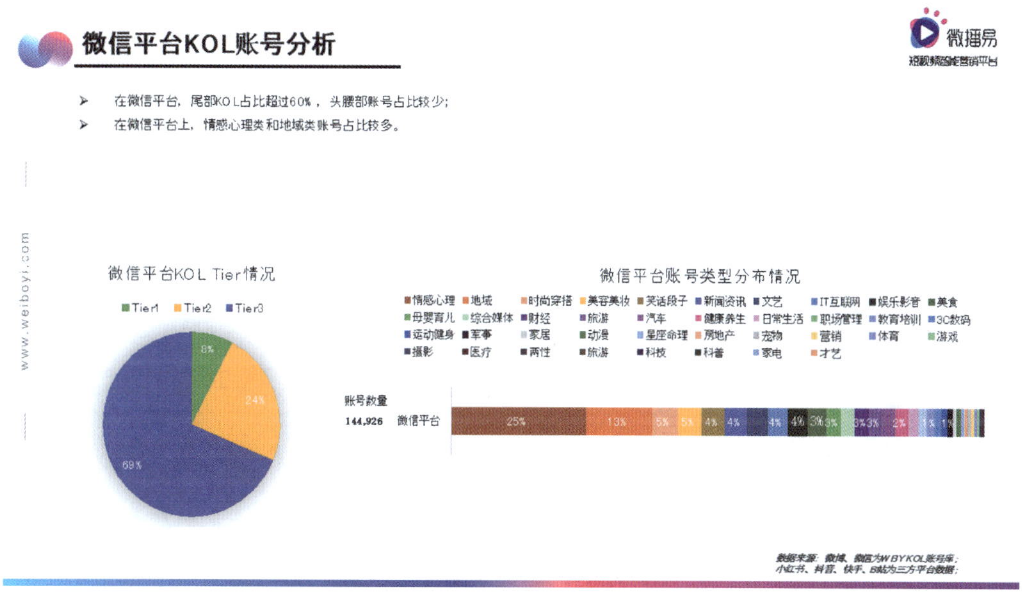

图 9-9　微信平台 KOL 账号分析

小红书：该平台上美妆类账号数量占比最高，其次是时尚、母婴和美食等标签的账号，在粉丝量级上腰、尾部数据占绝大多数，如图 9-10 所示。

B 站：从类型上看生活类、时尚类和游戏类账号占比较多，量级上是腰部 KOL 占比最多，如图 9-11 所示。

3. 按照行业垂类分布

这是依据达人分类跨平台找出相应属性的达人的分类方式。以美妆行业为例，行业中既有跨平台属性的全网达人，也有在平台内排名靠前的具体品类达人。

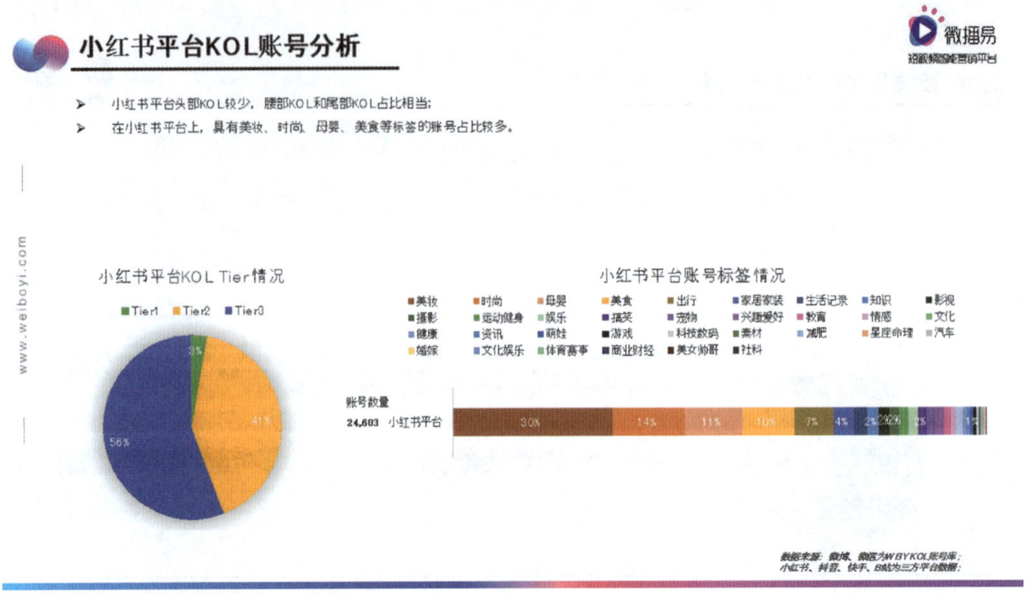

图 9-10　小红书平台 KOL 账号分析

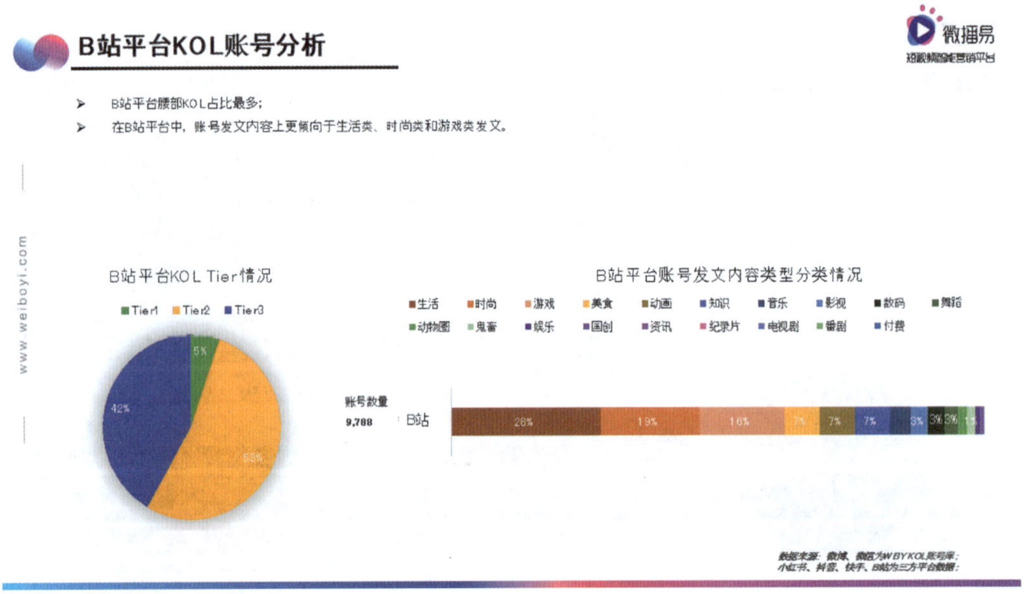

图 9-11　B 站平台 KOL 账号分析

9.1.2　与 KOL 合作的两种模式

1. 通过中台机构进行合作

KOL 中台机构是伴随“达人经济”兴起而成长起来的一种全新的销售机构类型。溯源营销传播行业历史，它的功能作用和细分类型跟媒介代理公司相似。在传统广告代理行业中大众熟知的有专营户外媒体业务的凯帝珂（Kinetic），也有专营数字媒介业务的华扬联众（Hylink）等。

然而，随着自媒体市场的不断成熟，营销人士发现 KOL 营销与过去的营销类型都不一样。面对碎片化的媒介以及内容产出方式，以个人为单位的鲜活的媒体持有者，常规的媒介管理方式都不再适用了。于是，专门针对 KOL 营销传播的中台公司应运而生。不能用传统的媒介代理来定义这类型公司，因为它们与自媒体主之间的关系并不是简单的代理关系，而是更加复杂的伙伴关系，所以暂时将其定义为中台公司。

KOL 营销模式的复杂性也体现在这一类型的业务在大营销领域中的多元融合特点。比如公关公司传统的软文发布就与 KOL 营销存在很多相同之处，尤其是在图文内容服务领域的相似度非常高。伴随短视频的崛起，传统的创意公司也找到了它们与这一新营销类型的契合点，利用数字化手段进行整合传播原本就是数字服务公司一直以来的核心工作。所以，当前营销行业中超过 80% 的公司都在从事着与 KOL 营销相关的业务。中台公司的业务来源既可以是直接客户，也可能是公关公司、创意公司，甚至是数字媒介代理机构。

新媒体 KOL 投放选择与中台机构合作应该客观衡量其优势与劣势。更广的选择范围，更周到的营销服务是中台机构的优势，而且他们还具备更加专业的分析能力。比如中台机构站在更广阔的行业视角对每个主播、达人进行综合分析，其客观评价排除了主播自评时的非理性因素。当然，选择与中台机构合作也要看到他们对 KOL 的了解多是数据性的，所掌握的资料相较于主播自己肯定是不够丰满的。所以，一旦还原到真实的业务场景中，主播自己的介绍往往更加感性，充满各种生动细节；而听到中台机构对 KOL 的介绍更多趋向数字化的理性分析，通过他们将信息中转传达给每一位主播，就难免产生信息损耗。

2. 直接与 KOL 及 MCN 合作

MCN 全称为 Multi-Channel-Networks，就是为内容服务提供中介服务的机构，在资金的有力支持下保障内容的持续输出。它与 KOL 的关系类似于明星与经纪人之间的关系，通常被视为利益共同体。只是一家 MCN 合作的主播数量庞大，他们间的关系就相对松散。在真实的业务环境中，各平台官方口径多要求与 KOL 主播合作必须通过 MCN 机构，但也有与主播直接联络达成合作的情况。所以，大型的综合性营销活动适合与中台公司合作，长期与单一主播的合作则更适合与主播本人或 MCN 机构直接联络。当然，在新消费环境下，以后的 MCN 机构绝不会是局限在单纯的主播签约、孵化，内容生产，渠道分发的业务状态，而会更多服务于客户在品牌策略、竞品应对和获客拉新方面的需求。

任务 9.2 KOL 的筛选与评估

【任务描述】

根据客户投放需求，在不同平台完成符合合作需求的 KOL 筛选，评估的依据及多维度的数据分析也是本节任务的重点。

【任务实施】

在当前人工智能与大数据时代背景下，每一个 KOL 背后都有多维度的海量数据，任何单一数据，无论是粉丝规模还是播放量，都无法完整地体现某一 KOL 的营销价值。所以，以微播易的 SNBT 指数体系为例，探讨如何综合各类型数据更加全面客观地评估 KOL 的商业价值。

SNBT 指数全称“社会化媒体行为定向精准投放技术”（Social Network Behavior Targeting），是微播易专利技术，是对自媒体账号在社交网络中影响力进行评估的综合分析指数体系。该系统主要从 6 个维度来评估短视频内容的商业价值，具体包括：内容传播指数、互动指数、活跃度指数、成长性指数、健康度指数和商业适应性，如图 9-12 所示。

中级微课 9-2
SNBT 指数

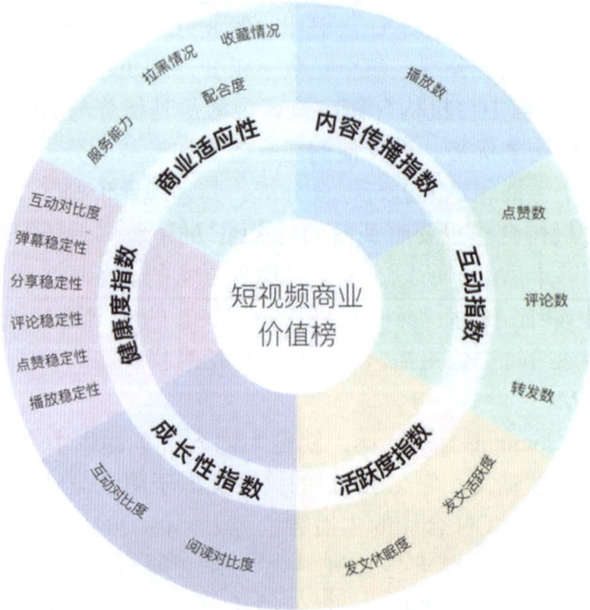

图 9-12 短视频商业价值榜

具体来看，内容传播指数主要用于评估 KOL 的扩散传播能力，拥有海量用户的触达量是最好的传播起点。互动指数用来评估 KOL 粉丝黏性以及用户心智的影响能力，在实现高播放量的同时，点赞、评论、转发量越高，就证明该 KOL 内容对用户的影响越有效。活跃度指数主要用来评估账号发文的频率，是否有持续的内容创作能力。成长性指数主要通过一定周期的环比数据增长情况，判断 KOL 是否具备高增长的潜力，比如粉丝增长、阅读增长、互动率增长等。健康度指数主要评估账号是否拥有稳定的真实有效数据，指数越高，说明投放效果越稳定，越有保障。最后是商业适应性指标，主要基于微播易平台上的订单评价，评估 KOL 的实际服务能力，是否可以高效配合，是否具备体系化的服务能力等。

当然，在微播易商业体系之外，还可以通过以往交易情况，综合评估 KOL 的服务能力，选择更合适的合作对象。

项目实训

“明明可以靠脸，却偏偏要靠才华”是众多网友对“Mr Yang”的第一印象。的确，他出演过偶像剧也发行过个人专辑，然而却告别了娱乐圈，凭借一口流利又地道的英语而转型成为一名英语老师，并开始创作短视频作品。作为明星英语老师，他曾受 CCTV 邀请担任英语大赛评审，哈佛大学等多所知名国际院校曾邀请他讲授英语演讲相关课程，获得传媒类、教育类嘉奖无数。经过在互联网的 5 年深耕，他已经是全网粉丝量超 2 000 万，抖音作品平均播放量超千万的知名教育 KOL，如图 9-13 所示。

图 9-13 “Mr Yang”杨家成的短视频截屏

KOL 是社交媒体环境下，对于品牌至关重要的口碑传播信息节点，但不能简单等同于名人代言和网红。“Mr Yang”之所以粉丝众多，就是因为他能在所在的垂直领域里，提供给粉丝们相当专业的指导性意见，进而起到引导消费的作用。以自媒体账号在社交网络中影响力进行评估的综合分析指数体系来看，他在六个维度上的表现都是对他进行筛选和评估的依据。在信息碎片化的数字营销洪流中，借助 KOL 种草带货，显然是品牌圈粉并快速收获高回报的重要方式。品牌商及合作平台对 KOL 的筛选和评估也正变得更加科学化、精细化，从过去对动辄千万量级曝光的狂热，到对流量造假的抵制，从评估 KOL 能让多少人对产品长草，到评估 KOL 能转化多少人购买产品，筛选与评估的数据将更加精准。

课后练习

请扫描二维码，查看本项目课后练习。

项目 9 课后练习

项目 10　新媒体广告平台投放

课时　4 学时

项目描述

通过本项目的学习，读者将全面细致地了解新媒体广告平台投放从策划、实施到复盘的全过程；掌握根据对营销目标的洞察、拆解和分析，完成营销策略方案策划；能根据营销策略，对内容亮点进行挖掘；能根据广告投放的相关法规，完成投放方案策划；能根据投放效果，对投放数据进行监测与分析，完成投放内容的优化；完成结案报告撰写与结案汇报。

学习目标

知识目标	1. 了解对项目投放背景分析的常用逻辑
	2. 了解对项目投放目标的分析拆解方法
	3. 了解广告创意的打造流程
	4. 了解创建广告内容的审核规则
	5. 了解广告各种数据指标的含义
能力目标	1. 能通过对营销目标的洞察、拆解和分析，完成营销策略方案策划
	2. 能根据营销策略，对内容亮点进行挖掘
	3. 能根据广告投放的相关法规，完成投放方案策划
	4. 能根据投放效果，对投放数据进行监测与分析，完成投放内容的优化
	5. 能完成结案报告撰写与结案汇报
素养目标	1. 具有根据项目要求设计新媒体广告营销策略的能力
	2. 具有根据广告投放数据分析投放效果和调整广告项目执行战略的能力
	3. 形成踏实肯干、吃苦耐劳的工作态度

知识图谱

- 项目10 新媒体广告平台投放
  - 广告平台营销策略制订
    - 投放背景分析
    - 投放目标分析
  - 广告平台营销内容方案策划
    - 广告创意构思
    - 广告创意制作
    - 广告创意优化
  - 广告平台投放方案策划
    - 广告投放相关法律法规与审核规则
    - 投放策划
  - 广告平台投放内容优化
    - 业务数据指标选择
    - 数据处理与分析
  - 广告平台结案报告撰写
    - 投放报告的分类
    - 日常性投放报告的撰写方法
    - 阶段性投放报告的撰写方法

任务 10.1 广告平台营销策略制订

【任务描述】

根据对营销目标的洞察、拆解和分析，完成营销策略方案策划。

【任务实施】

10.1.1 投放背景分析

得到一个新的广告投放项目时，首先要从行业分析、产品分析、竞品分析、用户分析和现状分析 5 个维度对客户进行分析。

1. 行业分析

行业分析是指根据宏观市场情况，借助其他科研分析平台、行业分析报告与数据对行业整体发展的运行状况、发展趋势、消费者画像、行业竞争力、市场竞争格局等维度进行行业要素深入分析，从而发现行业整体营销的痛点、用户、趋势，进而规划下一步的投放策略与落地执行进程。

行业分析更适用于运营人员了解投放客户在所属的行业里面具体的定位以及后续的行业发展方向与要求，并且结合行业属性、特性与后续投放策略做呼应和结合。

行业分析会先从大的行业维度对标客户所在行业，从服务范畴来看，行业可划分为五大行业，如果对行业比较熟悉，可以划分得更细。首先是网服行业，可以说跟每个人都相关，主要是指依托互联网的技术发展起来的行业，例如人们非常熟悉的社交网络 App；第二是电商，涉及的都是在线进行商品交易的客户；第三是金融行业，比如说保险、理财类等产品都属于这一类；第四是游戏，事实上游戏的种类有很多，从用户的投入成本进行划分，可以分为中重度和轻度游戏；最后是本地客户，例如线下的培训机构，就是特别典型的本地客户。分析客户行业可以从行业整体的概况，例如发展历程、规模趋势等多维度来了解大背景，其次可以通过更细分的维度，例如行业的市场类型、发展阶段等总结通用的行业特征。

2. 产品分析

产品分析是指针对用户所投放的产品（物品 / 服务 /App 软件等）做出实际的定位与认知，并且分析产品本身的适用人群画像、产品定位、产品卖点等，得到具体的数据分析，支撑后续投放策略的制定与投放执行。

分析产品的最好方法是对产品进行体验，然后总结体验感受，再通过产品的说明、文档、网站介绍、用户评论等进行产品结构、用户使用流程、功能体验的优缺点进行分析。还要看看产品用户的分析，对用户的分析集中在用户的基础信息上，如年龄、性别、用户的兴趣爱好等行为特征，以便更好地选择投放媒体和挖掘产品卖点。

例如客户是电商客户，分析发现用户年龄集中在 20 ~ 30 岁，以分布在二三线城市的男性用户偏多，这个群体比较关注数码和服饰产品。那么后面再做投放计划，可以通过相关产品进行用户触达。当然除了要关注自身以外，对竞品也要有一定的了解，知己知彼方能找到更多的市场机会。

3. 竞品分析

竞品分析指对于投放客户的直接竞对（竞争对手）产品进行产品定位、投放策略、投放目的、投放形式上的多维度分析，结合直接竞对实际情况在后续投放策略可进行差异化或协同化的策略进行投放。

竞品分析的方法和分析客户自身产品的方法是一致的，但需要注意的是竞品分析的目的是为了找到客户产品的差异性和找准定位。

4. 用户分析

用户分析是指对信息用户的类型、特点、需求及其与信息有关的习性的分析。可从年龄、性别、地域、兴趣点等维度进行拆解与分析，后续可直接影响定向投放策略。

另外，可以主要看一下客户财务状况的分析。如果客户是上市公司，可以通过客户发布的财报新闻等途径了解客户的财务健康度。客户预算的分析可结合融资情况以及历史广告投放情况进行分析。

5. 现状分析

现状分析是指针对广告主目前的投放情况，如投放内容、投放形式等，进行归纳总结并且针对性地给出后续的改进建议，客户接受策略也相对更直观。

10.1.2 投放目标分析

1. 目标拆解

投放动作都会伴随着投放目标出现，按照整体投放流在投放目标分析前，可对投放目标进行拆解，如：曝光、点击、激活 / 获客、付费、留存率。

在所有的客户投放目标当中，最常见的是以下 4 种：第 1 是以曝光为目标，以曝光需求为导向的公司，注重公司的品牌影响力、形象和知名度；第 2 是以获客为目标，新客需求是最常见的，考核用户是客户营销的主体，深挖覆盖新用户是客户用户增长的主要方向；第 3 是以付费为目标，付费是转化过程中最后一个维度，需要客户配合监控后端转化效果以及反馈效果，从而优化投放模型；第 4 是以留存为目标。用户留存被越来越多的公司所重视，提升用户的活跃留存率，成为运营人员日常工作的重心之一。

2. 不同时期的投放目标分析及投放策略

投放按照节奏分为不同的投放时期，一般为三个时期：初步测试期、放量投放期、稳定效果期。在不同的投放时期中，对应的投放目标的优先性也有不同的差异。

首先可以先看一下初步测试期的客户，这部分客户一般是公司产品刚上线，进入初步测试投放阶段，对产品用户人数开始进行一部分的扩充，该阶段公司需要一部分新增用户，但由于产品还不够完善，不适用于大规模投放，在初步测试期的广告预算也是有限的，广告主需要在有限的预算下测试出良好的效果，从而为后续大力度投放作参考。该阶段客户的最终目标是测试性增量，对于各个转化环节的要求并不是很严格，因此各项数据指标均作为辅助目标。

第二种阶段的客户是处于放量投放期，那么该阶段的客户公司的现状是比较稳定的，产品乃至整个公司需要进一步的发展和扩张，该阶段产品的使用人群需要大规模的扩张，除了品牌投放以外会配合大量信息流渠道投放，因此广告主在放量投放期的预算大多数是大量的或者不限制的。该阶段广告主的重点目标是需要新客，因此对从点击到下载再到激活的 3 个环节，会重点把控与考核，后续深度的用户行为作为辅助目标反馈给优化人员进行参考。因此在该阶段，大多数客户对于激活成本这方面会考核得非常的严格，大家在日常投放时也需要更加关注它的激活成本。

第三阶段是稳定效果期，稳定效果期的公司产品一般情况下已经是非常稳定了，而且整体扩增量能力逐渐减弱，转化成本也逐渐增高，公司开始进入严格考核效果精细化运营的阶段，并且开始关注整体的投资回报率情况。因此该阶段广告主给到的预算是有限的，且将注册到付费再到留存等一些靠后端的用户行为作为重点的目标。因此在该阶段时优化师需要更加关注靠后端的一些行为，只有把后端的效果做上去，才能稳定客户的投放节奏。

任务 10.2 广告平台营销内容方案策划

【任务描述】

根据营销策略，对内容亮点进行挖掘。

【任务实施】

10.2.1 广告创意构思

1. 广告创意概念与重要性

（1）概念

创意是一个广告术语，这个词有名词和动词两种属性，按中文字面上的理解，创就是创造，意就是意象意境，所以创意连在一起就是创造新的意象，新的意境。创意的核心是创造。比较官方的定义中，广告创意是广告人针对广告进行的创造性的思维活动，是广告信息传播的关键，通过对产品的诉求进行表现，也就是说在广告策划阶段确定了诉求的内容，然后对诉求内容进行创意的艺术表现。

综上，所谓广告是通过想象、组合和创造，对广告主题、内容和表现形式所进行的观念性的新颖性文化构思，创造新的意念或系统，使广告对象的潜在现实属性升华为社会公众所能感受到的具象。

广告创意主要是由创意文案和创意素材这两大部分构成。

（2）重要性

广告创意主要有三大作用：

- 流量入口。好的广告创意是一个流量入口，是新增量级的重要入口，吸引精准人群的重要环节。
- 信息展示。信息展示能使用户停留并关注，吸引用户点击，最终才有可能转化为目标用户。
- 转化开端。用户观看创意的过程中，如果创意能够刺激用户的需求，引发用户共鸣，那么用户愿意为广告买单的比例会直线上升，此过程起到的作用就是转化开端。

（3）来源

广告创意来自广告业的人才，而大多数具备广告创意的从业者都具备以下4个特征：首先是细心观察身边的事物，努力寻找别人看不到的特点；然后是丰富的想象力，可以让广告带人走进一个想象中的世界；同时要善于联想，从一个点出发想到不同的关联性；最后能够带着这种创造性的思维实现广告制作。

2. 广告创意构思四步法

广告创意构思的四步法是构思广告创意并将创意规划制作出来的有效方法。四个步骤包括：研究产品的属性，分析受众的画像，构建使用场景，切入产品的卖点。

（1）产品属性

先看以下例子：假如用户看到一个读小说App推广的广告和一个卖汽车的App，会倾向下载小说的小程序还是卖汽车的小程序？当然爱读小说的人会选择小说，有买车意向的会选买汽车。但两种倾向都没有的人会选择哪个呢？

可以根据产品属性重点刺激唤醒用户的需求。比如小说App可以介绍小程序里有海量小说，类型全覆盖，可以充分打发碎片时间。如果是卖汽车App，可以从买汽车本身属性分析：买汽车不是一件容易的事情，汽车的价格比较昂贵，用户可能还要花费一些时间成本去试驾体验等，所以它其实是一个偏理性的决策过程，买汽车的时候考虑因素会有很多，而偏理性的决策的产品，较好的办法是强调与竞品相比是否有优势和突出的卖点，如横向性能对比、性价比、品牌效应等等。但如果产品的优势不突出，则可以从用户痛点着手：比如相比较坐地铁或打车费时费劲，自己拥有一辆汽车是多么舒服的一件事。

因此，对于产品属性需要深入理解，再针对性布置不同的策略进行创意的构思和定位。

（2）用户属性与心理

用户主要是由用户属性和用户心理两大部分构成的，用户属性主要包含基础属性和特色属性：基础属性是用户的年龄、性别之类共有属性；特色属性如兴趣爱好、收入水平之类，是一些用户的特有属性。

比如金融产品，从基础属性分析，男性在金融产品上的转化会比较好，基于这样的信息，可以加入更多男性关注的素材创意。从特色属性分析，同样是金融产品，具体到保险产品，收入在平均值偏上的，才能更有能力购买保险，而兴趣爱好包含汽车或房产这类用户往往收入比较高，这一类人群购买保险的概率会更高。

与用户属性同样重要的是用户心理。用户心理分为了两个部分：普通心理和特殊心理。同样是保险的例子，免费的保险非常容易吸引眼球，因为图便宜是大众普遍的心理，在做创意的时候，可以结合这样的用户心理做一些引导，往往会获得不错的效果。用户的特性心理同样需要注意，继续上述保险的例子，寿险和重疾险是相对较贵的产品，而对于这种产品的角色，用户往往不会马上做决定，这时可以利用对不安全感的保障渴求这种特殊心理，针对痛点做创意，突出保障范围和保额吸引消费者。

（3）使用场景

让用户了解产品应该在什么场景下使用，可以帮助唤醒用户对产品的需求。例如看小说的情景，可以在地铁上或者回家躺在床上，利用这些使用场景来唤醒用户对小说的需求，进而下载产品。

（4）产品卖点

产品的卖点是用户选择产品的原因。在写文案或做创意的时候，可以结合用户的心理来描述产品的卖点，比如某个加盟奶茶店的文案是：一个人加上 20 平方米面积，免费的设备，8 000 元的投入，就能轻松当个老板。这个文案能通过“当老板赚钱”和”“投资少”两个卖点，满足大多数选择加盟用户的心理需求。另外，在卖点的挖掘上，要充分考虑定投目标的人群，注意不同卖点所触发的用户群。举个家装的例子，有的人喜欢偏欧式的风格，有的人喜欢简约的风格，有的人喜欢田园风，针对不同人对装修的需求，如果卖点只是突出某种风格，那么产品将失去大量潜在用户，所以这种情况下可以将关注点放在设计师上，将设计师打造成产品卖点。

知识拓展

广告创意三要素

广告创意三要素是指创意标题、创意素材和附加创意。创意标题决定是不是第一眼就能抓住消费者的注意力，让他们想要看到更多的内容；创意素材指的是图片创意和视频的创意，比如说大图、小图、组图或者是说视频，这些创意内容是不是够吸引人；最后是附加创意，如表单、智能电话、卡券等，这些附加创意也能触发消费者的进一步转化。

10.2.2 广告创意制作

1. 标题文案

（1）标题文案构思方向

标题文案构思时，要注意 4 个方面。

① 符合阅读习惯。简单易读，尽量少使用偏僻字或专业术语，避免生硬、晦涩难懂。

② 要贴合平台内容。贴近平台本身的风格，能有效降低用户对广告的感知。

③ 要从产品角度思考。明确投放产品是什么，直接指向功能和与竞品的差异性。

④ 要从受众角度思考。用目标受众可以接受的语言风格，针对不同心理特征触发兴趣。

标题热门句式

（2）标题文案——巧用热门句式

① 如何体：如何、怎样、怎么、何以、知道……么。当在标题当中使用“如何、怎样、怎么、何以、知道……么”这些句式作为开头，大概率都会引起用户注意，如果刚巧是用户的需求，那么他们大概率会为此多留一阵。

② 否定体：负面词汇（OUT、落伍、亏大了、甩几条街）、不是。否定体其实是抓住了大家不喜欢被否定和喜欢从众心理的诉求，所以当看到“再不看就亏大了”“再不看就落伍了”等这些内容出现在标题中，用户经常会多停留一阵。

③ 数字体：价格折扣、收益、截止日期……可以用一些数字去表示产品的特点，把数字直接放在题目里，也可以吸引注意力。

④ 归纳体：盘点、合集、都在这里、大全、总览。归纳体通常的用词是“盘点、合集、都在这里、大全”等，归纳体是让用户感觉到不需要费力，就能看到所有的内容。能够站在用户的角度上总结一些他想看到的，省了时间，省了对比的功夫，用户自然乐于看到。

2. 图片编辑制作

广告创意制作离不开图片编辑，以下对图片编辑各方面要点进行介绍。

（1）元素

图片编辑与制作主要包含六大元素：产品主图、背景图、素材文案、Logo、模特和引导按钮。如图 10-1 所示。

图 10-1 图片编辑元素

① 产品主图。实物产品需要呈现清晰和相对完整的产品主图，以便于受众正确地识别这个产品对于自己来说是不是有需要的。虚拟产品需要将产品特色功能或者利益点明确，以便于受众有效理解。

② 背景图。图片色调需要配合品牌 / 服务调性，以及受众人群的特质，内容需要考虑产品功能和特点。

③ 素材文案。素材文案使用时要注意重点突出，比如说有折扣、免费、最高优惠力度等，需要做相对显眼的设计，并且突出重点。

④ Logo（图标）。Logo 的添加能够强化品牌效应。如果品牌特别知名，建议将 Logo 放在显眼位置上，这样可以形成品牌背书。Logo 一般位于边角，与背景图需要有一定对比，容易辨识。

⑤ 模特。模特主要分为两大类：明星代言或者素人。明星可以吸引粉丝，增加品牌形象进行转化；素人更容易让普通人代入，能够使产品更加接地气，例如教育或婚纱类，常会使用素人来突出产品的特性，同时通过场景化来增强代入感。

⑥ 引导按钮。效果类广告通常在素材上设计引导转化元素，但需要合理规划。广告决策成本较高的，需要加大按钮面积引导用户做决策。但注意一定要规划合理，避免引起用户反感，也要考虑审核的因素，不能做诱导性的设置。

（2）图片制作要点

① 整体布局：一张图表现一个核心意思。当一张图有多个核心意思的时候，往往不容易聚焦，用户在观看的过程当中很容易走神。如图 10-2 所示，图片中的主标题非常明显，背景是民

图 10-2 单图单核心公益广告

间画作的惬意农村生活景色，一眼可以看出这是一个公益广告，弘扬了社会主义核心价值观。

② 拼接布局：全方位、立体化、多角度混合创意展现。布局是第二个原则，有多图的时候，可以组合展现。

如图 10-3 所示，是一站式的结婚照广告，图中包含了三个姿势，配合标题提及的“仪式感”，当用户被照片中的姿势吸引的时候，很可能会引发好奇心下载来看一看，然后参考这些姿势拍照。

图 10-3 多图拼接广告

③ 切割布局：整图切割成不同板块，用组图表现。切割布局是将长图切块，再连贯展示。如图 10-4 所示，这种构图会让人感受到连贯性和一致性，如果广告需要用一个大图或长图来展示的时候，可以尝试做一些切割，这样既能保持视觉效果又能更灵活多变。

图 10-4 长图切割广告

3. 短视频制作要点

目前短视频是用户主要的娱乐场景之一，创意短视频受到的重视越来越多。与长视频相比，短视频更加碎片化，更加生动直观，少了很多铺垫，直接传达卖点，让用户可以不费力的思考，快速做出决策。关于短视频应该注意以下细节：

中级微课 10-1
图片编辑与制作六大元素

（1）视频的布景

对于布景的要求，色彩和环境与产品的契合最为重要。

（2）背景音乐

音乐本身是有情绪的，有的音乐能表达正能量，有的音乐能制造神秘的氛围，使用合适的音乐跟情节搭配更能吸引观众。但必须注意的是，选择音乐时一定要重视版权问题。

（3）人物

在选择人物上，要结合产品，结合广告，选择合适的演员。如果是教育类广告，教师会比较适合教育场景，保健品广告就应该选择医生来展示产品，因此在人物选择上要特别注意匹配产品。

（4）字幕

因为人是有偏向听觉型或视觉型的，要照顾偏向视觉型的用户就要添加字幕。加字幕时可以尝试把重点的内容放大，或者做一些颜色上的变化处理，来吸引用户注意。但要注意字幕不要遮挡产品或者视频中的人物。

（5）表现形式

创意短视频可以以不同的表现形式呈现，以下介绍 5 种常用的表现形式：

① 真人口播：也就是真人出镜。将体验通过真人描述出来，通常这种形式便于直接切入卖点，制作成本相对比较低。

② 产品展示：主要通过产品出境，将产品完整地展现在用户面前，从拆箱、拆袋到使用，将产品的全貌真实地呈现给观众，所见即所得，降低试用的时间和成本，唤起用户对产品的需求。

③ 情景剧：通过还原场景增强用户的代入感，直接触达用户的痛点或者解决用户的问题。因为此种形式故事性比较强，容易吸引用户关注。

④ 图片切换 / 图文快闪：这种视频制作成本非常的低，把产品的照片通过平台提供的一些视频模板工具进行加工和设计，最终变成一条可用的短视频。

⑤ 动画剧情：用动画的形式去表现，和情景剧比较类似，加入了虚拟的元素。动画形式在一些教育的产品当中，可以吸引小朋友的注意力。

以上 5 种就是创意短视频的常用表现形式。但表现形式不限于此，可以根据用户和客户底层的特质、特点和需求，在表现形式方面不断创新。

4. 营销落地页编撰

（1）落地页基础认知

在展示广告的投放过程中，落地页是承载广告、表达广告主关键信息的详情页面，是承载用户转化行为的终极场景。落地页的目的在于转化，充分利用手机首屏的有限空间传达给用户最有用的信息和价值，落地页从上至下阐述产品、品牌的销售思路，最终促成转化。

（2）落地页类型及特征

落地页按照转化目的来分类，可以分为线索生成型、点击跳转型两大类。

① 线索生成型。这种落地页的页面设置是一个信息表，当推广带来的流量进入落地页面时，这个页面可以快速收集用户信息，用户需要填写相关身份信息，如图 10-5 所示。

图 10-5　线索生成型落地页

② 点击跳转型。点击跳转型是在落地页上有按钮让用户点击跳转到电商页面或者引导到 App 下载页面，这种落地页起到了流程承接的作用，如图 10-6 所示。

（3）落地页元素和布局

1）常见的落地页元素

① 头图，一般头图是品牌 Logo、福利政策等。头图作为用户会首先看到的信息，要用简练的文字或显眼的图片突出重点，并抓住用户眼球。对比过去落地页的转化数据，优先展示优惠免费信息和内容的头图，特别是有相对的福利吸引转化更好。而品牌 Logo 的展示，也可以增加品牌背书，增强用户信任感。

图 10-6 点击跳转型落地页

② 导航，其作用就是信息分类。将内容划分，通过导航进行信息分类优化，相对节省页面空间。在用户点击相应板块后，即可跳转至特定页面，展开详细了解与浏览。

③ 文案。导航页面中，放置一些精简的文案，把控好重点，通常是显示活动介绍、保修服务以及在线预约等，其他的次要信息，如合作品牌等，可以视情况做调整，置后或放入其他导航页。

④ 表单，可设置计数器和字段。表单的填写，尽量遵循简洁便利的原则，切忌引发用户的厌烦心理。提交表单的计数器出发点，是用来刺激用户填写，字段设置的是用户需要填写的内容，适量精简，减少用户填写的时间成本，合理控制页面空间。

注意：表单字段控制在 3 ~ 4 个，填写字段越多转化率越差。

⑤ 按钮，分为立即下载、电话拨打、在线咨询、点击预约等几种类型。按钮处于显著位置，而且一般用手指都是比较容易点击到这些位置，感兴趣或有明确意愿需求的用户，可以立即点击触发转化。

2）常用的落地页布局

常用的落地页布局的目的、元素、功能见表 10-1。

表 10-1 落地页布局的目的、元素、功能

	目的	元素	功能
第 1 屏	突出卖点配合表单收集	头图、导航、表单	页面头图部分，把吸引用户的卖点展现出来，匹配广告创意进行第一次促进表单填写
第 2 屏	文案活动介绍	文案	阐释卖点，描述活动内容，产品介绍，逐步促进转化
第 3 屏	产品效果，再次插入表单，收集线索	文案、表单	插入产品使用数据和案例，给用户建立信任，并再次号召用户完成表单填写，促进转化

10.2.3 广告创意优化

1. 数据指标

广告投放出去之后，可以从数据指标看到投放效果。广告投放过程主要分为三个阶段，第一个是推广阶段，可以重点关注展示量和点击量，同时关注展示成本和展现量，影响的因素会有账户、受众、出价和创意等方面。第二阶段是稳定投放阶段，点击量除了会与定向有关系，与创意的质量有更大的关系。访问量、表单提交数、打开落地页访问次数和表单填写次数，会受到网站的质量、排版情况和整个转化链影响。第三个阶段是线下阶段，主要跟订单量有关系，也跟销售的能力和广告主自己的服务能力有很大的关系。在整体的落地推广阶段过程中，不能单独看广告投放的数据指标，要综合评估整个体系，从而促进广告创意的调整和优化。

2. 优化工具

类似巨量引擎等平台为广告主和营销师提供了非常丰富的优化工具，从灵感激发、内容制作到创意优化和创意投放，已经形成了一个高效的内容生产闭环。

此类平台目前已经可以实现人机协同、品效兼具的效应，如模板视频、程序化创意、创意服务中心、星图，等等，在广告创意制作过程提供大量优质的工具。

3. 优化方法

比较常用的就是 AB 测试。通过控制某一个单体变量，测试对应的效果。例如可以使用不同的文案，搭配同一张图片来测试文案的好坏。

另一种方法是创意深挖，即找到一个原点，然后分析它的上下阶点、相反点和相近点，分别剖析这个计划的好处。例如一个好的素材，好在哪里，找到好的相反点，可以用来帮助避坑；同时找到好的相近点，在相近点上延伸，推出新的创意；通过目前好的方向向上游深挖，找到上阶点，也就是找到好的原因；通过目前好的方向向下游深挖，通过结果反推一些结论，再去佐证，最终总结出一些创意方面的亮点。如图 10-7 所示。

图 10-7 创意深挖优化方法

任务 10.3 广告平台投放方案策划

【任务描述】

根据广告投放的相关法规，完成投放方案策划。

【任务实施】

10.3.1 广告投放相关法律法规与审核规则

1. 广告合规的重要性

如果广告不加以规范，会对消费者造成非常大的影响。在我国境内，商品经营者或者提供者通过一定媒介和形式，直接或者间接地介绍自己所推销的商品或者服务的商业广告活动，都要遵循《广告法》。同时《广告法》也是我国广告法律体系的核心。

此外还有一些其他调整广告活动的法律，例如《反不正当竞争法》《消费者权益保护法》《产品质量法》《商标法》《刑法》《食品安全法》等，都对《广告法》有着补充完善的作用。

除此之外，还有一些行政性法规和地方性法规，比如国务院发布的广告管理条例，人大制定的地方法规等。如果触犯以上法律法规，必须承担相应的法律责任。

- 民事责任：赔偿损失。广告主承担主要责任，广告经营者、广告发布平台依法承担连带责任。值得注意的是：广告经营者、广告发布者不能提供广告主的真实名称、地址。
- 行政责任：行政处罚和处分，由广告监督管理机关责令禁止发布广告，并且公开更正广告问题，消除影响，并视情节严重进行处罚，情节严重的依法停止其广告业务，甚至可能吊销营业执照。
- 刑事责任：如果违反广告法规定，利用广告对商品或者是服务进行了虚假宣传，构成犯罪的要依法追究刑事责任。如果广告监督管理机关和广告审核机关的人员玩忽职守，滥用职权，徇私舞弊，情节严重，构成犯罪的，也要依法追究刑事责任。

广告应当符合社会主义核心价值观，内容积极向上，每一条广告应当是一条有用的信息，即发布的每一条广告除了合规合法，还应有积极正向的价值引导。因此，广告人应肩负社会责任，传播高质量的广告内容。

2.《广告法》相关规定与解读

主要包含了政治敏感、公序良俗、真实客观、其他限制等 4 个方面。详见二维码链接。

广告法

3. 其他广告相关法律规定与解读

（1）形象、商标使用

广告中涉及明星、社会知名人士的形象、表情包等，或以明星名义宣传产品和服务，应提供本人的授权证明。如未经授权，在广告中单独使用他人已注册的商标，应修改广告文案或提供授权证明。

（2）抽奖、赠送商品的限制

抽奖式的有奖销售，最高奖的金额不得超过五万元（含商品价值），活动信息需要明确。赠品价格不得高于推广产品价格。有奖销售所涉奖的种类、兑奖条件、奖金金额或者奖品等有奖销售的信息应当明确，不得影响兑奖。

（3）广告文字

广告文字规范性：广告用语用字应当使用普通话和规范汉字；广告中不得单独使用汉语拼音，如需使用汉语拼音时，应当正确、规范，并与规范汉字同时使用；广告中不得单独使用外国语言文字。广告中如因特殊需要配合使用外国语言文字时，应当采用以普通话和规范汉字为主、外国语言文字为辅的形式，不得在同一广告语句中夹杂使用外国语言文字，广告中的外国语言文字所表达的意思，与中文意思不一致的，以中文意思为准。

10.3.2 投放策划

1. 投放策略需要考虑的维度

① 投放策略场景举例：新产品上市、DAU（拉新 / 留存）、重要活动促销。

② 媒体矩阵选择：根据不同点位的不同特性进行针对流量选择与效果预估。

③ 素材创意，包括周期预判和创意方向。

- 周期预判：需要考虑对应投放素材的制作周期，不同行业涉及不同周期的产品需要怎样应对。对于长周期高成本，需要提前至少一周进行素材准备，自主拍摄 + 视频外采；对于制作周期短，储备足量的后期片素材 + 图片，以及可以进行图片转视频的制作。
- 创意方向：80% 跑量 +10% 电商导向文案 +10% 跨界行业跑量文案。

④ 出价定向：新计划高出价低预算，相较平常可做适当溢价操作，幅度在 10% ~ 20%，在通过冷启动模型逐渐稳定后进行缓慢压价，并且及时放开预算。

⑤ 产品策略：对于投放不同的问题以及状态可以采用不同的投放产品进行问题的解决。

- 后端效果不稳定：深度转化。
- 计划上新少，人力有限：投放管家。
- 冷启动通过率低：自动出价。
- 量级提升苦难：智能放量。

2. 营销目标拆解工具与应用

为什么要拆解目标？定目标最重要的一个条件就是时间，比如说国家层面的五年规划，一个企业的全年业绩目标，一个团队的月任务目标，一个人的年度成长目标等等，几乎所有的目标都会在制定的时候设置一个期限。这个期限往往是以年度为单位的，一个长达一年或数年来实现的目标，相对来说都比较宏观或者目标值比较大，是一个大的目标。一个数年或全年的大目标一般会让人觉得很遥远很难完成，很多人甚至望而却步。因此，目标只有分解后才能清晰地知道目标的合理性，才能制定对应的行动计划，才能激励行动，才有可能完成。

（1）营销目标的拆解方法（如图 10-8 所示）

1）确认效果

通常互联网广告主通常关注以下几个效果：

- 曝光：以曝光需求为导向的公司，注重公司的品牌影响力、公司形象和知名度。
- 获客：新客需求是最常见的考核，用户是客户营销的主题，深挖、覆盖新用户是客户用户增长的主要方向。

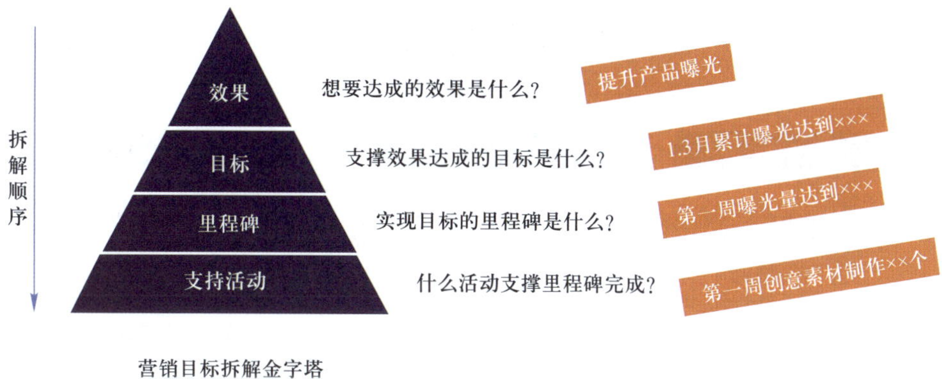

图 10-8 营销目标拆解金字塔

- 付费：付费是转化过程中最后一个维度，需要客户配合监控后端转化数据，及时反馈效果，从而优化投放模型。
- 留存：用户留存被越来越多的公司所重视，提升用户的活跃留存率成为运营人员日常工作重心之一。

2）确定营销目标

目标设定的“SMART 原则”来源于管理大师彼得·德鲁克的《管理的实践》，有 5 个基本的原则：

- 目标必须是具体的（Specific）
- 目标必须是可以衡量的（Measurable）
- 目标必须是可以达到的（Attainable）
- 目标必须和其他目标具有相关性（Relevant）
- 目标必须具在明确的截止期限（Time-based）

中级微课 10-2
目标设定的
SMART 原则

3）拆解里程碑

“里程碑”说明了怎样做才能实现目标；一系列的里程碑反映了实现目标的路径，是基于如何执行而设计出来的；里程碑具有预见性、具有可控性。

4）拆解支持活动

工作分解结构（Work Breakdown Structure，WBS），就是把一个项目按一定的原则分解，项目分解成任务，任务再分解成一项项工作，再把一项项工作分配到每个人的日常活动中，直到分解不下去为止。

（2）营销目标拆解通用框架（如图 10-9 所示）

基本上只要有了一个确定的营销目标，就可以套用这个框架来进行拆解。如上图营销目标被拆解成了三个阶段：初步测试期，放量投放期，稳定效果期。每一个周期下都要考虑投放的目标、周期的选定，还有阶段内的账户计划如何搭建，创意的素材的数量和形式沟通的这些节点等。

3. 营销投放策划编写与呈现

投放策划是根据对投放目标的拆解，制定的投放方向、投放方式和投放规划的集合。包括要在哪些区域、哪些年龄段、哪些性别、以多大的广告规模、在哪些资源位上投放哪种素材类型的广告，从而达成投放目标。同时应发挥数据价值，根据投放的数据分析结果不断完善营销策略和投放策略。

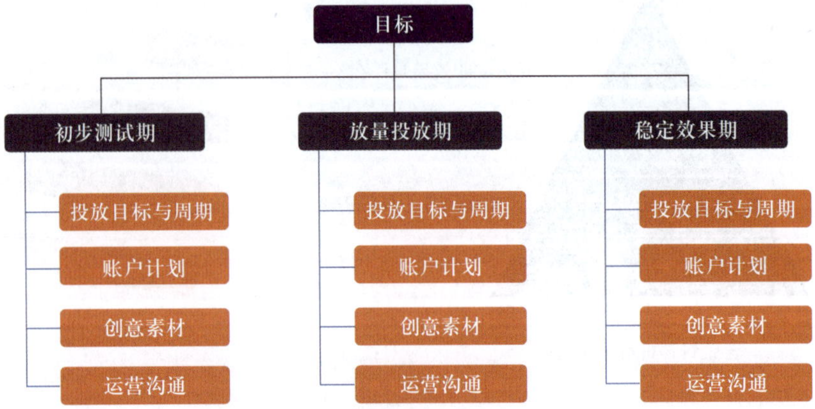

图 10-9 营销目标拆解通用框架

编写投放策划要从大纲开始，规划大纲就相当于一个衣柜里面的格子，要先打好了格子，才能把相应的内容放到对应的格子里面。这样做有以下优点：整个的策划在阅读的时候其实是符合逻辑和因果关系的；另外框架可以框住内容本身，固定的标题下写固定的内容就好了。

整体的投放的策划是由 5 个部分组成的。

（1）营销背景与投放时间

为什么要在开头写清楚营销背景？投放策划中，营销背景信息的两个用途：一目了然获得关于为什么要投放、历史投放效果、本次投放预期等相关信息；方便接下来评估针对设定的预期效果和投放目标所设计的一系列推广工作是否可行。

具体需包含以下 3 部分内容：营销投放的背景；营销投放的预期和目标；营销推广时间。

1）营销投放的背景

这部分内容需要解释清楚为什么会有此次的推广策划，可能的原因如下：

- 节日节点考虑：是否是借助重大节日做一轮推广。比如，对于电商类广告主，双 11、618 等是极好的营销机会，这时通常会将量级需求放在第一位。节日节点的影响需要考虑借势时机、借势点、与自己的产品形成关联以及借势节奏。
- 连续性投放：是否是连续性投放中的某一次。比如，广告主针对某个产品做一轮推广，本次策划仅针对推广中的某一个阶段，或者是多媒体投放中针对某一个媒体的投放策划。这里在呈现内容的时候要注意整体性，写清楚上下文。
- 新产品投放：新产品投放可能是比较常见的场景。广告主投放前最好对互联网推广投放有一定的了解。对于没有过历史投放的广告主来说，这里找到相似客户或产品参考制定投放策略。对于有过投放经验的广告主，可以针对历史投放难点进行简单描述，比如成本居高不下；转化率低；消耗量级上不去等。
- 旧产品的再次投放：如果是旧产品的再次投放，需要思考本次投放与上次的差别点在哪里，是要提高某项指标、更换投放媒体、有哪些是历史的投放优势等。当然，也可以是维持原有投放思路不变。

2）营销投放的预期和目标

在描述完背景信息，解释完为什么会有本次的投放后，需要聚焦在确认投放预期和目标。

- 本次投放效果预期：比如，在互联网广告投放中通常关注的曝光、获客、付费、留存等效果的预期。

● 本次投放的目标：能够支撑预期的目标有哪些。可以根据营销目标拆解金字塔的思路，将支撑达成效果的目标写清楚，注意要符合 SMART 原则，因为未来的投放结果分析会严格参考投放目标来分析。

3）营销推广时间

在写清楚投放预期及目标以后，需要明确投放推广的时间周期。例如：投放周期是 ×××× 年 × 月—× 月。

（2）投放目标人群属性

编写投放目标人群属性有两个价值：

● 直接影响未来在广告投放时的定向选择。

● 作为后期评估和人群校验的参考信息。

各媒体都有自己的人群定向分类，以巨量引擎产品系列为例，会有以下的定向方向，如图 10-10 所示。

图 10-10　巨量引擎人群定向分类

（3）同类竞品投放情况

所谓竞品就是竞争对手的产品。竞品分析全称“竞争产品分析”即基于“如何更好地满足用户需求”，通过对比自家产品和竞争产品在各个维度上的指标，明确自身的优势、劣势、机会和威胁，为产品设计活动运营、战略规划等提出市场参考和行为建议。

● 直接竞品：产品的商业模式、用户客群、产品的定位都是一致的。可以直接罗列品牌名，也可以围绕有代表性的品牌做一些分析，比如分析一下竞品影响力、价格、消费者定位、投放媒体等等。如果必要，可以添加案例或者图示进行描述和解释。

● 间接竞品：客群高度相似，功能层面需求形成互补，但是不会造成直接的利益关系。间接竞品包含产业上下游强相关品牌。

（4）投放思路与原则

投放思路与原则是整个投放策划中最重要的一部分，也是内容相对最多的一部分。想要写好这部分内容，需要关注以下几个原则：写清楚选择什么媒体，什么阶段投放，需要什么样的素材支撑到每个阶段的投放目标。

1）媒体选择

基于平台的特点，特别是客户的用户群体画像，有针对性地选择合适的平台。

针对已经找到的产品目标用户画像，罗列主要平台的相应用户群体数量和占比，来直观判断出最合适的投放平台。通常来讲，不用做太多的平台比较，1 ~ 3 个符合的平台就可以。后期可以挑选出一个做投放或者多个一起投放，如图 10-11 所示。

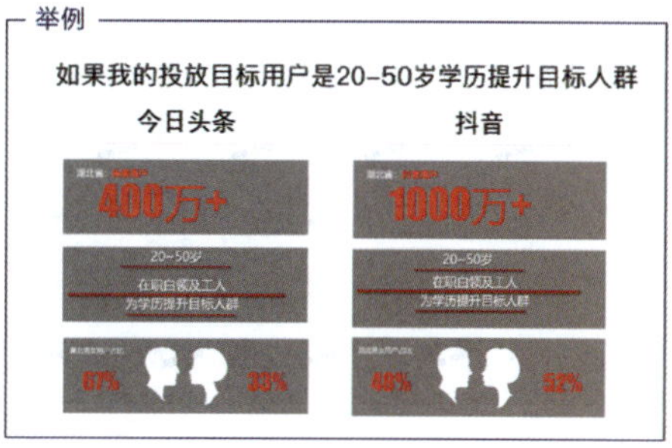

图 10-11　媒体选择案例

2）阶段推广的预算分配及目标

这个部分的内容是目标拆解的呈现环节，需要讲清楚各阶段的目标，以及各阶段分配的预算逻辑。

写各阶段目标的时候，要注意最好符合 SMART 的标准，可量化、可追踪。如果没有固定预算值，可以写清每阶段的预期投放金额及目标，如果有固定投放金额，需要写清楚预算的分配依据，及各阶段的侧重点，如图 10–12 所示。

3）阶段推广的形式

投放形式指基于广告投放平台可提供的广告类型策划可组合的投放形式。

如果是过去有过投放经验的广告主，可以根据原来的投放形式效果看看是否需要做调整和优化，如图 10–13 所示。

举例

投放目标：当月咨询≥1400人次（抖音投放）

第一阶段：初步测试期

由于还不能定向到确切的用户群体，所以本阶段处于初步测试期，主要以积累精准的目标用户为主。本阶段会放20%的预算，目标达到180个咨询人次，且每个咨询成本控制在100元左右。

第二阶段：放量投放期

根据前期的测试情况调整优化账户，优化素材，让账户的投放效果有明显提升。本阶段会放20%的预算，目标要达到200人次咨询，且成本控制在100以内。

第三阶段：效果稳定期

如果前两个阶段目标达成顺利，本阶段将放60%预算，扩大投放周期，目标超过900人次咨询，且咨询成本控制在70以内。

图 10–12 阶段性预算案例

举例

时尚男装广告主要在微博上投放广告，目标群体是全国年龄在20–25岁的男性。关于投放形式的策划如下：

1. 活动微博：博文+配图
2. 日常微博：博文+配图（郭超科普知识帖，穿搭帖，互动帖）；回复+买家秀图片
3. 售卖微博：博文+配图（商品图，九张，全身展示与单品并行）

图 10–13 阶段推广形式案例

4）创意素材的要求

关于创意素材要求，需要写清楚以下两点内容：

- 创意策略：是指构成广告内容的素材和文案，以及如何表现广告内容即素材和文案的有效匹配与展示。在这个部分，需要呈现出基于产品、受众、卖点、使用场景的考虑后，素材的策略有哪些，如图 10–14 所示。
- 素材准备：是指在以上的策略中，广告主应该做哪些具体的准备，包括对图片和视频的具体要求。

举例

【创意策略】

关 注 转
发 ¥1000 元
送 你 们

「转发+关注#」元旦将至，年底搞个大的。话不 多说，直接上干货。1000元现金拼手气，等你来抢。

活动微博— 简单直接的文案

#潮搭配# 一周搭配精选，这一周的搭配推荐中哪一套是你最中意的？

日常博文— 穿搭

图 10–14 创意策略案例

（5）阶段汇报计划

最后，需要为整个运营制定一个沟通计划表，按照既定的时间对整体投放进行数据的回顾和分析，为接下来的投放指明方向。运营沟通计划会包含：

- 日常性分析与总结：针对日常的投放异常数据进行即刻分析，并快速找到相对应的解决方案。通常来讲，这一类的分析没有时间节点上的要求。大部分的日常分析频次在每周 1 次。
- 阶段性分析与总结：阶段性分析与总结是必要的动作，频次的设置要根据投放周期的不同而调整。一般来讲，周期短的，可以 2 周一次，周期长的可以按月度总结。

框架不是一成不变的，至少要说清楚为什么投，投在哪里，投给谁，怎么投；在写投放策划的时候，建议将投放思路部分写得尽量详细和完整，有助于后期阶段汇报的时候深入分析。对具体的投放策划呈现形式没有限制，依据个人习惯或者公司要求即可。

任务 10.4　广告平台投放内容优化

【任务描述】

根据投放效果，对投放数据进行监测与分析，完成投放内容的优化。

【任务实施】

10.4.1　业务数据指标选择

1. 数据指标

投放内容优化，按照信息流整体投放链路来看，从前到后分为：展现数据、点击数据、转化数据、次留数据。按照模块进行划分，可分为：视频数据、落地页数据、附加创意数据、互动数据等。

2. 指标建模

根据投放中具体需要对具体的指标进行模型的建立与指标的数据拉取与分析，这一步骤为投放优化的指标建模。

3. 指标选取原则

优化指标选取的原则是重要步骤，且对投放效果产生直接影响的因素。

10.4.2　数据处理与分析

1. 数据分析思路

数据分析思路大致为：

① 定义关键指标。

② 收集投放数据。

③ 对数据进行二次加工并分析。

④ 根据实际数据产出结论。

2. 数据分析方法

数据分析方法大致可分为：

① 数据对比法，多数按照同比与环比进行数据采样。

② 细分法，尽量细化数据颗粒度减少其他因素对于数据的干扰，找到最核心的投放问题，后续得到的结论更为精确与正确。

③ 归因法，造成目前投放情况 / 现状的原因，需要有具体的数据支撑，按照此种方式可找到数据的产品的原因，是一种数据的因果关系归纳。

④ 漏斗分析：按照信息流投放从前到后的步骤，一步步的分析实际的流量走向，按照投放漏斗进行数据分析与总结。

任务 10.5 广告平台结案报告撰写

【任务描述】

完成结案报告撰写与结案汇报。

【任务实施】

10.5.1 投放报告的分类

撰写报告相当于复盘。复盘，意思是在头脑中对过去所做的事情重新整理，它通过对过去的思维和行为进行回顾、反思、探究，找出原因，找到规律，从而找到解决问题的办法。报告的类型一般分为日常性和阶段性两种。

1. 日常性的投放报告

内容：呈现关键数据，并为报告的查看者匹配一定的数据解读，让决策者知道营销效果与费用去向。

特点：一般以表格形式呈现，所呈现的相关数据在时间维度上较短，多以“天”的维度进行统计。

2. 阶段性的投放报告

内容：通过对广告投放活动的过程做一定的回顾，并找出改进点，帮助决策者做进一步的投放决策。

特点：一般以幻灯片的形式呈现，所呈现的相关数据在时间维度上较长，多以周 / 半月 / 月 / 半年 / 年呈现；也有可能根据营销活动的阶段进行撰写，时间周期可能会不固定。

10.5.2 日常性投放报告的撰写方法

回顾：基于目标，找到相关数据，罗列近日的关键投放数据。

反思：找到不符合预期的数据。

探究：分析该情况出现的原因。

提升：给出调整方向并立即执行。

10.5.3 阶段性投放报告的撰写方法

回顾：回顾本阶段的背景，回顾过程中的投放动作，罗列相关指向目标的数据。

反思：基于目标进行关键动作拆解，找到亮点（超出目标的部分），找到暗点（未达到目标的部分）。

探究：总结亮点的经验，分析暗点的原因。

提升：下一阶段的投放策略，如何保持亮点，提升暗点。

课后练习

请扫描二维码，查看本项目课后练习。

项目 10　课后练习

高 级 篇

第一部分　内容创作

项目 11　文案创意与优化

课时　6 学时

项目描述

本项目以一位有百万粉丝的高校教育博主的新媒体账号为案例，重点讲解新媒体账号内容创作中，创作者需要重点升级的三大能力：选题策划能力、营销内容创作能力、内容优化升级能力。创作者掌握基础创作技巧和方法后，要有意识进行选题及内容升级，策划更多优质选题；掌握根据客户需求，策划制作营销推广内容的能力，在符合平台推广原则前提下进行创作；掌握内容数据收集以及分析方法，能够根据数据反馈对内容进行升级优化。

学习目标

知识目标	1. 了解选题策划的基本方法和判断标准
	2. 了解营销内容策划的基本要求和创作方法
	3. 了解衡量内容的数据维度和对应解决方案
能力目标	1. 能够根据用户需求，策划贴合受众、具有话题性的选题内容
	2. 能够根据客户需求，完成营销推广内容制作
	3. 能够根据客户需求，完成具有爆款潜质的内容策划
	4. 能够对内容数据反馈，优化完成内容升级
素养目标	1. 形成较强的网感，能够捕捉社会热点以及大众感兴趣的话题
	2. 形成较强的创意能力，能够使营销文案具有独特风格并吸引大众
	3. 形成较强的数据解读能力，能够根据大数据信息完成内容管理

知识图谱

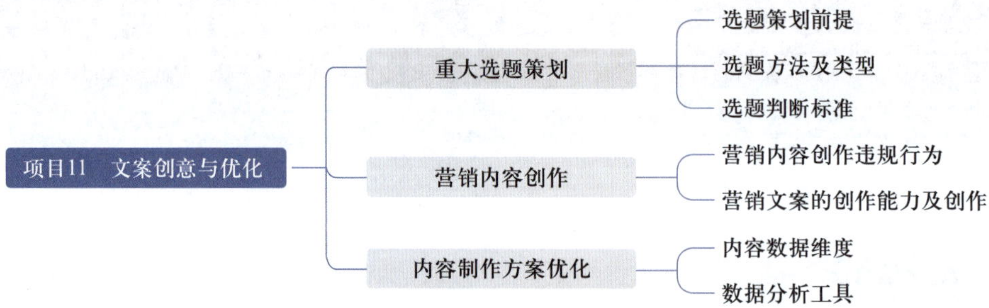

任务 11.1 重大选题策划

【任务描述】

互联网平台上，不论内容载体从图片、文字到视频，发生多少变化，选题永远是内容的灵魂。无论项目是大还是小，基础工作永远要做得扎实。重大选题策划是对一个运营者内容策划能力的考验，在策划前，需要运营者慎独了解自己平台用户的信息，能够从用户需求出发挖掘选题；能够了解现有内容的分类，结合选题库素材，策划出具有话题性、传播性、符合主流价值观的优质选题。本节内容将从用户需求和内容分类两个维度出发，讲解重大选题策划的方法与步骤。

【任务实施】

11.1.1 选题策划前提

1. 深入了解用户

（1）用户画像

现有的多个新媒体平台，诸如抖音、微博都有后台数据可以显示运营者的粉丝画像，这其中包括用户性别、年龄、所在地区的数据汇总，运营者可以通过平台数据轻松获取这些画像信息，并能够依次预判内容价值和内容方向。通常来说，女性粉丝数占绝大多数的话，运营者的账号商业价值就越高，同时带货属性也越强。

（2）主动同用户建立联系

相对成熟的运营者及其团队，通常会有专门负责运营的人员，专职维护与用户之间的关系，监测平台内容数据，以及策划加强粉丝黏性的活动等。用户关系维护是一个细致且需要长期投入的一项工作。如果运营者只是自顾自地发布内容，而忽视与用户之间的互动，将很难与用户建立良好的关系，对其个人品牌的商业价值是有损的。

因此，运营者应有意识主动与用户建立联系，为后期社群经营管理奠定良好的基础。用户与运营者在互联网上的互动联系是相对偶然且不紧密的，只有在发生诸如留言互动、转发评论以及种草消费等行为后，两者之间的关系才会进一步加强，也更利于将用户迁移至更私密的社群中。

（3）画出用户成长路径

首先要阐释一个新的概念，叫做“用户生命周期”，简单地说，就是用户从第一次使用App、网站或个人主页，到最后一次打开及流失的过程。新媒体用户运营的目标就是尽一切可能延长用户生命周期，并且在生命周期中尽可能地产生更多商业价值。

按照运营策略期望达到的目标，通常会将用户成长路径划分为5个阶段：

① 阶段一：激活。激活用户，让潜在的用户及流量实现从访客到用户的转变，通常指用户完成下载并关注。

② 阶段二：转化。让用户完成转化动作，如首次通过运营者直播活动产生购买行为等。

③ 阶段三：留存。提高用户的留存率，让用户更喜欢运营者的内容，花更多时间在运营者的内容上。

④ 阶段四：唤醒。对沉睡的活跃用户采用挽回措施，引导其回到运营者的内容中，重新活跃。

⑤ 阶段五：召回。让已经流失的用户重新回到运营者内容主页或者App，推荐一些新内容，吸引用户重新喜欢。

用户处于不同生命周期的阶段，相应的运营重点也不同，只有了解用户成长路径，有针对性地运营，才能促进各生命周期用户实现最大价值。

2. 内容分类

重大选题的内容分类没有固定的模式。从发起方来看，可以分为两大类：一大类是平台策划并发起的策划活动，另一类是运营者自己策划并发起的选题活动。

第一类活动通常是平台或平台垂直领域频道发起的活动，通常会提前与该领域达人联动，并在达人的号召下，引发更大一轮的参与与传播。比如，抖音平台在2021年3月份的春招期就曾发起“#抖音美好求职季#”的策划选题，此领域负责运营的工作人员会提前与该领域的达人对接，通知活动内容，并询问达人是否有意愿参与活动，如图11-1所示。

图 11-1 抖音美好求职季

通常情况下，平台会对参与活动的达人给予一定的流量扶持。因为平台和优质运营者之间存在一种共赢共生的状态，所以平台为达人提供更好的服务，达人也愿意在平台内容上多做产出。

第二类内容是达人自己发起的，这种选题内容范围非常广，但一般都在运营者的常规话题库内。作为一般用户来说，可以通过看“#话题#”来识别是否是一个新的话题，还可以通过观察运营者的更新频次，以及添加话题内容来判断是否是一个重大的系列内容。

3. 建立选题库

内容创作者的核心工作即是不断创作更多新的内容。内容创新，必须以长期积累为前提。故而创作者和公司必须建立选题库，不断积累素材，来提升工作效率和创作质量。通常来说，选题库可以分为以下3类。

（1）爆款选题库

关注各大热播榜单，比如抖音热搜、微博热搜、头条指数、百度指数，以及第三方平台的各类热度榜单。掌握热点话题，熟悉热门内容，选择合适的角度进行选题创作和内容生产，爆款内容能够引发大量传播。

（2）常规选题库

日积月累很重要，不管是对身边的人、事、物，还是每天接收到的外部信息，都可以通过价值筛选整理到自己的常规选题库中。

（3）活动选题库

节日类活动选题，可以提前布局，比如中秋、国庆、春节、情人节等大众关心的节日话题，如图 11-2 所示。同时活动选题也源于各短视频平台，平台官方会不定期地推出一系列话题活动，比如 6 月抖音推出的拒绝容貌焦虑活动，博主可以根据自身的情况参与平台话题活动，可以得到流量扶持和现金奖励，如图 11-3 所示。

图 11-2 抖音 # 端午节就要这样过

图 11-3 抖音 # 拒绝容貌焦虑

11.1.2 选题方法及类型

高级微课 1-1 系列选题

1. 常规选题

（1）日常积累

所谓“不积跬步，无以至千里”。短视频运营者的成长也验证了这句话的深刻道理。日常的积累是一种必备技能，甚至是一种习惯。

许多运营者都有随手记灵感的习惯，灵感来的时候，打开手机，用备忘录记下来，随后再整理归纳，进入选题库。很多人或许会觉得这个过程看起来并不严谨，但不要忘了，短视频的内容大多源自生活，如果对产生共鸣的生活都没有创作欲望，只靠坐在桌子前思考，那恐怕也生产不出有趣的内容。所以，扎根生活，勤动脑，勤动手，是每一个短视频运营者该具备的基本素养。

（2）借鉴爆款

此处所说的是借鉴，不是剽窃和搬运。互联网平台上很容易看到各式各样的爆款，有爆款图文推送，也有爆款短视频，运营者要调整心态，不能想着“挪过来，我也会火”，而最终被平台限流或封号。

爆款会火是有它背后的逻辑，一个优秀的运营者应该具备分析爆款、拆解爆款的能力。可以通过叙事逻辑、情节搭配、话题故事、配乐衔接等多个方面拆解一条爆款，然后把可以借鉴的部分有效融合在自己的内容里，比如，换一下背景音乐，提出同样的话题等，然后输出属于自己的内容观点。

（3）紧跟同行

如果注意观察一下，会发现一个有趣的现象，大部分互联网平台达人之间都是互相认识的，有时达人与达人之间会共同进行内容创作，一个达人发布的内容也会得到同行转发、点赞或借鉴。

其实无论是平台举办活动，还是达人自己联络，都在创建一种共同体。虽然不同达人可能创作内容不尽相同，但从更大范围看，自媒体人共享同一片巨大的流量市场，在内容创作上存在着彼此学习，彼此借鉴的可能。观察参考同行的内容创作，是保持对市场敏感度的重要方式。但是参考借鉴需要严守创作底线，抄袭照搬是绝不允许出现的行为。

2. 热点选题

热点选题是每个运营者都会关注到的选题内容。如果话题涉及范围大、影响范围广，那就更应该引起运营者的关注。以新冠疫情暴发为例，无论是传统媒体，还是自媒体都在积极报道事态的发展。在这个重大公共安全事件发生时，就非常考验自媒体运营者对话题内容的把控力。当时，武汉当地涌现出一批非常优秀的自媒体人，在热点选题的策划和拍摄上，都值得借鉴。比如，一位微博自媒体运营者记录了封城后 24 小时“空城”武汉的物价、交通、生活真实状况。不仅记录了自己的日常生活，还有和家人、外卖员、快递员轻松打趣的对话，有武汉空荡荡的街头画面，也能感受到还有人坚守岗位，保障城市正常运转。他的视频较长，但内容也比较全面，独白有很强的共情能力，悲伤却不失希望，这是一个普通武汉人的想法，也是千万个普通武汉人的想法，如图 11-4 所示。

图 11-4 记录武汉 24 小时的微博自媒体运营者

3. 系列专题

系列专题，从策划难度上而言，是选题策划中难度最大的一类。运营者需要考量选题内容的连贯性、整个团队的人员配合、拍摄剪辑时间线的规划等所有事项，是较为高阶的考验。这位教育博主的系列专题“# 三秦大地上的国家地理标识 #”是典型的专题策划案例，如图 11–5 所示。

图 11–5　教育博主系列专题的抖音截图

（1）主题拓展

这个项目主题原本是一个科研课题项目，受陕西社科界社会科学宣传及资助，并通过短视频平台推广传播。具体形成用户在互联网平台上看到的短视频作品，整个团队用了大半年的时间，所以重大选题的主题拓展是一个比较耗费精力的事情。

项目团队的核心成员有 5 人，加上剪辑拍摄团队以及专家顾问团队，总共 10 人。项目视频从 2020 年 10 月 8 日起，每天更新一集，共 11 集。第 1 集为预告介绍片，其余为正片。为了能最大程度上拓展团队力量，邀请商业拍摄剪辑团队负责后期，与此同时，首次尝试与商业品牌合作，获得国产新能源汽车某品牌赞助用车。该系列主题名为“# 三秦大地上的国家地理标识 #”，内容深度挖掘陕西丰富的文化资源，遴选并宣传能够代表中华文明、中国革命、中华地理的精神标识和自然标识，促进陕西文化与旅游事业发展。最终确定了黄陵、延安、宝鸡、兵马俑、小雁塔、韩城、华山、安康、汉中、秦岭 10 个具有代表性的地理标识。

主题拓展主要参考陕西地理特点，从北至南，从东到西，均有覆盖。除此之外，内容上考虑黄河对中华文化的滋养，尽可能呼应主题。

（2）专业输入

从内容上来看，一个专题型内容绝非运营者一人可以完成的，而需要一个团队。无论从技术指导，还是内容审核，人员分工明确后，团队协作才能让整个项目更加专业化。还以上述案例为例，涉及外出拍摄，运营者本人并没有太多的外地驾驶经验，如果兼顾内容和发布，还要考虑路程规划，对运营者的个人精力将是一个巨大的挑战。因此，路程规划交由品牌方提供，节省时间，也更专业。

在文案内容上，运营者邀请了陕西两位专家当顾问，从前期采访提供内容线索，到中期修改文案，再到后期审阅内容，专家都从各自的专业领域给予了支持。

11.1.3　选题判断标准

在内容选题策划上，经过对用户需求判断，素材和话题的积累，运营者应该了解如何稳定高效率策划选题。进入内容创作高级阶段，创作者需要对选题价值的判断有更深刻的洞察。通常来说，可以从受众、话题和内容主体 3 个维度去判断一个选题的好坏。

1. 受众：覆盖人群和痛点程度

受众即用户，运营者应该善于分析自己的频道内容，研究粉丝画像，并不断尝试拓展用户人群。比如，在查看粉丝画像时，运营者发现目前男性粉丝人数远远超过女性粉丝人数，那么，为了平衡粉丝比例，或者说想要获得更多女性粉丝的青睐，那就需要对内容进行有效调整，进行选题的再梳理。

与此同时，还要研究受众的痛点，只有直击要害，才能激发情绪共鸣，引发关注。对于已经有运营经验的达人来说，受众的痛点是可以察觉的，用户会通过留言活动的方式，向运营者提出问题，或者倾诉自己遇到的问题，稍加留意，就能从这些信息线索中获得受众的痛点话题。再结合自己的选题方向，痛点程度的轻重，内容策划的优先级自然也就出来了。

2. 话题：可操作性、时效性、话题性、传播性

选题库中纵使有再多的选题内容，落实到操作层面，还需要综合考虑以下因素：

① 可操作性。就是这个话题可以拍吗，被访者可以约到吗，预算够吗等相关的实际问题。切忌为了博眼球而预想不切实际的选题，比如，对话某明星之类，对一般运营者来说，可操作性非常低。

② 时效性，这和新闻的属性非常相似，主要体现在对热点话题的相关内容生产上，如果热点话题的具有很强的时效性，而运营者没有注意到，很容易让自己的内容过气。

③ 话题性。从运营者本身来说，对比较有争议的话题要有意识地搜集，是具体情况来看，是否值得讨论。要输出有价值的观点才能赢得用户，那么话题性的内容本身就自带流量，如果观点有趣新颖，更是加分项。

④ 传播性。它通常与共情特点相关联，越是能打动用户的，越具有强传播性。2020 年 5 月，B 站发布一条接近 4 分钟的视频《后浪》来描述年轻人的状态，“心里有火，眼里有光”，一时激起无数人的转发和热议，如图 11-6 所示。

暂且不论各自都持什么样的观点和态度，关注到当今的年轻人，并能通过切片式的镜头语言表现出他们的生活现状就很能引发共鸣，也使内容具有很强的传播性。

图 11-6　B 站《后浪》

3. 主体：相关性、价值观

从主体来看，运营者和用户之间如果有经验或经历上的相关性，会有更强的黏性。比如，刚毕业的大学生看到一个相同经历的自媒体实习生运营者，年龄相仿，经历相似，会天然地将这两个陌生的年轻人联系在一起，用户黏性也会因为更多的关注和互动逐渐增强。

除此之外，价值观标准也是运营者可以发挥主导力的重要方面，俗话说，“物以类聚，人以群分”，相同的价值观表达也能迅速让运营者赢得趣味相投的用户。

任务 11.2　营销内容创作

高级微课 1-2
选题判断标准

【任务描述】

与进行以个人意见表达为主的内容创作相比，营销内容创作，受到的限制更多。营销内容创作，不仅需要符合平台营销内容创作规范，还要满足投放品牌需求，为品牌实现引流和销

售。本节内容将详细举例营销内容创作过程违规行为，掌握营销内容创作需要注意的事项，以及在营销内容创作过程中需要重点加强的技能。

【任务实施】

11.2.1 营销内容创作违规行为

在平台进行营销推广，必须要严格遵循平台规范。触碰平台规则，轻则降权，重则封号，会对账号造成不可逆影响。通常来说，内容创作需要规避以下 5 种违规推广行为。

① 视频涉及敏感内容违规。如果视频中涉及平台规定不能出现的敏感内容，就属于违规，系统检测到就会对视频做出惩罚。敏感内容主要包括涉及领导人及政治内容，色情低俗，血腥或违法等。

② 违禁词违规。在互联网平台，很多词汇是不能随意使用的，尤其是带货视频中，关于词汇的限制很多。像抖音等短视频平台，稍不注意就可能因为出现违规词导致视频审核不通过，或者是不能给视频投放 DOU+。营销推广文案中必须避免的敏感词类目包括“国家级”“世界级”“最高级”类词；绝对值表达绝对化却无法考证的相关词语；无法验证真伪类的夸张类词语，如 100%，国家品质等；无法现实限定的词汇，如“仅此一次”“最后一波”等。

③ 虚假推广内容违规。短视频平台可以通过添加购物车正常售卖商品，但对一些虚假类广告内容是禁止发布宣传的，包括但不限于壮阳广告、生肖算命、微商推广、借商业名人推广等内容。

④ 视频搬运违规。抖音上随时会更新各种类型的热门视频，很多人不知道怎么上热门，就盗用别人的作品。具体表现为，下载别人的视频后，去掉水印，甚至是水印都不删除，直接把一模一样的视频发布在自己的账号上。这种操作就属于搬运，被系统检测到会被限流。

⑤ 负面、消极的内容违规。负面、消极的内容是指传播负能量、发表负面观点的内容，比如车祸、打架等令人不适，或者会给青少年带来不良影响的内容。

除了上述 5 种违规内容之外，视频中如果出现以下操作，也属于违规。

- 视频标题全部是数字。
- 视频封面上贴微信二维码。
- 封面具有欺骗性。
- 视频画面模糊，画质不清晰，白屏、花屏。
- 视频中有抽烟喝酒等负面导向性内容。

高级微课 1-3
营销文案的创作能力及创作

11.2.2 营销文案的创作能力

在符合平台营销推广的基本要求上，进行营销文案创作，实现营销目的，需要从标题、文字风格、内容结构、构建场景、SEO 优化多个方面入手。

1. 写出引人注目的标题的能力

用户每天都在互联网平台上接收到爆炸的信息量，决定点开一个内容的时间，往往只有 1 秒。在 1 秒之内，抓住用户吸引力的关键就是一个引人注目的标题。

衡量标题好坏的重要标准就是“有多少用户点开”，但这不是唯一的标准。更应该追求用户点开一个标题背后的逻辑。最重要的仍然是“用户关联”。用户点开标题，意味着对标题感兴趣，也就是能满足他的一种需求，对他有用。能够切中用户的兴趣点，并且让他打开文章能得到自己想要的，才是好标题。标题和选题直接相关。一个和用户有足够关联的选题，本身就是好标题。

在已经成为好标题的基础上，可以使用添加“流量词”的方式来继续增加标题吸引力。诸如常见的品牌、明星的名字、各种服务的名称等流量词，本身具备视觉冲击力，在人们脑中形成条件反射，更容易吸引注意力。在不影响标题意义的基础上，加入“流量词”会让标题更有吸引力。

2. 可以说服读者的能力

营销文案的本质，是为品牌商品引流，实现推荐，完成销售转化。所以营销文案内容，除了提供新的信息、新的观点和思考外，最重要的功能仍是进行销售。所以，营销文案内容创作，要求运营者在创作时，转化思路和立场，将重点放在如何用内容说服观众，推动他们进行消费行动。

3. 搭建清晰逻辑结构的能力

结构，不论在编写文章，还是视频创作，都是重中之重。一篇好文章就要让用户在不费力思考的情况下，还能清晰理解，这必须依赖于其清晰的逻辑结构。

营销文案内容，必须以严谨结构进行构思，每个大部分、每个小部分、每两个段落、甚至每两句话之间，都有严密的承接关系。这样的好处是，便于用户在接收信息时候跟着内容思路向下看，接受创作者想要表达的信息。

4. 构建场景化的能力

不论是短视频带货，还是直播间带货，营销推广文案的重点都是构建使用场景，让用户产生代入感。以某直播带货博主直播带货文案为例，在推销口红时，他文案中就是大量使用场景化推荐：“在重要场合涂上它，无压力”“完完全全女主人气质”“薄涂还有青春少女的活力，初恋的感觉”。不论职场、家庭、校园，各个阶段的女性用户都会在他的直播话术下匹配到适合自己使用场景。

直面用户的遇到难题的场景，告诉用户他所处的尴尬场景，在这里已经有了完美的解决方法。通过场景构建，让用户产生购买冲动。

5. 进行 SEO 优化的能力

作为营销内容创作者，还需要掌握的关键技能就是：SEO（Search Engine Optimization，搜索引擎优化）优化技能。通过添加修改内容关键词，增加内容互动性，完成内容优化，在不影响读者的阅读体验的前提下，增加搜索引擎或者某些自媒体站内收录及排名，帮助品牌更好地完成营销目标的同时，吸引更多的外部流量进入。

知识拓展

SEO

SEO 是指通过站内优化比如网站结构调整、网站内容建设、网站代码优化等，及站外优化比如网站站外推广、网站品牌建设等，使网站满足搜索引擎收录排名需求，在搜索引擎中提高关键词排名，从而把准用户带到网站，获得免费流量，产生直接销售或品牌推广。

任务 11.3 内容制作方案优化

【任务描述】

内容创作进入发布阶段，在发布前需要团队对内容再次进行审核，并进行优化。如果涉及广告，需要经过广告主确认，参考广告主意见对内容进行修改。如果不涉及广告，内容团队也需要再次审核，确认没有文字、图片等错误。内容发布后，创作者需要跟进用户反馈，通过内容数据提升自己的内容，并且在下次进行相关创作时加以改进。

【任务实施】

11.3.1 内容数据维度

1. 完读率 / 完播率

完读率和完播率是指在所有观看作品用户中，能完整看完作品的用户所占比率。目前大部分平台，都支持运营者在后台查询内容的完播率。

短视频的前 4 秒一般都会决定用户的去留，如果用户离开了也就意味着用户已经放弃。而这样，这条短视频就没有完播了。所以，运营者要从这个角度出发，在前 4 秒留住用户，并给用户一定的期待，提升内容的完读率或完播率。

2. 互动度（点赞、转发、评论、关注）

成熟的运营者会关注账号内容的数据，也就是运营常说的“转评赞”。数据好才能体现运营者的内容与粉丝之间的黏性，也能体现账号的商业价值。因此，成熟的运营者都会考虑内容的互动度。

一般来说，优质的内容会天然地促成“转评赞”。因为好的东西，人们都有天然的分享欲望。但如果在海量的信息中，运营者主观希望增加曝光和互动，那就需要一些技巧，比如和大 V 联动、大账号带小账号，以获得更多流量。再比如，通过抽奖的方式，促成粉丝的“转评赞”，一方面维护了用户关系，另一方面也提升了互动度。

11.3.2 数据分析工具

除了上述视频后台提供的视频数据外，目前有许多外部数据检测平台提供各类视频数据检测服务，帮助创作者更好地了解流量变化和用户喜好，以方便进行视频内容的升级调整。

1. 卡思数据

卡思数据是视频全网大数据开放平台，监测的平台不仅包括抖音，还包括“快手”“哔哩哔哩”“美拍”“秒拍”“西瓜视频”“火山小视频”等，如图 11-7 所示。

2. 飞瓜数据

飞瓜数据是一个专业的短视频数据分析平台。它的功能很齐全，可以做单个抖音号的数据管理，查看日常的运营情况；也可以对单个视频做数据追踪，知晓它的传播情况。

图 11-7　卡思数据

除此之外，通过飞瓜数据，还能搜集到热门视频、音乐、博主等，还能查到热门带货情况。如果做专业的抖音营销，或帮客户代运营抖音，那么，飞瓜数据必备。

3. Toobigdata

如果既想查看丰富的抖音数据，又不想花太多的钱，那么 Toobigdata 是一个不错工具。Toobigdata 数据功能同样丰富，汇集了抖音各大实用数据功能，包括最新行业资讯、抖音官方平台链接、热门商品、热门数据、账号诊断等实用工具，如图 11-8 所示。

图 11-8　Tllbigdata

4. 灰豚数据

灰豚数据的热门素材功能可以看到近 2 小时乃至近 30 天的热门视频，还有热门音乐、话题以及抖音热点等，帮助用户学习借鉴优秀的视频内容，如图 11-9 所示。

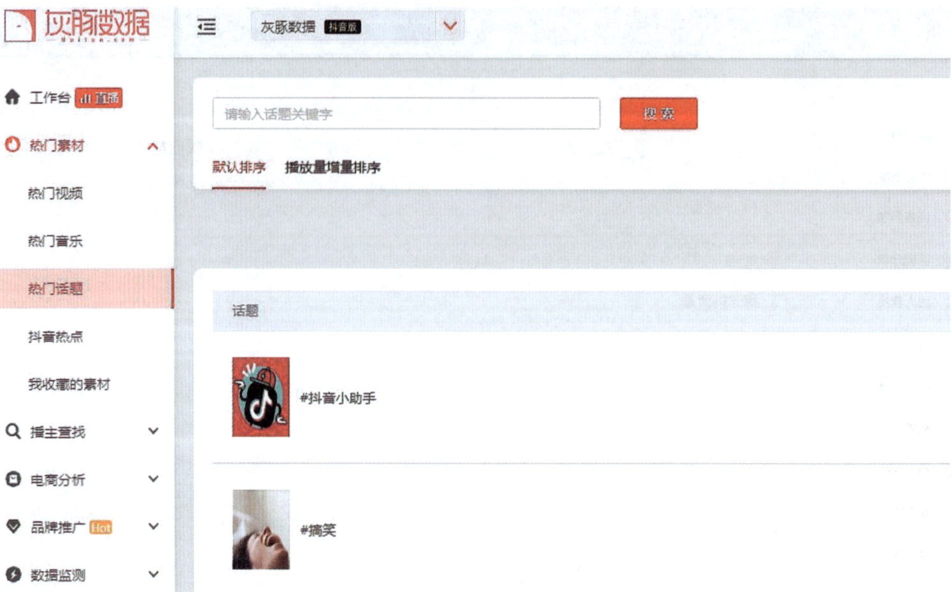

图 11-9 灰豚数据

其提供的数据监测功能，不仅可以对抖音账号进行数据监测，了解账号的运营情况，还能对已发布的抖音视频的进行分钟级实时监测，查看视频的各项数据，判断视频是否能成为爆款视频。

5. 新榜查询平台—新抖

新抖是新榜旗下的抖音全场景 AI 数据工具，提供热门视频、音乐 BGM、话题挑战赛、神评论、魔法道具等创意素材，还提供了抖音号排行查找，种草带货，LBS 打卡探店，品牌声量查询，运营数据下载，DOU+ 投放实时监测等全面的在线数据服务，如图 11-10 所示。

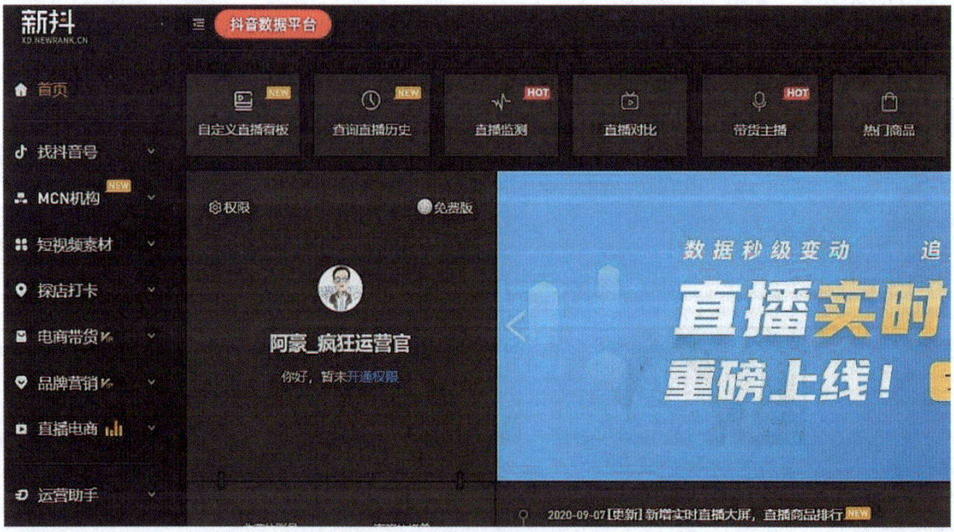

图 11-10 新榜查询平台—新抖

6. 罗网

提供热门视频数据、达人分析功能，在创作者开始创作的时候，可以找出自己的定位，对热门视频达人等经验进行借鉴，如图 11-11 所示。

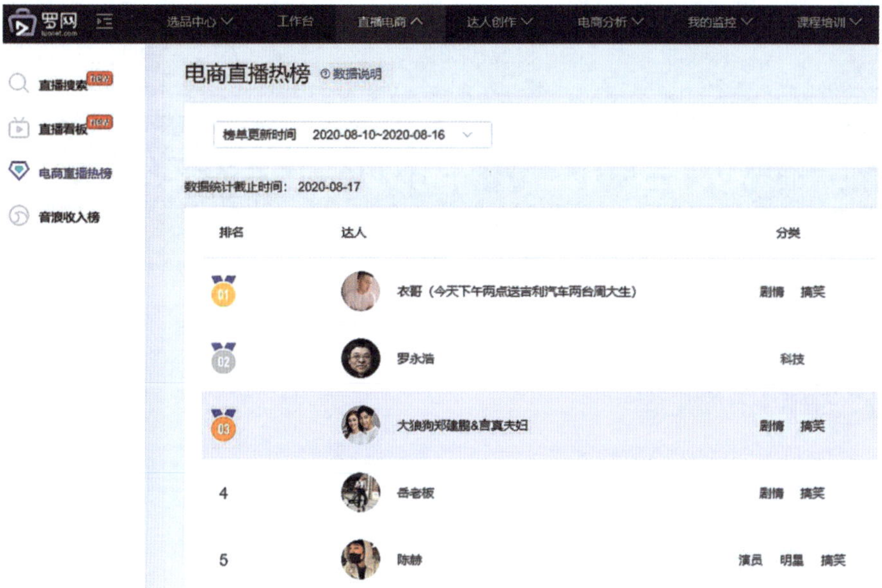

图 11-11 罗网数据

项目实训

假如你是这位百万粉丝的高校教育博主，目前账号粉丝 123W，日常内容通常为生活分享以及专业知识科普，粉丝群以在校大学生为主。618 期间，有一个美妆品牌想要投放你的账号进行营销推广。请结合近期抖音平台热点，账号自身用户特点以及内容调性确定营销推广主题方案。

1. 实训目的

① 能够根据项目的需要，策划相应主题。

② 能够根据自媒体运营思维，撰写自媒体营销文案。

2. 实训内容

① 撰写自媒体营销文案。

② 对文案进行最终发布。

课后练习

请扫描二维码，查看本项目课后练习。

项目 11 课后练习

项目 12 视频内容策划与审核

课时 2学时

项目描述

本项目将以文化交流类账号为案例，将短视频制作产业链条拆分为 3 个环节：前期策划、中期拍摄、后期剪辑。通过本项目的学习与实战，读者将全面了解短视频创作前、中、后期各流程执行方法以及注意事项；了解如何根据业务目标进行视频制作，推动视频项目及计划落地实施；了解视频内容审核规范，具有内容把控能力；能够完成短视频团队搭建以及管理，实现视频账号稳定周期性输出；能够根据不同主题，确定视频类型以及风格，制作策划脚本，进行现场拍摄统筹安排。

学习目标

知识目标	1. 理解短视频创作前、中、后期各流程以及注意点
	2. 了解短视频策划重要性以及策划要点
	3. 了解短视频后期剪辑以及审核注意事项
	4. 了解拍摄团队人员配置以及管理方法
能力目标	1. 能够根据业务目标，进行视频策划统筹，完成项目拍摄
	2. 能够根据视频内容审核规范，把握内容标准
	3. 具备团队管理能力，对视频团队进行有效管理
素养目标	1. 具有视频制作能力，根据业务目标产出内容
	2. 具有独立完成视频执行的能力，高效统筹各环节，完成视频制作
	3. 具有短视频团队搭建以及管理能力，能够独立带领团队

知识图谱

- 项目12　视频内容策划与审核
  - 视频拍摄剪辑方案策划
    - 内容制作的需求纬度
    - 视频拍摄剪辑方案作用
    - 明确拍摄在项目中的角色
    - 拍摄人员统筹
    - 拍摄统筹表制作思路
    - 任务实施
  - 视频制作与效果审核
    - 视频剪辑内容的后期制作流程
    - 视频内容的审核
    - 任务实施
  - 拍摄团队的人员管理
    - 团队构成与职责
  - 视频团队的管理
    - 团队配置
    - 考核指标

任务 12.1　视频拍摄剪辑方案策划

高级微课 2–1
视频拍摄剪辑方案策划

【任务描述】

影视项目在制作前期，需要策划完备的制作方案，包含明确视频制作目的、拍摄内容、后期风格、影片规格、执行细项等诸多内容。短视频制作与此类似。同样的故事大纲，在不同创作者的指导下，会呈现出完全不同的视频内容。这其中的差异，源于各人对于视听语言的不同理解、生活阅历的偏差、对项目的把控能力差异等。所以，清晰明确的视频拍摄方案，能够确保短视频故事从前期构思、到中期拍摄、再到后期剪辑，每个环节都精准执行。

本任务将聚焦短视频制作的核心环节—前期策划，详细拆解知识点。根据内容方向确定视频风格进而制作完整脚本、分镜头脚本、统筹计划，推动项目落地执行是本节核心任务。

【知识准备】

高级微课 2–2
短视频内容制作的需求

12.1.1　内容制作的需求维度

进入短视频制作行业前期，很多人对于执行目的不明确，不知道自己最终是为了增粉、变现还是打造 IP，于是进行了许多无效操作。在决定开始制作内容前，创作者需要明确最终目的到底是传播推广（曝光）、指导消费（转化）还是达成营销目的。

目的不同，创作的视频领域、内容、表现形式、执行方法也不尽相同。以电商带货为例，现阶段带货效果较好的方式是产品种草型内容，但这种形式要求创作者有大流量支持，需要较大资金投入，运营成本相对较高，需要创作者认真分析判断。

通常来说，短视频内容制作，主要为满足两种需求：

1. 曝光

曝光，即将内容传播信息的属性作为账号运营的核心目的，内容创作围绕增加视频曝光量为前提，具体目的还可衍生为：账号增粉与品牌营销展现。

增加视频曝光，除通过提升作品本身内容质量，还可以借助一定外部手段。

第一种通过官方视频投放渠道，为内容增加曝光。在内容不违规前提下，短视频投放越多，获得的内容曝光量也会相对应地增加，这是最直接的曝光增加方式。

第二种是蹭热门。短视频平台上不间断会出现各类热点，包含"热点时事""热点音乐""形势热点"等方面。在进行内容创作时，可以根据短视频内容特点，结合平台热点内容，进行二次创作或跟拍、合拍来靠近热门流量，提升视频以及账号曝光度。

2. 转化

转化，即通过发布投放带转化意图的短视频内容，指引观众进一步互动，从而实现变现目的。转化目标包括但不限于：广告变现、电商带货、直播引流、课程变现以及咨询变现等。

转化，是短视频内容商业化核心诉求。短视频账号运营初期，需要创作者确定账号运营属性，其中包括短视频平台选择、转化变现模式、目标粉丝群体以及内容形式。

① 短视频平台选择。不同平台，对应的用户群体不同，平台主流内容形式也不同。比如：抖音平台以年轻用户为主，主流内容多为时尚潮流类视频；快手平台则以情怀、夸张内容创作为主，用户年龄整体偏大。

② 转化变现模式。在运营账号前，创作者需要明确转化模式来定位内容形态。转化变现模式，需要结合现有产品特点、个人或企业商业模式、个人优势领域来确定。

③ 目标粉丝群体：确定账号整体方向后，需要根据变现方式来确定目标粉丝群体，需从粉丝性别、年龄、群体特性等几方面进行归类画像。

④ 内容形式。根据以上几方面的定向选择，进而确定适合的内容营销形式。

12.1.2 视频拍摄剪辑方案作用

视频拍摄剪辑方案，即执行细化方案，就是将影视创意思路以操作执行为目的进行细化落地，要求将内容细化到每一个具体的执行步骤，如导演安排、工作人员通告表、拍摄场景表、工作人员安排、分镜头脚本等。其重要作用在于，将短视频制作在前期中所有细碎的准备工作规范化，把方案拆解到具体实施过程中，确保制作流程的顺畅，节省时间，提高制作效率。

短视频拍摄剪辑方案通过规范各个环节动作不变形，确保短视频内容得到完整呈现，通过优美精致的内容吸引大量用户，增强了短视频的竞争力，达到快速传播的目的。

1. 指导拍摄

视频拍摄方案是短视频在拍摄环节中最主要的参考依据。

（1）从影片内容创意

前期方案，往往都是围绕创意点进行影视化改编而成的可执行脚本，方案编写也是对视频可操作性的论证过程，故而在拍摄过程中都以视频拍摄剪辑方案作为目标导向进行拍摄执行。

（2）从场景角度

拍摄场景，在创意设想中都有预定样式，拍摄执行过程中，场景还原也是工作流程的一部分。

（3）从拍摄流程

分镜头脚本，相当于视频的设计说明书，将整条视频拆分为每一个镜头进行详细说明标注，拍摄中按照设定的镜头属性进行逐一拍摄，保证视频素材的完整；同时，分镜头脚本也是后期剪辑的核心依据。

2. 提升拍摄质量

视频拍摄需要不同部门协同作业，拍摄设备选择、场景道具美术布置、演员沟通准备、脚本完成程度等都会对视频成片质量造成影响。以上所有因素，都需要在制作前期方案时进行统筹规划。

（1）影视设备选择

在同等环境条件下，拍摄设备越好，画面画质越好，后期剪辑操作空间就越大；同时，灯光设备也是提升画质的重要设备，光线细节越丰富，画面层次感与表现力就越好；因此，需要在前期根据视频预期效果进行设备配备。

（2）场景道具及美术布置

优秀的场景细节，能够有效提升观众对视频内容的信任感，故而在前期需要将服装、化妆、道具的规划也落实到方案之中。

3. 提升拍摄效率

分镜头脚本，即短视频拍摄框架。有了框架，后续道具准备、拍摄、剪辑也就有了指导。

（1）前期拍摄

分镜头脚本对现场拍摄具有重要的流程指导作用，可以让片场每个工作人员了解自己的工作职责、每个镜头拍摄目的，明确后续工作，提升拍摄执行效率。

（2）后期剪辑

在后期制作中，分镜头脚本也是剪辑的重要依据。剪辑人员通过分镜头脚本，将素材与脚本内容一一对应，提升素材匹配和筛选效率，加快后期剪辑进度。

12.1.3 明确拍摄在项目中的角色

在短视频创作前期，需要明确拍摄在项目中的重要程度。视频内容的创作方向分为原创内容拍摄和素材剪辑创作，这二者在实操上有着本质的区别。

1. 重点环节

原创视频内容要求真实记录拍摄，拍摄工作是项目中的重点环节。创作者在前期需要投入更多成本，规划拍摄剧情、拍摄场景、购置拍摄需要的设备道具等。

原创视频内容，要求创作者具有更全面且熟练的影视制作能力。因此短视频平台更鼓励创作者以原创方式进行创作，原创优质内容有更高概率获得推荐，具有吸引大流量的可能性。

2. 辅助环节

在短视频创作中，有时为表达主题，需要现有拍摄能力无法拍摄记录的素材。比如进行航空航天知识分享，普通创作者很难进行航空航天相关素材的拍摄采集，视频完成主要依赖于互联网视频素材的二次剪辑与包装。这种类型内容需要的拍摄工作量较小，需要创作者用大量时间搜集素材并且进行筛选。

虽然与原创视频内容相比，二次剪辑创作省略了拍摄环节，但它在素材使用的自主性较低，而且可能产生版权相关问题。

12.1.4 拍摄人员统筹

制定拍摄计划，是视频拍摄的重要环节。一份可靠的拍摄计划，可以让参与创作的工作人员有明确的任务目标，按照统筹计划一步步实现。

视频拍摄前期统筹，在影视创作流程中起着承上启下的作用。视频拍摄方案确立后，导演统筹组根据影片分镜头脚本内容，针对脚本中场景、角色人物关系、道具、拍摄氛围、摄制人员安排、设备调度、拍摄路线等内容进行统筹规划。在制定具体的拍摄计划时，统筹需要对拍摄所需时间，演员档期等基础信息有全面了解。在此基础上，把拍摄任务安排在日程表中，保证拍摄计划的落实。

通常，拍摄计划表需要包含以下信息：剧集、场次、场景、日 / 夜、室内 / 室外、角色、服装、化妆、道具等内容，如图 12-1 所示。

导演：××× 摄影：×××														《××××××》场景表			
月日周 吃饭 出发				饰角色	A	B	C	D	E	F	G	H	I				
地点：××学院“路程分钟”50分钟				演员											特殊道具 特殊服装		
场次	剧中场景	气氛	剧中内容	化妆										群众演员		备注	
				页数													拍摄场景地址
前A	宿舍内	日内	宿舍细节	0.2											水杯，书，电脑，鞋，脏衣服	蒙太奇	××学院宿舍楼
1	宿舍内	日内	猴子叫柯北游戏，柯北出门	0.5	A	B	C							1	纸巾		××学院宿舍楼
7	宿舍内	日内	廖总与柯北打架	0.4	A	B			E					1	血浆包		××学院宿舍楼
4A	宿舍内	夜内	断电，廖总与小薇微信，柯北郁闷	0.6	A		C		E						电脑，iPhone4，诺基亚		××学院宿舍楼
11A	宿舍内	夜内	大家给柯北过生日	0.6	A	B	C		E						蛋糕，酒		××学院宿舍楼
11C	宿舍内	夜内	小瞌送东西给柯北，柯北接电话	0.8	A	B	C		E	F					礼物，柯南画外音		××学院宿舍楼
2	教室	日内	柯北借小薇笔，偷看被发现，跑掉	0.4	A			D							笔，书		××学院教学楼B
8	教室	日内	柯北安慰小薇，带她跑出教室	0.2	A			D							书		××学院教学楼B
10A	教室	日内	小薇和柯北一起学习	0.2	A			D							书	蒙太奇	××学院教学楼B
10C	操场	日外	小薇和柯北打羽毛球		A			D							羽毛球	蒙太奇	足球场大
3A	操场	傍晚，外	柯北和阿琐在操场聊天	0.2	A		C										足球场大
3C	操场	傍晚，外	廖总出现，给柯北小薇QQ号	0.5	A		C		E						写着QQ号的纸条		足球场大
10B	校园内	日外	柯北一个人在学习		A										书	蒙太奇	园艺角

图 12-1 拍摄计划表

1. 剧集

在短视频账号运营过程中，需要为账号规划一个周期性的稳定输出节奏。为提升拍摄时间利用率，通常拍摄团队会将多条视频内容安排在一天或者一个时间段进行集中拍摄。

这需要规划统筹人员在统筹规划表中详细标注每条视频所属的剧集内容，避免在拍摄过程中出现串剧、漏拍或者多拍，同时创作者也应严格根据拍摄顺序进行场记工作，为后期剪辑创造更多便利。

2. 场次

在统筹工作中，场次是直观反映整场影片拍摄进度的基础单位。可以通过场次，将剧本划分为多个拍摄场次，也可以将当天拍摄日常进行场地划分。场次的规划，能够使创作者更好明白拍摄内容在剧本中的顺序。

3. 场景

场景，即影视制作中的空间单位，是角色所处空间以及产生剧情走向的故事发生地点。统筹工作中，场景是最为重要的拍摄顺序依据，通常需将同一场景发生的剧情都归于同一时间段进行拍摄，避免转场或重复置景所导致的额外花费。

4. 日 / 夜

日 / 夜的划分在统筹工作中也很关键。日夜的设置，首先是根据剧本剧情发生的气氛进行划分。气氛，是光线对拍摄场景或角色的影响。白天的自然光线每时每刻都在变化，但同场次镜头需要保证光线环节的一致，所以光线变化对于一个需要长时间拍摄的场次来说会产生极大影响。因此，在统筹阶段，创作者要根据场次预估拍摄时间的长短，进行合理的时间安排。

拍摄气氛，同时也影响着摄制组的工作，包括摄影器材、灯光器材的准备。尤其是灯光组，需要根据场景，结合气氛，准备相应的灯光设备，需要预留时间做好场景光线系统的搭建。统筹规划的意义就在于通过日 / 夜场次的安排，使得拍摄节奏更加紧凑。

5. 室内 / 室外

同场景一样，在编写统筹计划中，也需要将室内 / 室外进行划分。室内外标示，即拍摄场景设定为室内还是室外。

对于摄制组而言，室内外拍摄所需的设备不尽相同。白天室外拍摄，因自然光相对充足，所以对灯光的依赖度不会很高，但室内拍摄就需要灯光的配合。影响室内 / 室外选择另一个重要因素是天气，场景气氛如果需要特殊天气，比如下雨、刮风、下雪等情况，需要额外标注。同时，天气情况如果不符合场景气氛，就需要调整拍摄时间。

6. 角色

角色的出场时间是剧本最重要的内容。故事情节的展现，便是依赖角色演员的出场表演，来诠释剧中人物命运。如果出现演员漏场或衔接场景的断档，对于摄制组而言，是最大的责任事故，所以角色的出场规划，是整个影片摄制过程中的重中之重。

在对影视剧本的分析统筹中，场景档期和演员档期需要同时进行考量。场景档期分散在剧本不同章节，常见的剧本统筹中可能包括角色的场景安排、角色配戏服装、妆容、道具等。

不论是影片制作的大小，演员出场都需要着重安排，避免演员到场而无戏可拍的情况出现；同时需要在统筹表中标注演员候场时间，避免整组工作人员不必要的等待。以上两种情况出现，都可能导致制片成本升高。

7. 服装

统筹表中的服装，就是角色在影片场景中所穿着的服装。在前期统筹规划中，需要提前订好演员在该场景的服装要求，如拍摄职业女性，则需在服装类目下标注职业套装，而非吊带短裤。道具组可以根据统筹表中的服装需要，提前为演员准备服装，避免临时换装影响拍摄效率。

8. 化妆

化妆是一个较为耗费时间的操作。在拍摄过程中，化妆都是最早开始执行的步骤。化妆师会根据统筹表中妆容要求，提前对演员进行妆容造型。如剧集中角色较多时，需要对角色造型时间进行合理安排，避免出现剧组人员等待的情况。

化妆中还有一个特殊类型，特效化妆（包括血、伤口、刀疤、胡须、头套等），特效化妆对于妆后效果要求较高，需要更细致的妆容塑造，也就是需要更长的时间准备。

9. 道具

道具是影视作品中不可或缺的一部分，在人物形象塑造上起着极其重要的作用。在影视创作中，道具是归于美术组负责。对应的场景所搭配的道具在统筹表中都需要着重标明。与此同时，为了保持剧本内容延续性，同一场景内道具尽量要保持一致，避免出现穿帮，破坏影片细节。

12.1.5 拍摄统筹表制作思路

想要做好一份统筹规划表，首先需要对于剧本剧情进行深入地解读，然后把剧本的相关信息分类统计、掌握剧本的场景分布、主副场景比例、演员场景、场次书、主要演员的相互配合的场景和拍摄频率、整体拍摄计划安排、项目整体预算等信息。统筹工作的核心思想是：高效率、低成本、无差错。

在统筹前期，负责人需要将视频脚本进行拆分。剧本拆分从剧本页码序号、场景、角色、时间、内外景、日夜气氛 6 个维度展开，其中最重的是剧本页码序号、场景和角色。根据这 3 个维度进行拆分后，可在此基础之上逐步完善拍摄计划。

首先，将剧本根据场景进行拆分切片，制作顺场表，此时顺场表是根据剧本内容结构，按顺序进行排列；其次，将按顺序排列的场景表，根据不同的拍摄场景场地进行归类划分，将同一场景的剧情内容归拢在一起；最后，结合演员角色的档期安排，以及各个场景场地之间地理位置关系，进行统筹规划，最后形成拍摄计划表。

【任务实施】

视频拍摄剪辑方案策划

1. 确定表达的主题

短视频的灵魂是故事主题，只有主题明确，视频才能彰显出强大的吸引力。可以说，主题确定了整条视频的基调。前期确定合适主题，才能在后期最大程度吸引目标群体的关注。

确定短视频想要表达的主题，首先要做好账号定位和话题选择。自媒体创作者必须仔细分析用户画像，从性别、年龄、学历、地域、手机类型等多维度去精确定位。不同用户类型，决定了视频的不同主题和表达方式。

以某跨文化交流账号为例，如图 12-2 所示，账号初创团队以北大海外留学生为主，从自己在中国生活的观察出发，确定了“让世界更了解中国，也让中国更了解世界”的账号主题。账号从中外互相了解的主题出发，聚焦中国年轻用户关注的话题，确定了如“外国人怎么看支付宝”“在电影院奇特经历”等选题。

2. 确定视频类型

确定主题后，还需要确定视频类型。目前短视频平台以短纪录片、颜值展示、情景喜剧、搞笑日常、专业知识领域科普等几大类为主流。在结构上，视频类型是视频主题的载体，不同内容主题决定视频类型的选择。

同时，创作者可以根据自身创作能力，来选择不同视频类型表达同一个视频主题。比如同样表现文化交流主题，一个跨文化交流账号侧重于真实记录不同人群，采用单机街头采访形式，以真实记录和轻松搞笑内容取胜，如图 12-3 所示；而另一个文化交流账号的达人，具有一定拍摄能力和个人魅力，主要制作颜值展示和文化科普类的视频内容，如图 12-4 所示。

3. 确定视频表达重点

确定主题与类型后，创作者在策划方案时还需要注意内容的整体规划和详略安排。在一条短视频中，很难面面俱到展现拍摄对象，创作者必须学会去粗取精，做好取舍，确定表达的重点。

图 12-2　某跨文化交流账号

图 12-3　某跨文化交流账号

图 12-4　另一个跨文化交流账号

比如美食教程分享，视频内容的表达重心就是美食制作的详细步骤，这样观众可以很轻松了解创作者想表达的重点。而食材的介绍、购买，则不需进行详细介绍，因为这些信息所承载的内容价值并不高。

4. 确定视频风格

最后，要确定视频风格。视频风格，通常由目标受众群体以及视频类型决定。例如，知识科普类型视频需要采用较为轻松活泼的表现形式，因为知识内容受众通常为年轻用户，采用轻松活泼的形式更容易让用户接受较为严肃的专业知识。

在前期策划时，创作者需要明确视频风格，以便后期更好确定脚本文字撰写、镜头调度以及后期配乐等。

5. 查阅相关文案素材

以上几点确定后，创作者可以开始查阅相关内容素材，寻找可以借力的热点内容，进行构思和编写，根据视频主题、类型、重点、风格等撰写拍摄脚本以及分镜头脚本。

任务 12.2 视频制作与效果审核

【任务描述】

对于所有视频作品来说，后期剪辑处理至关重要。后期团队制作能力的好坏，直接决定视频作品呈现质量优劣。后期剪辑，不是毫无章法地堆叠素材，必须依循制作流程推进。视频剪辑的流程通常由 5 个步骤组成：初剪、正式剪辑、配音配乐、特效包装、调整输出。

本任务将聚焦短视频制作的后期环节，详解剪辑时需加以注意的核心要点。能够根据拍摄素材和前期脚本进行后期剪辑包装，并且生成输出符合内容审核标准和平台规范的内容是本节核心任务。

【知识准备】

高级微课 2-3 视频剪辑内容的后期制作流程

12.2.1 视频剪辑内容的后期制作流程

1. 初剪

初剪，又称为粗剪。视频素材拍摄完成后，需先导入专业剪辑软件中进行初剪。在这一阶段，剪辑师会对视频素材进行筛选，将通过筛选的素材按照脚本顺序拼接，形成一个没有视觉特效、旁白和音乐的初始版本。初剪阶段要求视频基本成型，符合脚本框架，并且故事情节相对流畅。

2. 正式剪辑

正式剪辑，又称为精剪。在初剪版本上征集各方意见，通过多次观看、讨论和总结，找到视频中的问题并解决。在正式剪辑阶段，剪辑师需进行精细作业，考虑多方面内容，如画面片段是否有冗余或缺失、视听语言是否和谐、转场效果是否流畅、同期声是否清晰等。正式剪辑版本，需要做到视觉流畅且能完整表达创作意图和视频主旨。

3. 配音配乐

正式剪辑完成后，可针对视频的情绪、节奏进行配音或背景音乐的添加，配音配乐可分为以下 4 类：片头片尾音乐、视频背景音乐、旁白配音、音效。

音乐的使用，可使视频的试听层次感增加，提升视频的试听效果，有效的调节好声音与画面之间的关系。通过有效的声音处理，激发人们对视频画面的兴趣。同时声音与画面关系的有效处理，更能增强视频的感染力，促进观众对视频作品画面有深层次的理解。

4. 特效包装

特效包装，是对短视频内容画龙点睛的一个处理。在视频原始素材基础之上对于重点强调内容或者本身拍摄不到的内容进行特效包装，可以显著提升内容质量。特效包装包括但不限于片头片尾、字幕、贴纸、特效效果等。

在视频中添加片头片尾，能够增加视频的完整度，在开头抓住用户注意力；合理搭配字幕背景与颜色，通过不同字幕、花字能够更好地渲染视频气氛，给予用户画面之外的信息量，丰富视频内容；恰当的贴纸和特效效果，能够显著提升视频的画面动感，使画面富于趣味性和生动性。

5. 调整输出

视频在正式输出前，需要进行调色处理。“无调色，不成片”，好的调色不仅可以提升视频的视觉效果，还可以让视频形成自己独特的风格。调色后，剪辑师就可以按照视频投放的需求有针对性地输出成片。

通过以上 5 个步骤，一个完整的视频剪辑流程就完成了。一个优秀的视频作品在最终成型前，必须经历以上步骤，才能保证内容完整性。

12.2.2 视频内容的审核

视频内容的审核主要有两个目的，一是保证内容合法合规，二是保证视频的完整度。其中合规的问题涉及面很广，从内容层面上，危害国家安全、暴恐、色情、赌博、侵权、发布不实信息等都是极为严重的违规。这些内容在前期选题策划阶段就要严格规避，不可碰触。除了内容上的问题，在视频制作过程中也经常会出现一些技术问题，影响视频观感。

下面就从内容、画面、语音、字幕、特效等几方面，讲解短视频剪辑中经常会遇到的错误。

1. 内容

短视频内容合规，是对视频创作的基本要求。遵守国家法律法规以及平台规定，是每一个创作者的基本职业素养。

我国分别在 2018 年 11 月 29 日和 2019 年 1 月 9 日推出了《网络短视频平台管理规范》和《网络短视频内容审核标准细则》，明确规定了网络短视频不得出现的具体内容，所有短视频创作者应该严格遵守这两部法律法规。

创作者在进行内容创作前，需要认真熟读内容审核标准细则，树立正确内容价值导向。在符合正面内容价值导向基础之上，在内容创作过程中还要注意遵循平台规定，不要盲目抄袭，全盘复刻，甚至直接搬运，侵犯其他创作者权益。视频创作者需要严守红线，一旦在内容导向上出现根本偏差，将对个人和企业发展造成致命影响。

2. 画面

在剪辑过程中，因为视频素材处理工程量较大，剪辑师在后期容易出现的工作失误有：

① 画面比例设置错误，视频比例与素材比例不协调，导致画面变小失真，影响观看

感受。

② 画面黑屏，素材与素材之间没有完全衔接，导致有黑屏出现。

③ 头尾无效镜头没有剪切干净，导致画面多余。

④ 画面清晰度较低，素材筛选过程中没有选择完成度高的镜头。

3. 语音

语音的问题大部分集中在音量控制与音画配合上。

① 音量异常。同期声或背景音在播放过程中出现音量异常，表现为声音过高或者过低，尤其是背景音乐的使用过程中，往往音量过大，影响到同期声的播放。

② 背景音乐和音效使用不当。这个问题是最为常见的，每首音乐都有自身所代表的含义，配乐过程中应尽量选择符合视频风格调性的音乐。

③ 声画不同步。表现为画面显示内容与配音配乐不同步，导致画面失去协调性，影响观看。

4. 字幕

视频字幕对于用户理解视频内容起到至关重要的作用。字幕处理上易出现的问题有：

① 未规避敏感词。字幕中出现敏感词是配字幕过程中比较忌讳的，这会影响视频的投放审核，导致内容被平台限流。

② 字幕位置放置错误。在短视频的字幕使用过程中，很多人没有关注到字幕的位置，出现字幕放置到画面之外，文字内容显示不完整等问题。还有一个问题就是字幕遮挡到画面关键信息，比如人脸、产品画面等。

③ 字幕大小不合适。字幕字体设置过小，会导致观看困难；字幕字体设置过大，会遮挡画面，也会影响观看。

5. 特效

特效的使用能为视频增加动感，提升画面趣味性，但是滥用特效往往会适得其反，得不偿失。特效滥用，盲目堆叠特效，会让画面产生混乱感，直接影响到观看感受。

以上几种情况是在短视频平台上经常出现的问题，因此在短视频剪辑完成后，可以根据以上几个方面，有针对性地对剪辑内容进行自查，避免出现问题。

【任务实施】

视频后期制作与审核

本节仍以跨文化交流账号为例，该账号于 2021 年 5 月 2 日上传“歪果仁在中国学会的操作”的街头采访视频，如图 12-5 所示。

该条内容重点以展现外国人士在中国获得的新知识新技能为核心，视频内容主题符合主流价值观；视频拍摄采取单机位拍摄，画面干净明亮；同期声收声，保证声画一致；剪辑上，为突出重点内容，通过音效、特效和花字展示 3 种方式，加强短视频综艺效果，抓住用户的吸引力；在字幕排版上，采用账号 Logo 标志性明黄色，标题与字幕分列于视频上下，清晰明了且对视频画面本身不构成遮挡。在 30 秒钟内为用户呈现大量信息，获得大量点赞支持。

图 12-5　某跨文化交流账号的一期视频截图

任务 12.3　拍摄团队的构成及管理

【任务描述】

在本项目中提到的短视频前期策划、中期拍摄到后期剪辑各个环节，离不开视频团队成员之间的清晰分工和相互配合。以内容为核心驱动的短视频行业中，内容人才是行业发展的关键。本任务将以传统影视项目人员架构为例，介绍短视频团队内各岗位职责以及任务，并介绍不同阶段，短视频团队应如何迭代升级，并且做好团队管理。

【任务实施】

12.3.1　拍摄团队人员构成与职责

在传统影视行业中，一个项目团队需要以下 8 个角色的人员配置：导演、编导、摄影师、灯光师、演员、助理、后期制作、运营。在短视频创作团队中，同样可以参考这样的团队框架，如图 12-6 所示。

1. 导演

导演，作为项目第一负责人，其主要职责是在制片人确定的资金预算及制作计划下，在短视频创作的各个阶段里指导演员和摄制组的活动，将剧本内容转化为视频的图像和声音。导演

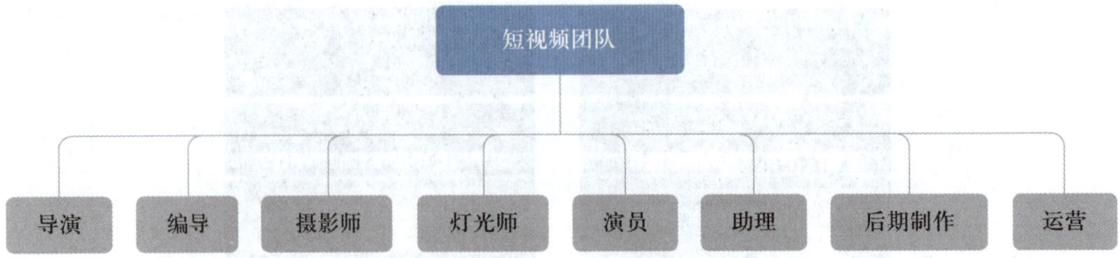

图 12-6 短视频团队框架

的工作包括：研究剧本、筛选演员、写导演阐述（包括立意、主题、时代背景、人物分析、分镜等）、确定景别、选择拍摄场次、全权负责拍摄现场一切事务。

导演的职责：

① 体会视频整个艺术风格，并加强或达到其所需的艺术效果。

② 依照短视频剧本，控制剧情的细节和发展流程。

③ 指导演员的演出，其中包括亲自为演员设定拍摄位置及动作和协助演员培养演出的情绪。

④ 组织和选择拍摄场地。

⑤ 管理技术方面如摄影机摆位、灯光、布景格局、配乐内容与时间配合等。

2. 编导

编导，从字面意义上理解，即为身兼编剧与导演双重职责，属于一种复合型工作。在短视频创作团队中，为了精简人员，编导工作常常由一人完成。编导的工作负责范围极广，除了导演所承担的现场拍摄事务之外，还要参与把控从前期脚本编写到拍摄过程、安排现场、后期制作等所有环节。编导这一岗位，需要从业者有专业节目策划能力、调度控场能力以及制作把关能力等多方面的能力。

编导的职责：

① 参与完成所负责栏目的选题计划、制作进度安排，完成所负责栏目的脚本写作。

② 配合进行栏目制作过程沟通协调，确保栏目制作顺畅。

③ 监督配合摄像和后期制作人员完成节目的拍摄及后期制作。

④ 协助制定、执行演播室的摄制流程，保证拍摄流程的顺畅、高效。

3. 摄影师

摄影师是摄制组的主要创作成员之一，负责运用摄影器材和造型手段，将画面完整记录下来，完成体现导演创作设计的视频造型任务。在摄制组中，一般由摄影、照明人员组成摄影小组，摄影师作为摄影创作和技术处理的负责人，领导摄影小组工作。在影视剧摄制组中设总摄影师，摄影师则在其领导下，作为执行摄影，负责具体创作和技术工作。但在短视频团队中，拍摄需求和机位较少，通常只需要 1 ~ 2 名摄影师即可完成正常拍摄。

摄影师的职责：

① 尽力拍好每一场戏的全、近、中、特写等镜头。

② 讨论并决定分镜头的景别和运镜手法。

③ 协助灯光师测试灯光，力求达到最佳效果。

4. 灯光师

灯光师又称“照明师”，是利用各种专业灯具，根据不同图像的艺术风格的需要，创作出各种“光影效果”。在一些短视频创作团队中，有时摄影师也需要兼任灯光师。

灯光师的职责：

① 独立完成专业影视布光，熟知各类光线效果。

② 能独立完成灯光布线、布光，具有临场应变能力。

③ 定期检查设备状况，做好维修和维护工作，确保灯具正常运作。

④ 协助项目人员制定不同的灯光布置方案。

5. 演员

演员，作为短视频内容的主要参演者，需要根据脚本设定完成内容出演，并且配合内容宣传发布。

演员的职责：

① 根据短视频脚本，完成内容演绎。

② 参与到公司视频脚本的选题策划之中，并且配合视频内容完成宣传推广。

6. 助理

现场制片助理是片场的基础人员，负责支持视频、电视节目等拍摄现场的工作。现场制片助理的工作内容繁杂，涉及视频制作的方方面面，甚至需要处理许多突发事件。很多微不足道的事情，其背后都会有现场制片助理的身影。

助理的职责：

① 助理需要协助导演制作分镜头脚本和拍摄计划，具有良好的导演意识，能充分理解并把握脚本。

② 能够协助后期人员完成后期制作，对影片的剪辑、包装、音乐、调色等工作进行指导调整，监督成品质量。

7. 后期制作

摄制组的主要创作人员之一，负责选择、整理、剪裁全部分割拍摄的镜头素材（画面素材和声音素材），运用蒙太奇技巧进行编纂组接，使之成为一部完整的视频作品。

后期制作的职责：

① 视频编辑。按脚本要求进行剪辑制作、上字幕、配音、蒙太奇效果、专业调色处理、三维片头定制、制作花絮等，以及根据自主化要求剪辑制作。

② 素材处理。为视频素材提供片段删减、段落顺序重组、历史素材并入、相关素材引入组合等。

③ 特效处理。为视频素材编辑过程中加入转场特技、蒙太奇效果、三维特效、多画面、画中画效果、视频画面调色等。

④ 字幕处理。为视频素材添加 Logo、中外文字幕、说明字幕、修饰字幕、三维字幕、滚动字幕、挂角字幕等。

⑤ 音频处理。为视频素材添加背景音乐、特效音乐、专业播音员多语种配音解说、对口型配音、配乐。

⑥ 包装处理：为视频素材剪辑后全方位特效包装，蒙太奇效果、制作三维片头片尾、Flash 片头片尾、形象标识特效等。

8. 运营

除以上传统视频制作相关职位外，在短视频团队内，视频运营同样是不可或缺的。视频运营，即视频推广营销人员，负责在内容输出后，进行线上分发和数据检测。

运营的主要职责：

① 负责短视频日常内容分发上线，包括视频头图、标题、简介制作，推荐位申请，视频

审核，上线下线，并提供各品类短视频的内容上线计划表。

② 负责短视频上线后的数据分析、竞品分析，对内容运营的策略方法适时优化改进。

③ 收集用户反馈、用户互动，根据内容运营效果提供线上线下相关活动建议。

④ 能够根据数据反馈分析不同流量渠道的流量规则，制定对应的流量获取策略。

12.3.2 拍摄团队管理

短视频当前仍属于新兴行业，平台、企业和从业者都仍在摸索之中。在短视频行业之中，创作人才作为核心资源，对他们的管理是企业发展的重中之重。对于众多初创团队而言，在初期难以配置完整的拍摄团队，常常需要工作人员身兼多职。合理配置人员，招募核心团队，至关重要。

团队人员达到视频产出基础配置后，需要制定合理的奖惩手段和业务目标，给予业务负责人创作自由的同时保证内容产出是核心目的。本节内容将从如何高效进行团队配置和制定合理考核指标两个方面进行介绍。

1. 团队配置

对于短视频初创团队而言，在前期摸索阶段，并不需要像影视剧团队一样专人专岗，更多是一人多职，逐步完善。

在团队配置上，有 3 种模式可以参考。

① 起步期。在团队初创阶段，以核心内容为导向，将流程简化为前期和后期，偏向于招聘综合能力较强的人才，比如编导同时承担运营工作，摄影师兼任剪辑，以最小的人力成本进行内容创作，尽快确定适合账号的内容主题和模式。

② 上升期。在内容模式初步确定，视频更新频率提升的情况下，可适当对团队进行升级，招募更多专职人员，例如后期剪辑、视频运营，对于账号后续发力起到关键作用，需要及时补充。

③ 发展期。团队发展至成熟阶段，账号关注度和播放流量达到百万量级，就需要专业团队来支撑项目运转，导演、编剧、演员、拍摄、剪辑、运营，各个环节都需要单兵作战能力强的人才来承担。挖掘人才，推动项目前进是管理者在账号发展过程中始终要放在首位的任务。

在短视频运营初期，想要快速的组建一个团队重点还是在于找到合适的人才，同时在团队搭建过程中，要依据实际情况不断调整人员结构，达到一个最佳的人员配置组合。短视频发展日新月异的今天，小步快跑，不断迭代，才是制胜关键。

2. 考核指标

任何公司发展，都脱离不开制定合理的绩效考核体系。考核标准的设定，一方面能够激励团队创作，另一方面有助于达成一致目标，促进团队成员共同协作。不同短视频公司采取的绩效考核标准不尽相同，但视频制作数量、视频播放、粉丝增量、变现情况等维度都被视为基础衡量标准。

① 视频制作数量。成熟的短视频制作团队，月内容更频率应在 12 至 25 条之间，以保证实现周更、一周双更、日更这样的产出频率。视频月制作数量是考核团队产出的基础标准。

② 视频作品数据。视频作品数据分为播放量和点赞数两个维度。虽然不同粉丝量级账号在不同阶段有不同要求。但近两年来，在短视频平台，播放量突破百万，或点赞超过十万，均可视为成功爆款案例。

③ 粉丝增量。短视频平台粉丝增量为衡量团队工作的核心指标。行业内大部分 MCN 机

构，会以 100 万粉丝作为增长分界线，在 3 个月内成功孵化百万粉丝账号，为实现第一阶段目标；完成百万粉丝积累后，粉丝增速变慢，就以“实际增粉数量 / 目标增粉数 × 奖金基础”，按比例进行奖励。

3. 变现能力

大部分短视频团队，在积累了一定粉丝基础后，都要谋求流量变现。当账号已经培养一定粉丝量和粉丝黏性，就需要视频团队在内容与变现之中寻求平衡。

在行业内，变现往往以广告提成方式对员工进行激励，将单条视频推广收益的 3% ~ 5% 作为员工奖金分发，鼓励团队生产更加精良的内容。

项目实训

假如你是文化交流账号的内容负责人，目前账号粉丝量 730 万，平均每周需要更新 3 ~ 4 条短视频内容，展现中外文化交流，请你为该账号策划一期全新视频内容。

1. 实训目的

① 能够根据业务目标，规划视频账号项目，策划拍摄剪辑方案。

② 能够根据短视频拍摄策划脚本，完成项目拍摄及剪辑。

③ 能够搭建短视频团队，并且带领团队完成视频产出任务。

2. 实训内容

① 根据账号风格，完成符合账号特点以及风格的拍摄剪辑方案策划。

② 完成视频的拍摄以及剪辑。

③ 审核视频内容，保证其符合账号风格特色以及平台需求。

④ 设计短视频团队配置，并且制定短视频团队考核指标。

课后练习

请扫描二维码，查看本项目课后练习。

项目 12　课后练习

第二部分　平台运营

项目 13　内容运营规划

课时　4 学时

项目描述

本项目将以知名古装美食类账号作为案例，介绍自媒体内容运营如何进行。自媒体账号内容运营主要可分为 4 个维度，包括账号定位的创建、账号运营策略、内容构思策划、矩阵账号的搭建。自媒体账号的建立与发展，需要根据运营内容的数据化分析、互动监测和舆情反馈，进行不断更新与升级。更深入了解自媒体内容运营思维的数据化分析和形成具有全局性的内容运营思维是本项目的重点。

学习目标

知识目标	1. 了解自媒体平台账号定位的核心逻辑与人设打造要素
	2. 了解账号运营基本策略以及相关数据指标
	3. 了解矩阵账号规划逻辑
能力目标	1. 能够根据账号定位和基础人设，完成账号定位方案策划
	2. 能够完成运营方案策划，并且落实到具体工作中
	3. 能够完成矩阵账号的搭建
素养目标	1. 能够通过对各个方向的考核分析，不断完善内容，辅助账号进步
	2. 能够制定行之有效的运营方案，提升账号商业价值和品牌价值
	3. 能够搭建矩阵账号，让公司价值最大化，分散风险

知识图谱

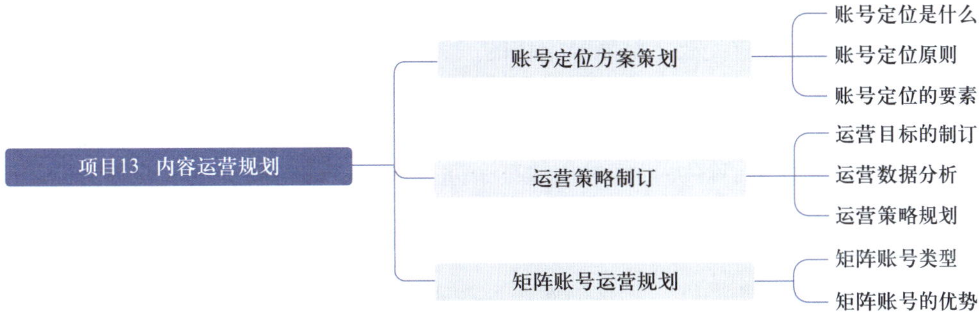

任务 13.1　账号定位方案策划

高级微课 3-1
定位的要素

高级微课 3-2
定位和定位原则

【任务描述】

要在媒体洪流之中脱颖而出，需要自媒体人具有鲜明个人特色和清晰的个人定位。如何找到属于自身的特色，有效区别于其他账号，进行账号定位是核心任务。

【任务实施】

13.1.1　账号定位是什么

在互联网平台，所有人都有进行自我表达的机会，但并不是所有人都能从日常账号升级成为具有商业价值的内容账号。作为短视频用户，在平台上偶尔发现一个有趣的自媒体账号，点下“关注”按钮之前，往往会产生以下几种心理动机：

第一，喜欢眼下正在观看、阅读的内容，符合个人审美取向。

第二，会让人有反复观看 / 阅读该内容的欲望和行为，让人觉得有吸引力和观看性，不会显得无聊乏味。

第三，该账号内容的创作人始终持续在产出同样优质有趣的内容，拥有内容的延续性。

由此可见，一个自媒体账号成功的先决条件，是拥有自己独特的风格、清晰的人设、极具辨识度的内容、极强的个人魅力。

定位理论定位要从一个产品开始，那产品可能是一种商品、一项服务、一个机构甚至是一个人。但定位并不是对产品做定位，而是对预期客户定位。企业要在预期客户的头脑里给产品定位，确保产品在预期客户头脑里占据一个真正有价值的地位。定位理论的核心原理“第一法则”，即要求企业必须在顾客心智中区隔于竞争，成为某领域的第一，以此引领企业经营，赢得更好发展。

做自媒体账户也一样，做好定位，就能拥有更优质全面的基础。就像地基一样，良好的基础能建立更好的上层建筑。而关于账号的定位，可以划分为内容定位和人设定位两大方面。

13.1.2 账号定位原则

在进行账号定位时，首先要了解账号定位的三大核心原则。

1. 明确内容定位

所有的产品和平台都要有定位，一般这个定位可以用一句话表达——“该产品服务于某种对象，用于某种场景，为了解决目标对象的某个问题和痛点，为其提供某核心功能和服务”。账号的内容定位，就是明确账号内容边界，什么样的内容能做，什么样的内容不能做。

2. 建立风格调性

风格化，也可以称之为调性，是将创作者与其他人区分出来的重要因素，也是决定其内容能否脱颖而出的关键。创作者需要给内容印刻某种风格化标签，让用户一看到或接触到类似的事物与信息就能联想到自己。

3. 加强账号标签

具有强烈风格的内容账号，往往需要一个鲜明且抓人的标签，或是固定人设，或是固定装扮，或是一句口头禅，能够高度概括账号风格。

通常来说，账号定位在确定后就不会轻易改变，只会以其为核心进行发散优化。一个账号的风格和标签一旦成功树立起来，就可以在用户心目中牢牢占据一个位置，从而大大降低以后建立用户认知的成本。在已验证成功的账号定位基础上，不断迭代优化，有利于实现价值最大化。

13.1.3 账号定位的要素

1. 目的定位

创作者首先要明确，自己运营账号的目的到底是什么。需要明确进行短视频创作是作为兴趣爱好，还是最终想变为一个商业化变现的路径。在互联网平台，不管是何种内容定位的账号，大多目的都是指向获取更多的粉丝，占领更多的市场，获得更高的商业价值。

2. 领域定位

领域定位，即定位内容赛道。美食、美妆、vlog、还是剧情……不同内容，适配不同赛道。账号运营者需要找到适合自己的领域，找到自己擅长且突出的地方，不断放大长处，做到效益最大化。

要选择一个领域并不难，只需要遵循三点：第一是自己喜欢的领域；第二是自己擅长的领域；第三是市场前景好的领域；能够满足这三点的领域就是一个好的领域。

① 自己喜欢的领域。一个人对于自己喜欢的事才会愿意花时间去研究，如果不喜欢还强迫自己去迎合某个领域，那么自媒体人将很难有创作的灵感火花。

② 自己擅长的领域。做自己擅长的领域，对自媒体人来说就是在大众面前展示技能，这样能极大地缩短摸索的时间，也能让自己更快进入角色。

③ 市场前景好的领域。现在大部分用户比较关注和喜欢的内容如果正好与自媒体人擅长以及喜欢的领域匹配，则完全可以在这个领域去创作。

3. 用户定位

通过选择想要吸引的目标用户，以及用户给予的反馈，不断优化改进自身账号内容，得到更加优化的账号。

（1）用户画像

进行用户定位，首先需要对用户进行画像，了解他们的真实情况以及基本特点。用户画像包含以下内容：

① 用户基本属性（年龄、性别、职业、身高等）。

② 用户行为习惯（作息习惯、卫生习惯、社交习惯、网络习惯等）。

③ 用户的兴趣偏好（饮食、颜色、娱乐、品牌偏好、产品、旅游等）。

④ 用户的信仰观念（人生观、价值观、世界观）。

根据不同的划分还可以分为：人口属性、消费特征、兴趣爱好、社交属性等，运营人员根据最终目的确定用户是谁。

（2）如何定位用户画像

① 画像初判断：包括平台定位衍生观察、竞品研究、行业数据分析。

- 平台定位衍生观察：指平台通过后台用户数据反馈得出的一套完善的用户画像系统，主要包括：性别分布、年龄分布、兴趣分布、地域分布、用户活跃时间段、设备分布等几个方面。
- 竞品研究：指分析竞品账号的后台用户画像系统，了解用户需求及场景。
- 行业数据分析：包括分析线上所有短视频 App 的用户群体现状，挖掘用户痛点，收集用户建议。

② 画像验证：包括问卷调查、反馈数据分析、用户走访、用户访谈、专家评估，需要指出的是画像验证的前提是细分用户画像，圈定目标受众的范围，得到精确的数据反馈。

第一，通过用户走访、用户访谈等方式，得到一些直观的反馈，用户访谈的内容中一般包括观看频率、接触到的渠道和方式、在观看过程中的感受等一些基本情况。

第二，通过走访的情况，反馈数据分析，创建用户分析库，再通过基础的问题设定，形成问卷调查，进行二次画像验证。问卷调查的研究也能更细分用户画像，得到有效的用户分类。

第三，基于以上两点，已有了一个较清楚的用户画像范围，这些用户分类之间是否能影响整个内容的发展和变化，是否能预见未来会发生的问题，是否能影响行业决策，就需要行业内的专家评估了。

③ 完善画像：包括品牌型目标平台、销售型目标平台、粉丝变现型目标平台、强化用户画像。用户画像定位决定了内容的生产方式，也影响了用户消费，完善用户画像十分重要。各视频平台长、中、短视频又各有千秋，不同的平台对应的用户群体也不一样。

- 制定品牌型目标平台才能得到更好的用户转化。
- 销售型目标平台的核心就是了解用户的需求是什么，主要通过：基本收入、网购支出费用、支出产品种类、消费心理等几个方面来分析，最终得出哪些品类的需求更多，增加推荐和曝光频次；哪些品类需求少，减少推荐。
- 粉丝变现型目标平台：提升用户黏性是决定粉丝变现能力的关键因素，内容账号要依据平台的喜好留住粉丝，可以通过带货直播、广告合作的形式得出看播和支付画像，最终达到强化用户画像的目的。

（3）定位使用场景

在对用户进行画像后，需要继续细化用户使用产品的场景，了解用户与产品之间的连接。如：

① 用户是什么样场景下阅读，其中包含用户阅读的时间、空间以及基本目的是什么。

② 内容是否适合阅读场景、是否能给用户好的阅读体验。

③ 在什么样的阅读场景下，用户会活跃。

④ 什么样的阅读场景用户会流失。

4. 账号人设打造方案

（1）认识人设

人设定位，是在内容定位的基础上强化账号的特有属性，打出“人”的特色让用户将关注重心放在人身上而非单纯只关注内容，人是唯一不可取代的东西。例如短视频账号某知名博主，身居田园自给自足的神仙姐姐生活，记忆点极其高，也满足了大多数都市人对于田园生活的向往。

（2）定位人设的三大前提

大部分自媒体账号进行人设定位，都需要回答三个问题：你是谁？你有什么特别的？我能得到什么？

① 你是谁？回答你是谁的关键，在于找到人设之中的矛盾反差点。比如一个上班族，平时朝九晚五上班打拼，私下却是一个爵士乐手，斜杠青年就是他身份的矛盾所在。矛盾产生冲突，冲突产生印象。

② 你有什么特别的？每个人都有自己的闪光点和爱好特长，有些人喜欢做饭，有些人手工很好，有些人很会说话聊天。发现自己独一无二的闪光点，即是找到自己最特别的特质。

③ 我能得到什么？关注一个账号，那么一定是某个点打动了用户，触发了关注行为动作。或是内容非常戳人有意思，人物美丽可爱，或是能学习干货知识。如美食类科普账号，通过动画演绎的形式，将常见的食物通过有趣的形式讲述其前世今生，既有趣又长知识。在这个互联网时代，可以在网上学习中医、美妆护肤、甚至编程。当然还有一种是情感需求，通过内容账号能治愈心灵、满足内心情感需求，也是一种心灵上的寄托。人的两大需求总会在其中找到一个满足点，这就是自媒体的魔力所在，如图 13-1 所示。

图 13-1 自媒体人设定位

（3）辅助定位最终的人设

人设就是整个账号给人最有记忆点的地方，就像博主是万人迷还是假小子、是工作狂还是购物狂，都能让人第一时间记住。做一个有辨识度的人，才能在茫茫人海突出重围，占领自己的一席之地。一般有 3 种选择定位的方法：

① 以兴趣定位。当下自媒体人可以做的内容领域极其广泛，美食、美妆、时尚、运动、科技……每个大类还可以进行细分，如科技领域又分为智能硬件、创业投资、互联网……在众多领域中找到适合自己的领域，最简单的方式就是做自己了解并且感兴趣的领域。

以美食领域为例，如果自媒体人对这个领域很有兴趣，本身又有一定厨艺经验或爱好，就可以拍摄美食制作类教程，甚至是拍摄美食失败的搞笑视频。以兴趣为优先考量，才能保证自媒体人始终对创作抱有热情。

② 以专业定位。以专业定位自己的领域，对自媒体人来说也是很重要的，因为有的自媒体人会觉得自己专业的领域受众小，很

难做成功，具有畏难心理。但其实换个角度思考，专业领域受众小，竞争也同样小，而且自己对自己的专业领域会比较了解，更有可能制作出精品且具有深度的内容。

③ 按照主流定位。按照主流定位，并不是完全迎合大众的喜好。主流定位是在自媒体人的喜好和专业基础上，将大众关注的热点融进自己的领域内容，从而使内容得到更多的关注。主流定位会给创作者做一个分类和推广，有了这种分类推广以后，更方便自媒体人在圈子中寻找伙伴，一起交流成长或者共同经营，向团队化方向发展。

按照主流定位领域是自带流量的，但这种内容很容易出爆款。但是也有缺点，如果自媒体人不擅长捕捉主流热点，就很难保证持续的爆款内容输出。所以，选择做主流领域就一定要边经营边关注热点。

好的账号，一定是内容和人设两大块缺一不可，两者相辅相成，也是决定自媒体账号成功与否的重要因素。

任务 13.2 运营策略制订

【任务描述】

账号成功与否，在初期建立人设定位之后，运营策略方法的制订尤为重要，就像一辆汽车，需要不断地加油保养，才能跑得更快。本节任务的重点是掌握账号运营具有指导意义的数据有哪些，如何对这些数据进行分析，并且根据数据分析结果，完成运营策略方案的策划。

【任务实施】

13.2.1 运营目标的制订

自媒体账号是一个互联网产品，用产品运营的思维来完善改进运营，能够更好地制订目标，快速高效地达到目的。互联网运营目标制订策划指的是产品在哪个阶段要达到什么样的目标，在市场上占据多少份额，获得什么样的位置，这是运营策划非常关键的一部分。通常互联网产品会从运营阶段和运营类型两个方面去制订目标。

1. 产品运营阶段目标

互联网产品运营目标制订策划的第一种方式，是根据产品运营阶段来制订目标。

（1）种子期阶段

这个阶段的主要工作包括 3 个方面：收集用户行为数据，与产品设计时的用户模型作对比，进行有目的性的优化。其中涉及的主要数据包括页面路径转化、按钮点击、启动次数、启动时间段、停留时长等。这个阶段数据量不求大，但要真实，可以通过免费渠道来获取数据。

（2）推广期阶段

这个阶段的主要工作内容是：扩大影响、吸收用户，其中涉及的主要数据包括新增、活跃、留存以及渠道数据。运营人员需要同时配合各种资源，多管齐下，让用户量快速增加。

（3）营收期阶段

这个阶段的主要工作内容是：通过各种活动运营，对服务进行增值，扩大产品利润。其中涉及的主要数据包括付费用户数、付费金额、付费路径转化、ARPU（每用户平均收入）。

2. 根据产品类型制订运营目标

如果是根据产品类型制订运营目标，需要运营者特别注意。因为每种类型需要关注的点不同，因此制订的目标也是不同的。

① 工具类。需要关注启动的次数、社区、活跃用户数。

② 游戏类。需要关注在线人数和 ARPU。

③ 移动电商类。需要关注成交转化率、订单转化率和金额转化率。

企业可以制作一张数据指标考核表，对于具体的内容，企业可以根据自己产品的特点进行调整。

13.2.2 运营数据分析

产品数据分析，也是产品运营极为重要的一部分。企业在运营产品之前就要了解并知道自己要关注哪些数据，然后分析数据，以便调整之后的运营工作。通常来说，运营中最需要重点关注的数据是留存率和活跃用户数。

1. 留存率

互联网产品发展到一定阶段，用户就会开始流失，留存率随着时间的推移会逐步下降，一般在 3 ~ 5 个月后达到稳定。因此，企业需要重点关注留存率，留存率提高，真正使用产品的用户才会越来越多。

留存率是用于反映网站、互联网应用或网络游戏的运营情况的统计指标，其具体含义为在统计周期（周 / 月）内，每日活跃用户数在第 N 日仍启动该 App 的用户数占比的平均值。其中 N 通常取 2、3、7、14、30，分别对应次日留存率、三日留存率、周留存率、半月留存率和月留存率。

（1）次日留存率

如果需要分析新用户的流失原因，则可以结合产品的新手引导设计与新用户转化路径来进行。一般情况下，如果这个数值达到 40%，就表示产品达到了优秀。

（2）周留存率

用户在使用产品后，通常会经历一个完整的使用与体验周期，这个阶段留下来的用户就有可能成为忠诚度较高的用户。

（3）月留存率

如果是移动产品，则一般的迭代周期是 2 ~ 4 周，所以月留存率能够反映出某个版本的用户留存情况。一个版本的更新对用户的体验都会产生或多或少的影响。因此，通过比较月留存率能够判断出一个版本的更新是否会对用户产生影响。

（4）渠道留存率

用户来源渠道不同，质量也会有所区别，因此需要对渠道用户进行留存率分析。在排除用户差别的因素后，再去比较次日、周、月留存率，可更准确地判断产品上的问题，然后进行优化。企业未来的运营计划也需要据此做出调整。

2. 用户活跃率

用户活跃率 = 活跃用户数 / 总用户数 × 100%，通过这个数据就可以了解用户的整体活跃度。不论哪款产品，每天都有新增的用户，也有流失的用户。如果单独看每日的活跃用户数，则是非常不准确的，所以通常结合活跃率和整个产品的生命周期来进行判断。

随着时间周期的增长，用户活跃率总是在逐步下降。所以经过一个长生命周期，如 3 个月或半年的沉淀，用户活跃率还能保持在 5% ~ 10%，就代表这款产品有着很强的生命力，企业对此制订的运营计划是正确的。一个好的运营，一定会根据账号的调性，制订相对来说最符合其发展的方案，让账号能够不断优化，保持长久的生命力，不会轻易被时代的洪流所淘汰。

13.2.3　运营策略规划

自媒体策略规划，是指为实现战略目标和任务而采取各种手段的谋划，可以理解为采取什么手段、如何完成账号的战略任务。运营策略要求内容在可控范围内清晰具体，为现阶段可实施的手段；运行过程阶段性与连续性相结合，在一定周期内稳定进行；具有一定灵活性，能够在实施策略时适时地变换、调整和修正，确保战略任务的完成。

1. 运营策划的步骤

通常一个账号策略的规划制订，首先要进行账号自评估，寻找并比较出账号优劣势，检视过去的策略，分析内容以及当下市场环境，深度分析自我优势、资源匹配等，进行一个全面的筛选，然后再确定运营策略；其次是侦测环境（包括整体环境、产业环境及竞争环境等），找出环境的机会与威胁；最后提出策略构想，并且必须需考虑是否与账号运营的目标吻合。

2. 运营策划要点

（1）垂直化

垂直化就是做细分，是纵向分布的，在于小而精。垂直化就是认知借力，借用户心中的认知标签，然后把标签和内容进行绑定，让用户记住你。

在运营垂直模式时，需要遵循 4 个要点：定位用户、细分行业、深度连接、重度运营。与传统媒体时代很多平台采用的轻运营模式不同，采用垂直运营的账号必须进行重度运营，以做深做强，建立自己的竞争壁垒。

（2）IP 化

自媒体账号就是一个 IP，只有形成强人设、强 IP 属性，才能更好地拥有粉丝，建立属于自己的人格化魅力。建立属于自己的 IP，就意味着拥有更广泛的变现渠道，打通多方商业途径。很多头部博主就是靠自己独特的内容和人设，不仅吸引大批粉丝，还创立了自己的电商品牌，线上宣发和售卖打通的电商神话级打法，能够迅速变现的同时，也拥有长久的生命力。

（3）品牌化

从心理学角度出发，品牌是活在消费者头脑中的识别符号，即在头脑中留下的品牌形象。制定运营策略，要注重在用户心中，植入品牌概念。通过强调加深与消费者之间的链接，赢得消费者的认同，以不断提高消费者满意度和忠诚度为出发点进行策划制订。

任务 13.3　矩阵账号运营规划

【任务描述】

矩阵账号，即自媒体里侧重盈利变现和 IP 打造的账号，建立在一个核心账号统领之下，覆盖多个领域的账号阵地。通常情况下，这些账号之间会以大号带动小号，探索新的细分领域，从而放射和裂变出更为聚焦的分属账号。同时，这些细分账号也一边打造自己 IP 价值，一边给头部账号“打辅助”。

【任务实施】

13.3.1 矩阵账号类型

不同账号之间，会构建不同类型的矩阵。

1. 相互客串型矩阵

独立的抖音号之间互相客串，视频内容中有参与或文案评论中相互 @。

2. 1+N 矩阵

1+N 矩阵主要是建立一个以产品线为主导的账号矩阵。1 个主账号下再开设 N 个产品专项账号，以此构成完整的抖音宣传体系。

西安在抖音上走红之后，国内很多城市都发现了抖音红利，学习在抖音建立自己的抖音矩阵，重庆就是代表之一。重庆采用的抖音矩阵就是“1+N”的矩阵模式，以重庆旅游为主账号，分别开设平安重庆、发现重庆、重庆航空、重庆美食等子账号，构成以宣传重庆美食、美景以及各种资讯的抖音宣传体系。

3. 爆款 IP 矩阵

从一个爆款 IP，细分出一系列视频内容相似、画风一致的系列账号，@**cici 酱及衍生矩阵 @** 吃了吗和 @** 买了吗，出自同一个人 IP，但内容分别为剧情、美食探店和美妆种草 3 个方向，如图 13-2 所示。

图 13-2 爆款 IP 矩阵截图

4. 内容同质矩阵

作品内容的方向一致，主播达人并不互相客串，但具有明显相同的标识。MCN 某某音乐将旗下 18 个抖音号，做成统一的画风，不同的人唱不同风格的歌，但所有的账号名称都统一标注“某某音乐”，如图 13-3 所示。

图 13-3　某某音乐同质矩阵

13.3.2　矩阵账号的优势

构建矩阵账号，对于 MCN 机构来说，是有百利而无一害，能够在粉丝量、提升内容热门量、分散商业风险上起到极大帮助。

1. 影响力互通、互相引流

对于互相客串型矩阵，利用这些多个账号相互引流，来尽量避免粉丝流失。通常来说，粉丝取消关注一个账号是容易发生的，但是如果他关注了你旗下多个账号，脱粉的概率就降低了很多。另外在矩阵中，还可能形成粉丝流量内部引流，提升粉丝数量，扩大影响力。

2. 增大热门概率

短视频平台流量大部分是公有流量，视频能否冲上热门的概率是不确定的。对于 MCN 机构而言，难以依靠单一账号频繁制造热门爆款。而多个账号同时运营，互相联动，在一定时间内共同发布同一主题视频，可以大大提高内容成为热门爆款的概率。

3. 扩大用户覆盖

单一品类账号覆盖的用户总有局限，站在公司角度，要想追求用户量最大化，简单直接的办法就是通过扩充品类来获取更多用户，建立各个领域的细分账号。建立矩阵后，不同平台的产品及调性可以形成互补。企业为了获得更多的流量，更大的曝光量，就需要在更多的平台来宣传推广自媒体的平台、产品。

4. 分散风险

企业集中在某一平台运营，如果不幸出现“黑天鹅事件”，就相当于前功尽弃。“鸡蛋不要放在一个篮子里”，建立了账号矩阵，就相当于多了几个篮子，可以降低风险。所以账号持有者通过构建账号矩阵，培养多个账号，可以对抗不确定性和波动。

项目实训

请任选一家MCN旗下的矩阵账号，对其进行账号定位分析，并且制订矩阵账号在下一个季度的运营方案。

1. 实训目的

① 能够完成自媒体账号的定位方案策划。

② 能够设计账号运营方案策划。

③ 能够完成矩阵账号规划以及搭建。

2. 实训内容

① 对达人进行账号定位，确定达人的垂直领域以及用户画像，并且制订人设打造方案。

② 根据留存数据、活跃用户数据，分析达人运营策划结果，并且制订下一个阶段计划。

③ 根据博主账号特点，确定矩阵账号类型，规划公司矩阵账号发展。

课后练习

请扫描二维码，查看本项目课后练习。

项目13 课后练习

项目 14　用户运营规划

课时　4 学时

项目描述

本项目将以豆瓣平台作为案例，拆解互联网公司用户运营基本思路和策略。从用户运营基础出发，详细讲解 5 种用户分层方式，介绍不同层级用户的激励策略与运营方法。通过本项目学习与实践，了解新媒体公司如何分析用户类别，并且针对用户不同阶段，不同需求进行运营维护。

学习目标

知识目标	1. 了解用户分层体系的 5 种基本方法
	2. 了解不同层级用户的运营激励方法
能力目标	1. 能够对互联网公司用户进行精准分层，确定分层运营策略
	2. 能够通过运营策略，维护用户关系，提升活跃度
素养目标	1. 形成互联网运营思维，了解并胜任运营岗位职责
	2. 形成结果导向思维，通过运营策略实现企业目标

知识图谱

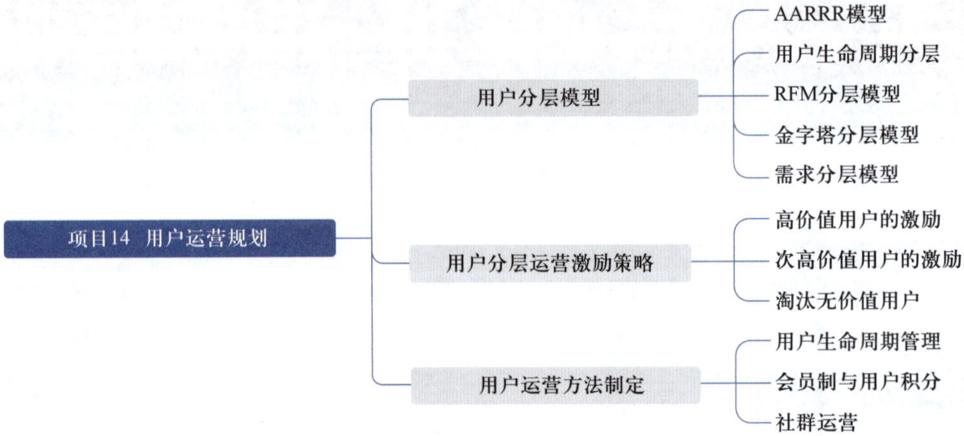

任务 14.1 用户分层模型

【任务描述】

用户量和用户价值，永远是互联网项目价值的直接表现。用户运营的工作，就是在产品生命周期的各个阶段，通过适当的方式，一方面提升用户量级，一方面促成用户从接触产品到成为忠实粉丝的转变。本任务将详细讲解互联网用户运营的基础知识：5 种用户分层模型。通过本任务的学习，能够养成初步互联网运营思维，了解如何区分不同阶段用户，了解他们的需求。

【知识准备】

14.1.1 AARRR 模型

用户运营工作，通常分为 5 个环节：Acquisition（拉新）、Activation（促活）、Retention（留存）、Revenue（转化）、Refer（推介），把这个 5 个单词的首字母连在一起就是 AARRR，这就是比较常见的用户运营模型，如图 14–1 所示。

这 5 个阶段分别对应了相应属性的用户：新用户、注册用户、活跃用户、兴趣用户、付费用户。针对不同层级的用户，需要采用不同的策略。

① 新用户。要能引导他们下载产品并完成注册。

② 注册用户。尽量要让他们熟悉产品，多使用产品。

③ 活跃用户。要加深他们使用产品的频次和深度，固化他们的使用习惯，让他们对使用产品越来越感兴趣。

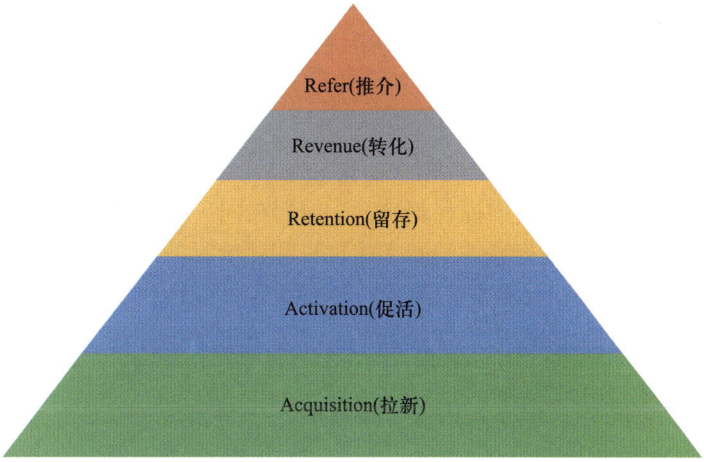

图 14-1 AARRR 模型

高级微课 4-1
AARRR 模型

④ 兴趣用户和付费用户。要投入“重兵”运营，帮助他们完成付费决策，并且和他们交朋友，强化双方对于产品文化理解的一致性，让他们成为产品的“铁杆粉”，并且成为企业的“推广员”，帮助企业推广产品，提升口碑。

通过 AARRR 模型，将产品使用的黏度从高到低，对用户进行了分类，这是空间上的人以群分，这种分层法可以提高运营效率和企业利润。

14.1.2 用户生命周期分层

用户生命周期分层，即引入时间变量，将用户从开始接触产品到离开产品过程进行分层。分为引入期、成长期、成熟期、休眠期和流失期，将用户归入相应的区间，根据在不同区间用户的不同行为特征，制定运营策略，如图 14-2 所示。

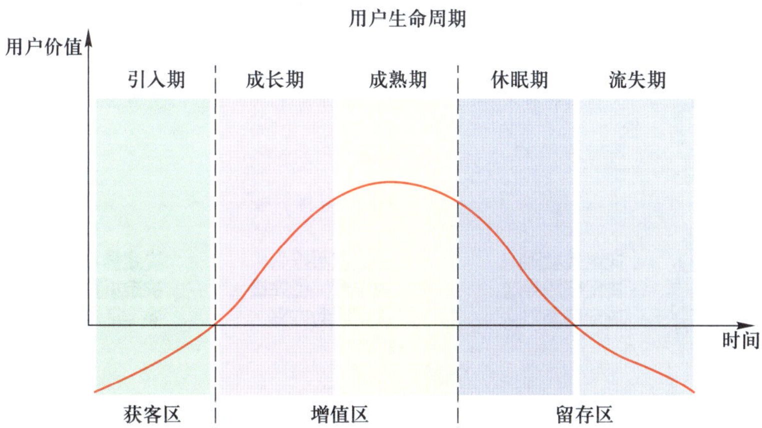

图 14-2 用户生命周期分层

① 引入期。需要寻找潜在用户，对潜在用户做个用户画像的分析，弄清用户的基本需求。通过适当的渠道接触他们，可以通过一些福利和优惠引导他们使用或试用产品，让他们完成下载和注册，成为新用户。在这个阶段要尽量触达更多的潜在用户，基数越大，后续转化的可能性就越高。

② 成长期。是用户从新用户向活跃用户过度的阶段，这个阶段要培养他们使用习惯，延

长用户使用时间。这时需要关注新老用户转化时长，尽量缩短这个长度，让用户快速熟悉产品各个功能。

③ 成熟期。用户已经相当活跃，并且成为付费用户。这个阶段要做的就是把这个阶段的周期拉长，不断给他们新鲜的体验、多元的功能。当他们的活跃度开始下降，即开始进入休眠状态时，要像运营新用户一样，给他们更多的福利刺激，让他们在同一个产品场景内完成“喜新厌旧”的过程，比如美团点评 App 本来是做餐饮消费类的预订和评价服务，后来开始做外卖和出行，都是让用户不断有新的体验。当用户在某个环节变得不再活跃，那就给他能再度活跃的机会和场景。

④ 休眠期和流失期。也就是用户开始卸载和不再使用产品。运营人员要重点分析他们流失的原因，以及他们从引入期到最后的流失期是哪个环节出了问题，整个周期是否有一定的规律可循，比如当发现大部分用户再使用到三个月时会大批进入到休眠期，那在第三个月的节点，就需要采取措施来挽留用户。

用户生命周期的长短，是给运营人员一个标尺，不仅可以看到行业在什么水平，还能看到企业在什么水平，在哪个环节要提升到多少。换言之，企业都是有生命周期的，从某种程度上来讲，用户的生命周期决定了企业的生命周期。这类用户划分手段，时间既是主要依据也是运营中的重要工具。

14.1.3 RFM 分层模型

RFM 是一种精细化运营的用户分层方法，对应的 3 个英文单词：Recency（最近一次交易距今时间）、Frequency（交易频率）、Monetary（交易金额）。它能够方便快速有效地量化用户价值和创造价值的能力，如图 14-3 所示。

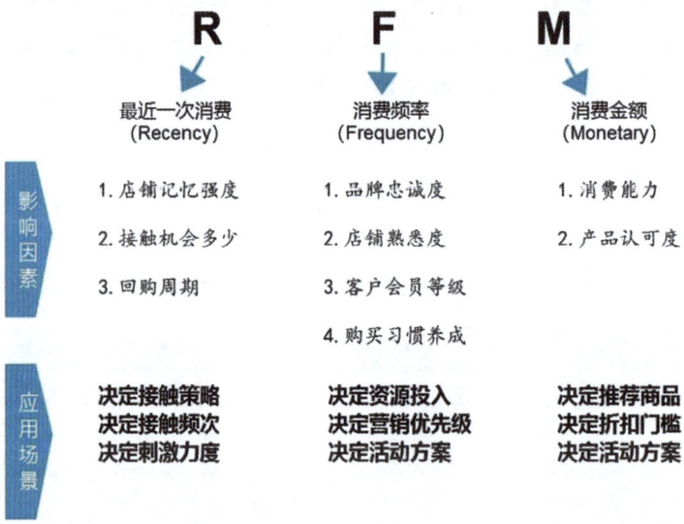

图 14-3 RFM 分层模型

RFM 这 3 个字母分别对应了 3 个值的指标。

① R 值，指用户最近一次交易距今的时间。间隔时间越短，则值越大，这类客户近期产生消费，所以对当下的运营决策有很大的决定性作用，也是最有可能对福利活动产生反应的群体，因为刚消费不久会有比价心理。

② F 值，即交易频率，指用户在限定的时间内所消费的次数，交易频率越高，F 值越高。常购买的用户，一般是满意度、忠诚度高的用户，也是要重点关注和维护的用户。

③ M 值，即用户的交易金额，可以分为累计交易金额和平均每次交易金额，金额越高 M 值越大。

根据 RFM 值，把用户分为 8 类，如图 14-4 所示。

类别	R	F	M
重要价值用户	高	高	高
重要发展用户	高	低	高
重要保持用户	低	高	高
重要挽留用户	低	低	高
一般价值用户	高	高	低
一般发展用户	高	低	低
一般保持用户	低	高	低
一般挽留用户	低	低	低

图 14-4　RFM 指标分层图示

每一个值又可以分为高中低，比如对 M 值进行分层，可以将用户分为低消费用户和高消费用户，这样精细分化的好处是可以明显看出主要收入出自哪个用户群。一般来说，公司 80% 的收入可能来自 20% 的用户。这种用户分层的手段更看重定量分析，通过分析各项数据和比值，精确地进行运营策略调整，而不单单是定性，是对 AARRR 模型的精细化分析。不管有 1 000 个用户，还是 1 000 万用户，作为运营人员，应该要做到对任何一个用户的画像了如指掌，清楚地知道他属于什么样的级别，什么样的活动对他有效，什么程度的让利可以推动他去消费，这样运营效率就会大大提升。RFM 分层法，这种精细化运营的逻辑是帮助了解用户画像的有效工具。

14.1.4　金字塔分层模型

金字塔分层模型是以用户身份价值或者影响力大小进行用户分层的方法。这种方法具体会根据用户活跃表现、价值贡献高低、影响力大小等维度由下到上搭建一个金字塔模型，再根据用户在不同维度上的表现情况，赋予不同用户不同的角色和权力以及上升通道，形成一个良性的循环。

以 QQ 为例，QQ 会员等级即是标准的金字塔分层模型。用户在线的时间越长，就可以相应获得星星、月亮、太阳、皇冠等级，相应等级可以开通相应的特权。再如，知乎用户，可以按照使用频次获得不同徽章，如首答、好奇宝宝、备受瞩目、社交达人、知无不言等，如图 14-5 所示。

图 14-5　知乎用户徽章

知乎中“知无不言”的用户，是站内意见领袖，更是重点维护对象，自带一批话题追随者，可以产出高质量高浏览量的内容，提升知乎站内整体的流量和互动表现。而“社交达人”级别的用户，可以产出专业的内容，保持着知乎的内容影响力，解答有需求用户的疑惑。那些偶尔回答出一些具有互动性（感谢、收藏、赞赏）内容，对知乎使用度很高，热爱赞赏、收藏其他答者内容的用户可以被定义为“备受瞩目”，他们是核心流量的贡献者，是话题内容的传播者。普通的浏览型用户可以被归类为“好奇宝宝”，他们还没有 / 不喜欢回答问题，只是经常查询 / 浏览一些话题，然后没有留下太多互动足迹，是普通的流量贡献者。

14.1.5 需求分层模型

不同的产品用户会有不同的个性化的需求，不能忽视一些个性化需求，因为他们很可能在未来会变成趋势，成为大众需求，因此对于用户的个性化需求要进行分类研究。进行用户个性化区分的常见维度有自然属性和个性化需求。

从用户标签的角度来看，大致对应数据层的事实标签和算法层的模型标签。进行个性化分层要看用户是否会因为基本属性、消费习惯、消费内容的不同，导致需求使用动机、使用偏好等会出现较大差异。在进行判断时，要么靠常识和用户洞察，要么靠数据。

个性化分层的两种选择：一是选择一个维度对用户进行划分，分别给予定向解决方案；二是选择两个具备相关性的维度通过交叉区隔，对于用户进行划分再分别给予定向解决方案，例如某理财 App，依据用户的投资意愿和用户专业度对用户分层，然后在投资引导上给予不同的选择。

【任务实施】

本任务将以豆瓣是如何做用户分层作为案例进行分析。豆瓣是一个集书评、影评、乐评等评论及兴趣交友、小组于一体的网络社群。豆瓣中所有的内容、分类、筛选、排序都由用户产生和决定，用户给评论一个“有用”，它的排位会自动上升，从而提升了用户信任度，如图 14-6 所示。

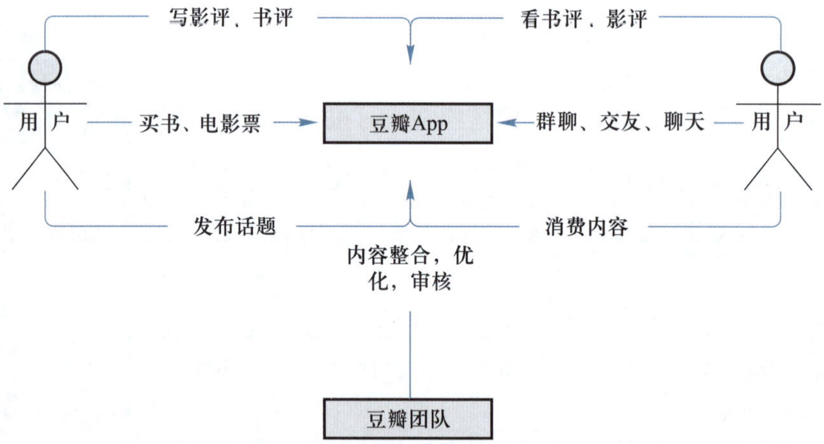

图 14-6 豆瓣 App 业务逻辑图

豆瓣的用户以 80、90 后为主，本科和硕士以上学历的占大多数，女性偏多，未婚单身青年较多，他们大多来自大城市。在豆瓣上，用户一方面产出内容：写影评、书评，发布话题；另一方面消费内容：看影评、书评，聊天交友。豆瓣的业务标准化程度低，内容个性化程度高，用户在产品中相互影响的程度较高，所以可先从用户生命周期维度进行用户分层。

通过生命周期分层，筛选出成长型和高净值用户，再采用关键行为对比进行用户分层，筛选出一定周期内的活跃的高净值用户。这个分层方法和 RFM 分层方法类似，不同的产品在设计 RFM 分层指标时，针对产品特性调整参考标准，比如有的 R 是最近一次消费，R 也可以是最近一次登录，F 可以是消费频率也可以是使用频率，M 可以是交易总额也可以设定为发布内容的总和。

除此之外，豆瓣还运用了金字塔的用户分层策略。按照用户的价值贡献度大小和用户影响力的稀缺程度，由下到上搭建一个金字塔模型，再赋予每一类用户对应的角色和权益，搭建一个纵向的等级。从最高等级的名人，往下是专业用户、贡献用户、活跃用户和普通用户。

任务 14.2 用户分层运营激励策略

【任务描述】

通过用户分层模型，可以分析得到不同用户的特性以及需求。了解不同价值级别用户的特性以及心理，确定相对应的运营基本目标，是本节主要学习内容。

【任务实施】

用户激励是指在互联网产品中，通过给用户一些“好处”，通过设定一系列奖惩规则，让用户自愿做产品期望他们做的事，通过不断反馈使这些行为固化为习惯机制，比如 QQ 的黄钻、饿了么的吃货豆、爱奇艺的积分和成长值……都是用户激励手段。

设计激励体系，一方面是为了提升用户活跃度，增加留存率，让用户的黏性随之增加；另一方面也是为了衡量每个用户在产品中的成长过程和价值，便于分群运营。

14.2.1 高价值用户的激励

高价值用户不能单靠物质激励，而是要通过一套规则和反馈使其有成就感、目标感和使命感。成就感的养成，本质是要让用户有主人翁意识，把平台当成自己的舞台，通过发布优质内容、参与各类活动，吸引众多追随者。

对高价值用户进行激励，首先需要完成人群分流，然后通过层级、等级的设定，比如积分、等级、排行榜等，让用户通过完成任务，赢得奖励、获得勋章和各种身份，既有收获感又有成就感。

这种驱动方式“挑战”本身非常重要，能够激发用户成就感。如果没有挑战，勋章、奖杯就毫无意义。如视频网站哔哩哔哩，只有通过答题的用户才能完成注册，这个门槛激发了用户间的认同感，在后面不断“升级打怪”，发布作品积累粉丝，评论互动获得 B 币，成为真正意义上的意见领袖。用户在参与活动、发布高质量内容、付诸购买行为中达成某个让用户觉得自豪的结果，还可以获得特殊身份，获得物质奖励，获得别人的称赞。

在激励系统中，通常会通过一些点数、等级和进度条来给予反馈，告知用户距离实现目标还有多远，给用户继续玩下去的动力。

14.2.2 次高价值用户的激励

对于次高价值用户的激励，平台的目标是尽可能把他们发展成高价值用户，尽力激励用户全身心地投入创造性的过程，给予他们新事物的刺激，并尝试不同组合。用户不仅需要表达创造力的途径，还要看到创造过后的结果、反馈并及时调整，而且这种激励要意犹未尽。

14.2.3 淘汰无价值用户

根据二八法则，一般只有前 20% 的用户是平台最有价值的用户，而对于后 20% 的休眠用户，在唤醒无效的情况下，要果断放弃。放弃无价值用户，才能节省平台运营成本，提高效率，为剩下用户提供更好的服务。

知识拓展

二 八 法 则

二八法则也叫二八定律，被广泛应用于社会学及企业管理学等。二八法则认为在任何一组事物中，最重要的只占其中一小部分，约 20%，其余 80% 尽管是多数，却是次要的。它反映了一种不平衡性，在商业运营中，二八法则指出了在原因和结果、投入和产出、努力和报酬之间存在这样一种典型的不平衡现象：80% 的成绩，归功于 20% 的努力；市场上 80% 的产品可能是 20% 的企业生产的；20% 的顾客可能给商家带来 80% 的利润。

任务 14.3 用户运营方法制订

高级微课 4-2
用户运营策略制定

【任务描述】

用户运营工作，落到产品之上，需要从产品生命周期出发。本节内容将着重讲解用户生命周期，介绍用户运营在实操中的基本方法，掌握设计会员体系以及社群运营手段以激活用户，提高留存。

【任务实施】

14.3.1 用户生命周期管理

用户生命周期，是指用户从对企业了解开始，到用户与企业的业务关系终止的这段时间。这个过程经历了用户引入期、成长期到成熟期、休眠期和流失期，企业了解用户处于哪个阶段，采用相应的运营策略，分析用户在不同生命周期的不同需求。这个周期内可以把用户大致分为潜在用户、新用户、忠诚用户 3 类，每个用户对于企业的贡献不同，企业应该将有限的资源更多分配给忠诚用户。做用户生命周期管理的目的是为了提升用户在整个生命周期中的价值，即放大价值。

对典型用户的成长路径进行引导和精细化运营，通过测算有效降低成本来提高收益。

14.3.2 会员制与用户积分

从组织架构上来看，会员制已经有一千多年的历史。会员制强调组织与会员之间建立一种正式、持久的关系，让用户更有归属感、荣誉感，在会员体系内的等级制度是帮助进行用户分类的有效工具。

会员制也可以让企业获得稳定的、可预期的收入。在大多数组织里，会员获得会员身份后就可以享受一定的福利，但同时也需要承担一定的义务，比如需要缴纳会费。

会员组织一般有这样几种表现形式：

① 订阅类组织。会员定期付费，订阅企业相关的内容或者服务。企业可以先通过免费的服务来吸引用户永久使用这些免费服务，当用户希望使用更高级的服务时，就需要付费，从免费用户升级为付费用户。

② 在线社群。会员通过免费或者付费的方式与志同道合的人互动交流，最近流行的某个 App 就是类似这种模式。有些在线社群是免费的，有些专业度较高、价值高的聊天室则需要付费进入。

③ 积分制。用户变成会员之后，因为经常性和持续性的消费而获得积分，而这些积分可以兑换相应的服务和产品，积分在平台内相当于货币，这也是激励会员活跃度的一个有效的办法。很多航空公司都会推出“常旅客积分计划”或者叫“里程积分计划”，就是当用户飞满一定的里程数后，可以享受比如贵宾区服务、快捷通道、机场接送机等服务。有些消费品企业，还会建立积分商城体系，可以实现积分返现，或者满赠活动，鼓励用户更多的消费，形成一个循环的过程。但积分制并不适合所有产品，比如婚庆用品、留学产品等低频消费、重决策类的产品，人们一生用不了几次，就没必要激励用户反复购买，这样只会浪费运营资源。

14.3.3 社 群 运 营

社群运营是促进用户活跃度，提高转化率很重要的一个手段。如何让社群具有活力，是运营者要思考的最重要的问题。

社群运营中，要学会制造话题，寻找意见领袖，鼓励求助者，关照围观者。意见领袖负责主动发表意见，或根据话题进行讨论，意见领袖是社群的核心；围观者是流量的基础，是社群里的大多数成员，只看不说话，他们是因为意见领袖的存在而存在；求助者负责发问，问题要能有一定的代表性，引起讨论。

社群中，用户的角色是在不断更迭变化的，意见领袖会逐渐地位减弱或者流失，运营人员要及时填补空位，从求助者和围观者中发现新的意见领袖。在社群运营中，每个主题下要有一个核心群，核心群的用户要不断补充，可以通过不断做活动和裂变先建立众多小群，再将小群里的用户引导到大群。

在用户运营策略制订过程中，数据分析能力非常重要，要重视各项数据的收集，让数据说话，对数据进行详细的研究和总结。

例如，某旅游博主转型电商博主，如图 14-7 所示，有 630 万抖音粉丝，目前女性粉丝占比六成以上，其中30岁以上的女性占一半，粉丝所使用的移动终端中，苹果手机和华为手机用户占比最多，粉丝消费力较强，且有较强的认知力，现阶段的用户运营正是基于以上数据分析。

图14-7　博主抖音号截图

博主从2015年起开始尝试自媒体，主要记录旅行游记，内容多发布在微博和公众号平台上，2017年开始辞职转型全职自媒体，同年12月进驻抖音，2018年在全平台同步分发，全网全渠道覆盖，分发效果非常明显。除了抖音和微博，其他渠道平台上，博主几乎都是顶流IP，因为当时有这个意识的自媒体人还不多。

当用户积累到一定阶段的时候，就需要对用户进行分级管理。2018年团队曾对购买用户进行分层管理，第一层是路人粉群，扫码即可入群的用户，日常不会进行精细化维护，但会保持一定的活跃度；第二层是30～50人的黏性群，这部分用户是曾经发生过消费行为的，产生实际互动；第三层是20～30人的铁杆粉丝群，人不在多，但对博主的内容和价值观有较强的认同，并能形成实际的消费行为。

从用户运营的经验上来看，2018年的用户运营从私域做起。在全网发起活动，用户感兴趣的话会留言或私信，这时就可以引导添加助手账号，将用户迁移至私域。之后不断在私域组群，举办线下活动或沙龙，参加女性主题的相关论坛或会议，稳定自己的女性粉丝群体。当时这个团队只有5个人，一个人负责新媒体运营，一个人负责内容分发，一个人负责内容创作与编辑，一个是摄影剪辑，还有一个是博主本人。2018年，当转化到私域的用户有四五万时，博主和团队开始尝试推出自己品牌的衣服，当时开了88个社群，第一次转化实现了100万销售额，这对博主和团队是个不小的鼓励。

总之，用户运营策略的制订过程中，既要保证企业的利润，又要保证用户的良好体验，让用户感受到企业的真诚，拥有归属感，这就需要企业对资源进行合理配置，并且要保证用户的成长体系的可持续性，让这个体系与用户一起成长、进步。

项目实训

网络购物以及社交分享平台小红书创办于 2013 年 6 月 6 日，以海淘购物信息不对称为切入点，在创立之初就成为一匹黑马，上线仅一年用户数量就已经超过 1 500 万。截止到 2020 年 12 月，小红书的累计下载量已经超过 53 亿，用户数量突破 3 亿，至今完成多次融资，处于产品发展成熟期。请使用本项目中提到的用户分层模型对小红书用户进行分层分析，分析产品生命周期的用户运营策略，并且提出改进方案。

1. 实训目的

① 能够对用户进行各维度数据分析，完成用户分层体系搭建。

② 了解不同圈层用户激励机制的制订。

③ 能够根据用户运营核心路径，完成用户转化、留存、活跃运营策略制订。

2. 实训内容

① 收集小红书用户数据信息，包括核心用户、活跃用户和新用户画像。

② 用 AARRR 模型、用户生命周期分层、RFM 分层模型、金字塔需求模型、需求分层模型分别对用户进行分析。

③ 分析小红书 App 产品数据、现有产品功能以及用户运营策略。

④ 在现有用户运营策略基础之上，提出改进方案。

课后练习

请扫描二维码，查看本项目课后练习。

项目 14　课后练习

项目 15　达人运营规划

课时　2 学时

项目描述

本项目从实战出发，提供从零开始搭建自媒体达人的运营体系的方法论。系统剖析从挖掘、培训、考核、变现等各个阶段，如何高效与达人合作，发挥达人的最大潜力，创造更大的商业价值。本项目既适用于 MCN 机构统筹运营多位达人，亦适用于单独达人账号的运营。

通过对本项目的学习，读者能够迅速建立起达人运营思维，改变和达人粗放式的合作模式，建立起科学的达人运营观，形成达人运营的闭环思维。

学习目标

知识目标	1. 能够建立达人挖掘流程，制订达人面试评估标准
	2. 能够在达人的运营过程中，建立起健全的达人分级标准和激励政策，对达人进行梯度赋能
	3. 能够为达人分析商业变现路径，制订商业变现规划
素养目标	1. 能够挖掘具有潜力达人，并且完成面试签约
	2. 能够根据不同达人特质，制定孵化计划，带动达人发展
	3. 能够为达人制定商业变现计划，不断拓展变现渠道和变现方式
能力目标	1. 能够签约具有潜力的达人，不断扩充公司达人矩阵
	2. 对达人进行有效管理，用管理手段激励达人发展
	3. 能够提升达人商业价值，拓展变现渠道，实现公司盈利

知识图谱

- 项目15 达人运营规划
  - 达人招聘评估制度与签约政策的制订
    - 达人招聘
    - 达人面试评估
    - 达人签约流程
    - 任务实施
  - 达人管理方案和激励政策的制订
    - 达人管理基础思维
    - 达人管理日常规范
    - 达人激励方案
  - 达人职业规划
    - 规划网红孵化步骤
    - 延长网红生命周期
    - 达人职业转型
    - 任务实施

任务 15.1 达人招聘评估制度与签约政策制订

【任务描述】

互联网短视频的底层逻辑是人设，商业变现依赖的是粉丝与达人的黏性，做自媒体的核心其实就是运营达人，本任务将讲解达人招募、面试评估以及签约 3 项工作的流程以及标准。

【知识准备】

15.1.1 达人招聘

招聘达人的先决条件——明确需要什么样的达人。由于网络达人的特殊性，通过传统的招聘网站渠道相对不容易找到合适的达人，招聘达人更需要制作方有针对性地主动挖掘。

1. 素人挖掘

素人，即未成熟运营个人 IP 的普通人，从零开始打造短视频账号。

（1）颜值类达人

① 发展方向：颜值视频、秀场主播等。

② 达人特质：颜值高、长相有记忆点、情商高。

③ 挖掘渠道：

- 高校艺术专业、社团
- 时尚娱乐场所
- 各大城市商圈
- 平面博主、模特

如抖音千万粉丝舞蹈颜值账号达人，原为大学舞蹈社团成员，如图 15-1 所示。

（2）表演型达人

① 发展方向：剧情类、搞笑类、心灵鸡汤类。

② 达人特质：表演欲望强、演技自然、长相气质有记忆点。

③ 挖掘渠道：

- 高校表演专业、社团
- 演员群体
- 个人特质强烈，具备表演天赋的普通人

如抖音千万粉丝古风剧情账号达人，原为大学表演系专业学生，如图 15-2 所示。

（3）非垂直类专业 KOL

① 发展方向：美妆、穿搭、母婴、美食、健身、萌宠等。

② 达人特质：对该垂直类领域有丰富积累和强烈兴趣、表达能力强、口齿清晰、说话有感染力。

③ 挖掘渠道：

- 相关产业工作人员，如美妆领域的柜员
- 社群团体意见领袖
- 传统媒体，如杂志、电视台等相关垂直类从业者

如抖音 800 万粉丝美妆账号达人，原为某美妆品牌化妆专柜销售员，如图 15-3 所示。

（4）垂直类专业 KOL

① 发展方向：医疗、法律、艺术等。

② 达人特质：专业能力突出，具有行业影响力和话语权；口齿清晰，表达流畅，有感染力。

③ 挖掘渠道：

- 该专业的权威人士
- 从事该专业教学的教育人士

如法律账号达人，本职为政法大学教授。

图 15-1 舞蹈颜值账号达人

图 15-2 古风剧情账号达人

图 15-3 美妆账号达人

2. 成熟创作者挖掘

成熟创作者，即已有个人 IP 账号，拥有一定粉丝体量（如抖音平台粉丝量超过 10 000），

已经具备内容创作能力的达人。对于成熟创作者，最重要的是要分析出该账号的短板和需求，从而进行有针对性的谈判和赋能。

一般从以下角度进行突破：

- 商务变现
- 内容创作
- 人力、财力支撑
- 媒体公关，扩大账号和影响力
- 产业链支持
- 保底收入和签约费

如某美妆账号达人，如图 15-4 所示，签约 MCN 前为个人自媒体，内容为泛娱乐搞笑内容，粉丝 90 万，因为内容和个人能力所限，商务接单量为 0。签约 MCN 后，仍然由达人主控内容创作，团队为她进行商业赋能。签约一年后，从商业角度考虑，团队帮助她从泛娱乐账号迭代成美妆账号，并衍生出系列账号。矩阵总粉丝达到 1 000 万，矩阵月均接单量达到 15 条。

图 15-4　美妆账号达人

15.1.2　达人面试评估

普通企业销售的是产品，短视频产业从某种意义上来讲，达人即是产品。所以达人面试和普通的企业员工面试也有所差别。

1. 达人综合能力

可以用雷达图对达人的综合能力做初步判断，直观简洁。

2. 达人的个人情况

达人合约不是劳动合同，为了尽可能地避免未来风险，需要对达人情况做综合考量。在征得达人同意的情况下，需要了解其婚姻恋爱状况、配偶职业情况、家庭经济状况、个人消费习惯、历史收入以及其他背景。

可委托专业公司做达人背调，背调前签署《背景调查授权书》。

15.1.3　达人签约流程

达人面试成功后即进入签约阶段。签约是双方权益的法律保障，达人合作必须在双方签署合约的前提下进行。作为合作期间双方行为的准则，合同制定需秉承平等、公正的精神，双方权利义务一致。“霸王条款”等不合理内容，终究会成为合作的绊脚石。

1. 合约分类

达人合约按性质分可以分为劳动约、商务约、经纪约、全约等；按范围分可以分为单一平台约、全平台约、全约（包含线下）等；按合作内容可分为内容约、代理约、直播约、自主品牌约等。机构可以按需和达人签署一份或多份合约。

2. 合约重点

一般来说，达人合约必须包含以下要点：

① 合作期限。对于自主孵化的素人达人建议 3 ~ 5 年，对于外部签约的达人建议 1 ~ 3 年。

② 签约平台以及账号归属权。自孵化达人建议账号归属于公司。如果停止合作，达人需付出一定的经济成本拿回账号归属权。外部签约达人建议账号归属于个人。

③ 合作阶段。按照实际情况，为了保障双方利益，以及让资源得到合理分配，可以对达人的合作进行分期，并设立阶段目标。

- 试约期：建议时间1个月。作为互相磨合阶段，双方可共同制定基本目标，如果未达成，双方可以协议解约。
- 孵化期：建议时间3～6个月。账号孵化阶段，确立人设，积累粉丝。如果未达成阶段目标，双方可协议解约。该阶段可根据实际情况规定是否进行商业变现。
- 变现期：6个月或时间自定。此阶段着重账号商业变现，并延伸直播、线下等多条业务。

④ 商务分成。可以按阶段、业务分类制定不同的分成比例，还需规定达人是否有保底收入等。

⑤ 签约范围。规定达人被经营代理的范围，包含广告代理、线下活动代理、肖像权代理等。

⑥ 结算账期。规定机构与达人之间项目计算涵盖的交易时间长度，通常为月结、半月结、周结。

⑦ 违约责任。为控制风险，在合同中明确约定相关违约事由，例如，达人不得利用合作账号发布可能影响双方合作的内容，遵守国家法律法规以及平台规则进行内容发布，避免出现达人个人未经机构同意随意发布敏感内容导致账号被封禁的情况，不得未经机构同意擅自与第三方进行商业合作等。

⑧ 终止合作及换约的条件。在符合法律规定或合同约定情况下，机构或达人有权向对方单方提出解除合同，终止合作关系，通常以达人商务业绩差、涨粉数量少、达人账号被封禁、个人过错作为终止合作条件。

【任务实施】

达人运营方案制订

本任务将以某时尚博主作为案例，如图15-5所示，分析达人招募时如何进行评估。对达人进行面试，并且进行科学全面的评估分析，可以帮助团队其他成员迅速了解达人，更好地制订运营方案。

图15-5 某时尚博主

1. 基本信息

包含上文所述的综合能力指数表、个人情况和背景调查表。

2. SWOT分析

① 优势（Strengths）：长相气质特别、时尚品位好、化妆技术佳、购物方面受时尚博主影响大，有强烈的个人色彩，个人会拍摄剪辑。

② 劣势（Weaknesses）：性格相对沉静，口齿一般。

③ 机会（Opportunities）：千禧审美盛行、彩妆品牌投放量大，观众对现有美妆博主审美疲劳、喜欢真实、有个性的美妆博主。

④ 威胁（Threats）：小众风格比较难做成头部和标杆。

3. 发展方向初判

① 达人关键词：美妆、穿搭、气质特别、品位好、古着、潮、会买。

② 初判方向：种草型时尚美妆博主，分享美妆、穿搭和日常。
③ 平台建议：抖音、小红书、B 站。
④ 初定人设：品味独特的怪咖少女。
⑤ 拍摄方式：偏个人化，轻制作，重内容。
⑥ 变现方向：广告、自有品牌。

任务 15.2 达人管理方案和激励策略的制订

【任务描述】

管理是一门关于人的艺术，管理个性各异的达人更非易事，“胡萝卜 + 大棒”的粗放型管理方式，并不适合互联网内容创作行业。无论短视频还是直播，达人的个性都是吸引观众的关键因素。一个优秀的达人绝对不是一个流水线生产的标准产物。虽然成批复制达人是很多机构的梦想，但事实表明，这样产出的达人只能存在于互联网短视频生态圈底部，个人发展和商业机会都非常受限。

怎样在合作中平衡个性和规矩，贯穿以人为本的思想，才是管理者需要重视的问题。本任务将重点讲解不同达人团队管理的方式，以及达人工作基础规范。

【任务实施】

15.2.1 达人管理基础思维

1. 小团队 / 工作室制

达人的个性不同，生产的内容也有很大的差异，需要更加个性化的管理。在内容制作和利益分成上切忌吃大锅饭。所以绝大多数机构都是以小团队或者是工作室的性质管理达人。达人有专属的内容编导以及运营，该小团队工作人员直接为账号产出负责，个人收入直接和达人账号挂钩。

2. 要有明确的团队领导者

群龙无首难成大器，再小的团队也需要明确领导者职责。他可以是编导或者达人自己，也可以是运营，视具体情况而定。

3. 尊重达人话语权

短视频是关于人的内容，最了解自己和粉丝的必然是达人自己。即使是剧情型的短视频，达人的人设也是增强粉丝黏性的不二法门。短视频达人≠影视演员，要赋予达人在日常管理中一定的话语权和对内容的决策权。

15.2.2 达人管理日常规范

没有规矩不成方圆，达人运营需要一定的日常规范。短视频达人和直播类达人工作性质差异较大。短视频达人日常工作拍摄时间不固定、场所不固定，需要更强的内容创意，所以工作时间相对自由，以成果为导向；直播达人因为时间、场所、内容相对固定，并且直播达人需要有量的累积，才会有质的飞跃，所以需要比较严格的日常管理规范。

1. 直播达人日常规范要点

- 考勤：主播每月需按要求完成直播时长，完成公司规定的单日 / 单月直播数。
- 直播时长的频次和下限：完成公司规定的直播，如果有意外情况需要提前向公司报备。
- 直播内容和行为规范：在直播中遵守主播行为规范，完成公司规定的直播任务。
- 直播行为：严格遵守主播行为规范，不可有伤害公司利益的行为。
- 整容、染发、文身等改变外表行为须报备批准。
- 遵守日常社交平台内容规范。

2. 短视频达人日常规范

短视频达人在考勤上可以相对自由，给予其内容创作一定的自由度。比较合理的方式是直接考核产出视频的数量，具体排期如图 15-6 所示。

日期	4.16周五	4.17周六	4.18周天	4.19周一	4.20周二	4.21周三	4.22周四	4.23周五
拍摄内容		姨妈科普			西双版纳vlog	李哥的毕业vlog/不心动挑战	穿制服接男友下班	
发布内容		自制小香风草编包		买不起的文具		西双版纳vlog		挑战
准备工作	剪包包改造	拍摄格林堡	采购制服	剪文具店探店	剪姨妈科普			

图 15-6 某穿搭博主内容排期表

高级微课 5-1 达人日常管理规范

- 每周上线视频不低于 3 条。
- 每周固定时间开选题讨论会并确定本周拍摄内容，内容制作团队成员需要全部参加，每人提供 2 ~ 3 个选题。
- 每周固定开本周内容复盘会，分析得失，调整方向。
- 每周一选题会结束后，出具当周工作排期表，并严格按此排期执行。达人若有时间冲突，需提前一天告知。
- 因达人本身和内容息息相关，如遇重大事件，如恋爱、结婚、生子、整容、长途旅行等需和团队提前报备。

15.2.3 达人激励方案

优秀的达人成长离不开激励制度，激励因素，是以人对工作本身的要求为核心的，只有激励因素的满足，才能激发人的积极性。

1. 达人激励方案前置条件

- 明确账号现阶段最重要的目标是什么。是涨粉、转向还是变现？没有目标的激励等于无的放矢。

- 明确达人内心目前最想要的是什么。是物质奖励还是资源倾斜？只有满足了达人的迫切需要，才能最大地调动达人的积极性。
- 目标制定需要切合实际，切勿好高骛远。
- 激励方案和账号评级息息相关，完善清晰的达人评级体系是激励方案的基石。
- 激励方案需要稳定性，朝令夕改的激励方案只会伤害而不会促进达人的积极性。

2. 短视频达人账号评级和激励

（1）账号评级参考标准

① 账号评级：S+、S、A、B、C、D。

② 评级维度：满足“达人指数”分值和“额定标准”。

③ 达人指数（100 分）= 影响力（15 分）+ 新生力（10 分）+ 爆款力（25 分）+ 喜爱力（25 分）+ 创作力（10 分）+ 商业力（5 分）+ 配合力（10 分）

- 影响力：每月 1 号账号粉丝总量，衡量账号人气值。
- 新生力：上个月新增粉丝数量，衡量账号涨粉能力。
- 爆款力：上个月原创视频平均播放量。
- 喜爱力：上个月原创视频的平均互动量。
- 创作力：上个月原创视频的数量，衡量账号的活跃度。
- 商业力：上个月接单数量。
- 配合力：由公司合作部门对达人上月配合度进行打分。

④ 评级规则：所有账号每月考核一次，统计周期为上月账号数据，1 号统计、2 号内部核对、3 号公布（公布层级不公布数据明细），如表 15-1 所示。

表 15-1　短视频达人评级规则

评级	评级规则	
	达人指数	额定标准
S+	S 级达人晋级	粉丝 500 万 +、当月 1 条爆款（该视频播放量为粉丝量的 50%+）、一年内无负面影响
S	90+	粉丝 100 万 +、当月 1 条爆款（该视频播放量为粉丝量的 50%+）、一年内无负面影响
A	80+	当月 1 条优质（该视频播放量为粉丝量的 40%+）
B	70+	当月 1 条优质（该视频播放量为粉丝量的 30%+）
C	60+	当月 1 条优质（该视频播放量为粉丝量的 20%+）
D	<60	签约当月即为 D 级
停更	上月原创数量为 0 即标记停更	

（2）账号激励内容参考

可根据现实情况，从以下选项中对各级账号分级激励：

- 现金激励：满足一定级别的账号，直接给予现金补贴。

- 流量激励：起始用小额投放做测试，满足一定条件后循环追加。账号级别越高，追加金额越多。
- 扶持政策激励：根据账号级别的不同，给予不同的扶持力度。

3. 直播达人账号评级和激励

（1）主播评级参考指标（见表 15-2）

表 15-2　直播达人账号评级参考指标

主播评级	参考指标				
	流水	订阅量	直播时长	直播天数	粉丝群人数
S	≥ 500 万 / 月	≥ 1 000 万	/	/	300 人
A	≥ 100 万 / 月	≥ 200 万	≥ 6 小时 / 天	≥ 23 天 / 月	200 人
B	≥ 30 万 / 月	≥ 50 万	≥ 5 小时 / 天	≥ 23 天 / 月	100 人
C	≥ 8 万 / 月	≥ 5 万	≥ 5 小时 / 天	≥ 24 天 / 月	50 人
D	<8 万	<5 万	≥ 3 小时 / 天	≥ 24 天 / 月	>10 人
新人	<1 万	≤ 1 万	≥ 3 小时 / 天	≥ 20 天 / 月	/

（2）直播账号激励政策

直播账号激励，可参见任务 5.2 关于短视频达人激励方案，在账号满足不同评定指标情况下，给予现金、流量或扶持政策等不同激励。

任务 15.3　达人职业规划

【任务描述】

自媒体是一个人一辈子的职业吗？事实上，绝大多数自媒体账号的生命周期不超过 3 年。江山代有人才出，短视频时代永远不缺新鲜的面孔，这就要求企业能够在达人有限生命周期内，最大化实现账号商业价值。为了实现这一目的，企业需要做好达人的职业规划，尽快实现账号成长和变现，同时延长账号的生命周期。

【知识准备】

15.3.1　规划网红孵化步骤

参见任务 5.1 中关于达人孵化阶段的内容。

15.3.2 延长网红生命周期

心理学有一个经典的概念叫作“刺激适应”，这就解释了人们为什么会审美疲劳。表面上看，短视频达人生命周期短似乎是必然，但其实也有破局之法。

首先，观众既然喜欢新内容，达人就生产新内容。这个新内容并不一定是新人，也可以是旧人的新内容。如某情感博主在早期是以剧情为主，满足女性心中完美的男友想象。但随着 vlog 风兴起，该账号在自己原有的内容引入了自己的真实生活和新角色，账号产出内容 4 年之后仍然保持着一个较高的热度。

另外，不只依赖感官刺激，把内容做成工具，真正做成有用的账号。比如某达人，从博客到短视频平台，他的网红生命周期不可谓不长。正是不断突破自己的原有事业，除了强化自己的人设，还真正为观众带来了优质品牌的优惠价格，才做到不仅让自己的原始粉丝买单，还吸引更多新粉丝。

15.3.3 达人职业转型

达人的职业规划，如果只是以内容更新为业，很快就可能面临灵感枯竭。所以作为操盘手需要推动达人进行职业转型，找到新的事业方向，一方面增强人设，另一方面能够产生持续不断的内容灵感。

现总结一部分类型达人的未来方向做参考，详见二维码。

达人职业转型

【任务实施】

达人商业变现发展策略的制订

短视频发展至今，已经成功实现了商业闭环。流量就是收入，这个行业的变现能力强大到明星都想来分一杯羹。没有商业价值的达人，不值得投入时间和金钱成本进行孵化。

1. 达人变现路径和拓展

没有商业价值的账号，是难以持续的。想要通过短视频变现，需要达人根据自己的特质，做好提前规划，或者在某一变现途径遭遇瓶颈时，按照以下方向做拓展，见表 15-3。

表 15-3 达人主要变现路径

变现路径	适合达人	分析
广告	所有	相同粉丝体量的达人，垂直类达人广告价值一般远高于泛娱乐达人
直播打赏	颜值、才艺	达人的才艺和颜值不是收入多少的决定因素，更重要的是情商和性格
直播带货	头部、垂直类	1. 达人的意愿很关键； 2. 垂直类达人重点是要找到匹配货源； 3. 独家货源的直播对粉丝量依赖非常少，更依赖的是粉丝精准度
广告代言	头部	需要有知名度
知识付费	知识类达人	专业度要求较高

续表

变现路径	适合达人	分析
自营品牌	美妆、美食、服装	适合垂直类达人，美妆产品投入相对较大
进军娱乐圈	娱乐	风险大，收益大
点播量分成平台采购内容	所有	海外平台比较成熟，国内目前发展中
线下活动	所有	很难作为主变现渠道
私域销售	运营私域的达人	具备产销闭环

2. 达人变现赛道分析

虽然流量即金钱，但不是所有的流量都能变现。某些领域变现是非常困难的，比如脱离日常生活的剧情、影视剪辑类账号。所以孵化账号前要选择合适的，能够进行商品带货的赛道。

现就网络四大热门变现垂直类赛道进行简单分析，如表 15-4 所示。

表 15-4 达人变现赛道分析

赛道	优点	缺点
美妆	1. 品牌多，广告投放多 2. 短视频带货效果明显 3. 国产美妆品牌快速增长 4. 投入相对较少 5. 小粉丝体量即可变现 6. 好植入	1. 高度依赖达人自己的创作力 2. 竞争白热化 3. 视觉型的美妆博主变现能力弱于同级别口播型的美妆博主
美食	1. 品牌多，投放多 2. 投入相对较少 3. 小粉丝体量即可变现 4. 单价低，适合做直播 5. 好植入	1. 餐厅客户有地域限制，单条价格相对较低 2. 内容雷同度较高，做出差异化较难
汽车	1. 品牌多，广告投放多 2. 好植入 3. 目前品牌不太看重 ROI，更多的是品牌宣传	1. 内容依赖资源 2. 带货目前未形成闭环，达人难以提到佣金 3. 对达人的专业度有要求
评测	1. 非常好植入 2. 容易带货 3. 对达人和拍摄场地要求相对较低 4. 适合直播	1. 人设不清晰，粉丝看货不看人，账号黏性不高 2. 高度依赖货品 3. 公正评测和广告变现有天然冲突

并不是只有垂直类账号才能变现，只是垂直类账号变现相对容易。比如抖音娱乐账号某精灵开设美妆小号，大号粉丝量 1 600 万 +，小号粉丝量 700 万 +，但是小号目前的商业变现能

力已经超越粉丝比它多一倍的大号了。

最后，达人内容变现不是见钱眼开，达人在商务变现上切忌饮鸩止渴，竭泽而渔。

项目实训

假如你是 MCN 达人运营负责人，请你任选一名具有潜力的达人，对其进行面试评估，并且制订完整的职业发展以及变现步骤。

1. 实训目的

① 能够完成对达人的挖掘以及评估。

② 能够根据达人特点进行定位以及规划，延长其职业生命周期。

③ 能够结合市场机会，为达人规划商业化路径。

2. 实训内容

① 利用 SWOT 分析法对达人进行面试评估。

② 分析达人市场定位，制订短期孵化方案和长期职业规划。

③ 结合市场环境，确定变现方式，制订 3 年内达人商业变现及方案。

课后练习

请扫描二维码，查看本项目课后练习。

项目 15　课后练习

第三部分　内容变现

项目 16　内容电商变现规划

课时　8 学时

项目描述

内容电商是通过自有平台或第三方社交平台，运用 KOL、短视频、直播、热点话题、IP 等多种传媒介质创造内容，以内容连接消费者与商品，实现用户流量的流通与转换，从而提升电商营销的新型电商模式。随着电商和内容领域巨头的入局，“视频内容 + 电商”深度融合，用户对视频内容电商接受度不断提升，内容电商市场已经迎来红利期。

本项目拆解内容电商运营中四大核心模块：销售预算与销售计划制订、供应商管理方案定制、商品规划制订、客服人员管理体系搭建。读者将全面掌握内容电商全流程运作，具有根据盈利预期制订销售预算和销售预算的能力；具有选择优质供应商，以及进行管理的能力；具有开发爆款商品，并且制作爆款内容的能力；具有管理客服人员，完成销售目标的能力。

学习目标

知识目标	1. 了解企业营销预算以及销售计划制订的方法
	2. 了解供应商选择以及评估管理办法
	3. 掌握内容电商中爆款商品特征以及打造方式
	4. 了解客服人员管理的标准
能力目标	1. 具有根据企业盈利目标制订合理销售预算以及计划的能力
	2. 具有选择优质供应商，以及进行管理的能力
	3. 具有开发爆款商品，并且制作爆款内容的能力
	4. 具有管理客服人员，完成销售目标的能力
素养目标	1. 了解内容电商运营全流程，具有把控全局能力
	2. 具有搭建高效供应链的能力
	3. 能够独立打造爆款商品，具有完成引流销售和售后的能力；具有电商敏锐度
	4. 能够带领客服团队完成商品销售计划

知识图谱

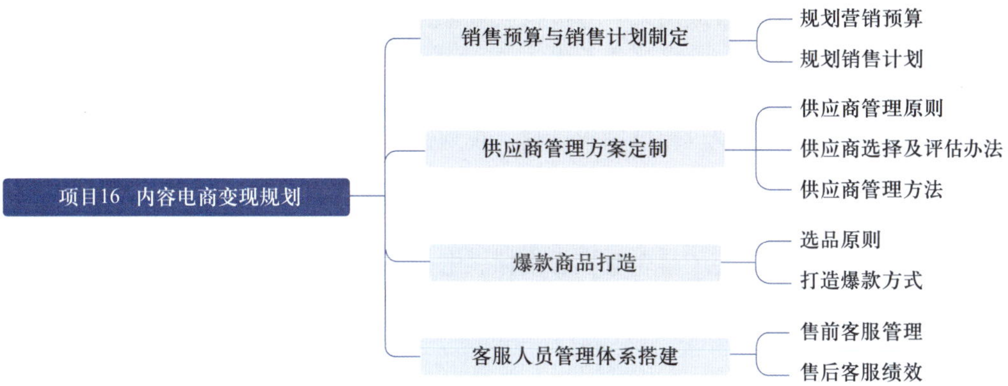

任务 16.1　销售预算与销售计划制订

【任务描述】

企业根据每年年度预期盈利目标，制订相应销售预算和销售计划，是一年营销活动的起点。销售预算本身可以起到对企业销售活动进行约束和控制的作用。销售预算以及计划，不是市场营销行为的约束条件，而是一件帮助营销人更好应对市场的武器。本任务将详细讲解企业销售预算以及计划的制订方法和流程。

【任务实施】

高级微课 6-1
营销预算的规划

16.1.1　规划营销预算

1. 明确营销预算

营销预算是电商运营的重要控制工具。电商运营是主要依靠产品或者服务取得收入的，应该根据公司该年度的预期盈利，计划出为了达到目标的合理费用投入。营销预算和销售额直接挂钩，销售额要增加，扩大市场份额所需要的营销费用也应该增加。

通常需要提前 1 ~ 2 月进行下一年度的营销预算规划，将销售计划分解成不同层次的子目标，进而确定每个目标的花费。

2. 分配营销预算

在年度营销预算确定后，根据销售目标对其进行分配。营销预算总体规划，可以按照时间，分配到季度、月度、天。具体的季度分配比例，需要根据投放渠道、频率和时间来确定。如按现有渠道进行分配可分为：短视频、图文和直播等渠道；按产品投放周期进行分配：前期以大量种草视频为主，中期为直播拔草。得出结果之后，根据投放产出数据，再进行短视频和直播的二次或多次复投。

3. 实施预算管理

在执行营销预算过程中，要通过数据分析进行管理和实时调整。内容电商想要投入产出比最大化，需要不断收集整理投放结果，分析投放效果，及时对营销预算进行增加或减少。

16.1.2 规划销售计划

制订营销预算后，需要制订年度销售计划。规划销售计划，需要从了解核心指标、运营计划、市场定位、销售分解计划 4 个方面展开。

1. 核心指标

制订销售计划，首先需要了解企业核心指标。电商企业核心指标可以从人、货、场三个维度来思考。

（1）人

指的是销售指标、流量来源、新客 / 老客、活跃 / 沉睡用户数四大维度。

① 销售指标：最重要的是转化率，它和销售技巧、产品陈列、产品销售价格、促销活动等都有关系。

② 流量来源：分为自主、免费、付费、其他这 4 类流量。自主来自关注、粉丝团、抖音粉丝群；免费来自短视频 / 直播带动的直播推荐流量，也可以通过搜索关键字获取；付费有抖加推广、巨量千川、feed 流、feedslive（在抖音推荐流内为直播间加热的方法）等；其他，是通过分享口令或复制链接等方式获得。

③ 新 / 老用户：在电商行业中，新用户是指店铺内第一次成交的用户，店铺多次成交的用户称为老用户。新老用户比也是衡量店铺用户质量的一个重要数据。新客占比过高，说明店铺在统计周期内获客能力不错，但老用户回头率低。

④ 活跃 / 沉睡用户数：根据用户生命周期，可以将用户大致分为新用户、活跃用户、沉睡用户、流失用户 4 类。活跃用户和沉睡用户，是在做用户质量分析时需要重点关注的。

知识拓展

活跃用户和沉睡用户

活跃用户：是指在 30 天内有成交记录且购买次数 >N 次的用户，活跃用户数量越大，店铺或直播间的免费流量就越多。

沉睡用户：是指连续 30 天没有购买记录的用户，对于流失用户和沉睡用户需要每月施行唤醒计划。

（2）货

一般可以分为库存分析（整体库存、单品库存）、销售分析（爆款、平销款、利润款、滞销款）、退货分析。

（3）场

一般指的是卖场，可分为销售指标、场景指标、促销指标。

① 销售指标：预测销售增长率、销售额、净销售额（不含退款）、业绩达标率、业绩增长率、毛利率。

② 场景指标：用户路径、停留时长、跳失率、粉丝团等级、关注率。

③ 促销指标：促销方案（优惠券、赠品等）、活动商品、SKU 数（库存保有单位）及占比、销售额及占比。

2. 运营计划

运营计划是以一个团队为出发点，根据目标，制定具体运营计划，并且要落实分配到每个员工身上。让员工的工作也细分成一个个小目标，最大限度地挖掘员工潜力，使员工的工作安排始终围绕目标运行，激发员工的积极性、主动性和创造性，通过实现不同的小目标最终实现团队目标。

3. 市场定位

内容电商在选品之前一定要做好市场定位，才能有备无患。通常被评估的项目有：产品性能、产品价格、产品颜值、市场替代性、质量可靠度。

（1）产品性能

几乎是每个用户都会关注的。例如，买汽车会先关注它在基本性能上的表现，若是动力足、油耗低、乘坐舒适，才能得到用户的信任。但是，真正决定用户购买的是它在某个场景的特性。例如，用户喜欢外出旅游，选车时最为关注的就是汽车的越野性能，如果在这方面性能不强，用户很难购买。

（2）产品价格

大多数消费者难以接受过高的商品溢价，尤其是在消费层次与产品价格严重不符的情况下。例如，早市上的草莓卖到 50 元一斤，购买者就会觉得贵。因为许多逛早市的人就是因为经济实惠才去的，可能早市上一斤草莓定价在 20 元比较合理。

（3）产品颜值

产品的包装设计和外包装是否美观，会影响消费者的消费决策。例如，某国产美妆品牌的口红外观以中国浮雕为设计灵感，具有强设计感和社交货币属性，获得了大量消费者的喜欢，如图 16–1 所示。

（4）市场替代性

产品在市场中绝无仅有，或者同类产品很少，销售则相对容易。例如，某款汽车有很独特的减震技术，因此十分畅销。

（5）质量可靠度

产品质量的风险评估。例如，一个品牌的手机如果发生爆炸事件，就会严重影响口碑。内容电商在选择产品之前，对产品的隐患、风险要有准确的评估，才能有利于销售。

4. 销售分解计划

（1）时间分解法

制定好团队目标后，还需要对目标进行时间上的分解。例如，需要根据往年的年度目标，结合当年的市场行情、团队人员构成、团队发展方向等制定年度目标，在此基础上再将年度目标分解为季度和月度目标，最终将目标落实到每一位员工身上。如图 16–2 所示。

（2）自下而上分解法

自下而上法也是常见的目标制定及分解方法，自下而上法指的是每个员工根据自己工作的实际情况制定出自己的小

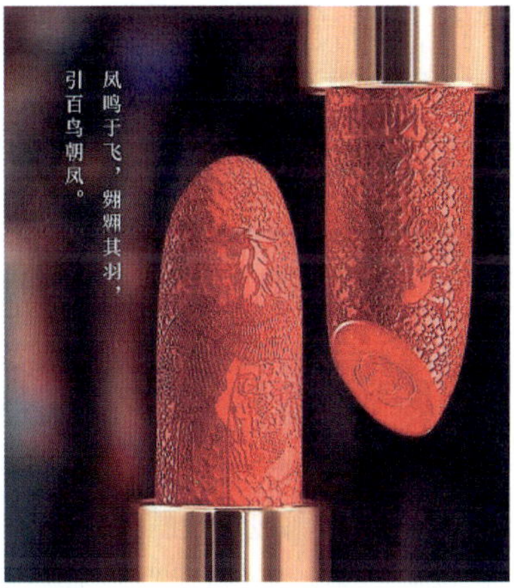

图 16–1　火爆全网的浮雕设计口红

目标，再汇总到部门，最终部门管理者将部门目标汇总给电商团队管理者的方法，如图 16-3 所示。

季度	Q1			Q2			Q3			Q4		
月份	1月(春节)	2月(元宵)	3月(妇女)	4月(清明)	5月(劳动节)	6月(年中)	7月(清仓)	8月(七夕)	9月(教师)	10月(国庆)	11月	12月
品牌活动推广	囤好货过好年	好面膜××的	白美人真心活大冒险	十分关爱女性基金启动	××宣言：妈妈永不老	经典美白十年见证	美白一夏	××，真的在乎你	十分关爱一一送温暖活动	魅力××闪耀十月	全年优惠	召集闺蜜，血拼有你
主题产品	电商库存产品	茶花系列、调理霜	面膜、调理霜、茶花系列	面膜、水肌源	防晒、茶花系列	调理霜、茶花系列	防晒、面膜、去黑头	面膜、茶花系列	茶花系列、调理霜	防晒、旅行套组	爆款、套装	年度畅销明星产品
店内活动	跨年盛典	元宵	3.8女神节	清明	劳动节	年中大促	清仓	七夕	开学季	国庆	双十一	双十二
	年货节	情人节			母亲节	66大促				中秋		圣诞
全网活动	春节不打烊	闹元宵	3.8女神节		51扫码季	618年中大促	狂暑促	七夕	开学季	1010	1111	1212
	短视频			短视频			短视频			短视频		
	直播			直播			直播			直播		

图 16-2　某运动品牌官方旗舰店 2020 年店铺直播规划图

a品牌运动官方旗舰店2020年店铺直播规划											
品牌分析	品牌态度：allin.全倾全力 品牌使命：成为邻导世界的运动品牌 品牌地位：全球著名运动品牌										
核心目的	1. 通过店铺直播承接店内流量，提升转化率的同时，更好的做流量密存； 2. 培育用户品牌、产品心智，弄成品牌思实粉丝，并激活粉丝，培养用户观看直播的习惯； 3. 抢占大促公域流量，位双十一促做流量拉新										
时间规划	1–2月(年货节、情人节)	3月(女王节、新风尚)	4月(出游手)	5月	6月(年中大促)	7月	8月(运动)	9月(99大促、国庆预热)	10月(双十一加购、定盒)	11月(双11大促)	12月(双12大促)
直播时长	128H	114H	105H	112H	200H	100H	114H	123H	143H	211H	150H
营销策略	针对活动节点做内容促销性+互动性内容为主		现有粉丝习惯养成+大面积店铺产品曝光 味型+互动型内容		围绕618大促做内容，抢占618公域流量 促销型+传播型内容	用户对品牌产品的认同感打造 持颂引流+店铺核心品牌和产品细节展示 科普型+产品型+教程型				传播扩散 粉丝社交圈层传播，引导分享和转化 福利型+清单型	
阶段内容方向	突出产品，给予需求点				突出福利玩法，给予利益点	突出产品，给予需求点			突出福利玩法，给予利益点		
阶段目标	1. 快速增粉 2. 通过增加粉丝的参与度与互动，买货的同时，培养粉丝与直播间的粘性			1. 增加粉丝观看时长及提升在线观看量，抢占公域浮夫权；2. 618爆款的提前预热，及增加店铺双11整体权重。	1. 增加时长，抢占大促期间浮现权置，抢占公域流量 2. 配合福利完成下单，提升流量转化率	1. 增加产品的讲解力度和品牌概念输出，增加流量对品牌的忠诚厚 2. 通过增加粉丝的参与度与互动，卖货的同时，增加粉丝与直播间的粘性			1. 增加粉丝观看时长及提升在线观看量，抢占公域源坝权； 2. 双11爆款的提前预热，及增加店铺双11整体权量。	双11、双12强收割	
直播总时长：1500小时，直播总场次：303场											

图 16-3　某运动品牌官方旗舰店 2020 年店铺直播规划图

员工在日常工作中掌握了有关市场及用户的大量信息，提交的数据最能反映市场和用户的真实情况，管理者也可以通过员工反馈的数据更好地了解市场情况和用户情况。

自下而上法的实施主要分为 4 个步骤：

① 员工制定目标。员工根据自己以前的销售额、目标完成情况及其对市场和用户的了解，制定出与自己相符的工作目标，包括月度目标、季度目标、年度目标等，然后将目标提交给部分管理者。

② 逐级向上报告。员工将自己的目标提交给部门管理者之后，部门管理者需要对其分析，并做出适当的调整，然后再提交给团队管理者。这样一来，就实现了目标逐级上报。

③ 明确目标。电商团队的管理者在得到各部门的工作目标后，要对其进行细致的分析，判断这些目标是否符合团队战略目标。如果存在偏差，管理者就需要对其进行调整。

④ 分解目标。确定好合理的团队目标之后，团队管理者需要将目标分解到每个部门、每位员工身上，部门管理者与员工还要签署各自的目标责任书，正式认领自己的工作目标。

任务 16.2　供应商管理方案制订

【任务描述】

内容电商运营之中，挑选并且管理供应商，是运营工作中的重要环节。根据不同类目的商品，需要确定具有不同优势的供应商。本节内容将重点介绍供应商挑选以及管理的基础原则。

【任务实施】

16.2.1　供应商管理原则

电商的供应商挑选以及管理，绝不能凭采购人员对供应商的个人印象为准。如果以个人印象为供应商选择标准，会加剧供应商管理的风险。比如，店铺与某个供应商成功合作很多次，但出现一次严重问题，采购人员对其印象变坏，放弃与其长期合作的情况。

供应商的管理关键是对其质量进行管理。供应商的质量分析简单来说包含 3 个考核标准：供应商入库质检退货率、产品销售的退换货率、供应商的到货率。

1. 供应商入库质检退货率

在采购流程中必须要对方提供采购产品的检验报告或海关报告书。如果入库退货率很高，就说明产品质量批次不稳定。

2. 产品销售的退换货率

有些商品不能直观进行品质检验，需要用户在使用过程中检验，比如服装的褪色、零食里有小虫子等情况。在遇到退货退款时，必须要清楚记录退货的原因，以便从根源查起。

3. 供应商的到货率

电商对供应商的到货率、生产周期要求比较高。比如跨境美妆，由于生产周期、运输周期比较长，到货率就尤为重要，很大程度上会影响爆款或热销款的生命周期。如果是以分批形式到货，采购员要按预计到货情况提前一定周期来下采购单，以保证线上销售库存支撑天数。

16.2.2　供应商选择及评估办法

通常而言，企业选择供应商需要以品质、成本、产能、响应这 4 个要素作为考量标准。根据企业对产品的要求不同，在供应商的选择上倾向性也会不同，甚至针对不同的款式特点，选择不同的供应商。

如某美妆电商计划上架一款高档近万元的护肤面霜和一款平价百元面霜，就会挑选具有不同优势的供应商。

高档面霜尤其专利技术提高成本，所以售价也相应较高，这款产品就是店铺利润款，为销售利润贡献价值。同时，因为价格过高，其销量不会很多，所以供应商的产能和响应时间就相对不太重要，反而是品质和成本因素是最关键的因素。

那么相反，平价面霜，作为低成本产品，虽然销售利润低，但产品受众人群广，需求量大，因此，供应商的成本、产能、响应时间就变得重要。这就是说，不同产品对供应商的要求也不同。

16.2.3 供应商管理方法

方法 1：在与供应商签订买卖合同时，必须在合同中明确供应商的价格、质量、交货期、服务、促销配赠、退换货、违约保障等方面的责任条款。

方法 2：调整订单比例的方式找供应商，比如美妆品牌，通常国外品牌都是在国内有总代理和经销商，可以把一笔订单分批给不同的供应商，在相同品质下，可以保证到货率。

方法 3：在与供应商合作的同时，还需要有备用供应商，一旦原供应商的货品发生严重质量问题时，备用供应商就能及时供货。

任务 16.3 爆款商品打造

【任务描述】

本节将详细拆解内容电商市场的选品原则以及打造爆款内容的两种方法。通过本任务的学习，将了解如何通过不断挖掘具有品质保证、高性价比、具有热度或 IP 属性的商品，更新自己的商品库存，同时了解引流电商和内容电商如何打造爆款商品。

【任务实施】

高级微课 6-2 选品原则

16.3.1 选 品 原 则

1. 品质保证

首先是确保产品高质量，产品质量是直播带货的通行证。大品牌公司、有情怀的公司产品质量往往也比较好。如因商品质量问题而引发带货风波，会严重影响店铺或头部主播的形象，负面影响很大。价格低于预期的产品在选择的时候需要谨慎。

2. 产品新奇特

在互联网时代，爆款商品通常具有社交货币属性，要有一定创新性、高颜值和互动性。货品要新，避免同质化，优先选择在熟知的品类上有小创新、小突破的品类；颜值要高，直播以冲动消费为主，所以好看的产品更容易勾起用户消费欲望，故宫口红的火爆也说明了这一点，如图 16-4 所示；最好具有互动性，互动性强的产品在直播间更能吸引用户注意。因此，主播在选品时，要选择那些在外观、质地、使用方法和使用效果等方面能够对用户形成感官冲击的商品，从而使用户充满场景感和沉浸感。

图 16-4 火爆全网的故宫口红

3. 高性价比

在直播带货过程中，性价比高的商品更受用户欢迎。例如，某头部主播直播带货的商品总是给用户“全网低价”“无条件退换”的福利，这样不仅最大限度地保证了用户的权益，还让用户对他产生极高的信任感，因此用户的复购率也非常高。

商品的高性价比还体现在赠送的优惠券上，尤其是大额优惠券，相当于帮助用户省钱，因此赠送优惠券已经成为刺激用户消费的有效手段。

4. 结合热度

内容电商的爆款产品选择也可以结合热度。例如，端午节时全民都在吃粽子，中秋节时全民都在吃月饼，或某一时间段某个明星带火了某款商品，这些都是可以贴合热度的点，可以挖掘短期爆款。

5. 具有 IP 属性

随着 IP 内容的广泛传播和深入化，粉丝下单的冲动性、对主播的信任感以及对款式的认同感也会提高，对新品内容会有所期待。例如，某微博博主建立个人 IP 后，以其个人名字创立的美食品牌，迅速成为全网爆款美食。但这种模式操作难度很大，门槛很高，需要充足的资金。对团队的要求也很高，要求团队必须很会讲故事。

16.3.2 打造爆款方式

通常来说，打造爆款内容需要制作大量内容进行宣传推广，通常分为引流电商和内容电商两种。

1. 引流电商

通过私域微信个人号、公众号引流，也可以通过短视频、直播、短信、微博等方式引流。

（1）直播前

① 视频、图文预热：提前 3 ~ 5 天发布预告短视频，在短视频内容文案评论中加入直播日期、主播信息，尽可能多地发到各个平台引流。直播当天发布预告视频，在视频流量增加的过程中开启导流直播间。

② 直播预热：提前 3 ~ 5 天每天在直播间预热，告知用户直播活动时间。

③ 个人主页及昵称预告：在个人简介添加直播预告。

④ 站外流量预热：社群、QQ 群、微信公众号、微博、小红书、快手等平台预热引流到抖音。

⑤ 优化直播间标题封面：吸引粉丝点击。

⑥ 线下导流：通过分销或代理商让用户扫二维码的形式进入直播间，当用户在直播间成交转化时，分销或代理商也能获得佣金，到达双赢。

⑦ 团队矩阵：很多 MCN 机构会采用这种模式，每个主播都有多个账号，在活动中可以采取大号互相引流方式。

⑧ 大 IP 带小号矩阵：这种模式是以 IP 为中心，在开始的时候所有的小号都以 IP 为中心，参与主账号建设，在主账号达到一定粉丝量后，再通过大 IP 转发其他账号的视频进行引流。

（2）直播中

① 直播，购买巨量千川投放，投放高播放量的短视频，提升直播间流量；当直播间视频流量下降时，也可以选择投放，进一步增长直播间流量。

② 视频花絮：直播过程中导流直播间。

③ 直播推荐流量：通过直播间内一系列营销玩法，如抽奖红包增加直播间互动氛围，增

加直播推荐流量展现。

④ 活动资源：参与平台官方组织的直播说法、话题，获取活动资源位。

⑤ 连线导流：最常见的一种直播中导流方式，在平台中可以通过连麦等方式互相导流，这也是平台鼓励的方式。

2. 内容电商平台

目前众多平台下场打造内容电商平台，如抖音、淘宝直播、小红书、京东等，每个平台具有不同的优势和特点。电商运营者需要根据自身产品的特点和内容优势选择适合的平台。

知识拓展

私域流量和公域流量

私域为粉丝的聚集地，私域流量下的商家与粉丝之间交流更加方便，同时也需要商家真正地为粉丝提供有价值的产品和服务，相互建立信任感，来实现高效拉新、高转化、高口碑、高裂变、高复购的闭环稳定增长，不断挖掘粉丝的长期价值。

公域流量指商家直接入驻平台实现流量转换，比如拼多多、京东、淘宝、饿了么等，以及内容付费行业的喜马拉雅、知乎、得到等公域流量平台。

任务 16.4 客服人员管理体系搭建

高级微课 6-3 内容电商平台

【任务描述】

客服人员，分为售前客服和售后客服。在不同销售阶段，客服需要完成的工作和对其进行考核的标准并不相同。通过本任务的学习，读者可以了解客户人员工作的各个环节，并且制订相应的绩效评定和管理体系。

【任务实施】

16.4.1 售前客服管理

1. 售前客服绩效分数表（见表 16-1）

表 16-1 售前客服绩效分数表格

序列	考核指标	绩效考核标准	分值（100）	自我评价	实际得分
1	业绩目标	每月达到销售目标为满分	30		
2	咨询转化率	咨询转化达到 75% 为满分	15		
3	客单价	180 元为满分	5		

续表

序列	考核指标	绩效考核标准	分值（100）	自我评价	实际得分
4	客件数	客件数 1.8 为满分	10		
5	打字速度	90 个字 / 分钟为满分	5		
6	维权投诉低质评价	由客服态度导致的扣分处罚成立一次，此项为 0 分，不涉及扣分为满分	5		
7	出错率	备注出错，没看通知出错，价格解释出错，承诺具体发货时间、具体换货时间、具体退款以及具体到账时间，出现一次扣 0.5 分，由售后、仓库监督举证，聊天记录发现一次承诺具体时间扣 0.5 分	5		
8	退款比例	退款比例 5% 以上为 5 分，5% ~ 8% 为 4 分，8% ~ 10% 为 3 分，10% ~ 15% 为 1 到 3 分	5		
9	出勤状况	自行设置	5		
10	解决异常情况	每周五之前提出售后客服需要反馈的问题和解决方案	5		
11	团队配合	积极带动团队配合售前及店铺活动和商品主推	5		
12	总结与计划	周、月度总结及计划	5		
总计			100		

2. 售前客服考察要素

（1）业绩 / 成交金额

售前客服最核心的要素是产生了多少现金价值，也俗称业绩。通常，咨询量占比超过 10% 的店铺，客服服务的销售业绩就尤为重要。大部分类目商品都会产生大量咨询，没有咨询的类目比较少，一般集中在客单价相对较低的产品，比如杯子、毛巾、文具、袜子等咨询用处不大的产品。

咨询多的类目一般是对于尺码、规格、售后都有一定疑问的产品。咨询越多，对客服的销售能力要求就越高。一般咨询超过 UV（网站独立访客）占比 30% 的时候，那么客服产生的业绩至少得达到 40% 到 60%，才能使得店铺收支平衡。比如按照女装来说，一般客单价 100 元以上的女装店铺，客服的询单业绩至少得达到店铺的 60% 才算及格，到 78% 左右才是很优秀。当然这只是对应女装行业大部分店铺的一般情况而言。

针对大店铺和大型活动来说，需要通过制作尽可能详细的介绍内容、提高商品背书等方式，尽可能减少咨询。在咨询减少或者客服忙不过来的时候，客服业绩占比也相应降低到 15% ~ 30%，但通常这种降低仅限在“双 11”“双 12”和“聚划算”等活动中。

（2）询单转化率

询单转化率，就是咨询购买的付款人数的占比：

$$付款人数 / 询单人数 \times 100\% = 询单转化率$$

对于一般咨询比较多的类目来说，需要人工服务的转化率肯定比静默下单的转化率高。如果支付薪水雇佣一名专业客服，但客服咨询产生的转化率还没静默转化率高，那么雇佣成本即是浪费了。一般类目询单转化率要达到 60% 才及格，活动期间的询单转化率要达到 30% 才及格，这是对客服的基本要求。

客单价越低询单转化率越应高于 60%，客单价越高询单转化率越应低于 60%。但是客单价高于市场 10 倍的时候，这样的“奢侈品”就没有可比性，这时就需要品牌的力量了，品牌忠诚度越高转化率越高。

（3）客单价

客单价分为店铺客单价和客服客单价，一般来说客服客单价高于店铺客单价的 15% ~ 30% 才正常。如果发现客服达成的客单价没有店铺的客单价高或者基本持平，那么证明客服的销售能力和搭配的技巧是相当薄弱的。销售出去的产品也相对单一，不利于店铺形成多个爆款的局面。

（4）客件数

客单价低的产品，需要考核客件数。客件数是低客单价产品考核客服的一个很重要的指标。在低价格下，尽可能引导客户买多件产品，是客服能力的体现。

（5）打字速度

新招聘的客服，打字速度最少 45 字每分钟才能聘用；熟手客服的打字速度目标是 75 字每分钟；如果是优秀的话是 100 字每分钟。一般客服选择用金山打字通，每周测试一次快捷短语，持续测试，长此以往客服的打字速度就会提升。在每年 10 月之前，基本每个月、每个星期都要测试一下客服的打字速度，在旺季之前就提升打字速度以保证旺季需求。

（6）出错率和出勤情况

一般出错一次扣一分，出错率一般分成备注出错，没看通知出错，价格解释出错，承诺具体发货时间、具体换货时间、具体退款以及具体到账时间，出现一次扣 0.5 分，由售后、仓库监督举证。

（7）响应率和回复速度

对于回复率来说，客服的回复必须 100% 才是优秀，也就是说每个人来咨询都应该回复。当一个客服的回复率低于 95%，即为失职。

（8）回复速度（响应时间）

一般售前的回复速度（响应时间）中小店铺不能高于 1 分钟，售后回复速度中小店铺不能高于 2 分钟，中等偏大店铺不能高于 5 分钟。中等偏大店铺指是同时接待超过 50 人以上的店铺。

16.4.2 售后客服绩效

1. 售后客服绩效考核标准（见表 16-2）

表 16-2 售后客服绩效分数表格

序列	考核指标	绩效考核标准	分值（100）	自我评价	实际得分
1	维权投诉、低质差评	按客户评价，每个售后客服投诉的中、差评扣 0.5 分，最低为 1 分	10		
2	退换货周期	退换货周期比上月缩短，并且不高于行业平均值	5		

续表

序列	考核指标	绩效考核标准	分值（100）	自我评价	实际得分
3	服务态度	随机抽查评价及客服聊天记录，一个差评扣1分，最低为1分	10		
4	出错率	备注出错，没看通知出错，价格解释出错，承诺具体发货时间、具体换货时间、具体退款以及具体到账时间，出现一次扣0.5分。由售后、仓库监督举证，聊天记录发现一次承诺具体时间扣0.5分，客件数1.8为满分	10		
5	业绩完成率	旗舰店、集市业绩统计 / 目标业绩 *100%；打字速度90个字为满分	20		
6	客服表扬	表扬一次加1分，上限为5分。批评一次扣0.5分，扣完为止（聊天记录）	5		
7	店铺退款率	小于5%为20分；5% ~ 8%为16分；8% ~ 10%为12分；11% ~ 14%为8分	20		
8	出勤状况	自行设置	5		
9	解决异常情况	每周五之前提出售后客服需要反馈的问题和解决方案；出勤状况自行设置	5		
10	团队配合	积极带动团队配合售前及店铺活动和商品主推；每周五之前提出售后客服需要反馈的问题和解决方案	5		
11	总结与计划	周、月度总结及计划	5		
总计			100		

2. 售后考核要素

（1）维权投诉、低质评价

对于售后客服来说，出现了维权投诉和低质量评价的情况，就更加需要努力才能维护好客户，因此把因维权而罚分作为一个很重要的指标；处罚是红线，是不可以触碰的。

（2）退换货周期

一般这个周期只需要快于同行业水平即可。为了提高这个速度，售后客服一定要在同意客户退款申请之后，必须在48小时之内，引导客户寄回包裹并记录退货单号；当拒绝退款申请的时候，也需要打电话引导客户快速修改退款申请，完成退货步骤。

（3）服务态度

一般情况下，店铺评分掉落是分时间段的。平时评分降低，大部分是因为售后要求得不到满足，当然商品批次质量问题除外。大型活动时店铺评分降低，则是售前和发货没有做好，导致一系列的问题随之产生。因此日常的维护当中，售后客服的服务态度是非常重要的。

（4）业绩完成率

售前客服在考核的时候非常注重业绩，但售后客服一般不会直接产生大量业绩。但是售后维护的好坏可以影响客户换货的满意度，换货时也可以产生业绩。一个售后客服在客户因商品质量问题进行换货的时候，可以引导客户多购买几件商品；也可以因尺码规格不合适换货的时候，引导客户去多购买商品，从而产生业绩。除此之外，店铺的综合评分上升也可以提高店铺综合评分和商品排名，间接地提高流量、增加业绩。所以，业绩完成率和售后客服也是息息相关的。

（5）客户表扬

客户表扬可以衡量出一个售后客服的能力。如果一个售后客服几个月都没有一个客户表扬，那么真的可能是能力非常有限。客户通过电话表扬、评价表扬等，都可以证明客服的服务很好，所以可以按照表扬次数作为标准来衡量售后客服的表现。

（6）店铺退款率

店铺的退款率虽然不和售后直接挂钩，但是售后客服可以在一定程度上减少客户的退款。一般对退款具体的占比不做要求，只是在同等条件下，每个客服的退款占比应该是差不多的。如果发现其中一个客服的退款是别人的两三倍，那么肯定是有问题的。所以衡量的标准是不高于全店客服的退款比例均值。

（7）解决异常

售后客服一般遇到异常情况比售前客服要多得多。比如异常投诉、异常的店铺页面、异常的退换货数据、仓库发货异常等。因此售后客服解决异常情况的能力非常重要。

（8）打字速度

售后客服在处理售后的时候需要查询订单，或者修改订单，客户在遇到售后的时候是非常着急的，客服在做这么多事情的情况下，更需要提高打字速度，才能快速完成客户的退换货请求。一旦打字速度过低，可能导致客户觉得客服服务太慢而投诉。

（9）团队配合和总结

售后客服部门的问题比较多，也关系到很多环节，如售后和售前客服的配合、售后和运营中心的配合、售后和仓库部门的配合，都非常重要。如果遇到售后的难题和压力就发泄情绪，导致配合不畅，那是非常严重的。所以售后客服在处理人际关系方面比售前客服更加的严格，需要更高的情商解决问题；遇到问题不是埋怨，而是以处理问题为最终的工作标准。

每月、每季度售后部门都要整理出店铺的退换货整体数据报表。店主可以通过售后的数据，分析整个产品供应链是否出现问题。但如果店铺太大，这种数据报表应该是由运营中心的数据员来完成。

项目实训

利用内容电商搭建方法，从营销预算、平台选择、爆款产品等多个方面，复盘某知名服装品牌实现爆款商品的逻辑方法。

女装品牌某某鸟，品牌销量不断增高，仅2021年一季度，某某鸟实现营业收入26.70亿元，同比上涨93.10%，品牌直播间几乎霸占了每月服饰品牌自播带货榜首的位置，近15天带货超3 500万元。

1. 实训目的

① 能够根据品牌盈利计划，制订合理的营销计划。

② 了解供应商管理的基础方法。

③ 能够利用多种引流方式和视频内容，开发爆款商品。

2. 实训内容

① 收集数据，在数据基础之上整理分析该品牌年度营销计划。

② 分析该品牌供应链，以及其相应管理方法。

③ 通过搜集整合不同平台内容，整理该品牌 2021 年内容电商营销方案，复盘其打造爆款产品的途径方法。

课后练习

请扫描二维码，查看本项目课后练习。

项目 16　课后练习

第四部分　营销推广

项目 17　新媒体 KOL 投放规划

课时　2 学时

项目描述

通过中级课程学习，读者已经初步掌握筛选高质量 KOL 的方法。但达人质量筛选只是筛选达人的基础工作，不同品牌在进行营销推广时都有其独特的风格、特征与目标。所以，新媒体投放的一个核心，就是制订满足品牌当前获客需求的投放方式，以及筛选适合品牌宣传的达人。

本项目将以微播易的 4W1H 工作法为模型，来梳理达人匹配的全过程；梳理如何通过收集信息制订线上市场获客策略，以及投放过程中不断优化流程和方案的方法。

通过本项目学习，读者将全面了解新媒体投放中，如何筛选符合品牌产品风格特点的达人，并通过恰当的推广方式，推荐产品，引爆传播；能够了解不同平台的传播模式和传播节奏，策划整合营销方案；能根据市场动态，收集整理竞品信息，进行分析总结，完成线上市场获客战略制订。

学习目标

知识目标	1. 掌握 4W1H 工作法，了解新媒体投放中产品、达人、平台与整合营销
	2. 了解达人投放整合营销中种草模型如何作用
	3. 了解互联网市场调研的基本方式，以及线上市场获客策略制订方式
能力目标	1. 能够洞察消费者需求，为品牌筛选符合需求的产品和达人
	2. 能够根据不同产品特点规划整合营销模式
	3. 能根据市场动态，收集整理竞品信息，进行分析总结，完成线上市场获客战略制订
素养目标	1. 具有独立策划达人营销活动，成功推广产品的能力
	2. 形成对整合营销活动的把控力，完成品牌营销推广计划
	3. 能够为企业实现高效获客，不断优化投放流程和策略

知识图谱

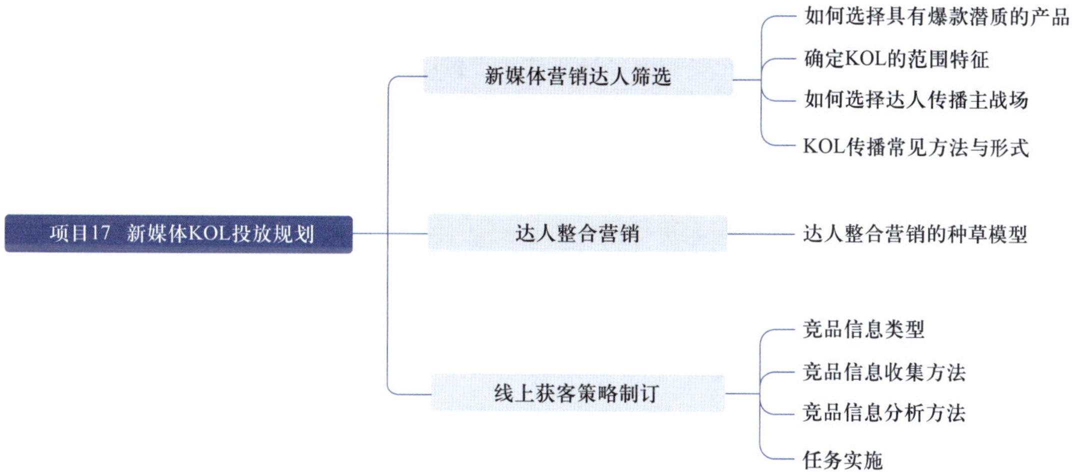

任务 17.1　新媒体营销达人筛选

【任务描述】

4W1H 工作法认为，整个达人营销活动的成功离不开人、货、场的统一融合，如图 17-1 所示，其中：

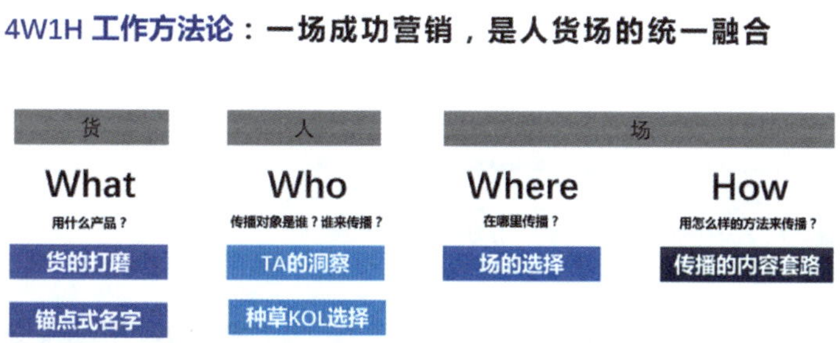

图 17-1　4W1H 工作法

- What：用什么样的货
- Who：种草给什么人
- Who：找谁来种草
- Where：在哪里种草
- How：用什么样的方式种草

本节将依据 4W1H 工作法，从选什么产品（What）、种草给什么人（Who）、选什么达人（Who）、选什么平台（Where）、用什么传播形式（How）5 个方面，介绍达人营销传播的关键节点。

【任务实施】

高级微课 7-1
爆款潜质产品的选择

17.1.1 如何选择具有爆款潜质的产品

进行新媒体营销推广，首先要筛选容易在社交平台广泛传播的产品。

1. 从商品品类出发

食品、服饰、美妆等日常使用度高，购买频繁的产品更容易被关注和提及，如图 17-2 所示。

2. 从特征上来讲

具有“美、快、好、省”四大特征的产品，更适合自媒体传播，如图 17-3 所示。美，在颜值经济时代，漂亮的产品外观更容易引起注意；快，即可以快速决策的日常消费品；好，功能层面有突出优势的产品；省，价格低于同类产品价格，或者单价较低的品类。

图 17-2 优先品类

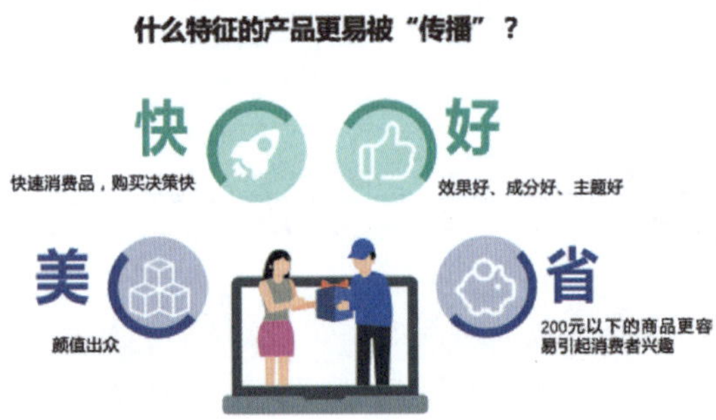

图 17-3 美、快、好、省更容易被传播

3. 从产品名称上

所有获得广泛传播的产品，都具有一个形象好记的，具有“锚”点效应的产品名称，或者产品昵称，如图 17-4 所示。

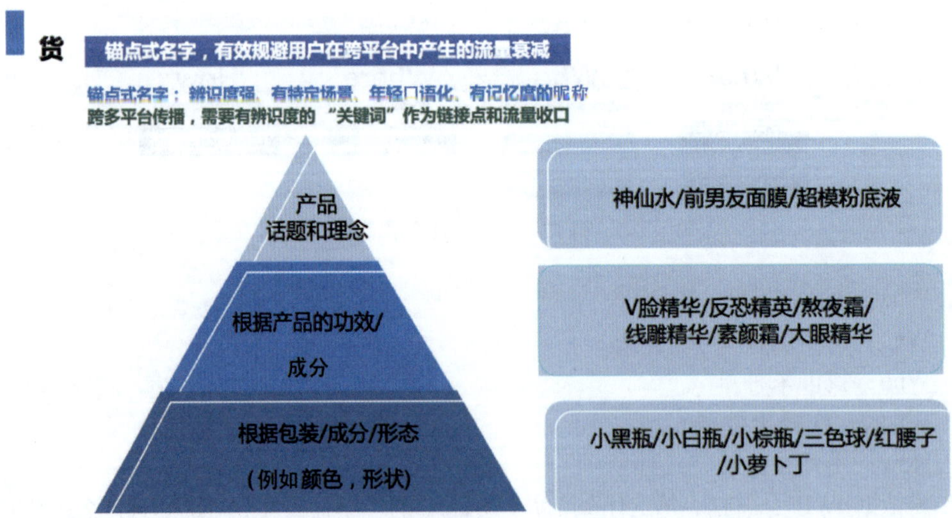

图 17-4 “锚”点式名字的作用示意图

纵观 2020 年，在社交网络上大火的国货新品：元气森林、李子柒螺蛳粉、完美日记等品牌，均符合如上特点。

17.1.2 确定 KOL 的范围特征

确定 KOL 范围特征的第一步，是确定目标消费者的特征，并依据消费者特征选定适合的 KOL。任何产品在研发阶段，就会进行目标消费者研究，对于“目标消费者”的洞察会伴随整个产品的生命周期，从研发到渠道再到营销传播，每一个环节都会为消费者洞察注入新的意义。而在营销阶段进行的消费者洞察中，如图 17-5 所示，目标人群的内容偏好、触媒习惯将被视为重点。产品所带来的实际功能需求，即痛点；基于人类情感与冲动产生的需求，即痒点。在痛点和痒点之间，会把重点更多地放在痒点上。因为相较创造“需要”，创造“想要”要容易得多。尤其是对于非刚需产品，只是因为漂亮，因为别人有，因为“获取容易”，“想要”就被创造了。

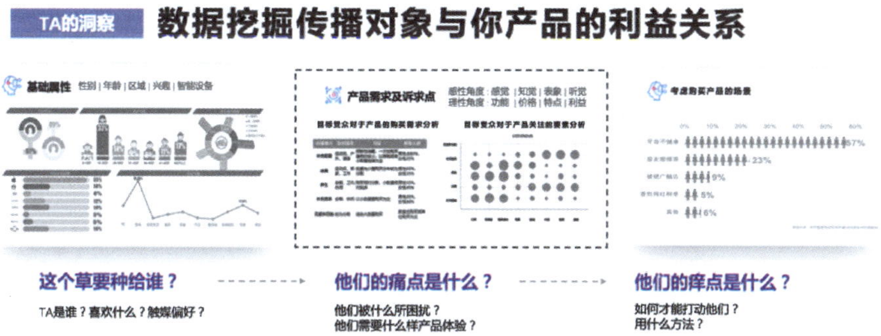

图 17-5 消费者洞察数据中的重点、痛点、痒点

“想要”被创造的过程，可以参考 2012 年打车软件的兴起。在打车软件诞生前，打车是部分群体的刚需，但是通过软件打车却不是。打车软件在进入市场初期，率先使用低价策略，让通过软件打车这个行为变得分外简单。消费者获得了利益，产生了消费欲望，于是下载打车软件，从而逐渐培养起消费习惯。

确定了“目标消费者”特征之后，有的放矢，寻找适配的 KOL 类型。通过行业案例累积，发现 KOL 与产品品类的匹配并非是单一对应，而是交叉覆盖，如图 17-6 所示。如美妆类的目标人群，同时也可能是美食类内容的深度用户。

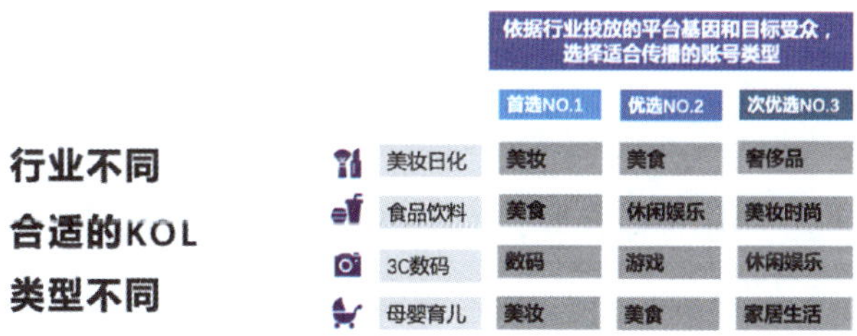

图 17-6 交叉覆盖的 KOL 与产品品类

17.1.3 如何选择达人传播主战场

每次营销推广活动，品牌用于投放的预算总是相对有限的，这时就需要选择一到两个主要平台来发力。在选择主要平台时，有很多参考因素。比如当需要较大覆盖量时，可以选择抖

音、快手之类使用人数多的平台；当专业性比较强时，可能会选择知乎这类以知识分享为主的平台；当主要消费群体锁定在二次元人群时，哔哩哔哩则是最佳选项；而垂直于女性消费者的产品，以女性用户为主的小红书就具有明显优势。

当然，人群属性不是唯一的标准，在粉丝体量足够大的情况下，A 平台的垂直类粉丝，可能就会超过 B 平台的整体用户人群数量。所以，根据目标人群选择粉丝是一道并不精密但是十分复杂的计算题，如图 17–7 所示。

	微博	抖音	快手	B站	小红书	微信	知乎	今日头条
月活跃用户数(亿)	5.23	8.5	7.77	4	1.38	12.1	1.2	4.1
特点	讯息广场&娱乐化	强娱乐、中心化	真实、个体	年轻、二次元	女性、精致生活	垂直行业、深度信息、私域流量	知识内容	资讯信息
活跃率	20.4%	57.2%	48.3%	26.4%	33.1%	–	–	42%
月人均使用时长(分钟)	1710	2670	2100	3270	990	1710	2100	2220
年轻人群覆盖度	30岁以上用户占比23%，30岁以下的占比77%	0–18岁，10.9% 19–25岁，35.4% 26–30岁，17.6%	0–18岁15.7% 19–25岁27.0% 26–30岁14.6%	0–18岁9.3% 19–25岁49.6% 26–30岁13.4%	0–18岁9.2% 19–25岁33.0% 26–30岁20.4%	18岁以下15% 18–22岁27% 23–30岁39%	24岁以下占比近26% 25–35岁人群占比近57%	19–24岁12% 25–30岁23% 31–35岁19%
–线以及新–线用户	16%	36%	21%	53%	56%	16%	45%	25%
主流玩法和机会	种草、代言人营销、事件营销、造热搜，热门事件	场景营销、种草新的转化入口	认人卖货和下沉红利	深度种草 圈层测评 品牌年轻化	好物评测 清单推荐	种草、代言人营销、事件营销、造热搜，热门事件	知识问答、深度图文种草、科普	公关稿件、UGC、精准推荐

图 17–7 2021 年各网络平台数据

17.1.4 KOL 传播常见方法与形式

不同达人的内容特色，将决定产品以不同传播方式进行推广。KOL 传播常见方法分为以下 5 种：

1. 产品的种草与拔草

种草是指在一个视频内，博主介绍一个物品或一类情况，激发用户购买欲，KOL 有带货属性。拔草与种草相对的，后者激发购买欲，前者触发购买行为，可以以试用、试吃、探店、试驾等形式呈现。

2. 剧情植入

视频内容有相对固定的场景、人物，利用生活中常见的情节、场景及道具，用创意搞笑等风格呈现，有较长连贯的故事性，需要注意与才艺表演区分开。

3. 才艺技能植入

可以涵盖各种秀，为无剧情式的，特殊能力、才艺、表情、动作的演绎展示，相比情景剧，故事或剧情较短。

4. 娱乐综艺植入

可以涵盖各种综艺性、娱乐性短视频，如脱口秀、街拍、段子等，融合才艺、剧情等各种元素，是综艺感十足的短视频。

5. 分享植入

相对种草与拔草，分享植入产品的“露出”与“推荐”方式更为“隐蔽”和“软性”，通常采用同类产品横向推荐，以及不同类产品但在同一使用场景中出现的方式。

在 5 种 KOL 传播方式中，种草拔草与分享植入的产品效果相对较强，通常能较为全面的展示、突出产品优势；剧情植入、才艺技能植入、娱乐综艺植入的品牌传播效果较好，用户对于品牌的记忆度更强。如图 17–8 所示。

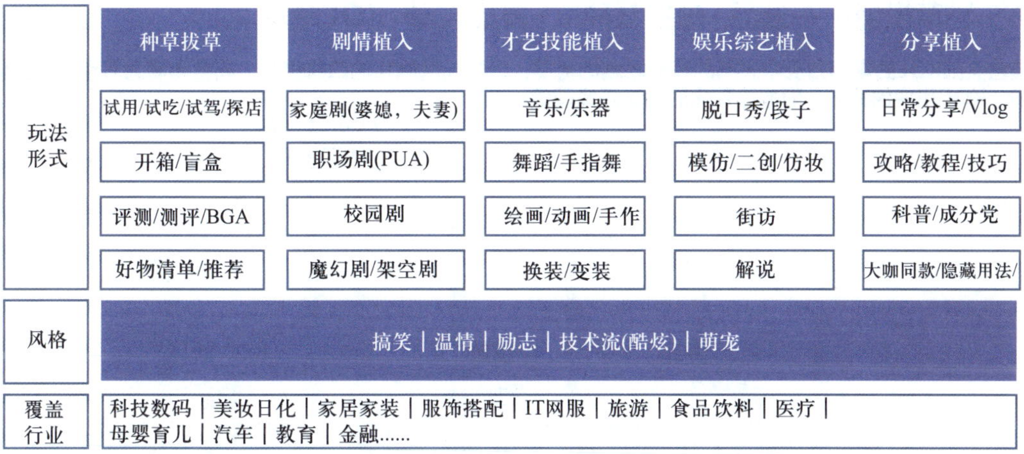

图 17–8　5 种 KOL 传播方式

不同品类的产品，常用的传播形式也会有一定差别。比如美妆日化产品，常为试用测评、仿妆、推荐、科普、对比测试；3C 电子产品，为评测、拆机、爆改；母婴类，多为评测、科普；汽车类，多为试驾点评、评测、拆车、旅行；美食类，则是试吃、美食攻略、推荐清单；等等。

任务 17.2　达人整合营销

【任务描述】

在今天，营销已经从传统的大制作大媒体，转变为小成本小互动小圈层的碎片化传播。通过互联网整合营销，多平台联动传播，达到效果最大化，已经成为许多品牌营销的重要方法。

达人整合营销，即打破平台限制，利用多平台，采取多传播形式的达人矩阵模式，打造完整传播链条，实现蓄力销售更好达成品效合一的营销目标，并带来可预期的长尾效应。在本节将详细介绍整合营销下的种草模式，以及在该模型下的达人选择和传播形态。

【任务实施】

达人整合营销的种草模型

达人整合营销，通常是以“选品—短视频种草—直播拔草—KOC 晒单”的种草模型为基本操作模式，如图 17–9 所示。通过头部 KOL 的影响力，以及中腰部专业博主的背书，以及长尾 KOL 的口碑优势，配合电商大节点的直播促销，KOC 用户的晒单，形成体系化的品牌跟风，实现品效合一。

随着互联网流量红利正逐渐消失，渠道在下沉，内容营销也在下沉，品牌营销链条开始从传统的 KOL 营销下沉至 KOC 营销。

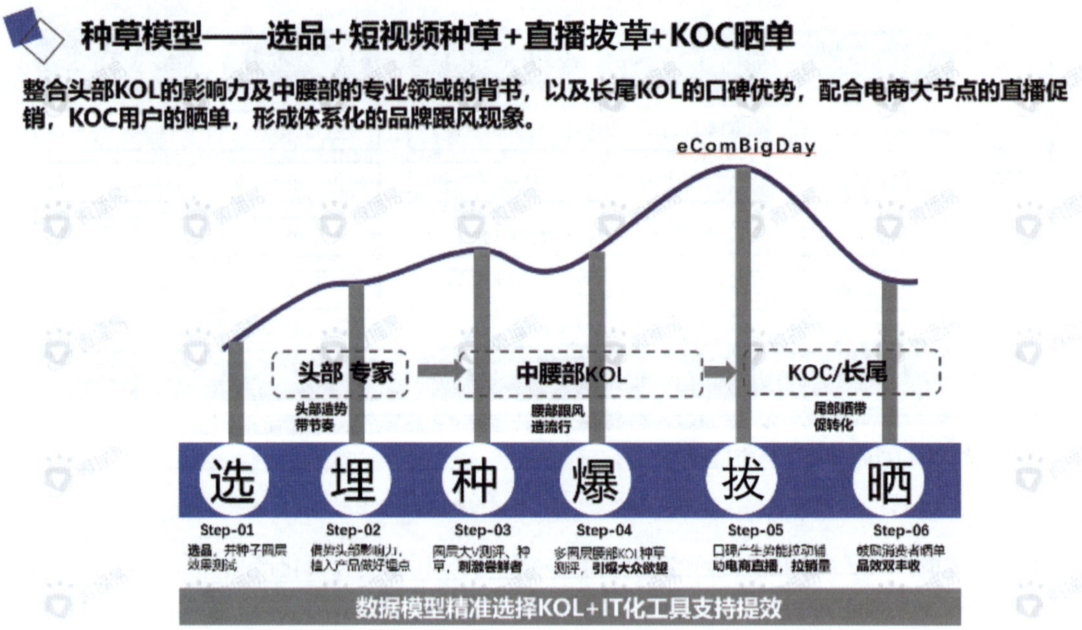

图 17-9 种草模型示意图

KOC（Key Opinion Consumer，关键意见消费者）与 KOL 两者都是通过影响他人发生消费行为，俗称“带货”。相比于 KOL，KOC 的粉丝更少，影响力更小，但优势是更垂直、更便宜。对于消费者而言，KOC 是朋友圈、社群里的意见领袖，是朋友，他们的推荐更真实，也更可信。

种草模型的具体操作如下。

1. 选

选品，是通过单品带动品牌的一种方法。不同的产品在小范围用户中做测试，挑选出有话题点、有独特卖点的产品，引爆品牌的关键单品。在选品阶段，主要选取垂直类当中专业性较强、公信力较高的 KOL，以评测类为主，为后续口碑引导奠定专业基础。

2. 埋

就是设定传播点，如通过“明星化妆台”“大咖行李箱”等植入的形式，来埋好整合传播的点。本阶段应选择粉丝量较高、影响力较大、亲和力较强的 KOL，为传播打造第一波舆论声量。如预算充足，可以在本部分选用一些明星。

3. 种

种草，通过兴趣圈层、较为垂直的大 V，从结合“明星同款”“榜单推荐”“测评”等多种话题角度进行传播，让不同的用户产生购买欲望。种草期主要以带有精准性的传播广度为考量标准，大量选用垂直类头部 KOL 进行广泛种草。

4. 爆

引爆，有了前期的埋点和种草，此阶段需要通过更广泛的娱乐话题进行产品宣传；结合不同梯度的 KOL，采取中腰部海量覆盖的模式，吸引更多目标用户的关注。

5. 拔

拔草，借助种草后产生的品牌口碑势能，以具有公信力的带货主播为主要合作目标，通过电商买赠、折扣等手段，拉动更多的转化。

6. 晒

晒单，本轮以腰部以及尾部主播的合围为主，电商随后引导用户晒单，把产品和使用体验晒出来，形成正向口碑，影响更多的消费者。

任务 17.3　线上获客策略制订

【任务描述】

互联网企业在线上进行投放，首先要对投放产品所在的行业、产业和市场环境有一定的了解。基于对产品和市场了解的情况，才能制定获客策略。选择资源平台，选择投放平台，并在后期对投放进行优化。本节内容将重点介绍互联网企业制订线上获客策略前需要收集的信息、对应的收集方法以及分析方法。

【知识准备】

17.3.1　竞品信息类型

1. 行业动态

行业动态包括当前行业规模以及行业趋势，行业规模中需要研究行业全局以及各赛道的人群、市场和价值，行业趋势包括行业全局发展趋势以及各个细分赛道发展趋势。

2. 竞品动态

进行竞品信息收集，需要从数据、用户和产品 3 个方面展开。

① 数据：包含竞品的整体数据，其目前在市场中的体量和位置、整体数据变化趋势。

② 用户：包含竞品的核心用户、主流用户的用户画像，竞品各类用户群的构成比例。

③ 产品：竞品的核心竞争力，即核心功能详细数据情况及用户评价，产品的主要功能特点、详细数据情况、发展趋势等，从而了解竞品的过去、现在和未来。

3. 投放市场动态

不同的互联网企业面向的受众有所不同，需要深入研究投放市场动态。需要收集目标用户的媒介使用习惯，如母婴产品的目标消费者为宝妈群体，这部分用户最常使用的 App 是宝宝树、小红书等。同时，需要研究不同媒介渠道的优势资源和特点、不同类型的媒介平台适合推广哪个类型产品、投放平台的数据处理能力如何、业内风评如何等。

17.3.2　竞品信息收集方法

1. 官方渠道

进行行业信息和竞品信息收集的官方渠道有官方统计数据、咨询公司行业研究报告、新闻资讯、上市公司年报、公司官网发布的产品数据等。

竞品信息官方渠道

2. 其他渠道

在进行竞品分析时候，竞品的很多核心数据未在公开渠道披露，需要通过其他渠道获得。比如通过用户访谈，调查核心用户、活跃用户、普通用户的使用体验；试用竞品、咨询对方客户、进行技术问答，了解相应情况；加入竞品种子用户群，和核心用户深度交流，了解竞品最新动态数据等。

17.3.3 竞品信息分析方法

1. 分析描述法

指将不同产品特性以比较的形式描述出来。

2. 评分法

这个方法在用户研究工作中常会用到，通常适用于定量研究的问卷调研，即给出 1 ~ 5 分的区间，根据产品中的某一方面或特点进行打分。

3. SWOT 分析法

SWOT 分析法可以清晰梳理产品的优劣势。具体操作方式是将产品从“优势、劣势、机会、威胁”4 个维度进行比较和梳理，最后制表呈现。

【任务实施】

某 3C 小家电的整合营销方案

以微播易某 3C 小家电品牌执行案例举例，在 2019 年 618 节点前夕，通过黑科技新美发产品的“吹风机”“卷发棒”为 618 造势，通过微博某头部时尚美妆博主植入高端理发概念，各个垂直类 KOL 圈层深挖其颜值、科技风、明星单品、千元理发效果等卖点核心，影响圈层人群；铺设中腰部 KOL 建立测评系口碑内容，不断为卖点添砖加瓦，拉动电商节点的曝光高峰，以点带面进行广泛传播。如图 17-10 所示。

图 17-10 该品牌整合营销方案

项目实训

请结合本项目整合营销种草模型，对 2020 年“双 11”期间某国货美妆品牌的营销推广活动进行分析，该品牌资料详见二维码。

某国货美妆品牌资料

1. 实训目的

① 了解品牌新媒体投放获客渠道。

② 洞察消费者需求，了解品牌筛选达人的标准以及方式。

③ 根据互联网整合营销模型，制定营销推广方案。

2. 实训内容

① 收集整理该品牌 2020 年“双 11”期间新媒体投放项目。

② 分析该品牌新媒体投放策略，预估各渠道达成效果。

③ 利用 4W1H 模型，拆解改品牌整合营销推广方案。

课后练习

请扫描二维码，查看本项目课后练习。

项目 17　课后练习

项目18 广告平台投放项目管理

课时 2学时

项目描述

广告平台投放，即自媒体账号根据品牌客户需求，围绕品牌营销推广诉求制作相关广告内容。本项目将分析拆解广告平台投放项目，从立项、管理到复盘，介绍各个阶段的工作流程。通过本项目学习，读者能够掌握广告项目管理的基本流程，具有管理项目的能力、设定项目目标的能力、进行项目复盘的能力，从而积累项目经验。

学习目标

知识目标	1. 了解广告项目提案基本流程
	2. 了解广告项目管理的基本流程，以及项目管理基本办法
	3. 了解广告项目复盘方法
能力目标	1. 具有通过项目提案，展示团队实力，得到广告投放项目的能力
	2. 具有管理项目进程，保证广告投放项目按质按量完成的能力
	3. 具有带领团队进行复盘，提升团队经验的能力
素养目标	1. 能够根据广告主需求，展现团队优势，进行项目提案
	2. 能够控制项目时间、成本和质量，制定项目计划并且推动落实
	3. 能够项目后期进行复盘，总结工作经验

知识图谱

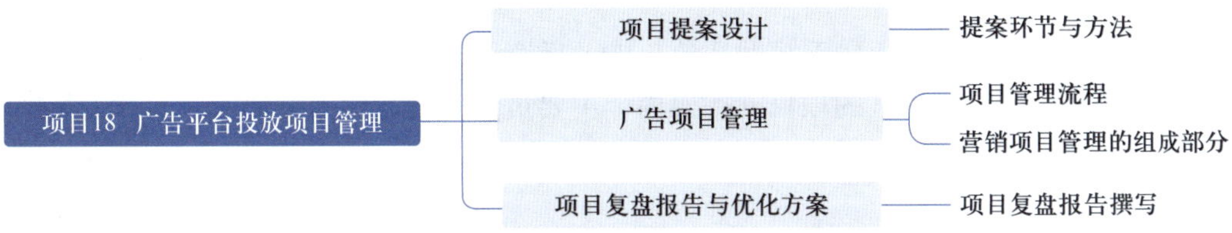

任务 18.1　项目提案设计

【任务描述】

对于广告主而言，项目提案是投放准备的必要前置过程。广告主可以通过项目提案获得多家服务商的信息，包括但不限于公司实力、行业沉淀、服务团队、投放规划等，最终甄选出网络营销的服务商。对于服务商来说，项目提案是展示公司实力，获得客户订单的重要方式。

通过本任务的学习，将掌握制作项目提案的具体方法，了解如何通过公司介绍、行业理解、客户投放规划、团队配置、服务标准等，赢得客户信任和预算。

【任务实施】

提案环节与方法

通常来说，项目提案需要包含以下 5 个方面。

1. 公司介绍

公司介绍是提案的名片，是向广告主提案的重要部分。需要向广告主介绍公司基础情况，包含但不限于：公司介绍、骨干介绍、业务介绍、客户介绍、优秀案例、公司特有优势等。

2. 前期调研

前期调研本质就是市场分析。按照广告主所在行业进行动态、趋势的分析，并且根据行业趋势与品牌在行业中的定位，得出行业投放结论和品牌营销结论。同时也需要分析同行业内头部广告主、直接竞争品牌的投放策略与现状。

3. 投放策略

根据前期对于行业、市场、竞争对手的分析得出结论，并将调研结论与投放平台属性相结合，制作符合行业特性、满足客户需要、匹配投放平台的投放策略和具体落地的执行方案。包括但不限于：定向人群筛选、素材方向把控、投放产品选择、投放节奏制定等。

4. 案例分享

案例分享是公司对于此行业理解或者平台侧投放理解的侧面认证，一定程度上可展示工作在此行业、平台上的经验与专业度，在提案招标环节更易获得客户的信赖。

5. 服务团队及优势

此部分也是部分广告主比较看重的环节，涉及后续投放落地的细节，人员对接服务支持也至关重要。提案需要体现团队的项目支持架构、主要负责项目运营人员架构、运营人员经验与过往经历等。

任务 18.2 广告项目管理

高级微课 8-1
广告投放项目的管理

【任务描述】

在网络营销投放中，项目通常是指独立客户 / 客户独立产品的线上营销投放。广告项目管理是指需要用管理方法，将人力（商务、运营、视频）、材料和财务等各个资源组织起来，根据实际的商业化模式进行策划与投放安排，进行独立一次性（按照活动）或者长期（按照长期时间），以具体可衡量的标准 / 指标进行目标的考核和达成。一条广告投放内容从立项到产出，往往需要反复沟通和修改。与个人创作不同，广告内容需要以品牌需求为优先考量，有一定主题、成本和时间上的要求。

自媒体人在项目活动中，要能灵活运用专门的管理知识、投放操作技能、投放工具和投放方法论，使项目能够在有限资源条件下，实现或超过设定的需求和期望。

【知识准备】

18.2.1 项目管理流程

项目管理流程按照实际项目整体生命周期分为 5 个阶段，分别为：启动阶段、计划阶段、实施阶段、监控阶段、收尾阶段。

1. 启动阶段

启动阶段，需要明确项目流程中的关键目标（KPI）、关键人员（运营负责人）、关键流程等多项项目基础内容的设立。

2. 计划阶段

计划阶段需要完成的是组建团队、分派任务、设置进度等工作内容。设立项目团队每个人的分工，完成对应分工的工作细则和具体的工作任务分解，对团队的不同的工作设立不同的时间进度。一般来说，投放项目会设立对应的测试期、放量期、稳定期等。

3. 实施阶段

实施阶段就是日常所说的运营优化、项目推进等行为动作。实施阶段要确保前置步骤的计划、人员分工、项目阶段时间进度的推进是可执行的、方向正确的、可完成的。

4. 监控阶段

项目整体的投放周期大多数都很长，如一季度、半年、一年等，为了更好地确认项目实施是否出现了偏差、是否与时间进度保持一致，这时候就会引入监控的概念。

监控是可在项目推进过程中做定期或随机的复盘、检查行为，并会根据时间的间隔长短调整监测细节与维度（多数为定期，如项目周会、月度定期复盘会等）。

监控阶段的重点内容为：

① 准确识别计划执行与预期的偏差，判断影响项目投放进度的是分工未安排好还是初始投放目标设定有问题。

② 做好项目推进控制工作，这一点可以充分利用项目管理过程中的各项投放效果数据来完成，比如消耗数据、投放数据等，通过实际数据与计划数据之间的差别来监控项目资源和进度相匹配的情况。

5. 收尾阶段

项目结束之后，除了项目成果的汇报工作之外，对于项目完成结果进行分析、复盘，并记录下项目进行过程中的资料、心得，是项目收尾阶段应该完成的关键事项。

只有对项目的完成效果进行了细致地分析，才能为下一次的项目积累经验，才能让整个项目团队的人员得到成长，并且获得项目沉淀。

18.2.2　营销项目管理的组成部分

1. 项目目标

通常，作为项目主要负责人在项目管理阶段都需要考虑时间、成本、质量这 3 个基本要素，需要对资源进行配置、规划、协调，从而达成预期的项目目标。

通常来说，项目目标设立要遵循 SMART 原则：

- S（Specific）：目标必须是具体的。
- M（Measurable）：目标必须是可以衡量的。
- A（Attainable）：目标必须是可以达成的。
- R（Relevant）：目标必须和其他目标具有相关性。
- T（Time-based）：目标必须具有明确的截止期限。

2. 项目计划

确定项目目标后，需要进行项目计划，从宏观的视角出发，为项目活动的进行提供基础和依据。

制定项目计划，需要分析现实中的有利因素和不利因素，制定出各种相应对策，并在必要的时候对工作计划进行及时调整，有效地减少各种变化所带来的负面影响；通过对项目实施所需要的各项资源分析，进行资源估算，从而节约项目实施的成本，在最小的成本下实现项目目标。制定项目质量计划以及项目沟通计划，保证了买卖双方有效地沟通以及项目所有活动的目标一致性，使得项目能保质保量地完成。

3. 项目进度管理

项目进度管理的有效管理工具有：关键日期表、甘特图、关键路线法。

（1）关键日期表

关键日期表是最简单的一种进度计划表，它只列出一些关键活动的日期。将项目建设活动或施工过程在表中列出，注明其开始与结束时间，是否是关键工作，如图 18-1 所示。

阶段一	业务需求调研和理解	开始日期	2021-10-16	结束日期	2021-10-30
任务描述					
1) 与客户实际交流，确定要做什么； 2) 详细了解客户现有的办事流程； 3) 确定开发地点、人员及进度安排； 4) 在理解和分析现有业务流程的基础上，提出我们要改进的方式；					
提交的工作产品					
业务需求说明的理解					

图 18-1 关键日期表示意图

（2）甘特图

甘特图（Gantt chart）又称为横道图、条状图。其通过条状图来显示项目、进度和其他时间相关的系统进展的内在关系随着时间进展的情况，如图 18-2 所示。

单位工程施工计划横道图

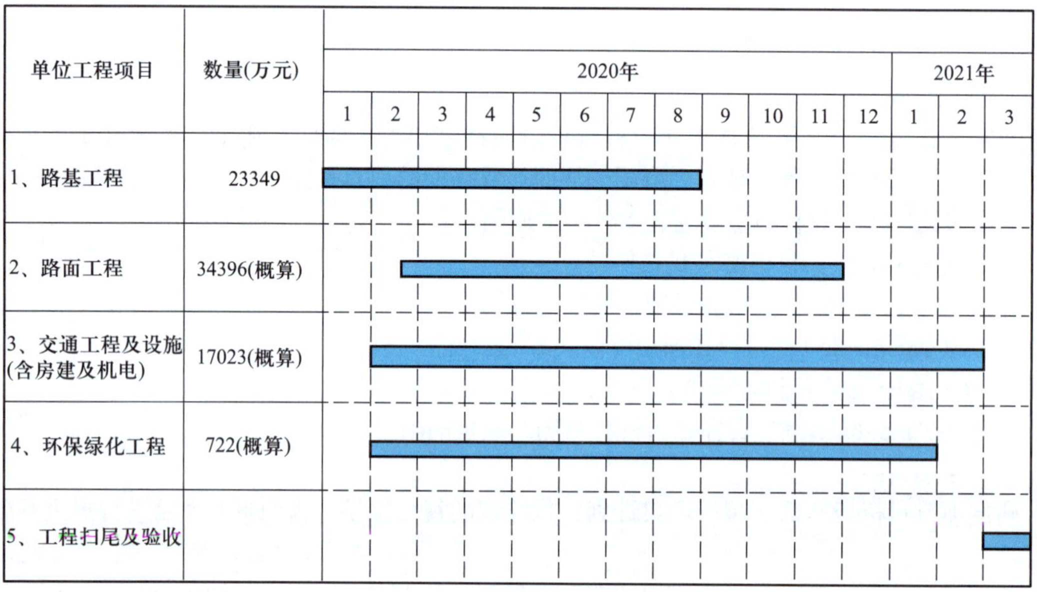

图 18-2 甘特图示意图

（3）关键路线法

关键路线是指设计中从输入到输出经过的延时最长的逻辑路径。优化关键路线是一种提高设计工作速度的有效方法。

4. 项目风险管控

① 风险识别：即确认有可能会影响项目进展的风险，并记录每个风险所具有的特点。

② 风险量化：即评估风险和风险之间的相互作用，以便评定项目可能产出结果的范围。

③ 风险对策研究：即确定对机会进行选择及对危险做出应对的步骤。

④ 风险对策实施控制：即对项目进程中风险所产生的变化作出反应。

【任务实施】

广告投放项目的管理

以微博某海外文化博主为某品牌健身单车定制的推广视频为例，如图 18–3 所示，分析广告投放项目在具体操作之中如何进行管理。

图 18–3 该广告投放视频截图

1. 需求同步

一条广告视频内容制作，首先要对齐各方需求。通常广告视频涉及品牌客户、商务团队、运营团队、视频团队等利益方，作为项目负责人需要了解各方需求，并且与各方进行沟通，在各方需求之中取得共识。

本案例中客户需求为在规定时间内上线商品推广视频，并且达到百万级播放量；商务需求为制作团队以最低成本完成视频内容制作，实现该条广告利润率达到 60%；运营团队需要视频内容在 9 月末上线，具有一定流量话题；视频团队需求为视频内容符合账号调性，具有可操作；视频负责人需要理解各方需求，并且进行多方协调，找到一个解决方案。

2. 目标对齐

了解需求后，进行项目计划与落地执行，在计划与执行阶段需要各个工种 / 部门对项目的目标进行对齐，保证工作目标的一致性。

3. 沟通问题

视频需求从客户给出的需求方案到撰写脚本，视频拍摄再到内容剪辑，会经历多轮传递。因分工与工种不同，可能会导致信息接受和信息传达造成的误差。在该项目推进过程中，根据客户推广健身单车的需求，要求策划给出多个版本选题，如“全网首个快乐减肥：（坚持一周）

边骑车边做不要笑挑战，能瘦吗？”“边骑车边看鬼片，能瘦吗？”等。通过与客户的反复沟通，最终确认选题。

在广告项目落地前，还需要反复与客户进行沟通，确认拍摄脚本和主题，防止在视频项目拍摄完成后，进行大规模修改。

4. 进度问题

项目执行阶段需要定期进行项目进度与时间进度的整体比对，确保进度不会出现过度的偏差。利用甘特图，时刻确认并且通知各方项目进度，观察项目计划落实情况，是否超前 / 落后进度，每 3 天做一个及时调整。项目监控和项目执行是相互辅助的动作。

在进度管理上，项目负责人要预留项目产出到实际交付的机动时间。一个广告项目要经历反复多轮修改，预留足够的机动时间，可以在意外发生留有修改，甚至重拍的时间。

5. 细节处理

细节处理是让项目精益求精的过程和要求，如视频的服装道具化妆质量、账户基建的数量等细节要求和考察等。

6. 交付问题

对于项目完成实际交付的形式，一般以结果为导向，伴随着复盘、总结、结案等一并产出。通常，品牌客户会从视频播放数据、店铺导流量、实际购买量等几个方面对视频内容进行评估。视频项目负责人需要对以上结果负责，通过视频内容以及运营手段实现上述目标。该条广告视频发布后，迅速进行了转发抽奖，以此刺激播放量的提高，最终实现了 175 万的视频播放数据。

任务 18.3 项目复盘报告与优化方案

【任务描述】

对工作进行复盘，是为了沉淀可作用于未来的解决方案。项目复盘的目标源自对已达成结果和预期成果之间所产生偏差的评估，评估后会出现两种情况：结果≥预期；结果＜预期。本节将介绍项目复盘报告撰写的必要元素，帮助读者在工作结束后更好进行分析总结。

【知识准备】

项目复盘报告撰写

项目复盘报告是对于整体的项目执行做回顾总结梳理，撰写中需要注意以下几点：

1. 项目目标回顾

项目是否达到客户投放目标，目标分为播放量、阅读量、互动量、转化量、实际购买量等。通过这个过程，可以检验当初定的目标是否存在问题，也可以试着让团队成员来回顾，看每个人是否都对项目目标足够清晰。

2. 项目执行回顾

在确定项目目标后，复盘项目整体执行过程：项目是否按照原计划交付时间交付？原计划的需求点实现了多少？哪些需求点没有按计划实现？每一个需求点延后原因分别是什么？哪些里程碑有延迟，延迟原因是什么？让项目各个执行方充分参与讨论，分析项目执行过程中出现的问题。

3. 项目执行分析

基于整体投放效果以及执行回顾，展开分析。这一步要回答的问题包括以下几个：实际情况与预期有无差异？如果实际情况与预期有差异，为什么会出现这些差异？是由哪些因素造成？根本原因是什么？如果实际情况与预期无差异，成功的关键因素是什么？

4. 项目规律总结

基于复盘得到的项目经验，总结整理经验方案，应用于之后内容创作之中。

【任务实施】

项目复盘案例

以某女性自媒体与某护肤品 2020 年“双 11”营销推广为例，介绍企业如何对营销推广项目进行复盘，如图 18-4 所示。

图 18-4　该品牌营销推广视频截图

1. 项目目标回顾

该营销项目涵盖 3 条品牌宣传视频，话题总阅读 324 万，视频总播放量 162 万，互动转评赞总计 3 594，达到客户此次宣传预期。

2. 项目执行回顾

项目执行过程中，出现两次明显失误：

① 项目拍摄进度延误，未能按时完成第 1 次交付，导致发布延期；延期主要原因是此项目拍摄采用外包团队，外包团队、拍摄对象以及客户之间沟通存在较多障碍，导致项目负责人浪费大量时间在协调各方需求、反复修改脚本上。

② 项目出现多次返工修改，导致成本上升，降低了项目利润。项目出现多次返工的主要原因是双方未对齐项目目标，对视频内容风格理解存在较大偏差，导致内容在后期不得不反复修改。

3. 项目执行分析

项目执行结果超出了客户原有预期。项目选题存在优势，虽然在拍摄过程和后期加工上出现一定失误，但前期选题确保了项目本身的话题性和可看性，保证了传播效果。

4. 项目规律总结

基于本次项目执行，总结以下经验：

① 项目执行前需对齐各方需求，并且建立标准沟通操作流程，沟通任务落实到人，保证各方沟通顺畅。

② 项目执行前期必须保证脚本的可操作性，在得到客户确认之后，再进入项目执行环节，以免后期出现返工修改。

项目实训

假如你是海外文化交流账号的运营者，博主来自法国，具有多国生活经历，账号粉丝全平台 300 万，日常内容以在华生活分享和文化交流类视频为主（参考账号详见二维码）。目前接到某智能汽车品牌的合作邀请，进行季度投放。请你根据博主账号内容调性和风格优势，制作一份项目提案以及项目计划。

1. 实训目的

① 了解公司项目提案所需基本要素，能够制作完整项目提案。

② 能够根据品牌营销推广需求，制订项目计划以及实施方案。

2. 实训内容

① 收集广告客户背景信息，分析投放需求以及投放目标。

② 根据客户投放需求，制订包含 3 ～ 5 个不同选题的项目提案。

③ 根据客户确认的提案以及发布日期，制订项目实施计划表，分配项目任务。

课后练习

请扫描二维码，查看本项目课后练习。

项目 18 课后练习

参考文献

［1］ 吴晨光．自媒体之道［M］．北京：中国人民大学出版社，2018.

［2］ Michael Port. 自媒体时代，我们该如何做营销［M］．北京：中国人民大学出版社，2014.

［3］ 唐铮．内容电商运营实战［M］．北京：人民邮电出版社，2021.

［4］ 唐铮，朱之路，蒋柳．新媒体平台运营实战［M］．北京：人民邮电出版社，2019.

［5］ 黄有璨．运营之光：我的互联网运营方法论与自白 2.0［M］．北京：电子工业出版社，2017.

［6］ 范以锦，刘芳儒，聂浩．泛内容变现：未来传媒商业模式探研［M］．广州：暨南大学出版社，2020.

［7］ 江礼坤．网络营销推广实战宝典［M］．2 版．北京：电子工业出版社，2016.

读者意见反馈

为收集对教材的意见建议，进一步完善教材编写并做好服务工作，读者可将对本教材的意见建议通过如下渠道反馈至我社。

咨询电话 400-810-0598

反馈邮箱 gjdzfwb@pub.hep.cn

通信地址 北京市朝阳区惠新东街 4 号富盛大厦 1 座 高等教育出版社总编辑办公室

邮政编码 100029